KB120284

근대 일본 여성 분투기

근대 일본 여성 분투기

일본과 여성의 관계사

이은경 지음

한울
아카데미

일러두기

- 인명과 지명을 비롯한 고유명사, 일본 문헌에 관련된 정보 일체는 시대와 상관없이 일본식 한자로 표기했다. 그 외 일반명사의 한자는 정자(正字)로 표기했다.
- 같은 이름이 반복될 경우, 구분과 기억의 편의를 위해 남성은 성으로, 여성은 이름으로 표기했다.

일본과 여성, 여성과 일본

일본 여성사 연구의 흐름

일본 여성사에 관한 이야기를 위해서는 1970년대부터 시작하는 것이 좋을 듯하다. 이 시기는 일본 여성사 연구의 획기적 시기로서, 구체적으로는 '사학으로서의' 여성사 확립을 향해 크게 전진한 시기라고 평가된다. 한 연구자는 1970년대를 '여성사학의 신단계'가 '태동' 혹은 '성립'한 시기로 규정하면서, 그 이유를 다음과 같이 다섯 가지로 열거했던 바 있다. 첫째, ─ 1975년이 국제 여성의 해 원년이 된 것을 계기로 ─ 대중의 여성 문제·여성사에 대한 관심이 높아지고, 각종 연구회 결성과 기관지 창간 등 관련 움직임이 활발해진 것. 둘째, 역사학 전공 여성사 연구자가 다수 출현하고 그들에 의한 공동연구가 추진되어 성과물의 발행이 시작된 것. 셋째, 무라카미 노부히코村上信彦의 『메이지 여성사明治女性史』(전 4권, 1969~1972)의 발간 및 여성사의 연구가 ≪역사평론≫에 게재될 정도로 실증연구가 진보한 것. 넷째, 무라카미의 '대담한 문제 제기'를 계기로 여성사 방법론 논쟁이 활발히 전개된 것. 다섯째, ≪세이토青鞜≫, ≪여학잡지女学雜誌≫ 등 각종 원사료가 복원되고, 『일본부인문제자료집성日本婦人問題

資料集成』(전 10권) 등 사료집과 주요 인물의 자전·평전 등이 출간된 것(古庄ゆき子, 1987: 283~285).[1]

　1970년대를 일본 여성사학의 획기로 보는 것에는 이의가 있을 수 없지만, 이 시기의 중요성을 강조하는 것이 그 이전에는 여성사학이 부재했거나 미미했던 것으로 오해되어서는 곤란하다. 대개 페미니즘과 함께 여성사학이 본격화하는 서양의 경우와 달리 일본에서는 전후역사학의 풍조 속에 이미 여성사에 대한 연구가 시작되어, 이미 1940년대에 이노우에 기요시井上清의『일본 여성사日本女性史』(1949)와 다카무레 이쓰에高群逸枝의『여성의 역사女性の歷史』(1948)와 같은 여성통사가 출판되었다. 특히 이노우에의 책은 마르크스주의 역사관에 입각해서 집필된 것으로, '사유재산 제도의 성립과 함께 계급과 여성의 억압이 시작되었다'는 식의 다소는 도식적 이론 위에서 여성의 역사를 피지배 계급으로서의 억압의 역사로 그려냈고, 그에 기초해서 여성의 해방을 노동자의 해방에 종속된 것으로 인식한 것이었다. 얇고 압축적인 형태로 출판된 그의 책은 많은 독자에게 읽히면서 중쇄를 거듭하는 스테디셀러가 되었고, 요네다 사요코米田佐代子, 이토 야스코伊藤康子, 니시무라 히로코西村汎子 등 초기 여성사 연구자들은, 이노우에의 여성사에 대해 ─ 여성의 주체성이 보이지 않는다는 점 등을 들어 ─ 비판을 가하면서 거리를 두었지만, 그들 역시 여성의 역사를 '해방사'로 다룬다는 점에서는 이노우에의 여성사와 같은 흐름 위에 있었다고 평가된다.

　하지만 전후역사학의 풍조에 공명하는, 이노우에를 대표로 하는 해방사가 주류를 이룬 여성사학의 분위기에 대담한 문제 제기를 시도한 사람은, 바

1　이누마루 요시카즈는 1980년대까지의 여성사 연구를 세 단계로 나누었는데, 제1기는 1945년~1960년대까지로 계몽적 통사가 '해방사'로서 집필되었으며, 제2기는 1970년대로, 여성사 논쟁을 전환점으로 하는 신단계, 제3기는 1980년대 이후로, 여성사의 확립기에 해당한다고 보았다(犬丸義一, 1982).

로 앞서 언급한 무라카미 노부히코였다. 그는 『메이지여성사』라는 역작을 출간하면서, 서문을 통해 당시의 여성사 연구가 해방사로 일관하고 있는 것에 대해 다음과 같은 비판을 가했다. 첫째, 역사가 해방된 시점에서 과거를 되돌아보는 것이 되어, 모든 과거가 목적지를 향한 과정 중의 과도기로 치부되어 버린다. 둘째, 해방을 향한 코스가 이미 정해져 있기에, 그에 맞는 사건과 인물만이 선택되고 나머지는 도태된다. 셋째, 등장인물이나 사건의 의미가 모두 해방과의 관련성에 의해 평가되어, 실제 당시 얼마나 적절하고 도움이 되었는지에 대한 객관적 평가 없이 급진적이고 관념적인 사상이나 운동만이 높이 평가되기 쉽다. 넷째, 해방의 의의를 강조하는 나머지, 억압과 해방이라는 양극단의 대립으로 모든 현상을 양분하는 과정에서, 각 사안의 복잡한 양상은 무시되거나 사실의 왜곡이 발생하기 쉽다(村上信彦, 1977(1): 3~5].

무라카미 역시 해방사의 가치를 부인하는 것은 아니었지만, 해방사는 여성사의 일부이지 여성사의 전부이거나 여성사를 대표하는 것은 아니라는 것이 그의 생각이었다. 또한 그는, 이노우에가 해방의 주역으로서 '남녀 불평등을 모르는 근로자 계급'을 상정한 것, 즉 착취나 계급 지배를 없앨 힘이 있는 자로서 '근대 노동자 계급'을 상정한 것을 '여성 해방의 정치 도식'이라고 일갈하면서, 그러한 방법으로는 "특수한 여자의 문제, 혹은 여성 문제의 특수성이 나타나지 않는다"라고 비판했다. 그가 생각하는 여성사란 여성 해방을 위한 운동까지를 포함한 "여성의 전숲 생활의 역사"였다. 그는 "안이하게 개념화되고 유형화된 서민·억압·해방을 복잡하고 다양한 현실에 입각해서 재고찰"하려 시도했고, 여성을 각각의 개별 인간으로서 파악함으로써 '체제에 순응해 살았던' '압도적 다수의 여성'을 여성사의 주역으로 끌어올리려 노력했다(古庄 ゆき子, 1987: 301~302). 또한 그가 가부장권이 계급을 불문하고 여성을 억압하는 주요한 원인임을 지적함으로써 여성이 계급과 성이라는 이중의 억압 아래에 놓여있다고 파악한 것은, 이후 등장하게 되는 페미니즘과 문제의식을 공유하는 것이기도 했다.

한동안 무라카미의 이노우에 비판에 대한 반박, 혹은 그의 생활사 연구 자체에 대한 비판들이 이어졌지만, 그럼에도 이념과 구도에 얽매이지 않는, 실증주의에 입각한 무라카미의 생활사 연구가 기폭제가 된 듯, 이후 여성사는 해방사 일변도에서 벗어나 '저변底邊 여성사', '서민 여성사', '지방 여성사'로 명명되는 다양한 내용과 방법을 통해 이루어졌다. 그에 따라 '여성사의 범람'이라고 표현될 정도로 — 질적인 후퇴를 동반했다는 비판을 받기도 했지만 — 여성사 연구의 성과가 대거 쏟아져 나왔다. 무라카미의 생활사 및 그로부터 자극받아 이루어진 일련의 여성사 연구는 이로카와 다이키치色川大吉, 야스마루 요시오安丸良夫, 가노 마사나오鹿野政直 등이 견인하던 민중사의 경향과 공명하는 것이기도 했다.

1970년대 여성사를 둘러싼 또 다른의 주요한 문제 제기는 미즈타 다마에의 『여성해방사상의 흐름女性解放思想の歩み』(1973)에 의한 것이었다. 그는 "인간사회에는 계급 차별과는 차원이 다른 또 하나의 차별, 즉 성차별이 존재"하며, 여성은 계급과 성에 의한 이중의 억압 아래 놓여 있다고 주장했다. 인류 역사의 원동력인 '생활 자료의 생산'과 '생명의 생산'은 상호 불가분의 의존 관계에 있는 것인데도, 생활 자료 생산을 장악한 남성에게 생명의 생산을 위해 자신의 많은 에너지를 쏟아야 하는 여성이 수탈을 당하게 된다는 것이었다(水田珠枝, 1973: 3, 9~11). 그는 해방사의 낙관주의를 부정하면서, "고대 가족으로부터 현대 가족에 이르기까지 근본적인 차이가 없다"고, '가부장적 성격의 역사적 연속성'을 강조했고, 계급 지배의 역사로부터 성 지배 역사의 자립을 주장했다.

무라카미의 '생활사'가 개별 사례에 주목하는 실증주의로 일관하면서, 마르크스주의 사관과 그 이론에 맞설 새로운 분석 이론이나 여성사의 전체상까지 보여주지는 못했던 반면, 미즈타는 여성사를 가부장제 혹은 성 지배의 역

사로 대체하는 관점을 제시했다. 무라카미 역시 여성의 억압이 계급만이 아닌 이중의 억압이라고 지적했던 바 있지만, 그것을 '과거'의 일로 보는가, '현존'하는 문제로 파악하는가에 미즈타와의 차이가 있었다. 가부장제를 현존하는 그리고 변혁시켜야 할 대상으로 보았던 미즈타의 주장은, 그의 독창적이고 돌출된 주장이라기보다는 전후 영미권에서 시작되어 1970년대 전반 일본에서도 활발했던 이른바 '우먼 리브women's liberation, women's lib 운동', 즉 제2기 페미니즘에 크게 영향 받은 것이었다(古庄ゆき子, 1987: 287~288). 그가 볼 때 여성이 타파해야 할 대상은 자본주의가 아니라 성 지배 조직인 가족제도였고, 이러한 결론은 마르크스주의와는 명확히 선을 긋는 페미니즘의 주장이었다.[2]

1970년대 여성사 논쟁을 거치면서 해방사, 생활사, 페미니즘이 상호 비판과 그에 대한 반박의 과정을 통해 진전하던 여성사학은, 1980년대에 이르러 여성사의 확립기라 할 정도로 눈부신 발전을 거듭했다. 즉, 여성학의 영향을 받은 인접 분야의 신진 연구자들이 사회사나 역사사회학 등에서 빼어난 성과를 거두었고, 아카데미즘 안에서의 공동연구를 통해 - 이전 해방사와 같은 식의 계몽적 통사가 아니라 - 새로운 일본 여성통사를 시도하게 되었던 것인데, 와키타 하루코脇田晴子 중심의 여성사총합연구회女性史総合研究会가 도쿄대학출판회를 통해 발행한 『일본여성사日本女性史』(전 5권, 1982)가 대표적이며, 같은 연구회에서 『모성을 묻다母性を問う』(上・下, 1985)도 잇달아 출판했다.

그러한 여성사 연구의 성과에 대해, 여성사 연구를 향한 '통각痛覚'이 결

---

2 가노 미키요는 요네다 사요코나 이토 야스코가 무라카미와 미즈타와 여성사 연구 방법을 둘러싸고 벌인 일련의 논쟁을 페미니즘과 여성사 사이의 간극이 드러난 사례로 보면서, 그 과정에서 요네다와 이토 등이 가진 '해방사의 한계가 드러났다'고 단언한다(加納実紀代, 2009). 하지만 앞서 요네다와 이토 등이 해방사 및 생활사 모두와 논쟁을 벌였던 것을 기억하면 그러한 양분화는 지나친 단순화로 보인다. 다만 우먼 리브에 앞서 이미 상당한 역사와 연구를 축적하고 있던 당시의 여성사학계가, 페미니즘에 대해 반드시 호의적인 것은 아니었다는 점은 여러 연구자들에 의해 지적되는 바이다.

여되었다며, 즉 초심을 잃었다고 통절한 비판을 제기한 것은, 바로 민중사가 출신의 가노 마사나오였다. 약 40년 가까이 꾸준하게 여성사 연구를 수행한 그를 여성사학의 어느 시기에 한정해서 위치시키기 어렵지만, 이상과 같은 1980년대 여성사의 발전에 비판적 시각을 보인 것은 특기할 필요가 있다. 1970년대 초 여성사 연구에 본격 투신한 그는, 당시 여성사에서 보이는 연구 대상의 선정이나 연구의 방법에서 엘리트 중심주의와 혹은 단순한 도식화의 경향을 비판했다. 그로부터 자신은 수많은 무명의 여성 각각이 처한 상황에 눈을 돌려 '생활'을 중심으로 접근하려는 모습을 보였고, 이후 발표한『부인·여성·여자婦人·女性·おんな』(1989),『현대 일본 여성사: 페미니즘을 중심으로現代日本女性史:フェミニズムを軸として』(2004) 등은 그가 가진 문제의식의 일관된 방향성을 보여준다. 그는 남성사를 역사 그 자체로 파악하는 기존의 역사를 부정하고, 그러한 역사를 보완하기 위한 여성사가 아닌 '여성의 입장에서' 기존의 역사상을 되물어야 한다는 시각에 입각, '생활', '문제', '운동'이라는 세 항목을 중심으로 여성사를 파악하고자 했다(鹿野政直, 2007: v).

　　또한 여성사 연구는 양적·질적인 도약뿐 아니라 내용적으로도 새로운 영역으로의 진출을 시도했다. 1980년대 이래 여성사 연구의 특징이란, ─ 우에노 지즈코의 표현을 빌자면 ─ 종래의 단선적인 역사 서술과 달리 다양하고 다의적인 연구가 시도되었다는 점이었다. 구체적으로는 첫째, 해방사에서는 '암흑의 중세'로밖에 보이지 않던 전근대 여성사에 관해 주로 기존 사료의 재해석을 통해 여성에게 긍정적인 측면을 포함하는 다양한 양상을 드러내게 했고, 둘째, ─ '근대가족'이나 '양처현모(良妻賢母)' 등에 관한 심도 깊은 연구를 통해 ─ 근대의 여성에 대한 양의성, 즉 억압과 해방의 양 측면을 명확히 했다. 또한 이 시기에 이르러 여성사는 억압의 역사로부터 '여성의 문화' 혹은 '여성의 권력'의 발견으로 향했다. 즉, 여성사를 오로지 '피해자'로서의 역사 혹은 그로부터의 해방으로서의 역사로 보던 것에서 탈피, 한편으로는 과거 부정적으로만 보았던 전근대 역사에서 긍정적인 면을 발견하고, 반대로 근대에서는 여성에 대한 억압의 양상을 발견하는 방식으로 종래의 역사관에서 균형을 회복하려 했다는 것이다(上野千鶴子, 1995: 170~171).

이상과 같은 이른바 피해자사관으로부터의 탈피는 전시하 일본 여성의 전시 협력을 추궁하는 움직임으로 이어졌다. 이치카와 후사에市川房枝나 다카무레 이쓰에, 히라쓰카 라이초平塚らいてう 등의 전시기戰時期 언동과 사상에 대한 비판적 검토가 이루어졌고, 나아가 서민 여성들의 전쟁 협력을 문제시하는 이른바 '총후사銃後史' 연구로도 나타났다. 이러한 일련의 연구는 여성을 과거 해방사와 같이 역사의 수동적 객체로 묘사하기보다는 역사의 주체적 담당자로 간주한다는 입장에서 공통적이었고, 여성의 피해보다 가해를, 억압보다 자율을 강조하는 방향으로 나아갔다. 1990년대에 이르러 근대 '일본 여성'의 행적이 '식민지 여성'과의 대비 속에서 문제시되었고, 나아가 타자로서의 '일본 여성'의 역사적 위치에 대한 논의도 이루어지게 되는데, 그 계기로 작용한 것은 이른바 '종군위안부(일본군위안부)' 문제의 대두였지만, 그에 앞서 선행된 이상과 같은 일본 여성의 자기인식 변화가 그 배경이 되었다고 할 수 있다.

이후 여성사 연구의 동향과 관련해서 중요한 움직임은, 바로 1990년대 중반의 '젠더' 개념 도입과 본격적인 '젠더사'의 전개라 할 것이다. 앞서 새로운 여성통사의 출판을 이끌었던 와키타는 이번에도 선구적으로『젠더의 일본사ジェンダーの日本史』(上・下, 1994)를 편찬했고, 우에노는「역사학과 페미니즘: '여성사'를 넘어서歷史学とフェミニズム:「女性史」を超えて」(1995)를 통해 여성사에 젠더 개념의 도입을 주장했다. 와키타는 남성 중심의 연구와 여성사의 고립에 대한 우려를 표현하면서, 앞서 자신이 이루었던 1980년대 여성사의 연구 성과가 "남성 주도 사회에서 여성을 지배하고 남녀를 분단했던 근대주의를 상대화"하는 것이었다면, 이후 각 시대에서의 남녀 양성의 양태 및 관계, 즉 문화적・사회적 성차性差에 시점을 맞추고자 하는 의도가 생겨났다고, '젠더'를 국제적인 공동연구의 논점으로 삼게 된 경위를 밝혔다[脇田晴子, S·B·ハンレー編, 2004(上), i~v].

우에노 지즈코는 사회적·문화적 성차를 나타내는 젠더 개념을 여성사에 도입한 젠더사가, 첫째로는, 젠더가 '차이화된 [남녀라는] 두 개의 항'이 아닌 '차이화' 그 자체를 가리키기에 종래의 여성사 영역에 한정되지 않을 것이며, 둘째로, 남성의 경우도 여성이나 아이와 관련된 사적 영역에서만 문제시되고 공적 영역에서는 젠더리스genderless한 추상적 존재로 다뤄졌던 이제까지의 한계를 탈피할 것이라고 보았다. 마지막으로는 젠더사의 공헌으로서 역사학의 젠더화engendering history 그 자체를 들었다. 그에 따르면, "어떤 영역이든 젠더만으로 해석할 수는 없지만, 젠더를 빼고 논할 수는 없게 되었다"(上野千鶴子, 1995: 175~179).[3]

다치 가오루舘かおる는 젠더를 "역사 인식의 혁명을 불러올, 매우 마음 설레게 하는 개념"으로 표현하면서, 이를 '계급'에 버금갈 정도로 20세기 말에 발견된 획기적 개념이라고 평가했다. 과거 '계급'이 분석 개념이면서 한편으로는 '노동자 계급'과 같은 식으로 존재의 양태를 표현했던 것처럼, 젠더 역시 분석 개념임과 동시에 여자와 남자의 존재 양태를 표현할 수 있다는 것이었다. 그는 여성사에 젠더 개념을 도입할 경우, 생물학적 해석의 함정에 빠지지 않도록 남성과 여성이 사회적·문화적·역사적으로 구축된 것이라는 고찰을 끊임없이 환기시키고, 남과 여로 구현된 양자의 관계에 대해 의식적으로 구

---

3 또한 그는 『내셔널리즘과 젠더』를 통해 '국민국가의 젠더화'라는 시각을 통해 국가를 상대화했고, 젠더사의 의미와 작법에 관해서는 "누가, 어떤 여성을 대상으로 삼아, 누구를 향해, 어떻게 기술하는가"라고 하며, 역사의 인식뿐 아니라 '기술(記述)'의 차원까지를 중요시했다. 또한 여성이라는 존재를 일원화하지 말고 다양한 여성의 존재를 전제로 상호 대립까지를 포함하는, '여성'이라는 존재의 복합성을 인정하고 타자화하는 역사 서술의 필요성을 지적했다(우에노 지즈코, 1999)

조적인 파악을 시도하게 한다는 점 등을 들어 그 필요성을 강조했다. 특히, 역사적 지식의 구성이나 인지에서 젠더가 어떻게 의미 부여되고 있는지를 파악하는 것이 '역사학의 전제나 방법에 대한 비판적 재검토'를 자극해, 결국은 종래 학문 연구의 패러다임 전환의 계기가 될 것이라고 한 것은, 우에노가 말한 '역사학의 젠더화'와 상통하는 것이다(舘かおる, 1999: 50~51).

이상과 같이 일본 여성사 분야에서는 1990년대 중반 이래 젠더 개념의 도입과 연구의 축적이 본격화했다. 종래의 역사학에서 연구의 주체도, 대상도, 목적도, 남성이라는 성을 '보편=인간'으로 간주하면서 여성은 '타자'로서 배제해 왔던 것이 사실이다. 즉 실제로는 남성의 경험과 행동 양식을 다루면서도 그것을 한쪽의 성에만 해당되는 경험이나 행동으로서가 아니라, 성별을 넘는 보편적 인간의 '일반사'로서 서술해 왔던 것이다. 여성은 항상 그와 다른 것으로서 특수화되거나 불가시적인 존재가 되기 쉬웠다. 그러나 젠더 개념의 등장에 따라 이제까지 보편성을 체화했던 남성은 이제 '남성'이라는 젠더에 묶인 성으로서 인식되고, 상대화되기 시작했다. 젠더사가 이제까지 일반사의 역사 인식의 양태를 근저로부터 전복하려 한다는 평가(長野ひろ子, 2012.8)는 지나친 듯하지만, 이제 젠더가 역사 등 학문 분야에서뿐 아니라 모든 일상의 보다 넓은 영역에서 더 활발히 논쟁되어야 할 시대가 된 것은 확실해 보인다.

역사와 여성, 여성과 역사

이상과 같은 연구의 흐름을 염두에 두면서, 이 책에서는 이른바 근대 일본의 역사, 즉 1868년 메이지유신에서부터 1945년 패전까지의 역사를 주로 여성의 관점에서 살펴보려 한다. 혹은 근대 일본 여성의 역사를 근대 일본의 정치적·사회적 배경 위에서, 혹은 재해 및 전쟁 등 일본 근대의 역사에서 빠뜨릴 수 없는 주요한 '사건'들과의 관계 속에서 파악하려는 것이기도 하다. '인구의 절반'을 차지하면서도 일본의 역사를 이야기할 때는 잊히기 쉬운 존재인 여성들을 애써 무대 위로 끌어올려, 그들의 목소리에 귀를 기울이고 그들이 제기한 문제에 관심을 가지려 하는 것이다. 그리고 그 과정에서, 당시 일어난 일본의 주된 역사적 사건들을 잊지 않고 '함께' 파악할 것이다.

이렇게 '여성'과 '역사'를 두 축으로 끌고 가려는 것에는 이유가 있다. 종종 '여성'에 주목해서 그들의 생애와 그들의 목소리에만 귀 기울일 때, 의욕이 앞서기 때문인지 맥락은 사상捨象되고 시대와 유리되어 선택된 '주장'만 떠돌기 쉽다. 그러나 각각의 사상과 주장이 나오게 된 역사적 배경과 맥락을 간과하면, 그 의미와 무게감은 크게 줄어들고 비슷한 표현의 반복이나 언어의 유희가 되기도 쉽다. 비슷비슷하고 정형화된 표현으로 점철된 주장은 어디선가 이미 들은 듯 진부하게 들리고, 감동은커녕 지루함, 나아가 글의 의도에 대한 경계심마저 갖게 할 수도 있다.

일본의 역사 서술에서 여성의 존재가 곧잘 잊히는 것은 새로운 현상이 아니다. 근대 일본의 역사서를 읽다 보면, 여성은 항상 남성과 함께 존재하면서 그 역사를 함께 일군 '인구의 절반'이었다고 믿기 어려울 정도로 희박한 존재감을 가진다. 분명 일본의 통사 혹은 시대사를 담은 책인데도 마지막 페이지를 넘길 때까지 '여성'이 등장하지 않는 경우가 많았다. 따라서 그러한 일본 역사서를 열심히 읽은 후의 독자들이 일본 역사에서 여성의 존재감이 그만큼 미미하다는 인상을 받는 것도 이상하지 않다. 일본이라는 나라를 묘사하기 위해 '사무라이侍', '무사武士', '막부幕府' 등과 같이 절대적으로 '남성적' 요소들이 강조되고 있는 점을 생각하면 더더욱 그렇다. 최근 출판된 역사서에는 시대별·사안별로 여성 관련 항목을 설정하는 경우가 늘었지만, 그렇게 여성 항목을 별도로 설정하는 것 자체가 여전히 여성의 존재가 역사 서술 안에 자연스럽게 녹아들지 않는다는 반증이기도 하다. 이 책에서 여성에 주목하고 여성의 목소리에 귀를 기울이되, 그러나 꼭 근대 일본의 역사적 흐름 속에서 다루려 고집한 이유이기도 하다.

기본적인 전제는, 일본의 개항(1853)에 이은 메이지유신(1868)이라는 커다란 변혁 이후 일본이 서양의 시선을 극도로 의식하면서 이른바 근대화 혹은 서구화로 표현되는 부국강병·문명개화의 정책을 강력하게 추진했지만, 그것은 기본적으로 '남성의, 남성에 의한, 남성을 위한 것'이었을 뿐 그 과정에서 '인구의 절반'을 차지하는 여성의 존재는 충분히 고려되지 않았다는 사실이다. 도리어 개항 당시 얼결에 맺은 각종 불평등조약을 개정해 서양 열강과 어깨를 나란히 하려는 목적으로 각종 개혁 정책을 신속하고 강력하게 추진하는 가운데, 여성은 그러한 목적이 더욱 효과적이고 신속하게 달성되도록 협력을 강요당하는 경향이 있었다.

여성들은 각종 정책의 수립 과정에서 때로는 잊혔고, 때로는 — 여성 자신의 바람이 아니라 — 국가적 필요에 적합한 수준의 혜택만이 주어졌으며, 심지어는 일방적 희생이 강요되었다. 그리고 그렇게 희생되어 간 여성의 삶이 장려되고 칭송되어, 후대에도 이를 반복하게 되기 일쑤였다. '근대' 일본 여성의 삶이란, — 근대 대부분의 일본 남자들처럼 — 그 이전의 여성들의 그것에 비해 더 나은 것이라고 할 수 있을까라는 질문을 던지게 되는 이유다. 신분제를 비롯한 봉건적 제도에 얽매였던 과거에 비해 근대 일본에는 '사민평등'·'문명개화'와 같은 제도와 정신적인 측면에서뿐 아니라 각종 선진적인 도구와 기술이라는 혜택도 쏟아졌다. 바로 그때 여성 역시 나머지 '인구의 절반'과 동등한 경험을 할 수 있었을까? 군이 대답할 필요가 없을지도 모르겠다.

그러나 이 책의 목적이 근대 일본에서 여성이 차별과 불이익을 받았다는 사실을, 혹은 그 구체적인 내용을 '고발'하려는 것에 있는 것은 아니다. 위로부터의 시점에서 국가·체제·남성 측에서 여성을 어떻게 관리·통제하려 했는지를 폭로하거나, 반대로 여성들의 입장에서 그에 대해 어떠한 방식으로 저항했는지를 이른바 '여성 해방'의 측면에서 상찬하려 하는 것도 아니다. 그보다는 근대 일본의 급격한 사회적·정치적 변동 속에서 각종 정책의 주된 대상으로 간주되지 못한 채 방치되기 십상이었던 여성들이 어떠한 계기를 통해 자신의 상황을 객관적으로 인식하기 시작했는지, 구체적으로 무엇을 문제로 삼았는지, 그리고 여성으로서 어떠한 필요를 느끼고 무엇을 요구했는지, 마지막으로 이를 위해 스스로 어떠한 노력을 했는지 등과 같은, 여성들의 '구체적'인 이야기에 귀를 기울이고 살펴보려는 것이다. 이는 근대 일본 역사를 소개할 때 잊히기 쉬웠던 여성들의 분투에 관한 기록이자, 근대 일본 사회와 여성의 관계에 관한 이야기다.

'구체적'이라는 것은 근대 일본의 저명한 여성운동가들 개개인을 등장시켜 그들의 주요한 활동과 행적에 주목한다는 점에서도 관철된다. 각종 문제 제기와 주장을 현재의 시점에서 해석·평가하기보다는, 근대 일본 여성계를 대표하는 인물들을 등장시켜 ― 그들이 발 딛고 살던 당시의 시대적 분위기와 사회적 환경을 배경으로 ― 그들이 맞닥뜨렸던 각종 '문제'의 내용과 해결을 위한 노력을 하나하나 살펴가는 방식을 택했고, 이를 통해 근대 일본 여성의 역사를 통시적으로 파악하려 할 것이다.

이를 위해 이 책에 등장하는 여성들 가운데 비교적 널리 이름이 알려져 있는 인물의 이름만 열거해도, 쓰다 우메코津田梅子(교육), 요사노 아키코与謝野晶子(문학), 히라쓰카 라이초(문학, 운동), 야마카와 기쿠에山川菊栄(운동), 하니 모토코羽仁もと子(교육), 야마다 와카山田わか(운동), 이치카와 후사에(운동), 오쿠 무메오奥むめお(운동), 가와이 미치河井道(교육), 다카무레 이쓰에(학술), 구부시로 오치미久布白落実(운동), 요시오카 야요이吉岡弥生(의학), 미야모토 유리코宮本百合子(문학) 등 10여 명에 이르며, 그 외에 상대적으로 지명도가 높지 않거나 지명도는 높아도 이 글에서의 비중이 크지 않은 인물은 그 2~3배에 달한다. 그리고 이들을 통해 이 책에서 다루려 했던 근대 일본 여성을 둘러싼 주요한 주제

역시 교육, 모성, 정치(참정권), 재해, 전쟁 협력, 평화운동 등으로 비교적 다양하다.

총 8편의 글은 개별적인 학술논문으로 집필된 것이기는 하지만, 처음부터 이를 연결시켜 하나의 통사로 구성할 것을 염두에 두고 집필된 것이기도 하다. 각각의 글은 해당 시기를 대표하는 주요한 주제를 다루고 있으며, 등장인물도 대부분 근대 일본 여성계를 대표하는 저명한 인물들이 대부분으로, 각각의 글을 열거해 늘어놓는 것만으로도 근대 일본 여성사의 주요 인물과 쟁점을 파악할 수 있도록 하려 했다. 그러한 구성상의 이유에서 당연하게도, 동일한 인물이 서로 다른 글에서 등장하고 같은 사건이나 주제가 서로 다른 글에서 내용적으로 이어지는 경우들이 있지만, 반드시 앞뒤의 글을 연결시켜 읽지 않아도 각각의 글이 독자적으로 완성도 있는 글이 될 수 있도록 신경을 쓰기도 했다. 혹 일부 유사한 표현이나 내용이 반복되어 나타나는 것처럼 느껴진다면, 그러한 구성상의 이유에서라는 점을 밝혀둔다.

책의 구성과 내용

근대 일본 여성의 역사, 운동, 생활 등에 대한 논의는 1910년대의 이른바 '다이쇼시대大正時代(1912~1926)'부터 시작하는 게 일반적이다. 1911년 일본 최초로 여성들이 만든 문예잡지 ≪세이토≫, 그리고 이 잡지의 창간을 주도했고 "원시, 여성은 태양이었다元始, 女性は太陽であった"[4]라는 충격적인 창간사를 실었던

---

4   이 시는 당시 양처현모(良妻賢母)의 틀에 갇혀 있던 젊은 여성의 마음을 흔들어, 각지로부터 가입을 열망하는 편지가 쇄도했다. 이 시는 같은 호에 실린 "산이 움직이는 날이 온다(山の動く日来たる)"로 시작하는 요사노 아키코의 권두시 「두서없는 말(そぞろごと)」과 함께 일본 여성의 해방 선언과도 같이 알려졌다.

히라쓰카 라이초가 갖는 상징성과 존재감을 생각하면, 일본 여성사에서 다이쇼시대가 하나의 획기인 것은 분명하다. 다만, 이 책에서는 본격적으로 그러한 '신여성新しい女'이 등장하기 이전의 '메이지시대明治時代'(1868~1912)의 여성에 대한 이야기부터 시작하는데, 이것은 앞서도 설명한 것과 같이 이 책이 '근대 일본의 역사'의 전개와 보조를 맞추어 여성의 역사를 살피기 위해 구상된 것과 관련이 깊다. '여성'으로서의 자각, 그로부터 터져 나온 목소리의 배경을 이루는, 이른바 '메이지유신'으로 일본의 근대가 본격화할 무렵의 여성부터 관심을 두려 한 것이다. 또한, 근대가 아닌 전후에 관한 두 개의 글을 마지막에 포함시킨 것은, 근대를 관통했던 각종 문제와 직접적으로 연결된 결과물로 파악한 때문이라는 점도 밝혀둔다.

제1장에서는 메이지 정부 출범 직후인 1871년 이와쿠라사절단岩倉使節団과 함께 6세의 나이로 미국에 파견되었던 최연소·최초 여자 유학생인 쓰다 우메코를 중심으로, 그가 비판하고 도전의 대상으로 삼은 여자교육의 실상을 비판적으로 파악했다. 근대 일본에서는 1871년 소(초등)학교 의무교육이 시행된 이래 중·고등·대학 교육 시스템이 신속하게 정비되어 갔다. 그러나 이는 모두 '남자'를 위한 것으로, 본격적인 여자교육을 위해서는 뒤늦게 1899년에야 '고등여학교령'이라는 그러나 실제로는 여자 '중등'교육을 위한 제도가 만들어질 정도였고, 그에 의한 교육의 목표라는 것도 금후 일본의 가정에 필요한 '양처현모' 양성 정도에 그쳤다. 약 11년의 유학을 마치고 1882년 귀국한 우메코의 눈에 비친 일본 여성의 모습이란 바로 이상과 같은 메이지 정부 정책의 결과였다. 이후 오랜 준비를 거쳐 1900년 여자 고등교육을 위해, 전문직 직업여성의 양성을 위해 설립한 학교인 '쓰다주쿠津田塾'는 당시 일본의 여성이 처한 현실과 여자교육이 가진 문제에 대한 비판의식을 반영한 '반면교사'이기도 했다.

제2장에서는 다이쇼시대에 이르러 - 주로 '여학교'의 경험을 거치면서 성장해 - 주체적으로 생각하고 스스로의 문제를 '자각'하기 시작한 여성들이, 주로 '여권'(경제적 독립)과 '모권'(모성의 보호)의 중요성에 관해 치열하게 논쟁한 이른바 '모성보호 논쟁'(1918~1919)에 대해 다루었다. 여기에서는 '모성보호 논쟁'의 주역인 요사노 아키코와 히라쓰카 라이초뿐 아니라 야마카와 기쿠에, 야마다 와카, 하니 모토코 등 근대 일본 여성운동의 주요 논객들을 다수 등장시켜, 다이쇼시대뿐 아니라 근대 일본을 관통하면서 심지어 현대에까지 이어지고 있는 여성을 둘러싼 각종 문제와 관점을 종합적으로 파악할 수 있게 했다. 주로 라이초의 '모성보호' 주장에 주목하는 종래의 연구에 비해, 각각의 주장들을 균형 있게 그리고 당시 일본의 사회적 배경 위에서 역사적으로 파악하려 했다는 특징이 있다.

　제3장에서는 '여성의 입장으로부터의 사회 개조'를 지향했고 나아가 여성의 정치 참여를 선구적으로 시도했던 여성단체 신부인협회新婦人協会(1919~1922)의 역사와, 그 안에서의 각종 갈등과 논쟁을 여성운동의 '노선투쟁'이라는 관점에서 파악했다. 신부인협회는 앞선 모성보호 논쟁에서 '모성의 보호'를 주장했던 라이초가 인식과 활동의 지평을 넓혀 노동운동 출신의 이치카와 후사에(1893~1981)와 손잡고 설립한 단체다. 이들은 '모권母権'과 '여권'의 신장을 동시에 도모하기 위한 의회 청원운동에 주력했으나, 의회 의원들의 미온적인 반응으로 즉각적인 성과를 내지 못하는 가운데, 신부인협회 안에 내재되어 있던 태생적 한계에 예상을 벗어난 외부로부터의 돌발 상황이 더해지면서, 내부적 갈등이 폭발해 조직의 재편, 나아가 해산에 이르고 만다. 이 글에서는 신부인협회가 약 3년에 걸친 청원운동을 통해 '여성의 정치 집회 참여 가능'이라는 최소한의 성과를 내는 과정에 대한 추적뿐 아니라, 의회 청원운동의 찬반을 둘러싸고 기관지 ≪여성동맹女性同盟≫의 지면을 통해 전개된 각종 논쟁과 갈등의 내용을 소개함으로써, 일본 여성운동 초기 문제의 지평을

파악할 수 있도록 했다.

제4장에서는 1923년 9월 '간토대진재關東大震災'(관동대지진)가 일본 여성에게 갖는 의미에 관해, 실제적인 '생활' 및 '여성운동'의 동향과 관련시켜 살피고자 했다. 간토대진재가 발생한 것은 1922년 말 신부인협회 해산 후 여성들이 구심점 없이 이합집산하던 때의 일로, 구호 활동 과정에서 여성 '연대'의 필요성에 공감대가 형성되어 갔다. 당장의 목표는 '여성참정권'(부선婦選) 획득이 되었는데, 이는 제1차 세계대전 후 여성에게 참정권을 부여하는 나라가 늘어나던 현실, 여기에 미국 여성운동의 현장을 목도한 후사에의 귀국이 더해진 결과였다. 이 글에서는 간토대진재 이후 새로 건설될 도쿄를 향해 분출된 '여성으로서'의 각종 요구와 제안을 정치·사회, 제도와 사상까지를 아우르는 당시 여성계로부터 일본을 향한 기대와 요구의 총결산으로 보고 소개했다. 즉, 간토대진재가 여성 연대의 계기로 작용했을 뿐 아니라, 당시 일본 사회를 향해 여성이 가진 바람을 드러내는 기폭제가 된 것으로 파악했다.

제5장과 제6장의 내용은 이치카와 후사에 및 그가 중심이 된 단체 부선획득동맹이 전개한 '여성참정권 운동'(=부선운동婦選運動)에 관한 것으로, 정당내각이 붕괴하는 1932년을 기점으로 두 개의 글로 나눈 것이다. 종래의 부선운동 연구가 주로 '전쟁 협력'의 기원을 찾으려는 관심에서 비롯되었던 것과 달리, 이 글에서는 ― 부선운동의 주된 활동이 의회 청원 활동의 형태로 이루어진 만큼 ― 부선운동의 흐름을 운동의 상대counterpart인 정치 체제의 변화와 그에 따른 부선운동의 전략 수정 과정으로 파악했다는 점, 그리고 영미에서의 여성참정권 획득 사례를 학습한 것이 부선운동 전략의 수립에 큰 영향을 미쳤다는 점, 이상의 두 가지 사실을 일본 부선운동의 주요한 특징으로 주목했다.

제5장에서는 부선운동의 전반부인 1932년 5월까지를 대상으로 하되, 부선운동이 놓여 있던 환경과 조건 등에 관해 사실을 자세히 고찰하고, 그에 기초해 수립되었던 부선운동 전략의 특징을 살폈다. 서양의 성공 사례를 학습

한 '부선획득동맹'의 주된 활동 대상은 여성참정권의 의회 입법을 위해 주로 정당과 의회 정치인이었다. 부선획득동맹이 발족한 1925년 이래 정우회政友會와 민정당民政黨이 2년 주기로 여당·야당을 오가는 불안정한 정치 상황에서도 참정권(구체적으로는 지방정치 참여를 위한 '공민권') 관련 법안을 의회에서 통과시키기 위해 진력했고, 그러한 노력의 결과 1931년에는 공민권 획득이라는 목표가 거의 달성될 수 있을 것처럼 보였다. 그러나 1931년 9월 만주사변의 발발로 기다렸던 정기의회 법안 제출이 무산된 데 이어, 이듬해에는 쿠데타(5·15 사건) 발발을 계기로 정당내각 시대가 종말을 고함으로써, 의회운동을 중심으로 절정에 이르렀던 부선운동은 새로운 전략을 모색하지 않을 수 없게 된다.

제6장에서는 정당내각 붕괴 후 파시즘과 전쟁이 일본의 정치·사회를 압도하는 상황에 대응하면서, '부선획득동맹'과 후사에가 종래의 적극적이고 직접적인 부선운동의 방식을 온건하고 간접적인 것으로, 나아가 어용적인 활동으로 전환해 가는 양상을 살폈다. '부선획득동맹'은 파시즘 정권하에서도 반전·반파시즘의 입장을 버리지 않았고, 의회 청원 대신 대중 및 중앙·지방 정부의 기대에 부응하는 각종 활동을 통해 장기적으로 부선에 대한 지지를 도모하려 했지만, 이러한 분위기는 오래가지 못했다. 1937년 중국과 일본의 전면전이 본격화하자 후사에 등은 이를 '비상시국'으로 인식해 정부에 적극 협조할 방침을 정하고, 이를 계기로 여성들이 각종 어용기관의 부름을 받아 정책 결정과 수행에 '참정'하게 된 것을 환영했으며, 이를 장래 여성참정권 획득에도 도움이 되는 넓은 의미에서의 부선운동으로 여겼다. 본래 부선운동이란 의회 입법을 통해 참정의 권리(참정권)를 획득해 여성과 사회·국가에 대해 공헌하기를 희망하는 것이었으나, 당장 일본 여성에게 허락된 ― 비상시국의 군부 정권하에서 ― 참정의 결과는 도리어 의회 민주주의의 이념으로부터 점점 더 멀어질 뿐이었다. 이러한 딜레마는 '참정'하되 그에 관한 '권리'를 갖지 못한,

즉 여성에게 '참정권'이 아닌 '참정'만이 허락된 결과였다.

제7장에서는 패전 직후 일본 정부(남성)가 아닌 점령 당국(GHQ)에 의해 참정권을 비롯한 각종 여성 해방 정책이 일거에 실시되었을 때 실제 일본 지식인들이 이를 어떻게 느끼고 반응했는지를, 대표적인 여성잡지인 ≪부인공론婦人公論≫의 기사를 중심으로 살펴보았다. 오랫동안 '부선운동'이라는 이름으로 참정권을 주장했지만, 막상 그것이 외부에 의해 '선물같이' 주어졌을 때에는 그에 대한 이해가 부족한 남성들의 냉소와 우려에 더해, 당사자인 여성들조차 신중한 태도를 보였다. 이에 더해, 생활 속에서 경험할 수 있는 여성 해방의 구체적인 사례로서 미국 여성의 생활에 대한 동경, 특히 가사노동으로부터의 해방에 대한 관심이 높았음도 확인할 수 있었다. 근대 이래 여성이 줄곧 국가와 남성 혹은 가정을 위한 희생만을 요구받아 온 일본에서, 패전 직후 각종 이념과 가치관이 충돌하는 혼란스러운 상황 가운데 이른바 '여성 해방' 정책이 어떠한 과정과 반응 속에서 정착해 가는지를 관찰한 것으로, 다른 영역에서의 유사한 전개 과정도 짐작하게 하는 사례 연구이기도 하다.

제8장에서는 전후 일본 여성들이 '모성母性' 혹은 '모친'을 내걸고 전개하기 시작한 '일본모친대회日本母親大会(1955~)'라는 이름의 평화운동에 대해 고찰했다. 이를 위해 '왜 하필 모성(모친)인가' 혹은 '전전戰前의 모성과 전후戰後의 그것은 어떻게 다른가'라는 질문에서 출발, 전후 일본 여성들의 평화를 위한 운동을 소개하고 그 성격을 규명하려 했다. 전쟁과 패전의 경험을 기억하는 일본 여성들은 패전 직후부터 평화를 위한 국제적 연대에 나섰고, 1954년 일본 어선이 피폭당한 '비키니사건'을 계기로 본격화했다. 특히 모친으로서 '아이'와 '생활'의 문제가 국경을 넘는 보편적 현안임을 실감, ─ 전쟁 전 국가를 위해 '모성'이 복무했던 것과 달리 ─ 국제적으로 연대하는 보편적인 '모성', 평화를 위한 모성을 지향하게 되었고, 소수 지도자가 아니라 '지극히 보통'의 '모친'들이 운동의 중추가 되었다. 이러한 과정을 통해 '모친운동'은 일본 사회의 현안에 밀착

해, 소소하고 피부에 닿는 문제 해결을 위해 대화하고 실천하며 '아이'와 '생활'을 지킨다는 '넓은' 의미의 평화운동으로서 자리매김하고 있다. 다만 '모성'에는 언제든지 신성화되고 일방적인 희생을 강요하기 쉬운 성격이 잠재된 만큼, 이 글에서는 그에 대한 반성과 경계를 놓치지 말아야 한다는 점을 지적했다.

차례

제4부 ──── 쇼와시대_전전(戰前): 참정권운동과 전쟁

제1부

메이지시대

배경과 전사

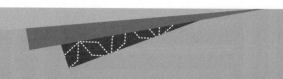

제1장

여자교육 현실에 대한
비판적 인식과 도전
쓰다 우메코와 그의 학교

1. 메이지유신과 여자교육

근대 일본은 이른바 '메이지유신'이라는 사건으로 상징된다. 메이지유신은 19세기 중반부터 후반에 걸쳐 일본 열도에서 일어난 거대하고 극적인 사회 변혁이었다. 그 시작과 끝을 어떻게 설정할 것인가, 혹은 그에 대한 평가에 대해서는 의견이 다를 수 있다(박훈, 2019). 하지만 1853년 일본을 방문한 미국의 매슈 페리Matthew Calbraith Perry(1794~1858) 제독의 개항 요구에서 촉발된 약 15년의 정쟁을 거쳐 1868년 메이지 정부가 수립되었고, 이후 일본이 적극적으로 서구화를 통한 부국강병에 나섰다는 사실에는 이의를 제기하기 어렵다. 그 과정에서 상당한 부작용이 나타나기는 했지만, 뒤늦게 근대화에 뛰어든 일본이 오래지 않아 서양 열강과 어깨를 나란히 하는 강대국으로 성장했다는 것은 널리 알려진 사실이다.

하지만 이러한 '근대화'의 혜택을 모두가 공평하게 향유할 수 있었던 것은 아니었다. 무엇보다 '인구의 절반'을 차지하는 여성의 경우, 과거에 비해 책임은 많아지고 – 관점에 따라서는 – 지위는 오히려 열악해졌다는 부정적인 평가가 있다는 사실은 지적해 둘 필요가 있다. 근대 일본에서 여성의 정치적 권리나 가정 안에서의 지위가 남자의 그것에 비해 현저히 열악했다는 것은 새삼 언급할 필요가 없을 정도지만, 상대적으로 차별의 정도가 덜할 것으로 기대되는 교육 분야의 경우에도 크게 다르지 않아 보인다. 교육과 관련한 일부 가시적인 제도와 정책 면에서 여성도 수혜자로 보일 수 있지만, 근대 일본에서 실시되었던 각종 여자교육이라는 것이 실제 여성을 '위한' 것이었는지는 여전히 의심스러운 것이다.

여아의 소학교 취학률이 20세기 초 이미 95퍼센트를 뛰어넘을 정도로(이명실, 2008: 57), 분명 교육은 일본 여성이 이른바 근대화의 혜택을 가장 크게 받은 분야라 할 수 있다. 하지만 바로 그러한 교육 분야에서도 남녀의 차별이 뚜렷하게 드러나는 것을 숨길 수는 없었다. 무엇보다 남녀를 향해 시행되는 혹은 남녀에게 기대되는 교육의 수준이 달랐는데, 예를 들어 '고등'여학교가 남자의 '중등'(중학)교육에 상당했다는 사실은 남녀 사이에 있었던 교육 차별의 실상을 상징적으로 보여준다. 이미 19세기 말부터 – 초등교육에 해당하는 – 소학교 과정이 남녀 모두에게 의무교육이었다는 것은 상당히 놀라운 사실이긴 하지만, 거기까지였다. 그 이상의 과정에서는 남녀 교육의 수준에 차이가 벌어졌고, 여자에게 소학교 이상의 교육은 쉽게 다다를 수 있는 것이 아니었다. 남녀를 향한 교육의 목적 혹은 기대가 달랐기 때문이다.

기본적으로 근대 일본에서는 여자에게 높은 수준의 교육, 즉 고등교육이 필요하다고 여겨지지 않았다. 여성에게 요구되는 것은 일본의 국민을 잘 키워내는 것, 혹은 그들이 사회에서 국가를 위해 마음 편히 헌신할 수 있도록 가정의 살림을 도맡아 경영하는 것이었다. 여자에게는 이를 위해 필요한 최소한의 교육만으로 충분하다고 여겨졌으며, 여자가 사회에서 중요한 역할을 맡아 수행할 것이라고는 기대되지 않았다. 하지만 근대 일본 초기 상당 기간 동안 널리 공감되었던 그와 같은 여자교육론과 정책에 대해 다른 목소리 혹은 다른 움직임이 나타나기 시작하는 것도 필연적인 흐름이었다.

즉, '다이쇼시대'라고 불리는 1910년대부터 이른바 '부인문제'라는 이름으로 여성의 지위 혹은 삶에 대해 근본적인 문제 제기가 이루어지기 시작했고, 이에 관해 ─ 이 책의 제2장에서 살펴보게 될 것처럼 ─ 특히 '신여성'을 중심으로 활발한 토론이 전개되었던 것은 비교적 널리 알려진 사실이다. 이에 더해 다수의 신여성들이 등장할 수 있었던 배경으로서, 19세기 말부터 체계적으로 정비되기 시작한 여자 중등교육의 실시, 즉 '여학교' 교육의 확대가 있었음을 빠뜨릴 수 없다. 집안에 고립되기 십상인 10대 소녀들이 '함께' 문제를 인식하고 이야기할 수 있는 '또래'를 형성할 수 있게 되었던 것이다. 이처럼 근대적인 여자교육의 세례를 받은 세대가 출현해서 모임을 만들고 자신들의 목소리를 낼 수 있기까지는, 근대 일본이 시작되고서도 한참의 시간이 필요했던 셈이다.

이상과 같은 사실을 염두에 두면서, 이 글에서는 근대 일본 여성의 본격적인 역사가 시작되기 이전, 혹은 '신여성' 출현 이전의 '전사前史'로서 메이지시대 초기의 여성의 지위와 생활 등에 대해 살피려 한다. 그중에서도 메이지시대 여자교육의 현실에 초점을 맞추려 하는데, 이를 위한 하나의 방법으로서 쓰다 우메코(1864~1929)라는 인물의 시선을 빌리고자 한다.

그는 이른바 신여성의 등장보다 20년 가까이 앞선 19세기 후반부터 이미 일본 여성의 불우한 현실에 주목하고 이를 문제시했다. 특히 여자를 위한 '고등교육'의 필요성을 절감해 직접 그 실현을 위해 헌신했고, 실제 쓰다주쿠(설립 당시에는 여자영학숙女子英学塾, 이 글에서는 쓰다주쿠로 통칭함)[1]라는 여자 고등교육을 위한 학교를 설립하는 등 눈에 보이는 성과를 남기기도 했다. 그럼에도 여전히 그의 존재에 주목하는, 특히 역사학 분야에서의 연구가 많았다고

하기는 어렵다.[2]

일본 역사상 그의 이름을 유명하게 만든 것은 만 6세의 나이로 1871년 이와쿠라사절단[3]과 함께 파견된 일본 최초의 그리고 최연소 여자 유학생이라는, 그 자신의 의지와는 무관하게 결정된 사실이었다. 하지만 그보다 더 주목되어야 할 것은 그가 약 10년의 유학을 마치고 귀국한 후 일본 여성을 위해 교육에 헌신했던 시간일 것이다. 그는 하향평준화한 근대 일본 여자교육의 풍토 속에서, 졸업 후 사회에서 즉시 인정받고 활동할 수 있는 전문직 직업여성을 양성하기 위한 여자 고등교육기관 설립의 필요성을 절감했고, 그에 대한 해결책을 제시하기 위한 교육사업에 평생을 바쳤다. 높은 수준의 여자교육이야말로 불우한 형편에 처한 일본 여성을 구할 수 있는 길이라 여겼기 때문이다. 무엇보다 1900년 그가 여자 고등교육을 위해 세웠던 학교가 일시적

1   '여자영학숙'은 이후 '쓰다주쿠'로 명칭이 변경되었다가 지금은 공식적으로 '쓰다주쿠대학(津田塾大学)'을 사용하고 있다.

2   쓰다 우메코에 관한 저서는 쓰다주쿠의 졸업생이나 주변 관계자들에 의한 것이 대부분으로, 본격적인 연구서보다는 우메코와 그 주변 인물에 관한 전기적 성격을 갖는 것이 많다. 쓰다주쿠대학 학장이기도 한 다카하시 유코의 연구(高橋裕子, 2002)가 현재까지 나온 우메코에 관한 가장 대표적인 연구 성과라면, 후루키 요시코의 저서(古木宜志子, 1992)는 우메코에 관한 사료와 연구 성과를 잘 소화해 대중적으로 정리한 전기라 할 수 있고, 다니오카 이쿠코의 연구(谷岡郁子, 1998)는 근대 일본 여자 고등교육'기관'에 관한 비교 연구 가운데 쓰다주쿠의 사례를 다루고 있다. 국내에서는 김영숙(2009)의 연구에 우메코가 등장하기는 하지만, 연구 안에서 차지하는 비중은 매우 적다. 다만 최근 일본의 5000엔권 화폐 도안으로 쓰다 우메코의 초상이 채택된 것을 계기로 국내외에서 그에 대한 관심이 높아질 것이 예상된다.

3   이와쿠라사절단의 정식 명칭은 '이와쿠라견외사절단(岩倉遣外使節団)'이며, 메이지 정부 초기 특명전권대사 이와쿠라 도모미(岩倉具視)를 대표로 구미(歐美)에 파견되었다. 막부 말기에 체결되었던 조약을 개정하기 위한 예비 교섭과 구미 근대국가의 제도와 문물의 조사·연구 등을 목적으로 했다. 1891년 10월 출항 당시 사절단 46명, 그 외에 수행인 18명, 유학생 43명 등 총 107명 규모였고, 서양 총 12개국을 약 22개월에 걸쳐 방문하고 귀국했다. 조약 개정에는 성과가 없었으나, 순회 기간 내내 구미 자본주의 국가의 실태를 파악하고 일본 근대국가 형성의 모델을 찾기 위해 분주했다. 이들이 귀국 후 메이지 정부의 주도권을 쥐고 개혁 정책을 주도해 나가게 된다.

인 성과물로 끝나지 않고 지금까지도 쓰다주쿠대학이라는 이름의 여자 명문 대학으로서 건재하다는 점에서도[4] 그를 주목할 이유는 충분해 보인다.

이상과 같은 이유에서 이 글에서는 쓰다 우메코라는 인물을 주로 근대 일본 여자교육의 역사 속에서 고찰하려고 한다. 종래의 연구가 주로 그가 세운 쓰다주쿠 주변에서 이루어지면서 우메코라는 인물의 생애나 사상을 추적하는 것에 관심이 있었다면, 그와 차별되는 이 글의 특징은 다소는 타자화된 그의 시선을 통해 당시 일본 여성이 처해 있던 상황, 특히 여자교육의 실상을 비판적으로 파악하는 것에 있다. 그리고 쓰다주쿠에 대한 고찰 역시 근대 일본 여자교육에 대한 비판 혹은 안티테제로서 그가 제안하는 바람직한 여자교육 방안이 무엇이었는지를 파악하기 위한 것이다. 결국 이 글의 고찰 대상은 우메코라는 인물 자체보다는 그의 시선과 문제의식 그리고 활동에 투영되는 근대 일본의 여성과 사회인 셈이다.

덧붙여 말할 것은 이 글에서 주로 영어 사료를 사용하는 것, 심지어 본문 중에 원문을 병기하는 이유에 관해서다. 우메코는 어린 나이에 일본을 떠났기에 미국 유학을 마치고 귀국할 무렵에는 일본어보다 영어를 더 자유롭게 구사하게 되었다. 이 때문에 공적인 기록이나 공식 석상에서의 짧은 인사 등을 제외한, 그가 자신의 생각을 솔직하고 자세하게 기록한 사료 대부분은 영어로 쓰인 것이다. 또한 1984년 쓰다주쿠대학 한 건물의 다락에서 그가 영어로 쓴 대량의 편지가 담긴 상자가 발견되는 일도 있었다. 그가 귀국선에서부터 미국에서 자신을 키워주었던 양모를 향해 주기적으로 썼던 것으로, ─ 편지가 쓰다주쿠 한 켠에 보관된 경위는 알기 어렵지만 ─ 여기에는 미국에서 자란 그가

---

4   쓰다주쿠대학은 '사회 변혁을 수행하는 여성의 양성'이라는 목표하에 전문직 여성의 사회적 진출을 장려할 뿐 아니라, 특화된 영어 교육과 국제관계, 국제협력, 정보과학 등 일반적인 여자대학과는 차별되는 교육으로 현재도 명문 여자대학으로서 명성이 높다.

일본과 일본인을 낯설게 접하면서 적응해 가는 과정에서의 감정이 비교적 솔직하게 적혀 있다.

이러한 이유에서 이 글에서는 우메코가 남긴 영문 사료, 특히 그의 영문 편지를 묶어 출판된 서한집『다락방 편지: 쓰다 우메코가 양모에게 부친 서신들The Attic Letters: Ume Tsuda's Correspondence to Her American Mother』(1991)을 주로 사용한다. 그 외에 쓰다주쿠대학 창립 80주년을 기념해 발행된 사료집『쓰다 우메코 문서津田梅子文書』(1980) 안에 포함된 일부 영문 사료도 함께 고찰할 것이다. 양자는 각각 우메코의 '속마음本音'과 '공식 입장建前'을 대표하는 것처럼 보이지만, 반드시 그렇게 양분된다고 단언하기는 조심스럽다는 점도 밝혀 둔다.[5]

본문 중에 우메코의 영어 원문을 번역문과 함께 수록하기로 한 것에도 이유가 있다. 근대 일본에서 서양의 지식과 제도 그리고 사상을 수입하고 싶어 했던 많은 지식인들이 적극적으로 영어 학습에 몰두했고, 현대에 비해 비교할 수 없이 열악한 학습 도구나 많지 않은 해외 체류 경험에도 불구하고 영어를 통한 소통과 발신에 적극적이었던 것은 주지의 사실이다. 그런데 그들 대부분이 영어를 '외국어'로서 습득해서 사용했던 반면 우메코의 경우에는 영어가 가장 익숙한 사실상의 '모국어'였던, 그리고 이를 생생한 기록으로 남긴 ─ 근대 일본의 저명한 인물 가운데 필자가 아는 한에서는 ─ 특이한 사례다. 또한 그가 당시 일본 사회에서 공인받았던 대표적 능력이 영어였다는 점, 그가 교육사업을 전개하는 과정에서도 영어를 중시했다는 점 등을 고려할 때, 그의 영어 문장을 원문으로 게재하는 것이 메이지시대 일본인의 영어의 실제에 관한

---

5   이는 그에 관한 모든 사료가 쓰다주쿠 관계자들의 손에 의해 선별되어 공개된다는 점과도 관련이 있다. 서한집의 경우, 내부 위원회 회의를 통해 발견된 서신의 약 3분의 1만이 선별되어 자료집에 수록되었다(Tsuda, 1991: viii).

사료 소개의 의미를 더할 것으로, 무엇보다 쓰다 우메코에 대한 이해에 도움이 될 것으로 판단했다.

2. 근대 일본 여자교육의 이념과 제도

1) 근대 일본 여자교육의 이념

메이지유신 이후 일본에서는 지혜로운 어머니, 즉 '현모賢母' 양성의 필요성이 강조되기 시작했다. 이는 전근대 일본 사회에서는 여성에게 '현모'가 기대되는 덕목이 아니었다는 것을 반증하는 것이기도 하다(小山靜子, 1991: 14~19). 일본이 본격적으로 근대화의 길을 걷기 시작하면서 국민의 양적 증가와 더불어 질적 향상이 필요해졌고, 이른바 '교육하는 어머니' 이데올로기가 등장하게 되었다. 지식인들 사이에서 아이의 교육을 여자가 감당해야 한다는 주장이 제기되고 정부 차원에서도 그러한 주장을 긍정하게 되면서, 여성에게도 지식과 학문을 요구하게 되었던 것이다(小山靜子, 1991: 33~34). 1872년 문부성은 "인간의 도리는 남녀의 차별이 있지 않다"는 남녀평등론과, "학문의 단서를 열어 물리를 변론할 수 있는 것은 모친에게 교육의 힘이 많을 때 가능하다"는 필요에 의해 여아의 초등교육에 착수했다(光田京子, 1985: 105~106).

그러나 여아에 대한 학교 교육이 시작된 지 20여 년이 지나도록, 남자교육의 눈부신 발전에 비해 여자교육의 성장은 두드러지지 않았다. 기껏해야 1891년 '중학교령' 개정으로 고등여학교가 처음으로 심상중학교尋常中學校의 일종으로 규정된 것 외에, 정부가 여자교육에 큰 관심을 보이지 않았던 것이다. 그러나 1894년 청일전쟁을 경험하면서 국가의식이 고양되는 가운데 '양처현모' 육성의 필요성을 외치는 여자교육론이 정책 담당자의 입을 통해 본격적으로 제기되기 시작했다. 여자교육이 국가 경제상으로 이익이 되고, 현모를 양성할 수도 있으며, '국민 일반의 도덕을 진척'시키는 이점이 있다는 식이었다(小山静子, 1991: 44).[6] 1899년으로 예정된 외국인 내지잡거內地雜居[7]를 앞두고 국가 통합의 필요성이 강해진 것도 한 배경이 되었다.

이상과 같은 과정을 거치면서 일본에서는 '남자는 일, 여자는 가정'이라는 이른바 근대적 '남녀 성별 분업관'에 근거해 아내·어머니로서 여성의 역할과 여성의 높은 도덕성이 국가적 시점에서 가치 있는 것으로 평가되었고, 따라서 여자교육의 필요성이 높아졌다. 여아의 소학교 취학률은 급격히 상승했고 중등교육 희망자도 증가했다. 이러한 분위기를 배경으로 1899년 '고등여학교령'이 공포되어 양처현모 사상이 국가 공인의 여자교육 이념으로서 지위를 획득하게 되었던 것이다.

> 건전한 중등사회는 오로지 남자교육으로 양성할 수 있는 것이 아니라 현모양처와 함께 잘 그 가정家을 다스림으로써 비로소 사회 복리를 증진시킬 수 있으니, 여자교육의 부진은 현금現今 교육상의 일대 결점이라 하지 않을 수 없다. …… **고등여학교 교육[의 목적]은 그 생도가 훗날 중인 이상의 집에 시집가서 현모양처가 되도록 소양을 갖추게 하는** 데 있으며, 그러므로 우미고상優美高尚한 기풍, 온량정숙溫良貞淑한 자성資性의 함양과 더불어 중인 이상의 생활에 필수적인 학술·기예를 지득知得케 할 필요가 있다(小山静子, 1991: 49에서 재인용, 줄임과 강조는 인용자).[8]

---

6   대표적인 논자는 여자고등사범학교장이었던 아키즈키 신타로(秋月新太郎, 1895.7)의 견해를 들 수 있다.
7   외국인 전용 거주지를 따로 마련하거나 행동에 제한을 두지 않고, 내국인과 마찬가지로 자유로운 거주·여행·영업 등을 허락하는 것이다.
8   '고등여학교령' 공포 당시 문부대신(文部大臣) 가바야마 스케노리(華山資紀)의 발언. 일본에서는 '양처현모'가 일반적이었다고 알려진 것과 달리 가바야마는 '현모양처'라는 표현을 사용하고 있다. 일본에서도 초기에는 '현모양처'의 사용 빈도가 더 높았으나 1890년대 말 이후 '양처

이처럼 여성에게 활동의 장은 가정이고 견실한 중산층 가정을 이루는 것이 여성의 일이라는 양처현모주의적 교육관 아래, 고등여학교에서는 남자 중학교에 비해 수학·외국어·이과 등의 수업 시간이 절반 이하인 대신 수신修身·국어·재봉 등과 같은 도덕·실업 과목이 큰 비중을 차지했다(尾崎ムゲン, 1999: 79). 이러한 여자교육의 기조는 패전까지 크게 변하지 않고 지속되었다.

2) 근대 일본 여자교육의 제도와 실상

앞서 근대 일본에서 여자교육의 목표와 이념을, 정책을 수립하는 정부의 입장에서 간단히 소개했다면, 이하에서는 실제 여자교육이 어떻게 이루어졌는지를 제도와 수치 등을 중심으로 살피고자 한다. 앞의 내용과 다소 중복될 수 있지만, 쓰다 우메코가 미국에서 10여 년의 유학생활을 마치고 귀국했을 때 목격했던 일본 여자(교육)의 현실, 혹은 그가 교사로서 혹은 교장으로서 여자교육에 종사했을 때 극복해야 했던 여자교육의 실상을 조금 더 구체적으로 이해하기 위한 것이다.

근대 일본 교육의 원점은 1872년의 학제 반포라 할 수 있다(이권희, 2013: 48~56). 서양을 본뜬 근대 교육제도의 원칙을 선포한 것으로, 가장 큰 원칙 중 하나인 '국민개학國民皆學'의 대상에는 '부녀자', 즉 여성이 포함되었다. 이에 따라 여자도 남자와 함께 소학교 교육을 받을 수 있게 되기는 했다. 하지만, '남녀별학男女別學'을 원칙으로 삼아 여자교육은 남자교육과 별도의 계통과 별도의 내용으로 이루어지게 되었고, 이는 이후 여자교육이 뒤떨어지는 원인이 되었다(이명실, 2008: 54). 실제 여아의 취학률은 〈표 1-1〉에서 보듯 남아의 경

현모'의 사용이 더 보편화되었다.

표1-1 메이지시대 아동 취학률 추이(단위: %)

	남자	여자	평균
1873	39.9	15.1	28.1
1874	46.2	17.2	32.3
1875	50.8	18.7	35.4
1876	54.2	21.0	38.3
1877	56.0	22.5	40.0
1878	57.6	23.5	41.3
1879	58.2	22.6	41.2
1880	58.7	21.9	41.1
1881	60.0	24.7	45.5
1882	64.6	31.0	50.7
1883	67.2	33.6	53.1
1884	67.0	33.3	53.0
1885	65.8	32.1	49.6
1886	62.0	29.0	46.3
1887	60.3	28.3	45.0
1888	63.0	30.2	47.4
1889	64.3	30.5	48.2
1890	65.1	31.3	48.9

주: 1882년 경제 불황의 영향으로, 취학률이 1883년을 정점으로 하향하는 추세를 보였다.
자료: 기타기리 요시오·기무라 하지메 외(2011: 124).

우에 비해 상당한 차이를 보였다.

　　이후 남자교육 분야에서는 관련 제도와 법령이 속속 마련되고 1877년 제국대학이 설립되는 등, 교육 단계에 따른 다양한 학교가 설립되면서 빠르게 정비되었지만, 여자교육 분야에서 주목할 만한 움직임은 드물었다. 소학교 졸업 이후 진학할 수 있는 여자 중·고등교육기관의 설립은 매우 지지부진해,

서양 선교사들이 세운 미션 계열의 사립 여학교와 여자 교원을 양성하기 위한 관립 여자사범학교[9]가 사실상 여자 중등교육을 담당했다. 그런데 1874년 처음으로 도쿄여자사범학교가 설립되었던 것조차 여교사 양성의 필요성을 강조한 미국인 데이비드 머리David Murray의 의견에 따른 것이었다고 한다면(기타기리 요시오·기무라 하지메 외, 2011: 121), 학제 공포로 여아의 소학교 교육이 시작된 이후로도 20년 이상 여자 중·고등교육은 정부의 관심에서 밀려나 제대로 추진되지 못했다고 할 수 있다.

여자 '중등' 교육기관인 고등여학교의 경우 1895년 전국에 관공립이 9개교, 사립이 6개교에 지나지 않았으며, 재적 인원은 같은 연령 여자 전체의 0.16%에 불과했다(기타기리 요시오·기무라 하지메 외, 2011: 153). 하지만 이처럼 지지부진하던 여자교육은 1899년 '고등여학교령'으로 여자 중등교육 시스템이 정비되면서 본격화했다. 이를 남자를 위한 교육과 비교해 보면, ─ 남자 중학교와 마찬가지로 ─ 고등여학교 입학 자격은 12세 이상의 고등소학교 2학년 과정을 수료한 자로 규정되었지만, 수업 연한은 4년으로 중학교보다 1년이 짧았고 지역의 사정에 따라 1년 더 단축이 가능했다. 남자 중학교와 마찬가지로 각 도부현都府県 설치가 의무화되었지만 군시정촌郡市町村의 고등여학교가 이를 대신할 수 있다고 규정한 것은, 남자 중등교육에 비해 여자 중등교육 법령의 추진에 소극적이었던 것이라 평가될 수 있었다.

1895년까지 15개에 불과했던 고등여학교는 '고등여학교령' 발포 직후인 1900년 관공립 45개교, 사립 7개교로, 1905년에는 관공립 89개교, 사립 11개교, 1910년 관공립 146개교, 사립 47개교로 급격히 늘어갔다. 그럼에도 남학생을 위한 중학교에 비해 고등여학교의 수가 크게 적었던 것은 여전히 여자

9   1890년 9개 부현에 12개의 여자사범학교를 설립해 여자 교원 양성을 본격화했다. 이는 여아의 소학교 취학률을 높이기 위한 것이기도 했다.

그림 1-1 근대 일본의 여자교육 계통도

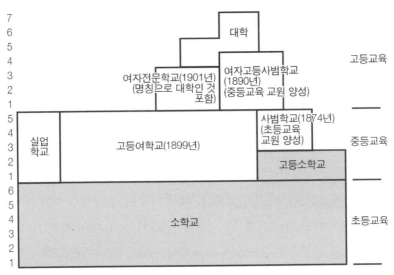

자료: 이명실(2008: 49).

중등교육의 필요성에 대한 지지가 높지 않았기 때문으로, 이를 설득하기 위한 방안으로서 앞서 소개했던 '양처현모'의 이념이 널리 유포되었다. 주로 가정에 관한 과목을 중심으로 하는 실과고등여학교가 1910년 '고등여학교령' 개정에 의해 탄생한 것도 이러한 여자교육에 대한 낮은 기대가 반영된 결과였다(기타기리 요시오·기무라 하지메 외, 2011: 156~157).

마지막으로는 여자를 위한 고등교육을 실시하게 되는 쓰다주쿠를 이해하기 위한 배경으로서, 근대 일본 여자 고등교육의 전개에 대해 간단히 소개해 두려 한다. 가장 대표적인 것은 여자 교원 양성을 목적으로 하는 여자고등사범학교의 존재였다. 1874년 설립된 도쿄여자사범학교는 1885년 도쿄사범학교에 통합되었다가 1886년 도쿄사범학교가 '사범학교령'에 의해 다른 일반 사범학교 위에 위치하는 고등사범학교로 승격하게 되면서, 여자부도 함께 승격해 관립 유일의 여자 고등교육기관이 되었다. 이후 1890년 여자부가 분립해 도쿄여자고등사범학교(현 오차노미즈여자대학御茶ノ水女子大学 전신)가 되었으며, 1908년 간사이関西에 나라여자고등사범학교(현 나라여자대학奈良女子大学 전신)가 설립되어 근대 일본의 여자 교원 양성을 위한 양대 고등교육기관으로서 군림하게 되었다.

1903년에는 '전문학교령'이 공포되었는데, 이는 제국대학·고등학교와 달리 '고등의 학술·기예를 가르치는' 3년제 교육기관이었다. '전문학교령'에 의거해 도쿄외국어학교, 도쿄음악학교, 도쿄미술학교 등의 관립학교가 설립되었으며, 지금 일본의 대표적 사립대학인 게이오慶應, 와세다早稲田, 호세이法政 등도 당시에는 전문학교로서 인가를 받았다. 여자 전문학교도 인가를 받게 되었는데, 1904년 가장 먼저 전문학교로 인가를 받은 여자 교육기관은 1901년 나루세 진조成瀬仁蔵가 설립한 일본여자대학교[10]와, - 앞으로 본문을 통해 자세히 살펴보게 될 - 1900년 쓰다 우메코가 설립한 여자영학숙이었다(기타기리 요시오·기무라 하지메 외, 2011: 162).

3. 우메코의 미국 유학과 귀국 후의 시련

1) 미국 유학과 일본을 향한 사명

메이지유신으로부터 3년이 지난 1871년, 일본 정부는 서양과의 불평등한 조약을 개정하고 서구의 문물을 견학할 목적으로 이와쿠라 도모미(1825~1883)와 이토 히로부미伊藤博文(1841~1909) 등 내각의 거의 절반이 포함된 100여 명

---

10   1901년 설립되어 1904년 전문학교로 인가를 받은 '일본여자대학교'가 교육제도상으로도 이름에 걸맞은 여자'대학'으로 인정받는 것은 1945년 이후의 일이다.

의 사절단을 파견했다. 바로 이와쿠라사절단이다. 흥미롭게도 그중에는 6~14세 사이인 5명의 여자 유학생이 포함되어 있었다. 미국 여성의 사회적 지위 혹은 역할에 감명을 받은 구로다 기요타카黑田淸隆(1840~1900)[11]라는 관료의 강력한 건의에 의해 결정된 일이었다.

1871년 9월 기요타카는 인재의 배출은 '자녀 교육'에서 비롯되며 이를 위해서는 그 어머니에게 학술적 기초가 있어야 한다는 점을 지적하면서 서양의 사례를 따라 여자학교를 세워 인재를 교육해야 한다는 내용을 담은 건의서를 제출하고, 이를 위해 "어린 여자를 골라 구미에 유학을 보내려 한다"는 뜻을 밝혔다(高橋裕子, 2002: 24). 메이지 천황 역시 이들의 출발에 즈음해서, "아이의 성장에는 어머니의 교육이 절실"하지만 일본에는 아직 여학의 제도가 제대로 확립되어 있지 않으니 "해외에 가는 자는 부녀 혹은 자매를 동반할 것"을 권하는 내용의, 즉 여자교육을 위한 해외 파견을 장려하는 칙유를 내려 이러한 취지를 뒷받침했다(高橋裕子, 2002: 34).

5명 중 가장 어렸던 쓰다 우메코가 여자 유학생 선발[12]에 응모한 것 역시, 그의 아버지 쓰다 센津田仙(1837~1908)이 구로다와 같은 이유로 여자교육의 필요성을 일찍부터 절감했기 때문이었다. 일본에서 여자교육의 필요성이 본격적으로 논의되기도 전, 아니 1872년 학제 공포를 통해 최초로 근대적 교육이 시작되기도 전에 이루어진 선구적 발상이었다.

다섯 명 가운데 낙오하지 않고 예정되었던 약 10년의 유학을 마친 것은 그중에서도 가장 연소한 세 명, 야마카와 스테마쓰山川捨松(1851~1919), 나가이 시게코永井繁子(1861~1937) 그리고 쓰다 우메코였다.[13] '트리오'라고 불린 이들

---

11 그는 1876년 조선에 개항을 강요했던 강화도조약의 일본 측 대표이기도 했다.
12 미국에 장기 유학하게 한 후 일본의 여자교육에 공헌하게 할 목적이었으며, 유학 기간은 10년으로 국가기관인 홋카이도개척사(北海道開拓使)에서 여비와 학비, 생활비 전부를 부담하고 이에 더해 연간 800달러의 장학금을 지급한다는 파격적이고 장기적인 프로젝트였다.

에게는 몇 가지 공통점이 있었는데, 첫째로 당사자가 주체적으로 유학생에 응모한 것이 아니었고, 둘째로 아버지나 오빠 등 가족에게 이미 구미歐美 방문 경험이 있었으며, 셋째로 메이지유신으로 인해 기울기 시작한 과거의 사무라이 집안 출신이라는 것이었다.[14]

우메코는 미국 생활 초기 일본 공사관 서기 경력을 가진 찰스 랜먼Charles Lanman(1819~1895) 씨 가정에 맡겨졌다.[15] 그는 애덜린 랜먼Adeline Lanman(1826~1917) 부인의 각별한 보살핌 속에 1872년 7월부터 초등학교인 스테판슨세미너리Stephenson Seminary를, 1878년 9월부터는 주로 정치인이나 관료들의 자제가 다니는 사립학교인 아처인스티튜트Archer Institute를 다녔다. 두 학교 모두 워싱턴DC 시내에 위치하며 소수 정예 교육을 펼치는 사립학교였던 것에서 그가 받은 교육의 수준을 짐작할 수 있다. 다양한 과목으로 이루어진 수준 높은 학교 교육뿐 아니라 폭넓은 독서와 문화생활, 심지어는 미·일 유명 인사들과의 접촉을 통한 사회교육까지, 우메코는 ─ 그들 자신이 지극히 높은 수준의 교육을 받은 엘리트였던 ─ 랜먼 부부의 배려 속에, 당시 미국인에게도 최고 수준이라 할

---

13 출발 당시 스테마쓰는 11세, 시게코는 8세, 우메코는 6세였으며, 1년여 만에 유학을 중도 포기하고 귀국한 나머지 두 명은 가장 나이가 많은 14세였다. 미국 유학의 적응과 성공 가능성은 사실상 그들의 나이와 반비례했던 셈이다.

14 이들 집안에서는 어려운 형편 때문에 한 명이라도 '식구'를 줄여야 할 필요성이 있었고, 잃어버린 과거의 지위를 되찾아야 한다는 욕구가 강했으며, 과거 사무라이 집안으로서 국익을 위해 자녀를 '인신공양'의 마음으로 내어놓을 자세를 여전히 가지고 있었다. 결과적으로 그러한 사명감은 당사자인 '트리오'에게도 강하게 전달되었고, 실제 이들은 평생 일개인의 삶이 아닌 일본 여성을 위한 공적인 삶을 살게 되었다. 어린 시절부터 스스로의 의지가 아닌 가족과 국가에 의해 그 방향이 설정된 셈이었다(高橋裕子, 2002: 29~30).

15 우메코에게는 "지성이 빛나고, 성격이 성실하다는 점에서도 아주 훌륭한 아이"지만, "나이에 맞지 않게 똑부러진 생각을 가지고 있으면서 한편으로는 어린 양처럼 명랑하고 제 또래의 놀이에 푹 빠지기도 하는", 그야말로 흠잡을 데 없는 아이라는 평판이 따라다녔다(古木宜志子, 1992: 47). 이 때문인지 본래 랜먼 씨 가정에서는 1년을 예정하고 우메코를 받아들였지만, 애정이 깊어져 결국은 그가 일본으로 귀국할 때까지 10년 이상 외동딸과 같이 보살폈다.

수 있는 교육을 받을 수 있었다.[16] 도미渡美 후 오래지 않은 1873년 7월 자원해 세례를 받고 그리스도인이 된 것 역시 우메코의 미국 유학 생활을 이야기할 때 빠뜨릴 수 없는 중요한 사건이라 할 수 있다.

그러나 트리오가 훗날 일본 여성의 모델이 되려는 사명감을 가지고 미국 여성의 모든 것을 학습하는 사이, 아이러니하게도 우메코는 점차 일본어 능력을 상실해 갔다.[17] 또한 트리오 중 가장 어렸던 탓에, 스테마쓰 등과는 달리 대학 교육까지는 받지 못한 상태에서 귀국해야 했다. 이는 훗날 그가 일본에서 여자교육에 종사하게 되면서 부족함을 느껴 더 높은 수준의 교육을 받기 위해 미국 대학으로의 재유학을 결심하게 하는 이유가 된다.

2) 낯선 일본, 일본 여성의 현실과 난관

학교 졸업을 위해 귀국을 1년 미루었던 우메코는 1882년 11월 미지의 조국과 낯선 가족에 대한 기대를 품고 스테마쓰와 함께 귀국길에 올랐다. 아무리 오랫동안 재회의 순간을 그려온 조국일지라도 6세부터 10년 이상을 미국에서 보낸 우메코에게 일본의 풍경은 낯선 것이었고, 그들을 기다리는 일본의 상황은 실망스러웠다. 트리오의 깊은 사명감과 포부가 무색할 정도로 일본은

---

16 유학 시절 우메코는 학교와 지역사회에서 주목받는 특별한 존재였으며, 그러한 사실을 뒷받침하는 일화로서 1874년 학교 학예회에서 우메코가 장문의 시를 낭독한 것이 주목을 끌어 지역 신문에 게재되었던 것이나, 재학 중 수시로 성적과 품행에 대한 표창을 받은 것, 랜먼 부부의 배려와 알선으로 시인 헨리 롱펠로(Henry Wadsworth Longfellow)나 상원의원 등 당대 저명 인사들을 만나 교류했던 것 등이 널리 알려져 있다.

17 귀국 초기에는 어머니와의 대화에 아버지의 통역이 필요할 정도로 우메코에게는 영어가 사실상 모국어였기에, 그는 종종 일본어 학습의 부담을 토로했다. 우메코가 랜먼 부인에게 보낸 편지 중에는, 이토 히로부미가 우메코의 일본어 학습에 관심을 가졌다거나(Tsuda, 1991: 123), 일본 여자교육에 공헌하기 위해서는 일본어에 숙달해야 한다는 점을 지적했다는 내용도 있다.

그들에 대한 기대가 크지도, 그들을 활용할 준비가 되어 있지도 않은 것으로 보였다. 그들을 유학생으로 파견했던 기관인 홋카이도개척사는 이미 해산한 상태였고, 여자교육의 중요성을 인식하고 여자에게도 고등교육을 실시해야 한다고 믿는 이는 정부 요직에 거의 존재하지 않는 것처럼 보였다.

우메코는 "얼마나 많은 것들에 자신이 충격을 받았는지", – 그의 표현을 빌자면 – 랜먼 부인 외에는 아무에게도 알리고 싶지 않다고 토로할 정도였다. 그가 보기에 일본인들은 게으르고 시간의 소중함을 알지 못했으며, 외국의 것이라면 배척하거나 부정적인 인식을 갖고 있는 것으로 보였다. 신분이 높은 사람일수록 부인 외에 많은 여자를 거느렸고, 이는 천황도 마찬가지였다. 하류 계층 사람들의 도덕성이 더 나을 것처럼 보일 정도였다. 귀국 직후 그는 관찰자의 시선 혹은 서구화된 눈으로 일본의 사람과 그들의 문화를 관찰하면서 충격을 받기도 했고, – 특히 남자들의 – 부도덕함을 비판하기도 했지만, 일본의 생활문화나 자연 등에 대해서는 대체적으로 호감을 보였다.[18] 어린 시절 일본을 떠나 10년 만에 귀국한 그가 일본 사회에 적응하는 과정에서 느끼는, 긍정과 부정이 혼재된 낯설음은 자연스러운 것이었다. 그러나 더 이상 타자로서 흘러버릴 수 없는, 우메코에게 닥친 구체적인 문제들이 있었는데, 이는 주로 '일본 여성'에 관한 혹은 그가 일본 여성이라는 정체성과 관련된 다음과 같은 것들이었다.

첫 번째 문제는 바로 '결혼'으로, 그가 귀국해서 차분히 일본을 마주하고 귀국의 감정을 느끼기도 전에 맞닥뜨린 난관이었다. 기폭제가 된 것은 바로 다음 달로 예정되었다는 – 트리오 중 한 명인 – 시게코의 갑작스러운 결혼 소식이었다(Tsuda, 1991: 16). 이는 시게코 개인만의 선택이 아닌, 우메코를 포함

---

18   이러한 내용은 주로 서한집 『다락방 편지들』에 실린 1882~1883년의 편지 내용에서 확인할 수 있다.

한 모든 젊은 일본 여성이 처한 현실이기도 했다. 여성의 경우 10대 중반에 결혼하는 것이 일반적이었던 당시의 일본 사회에서 이미 자신이 결혼하기 늦은 나이임을 깨달은 우메코는, 직간접으로 전해져 오는 결혼의 압력에 상당한 스트레스를 받을 수밖에 없었다. 아래의 편지는 그가 귀국하고 두 달 후에 쓴 것이다.

스테마쓰, 시게, 그리고 저는 결혼이라는 주제에 관해 심각하게 얘기했습니다. 미혼 여성은 정말 할 수 있는 게 별로 없습니다. 여성들은 원래 별로 자유가 없지만, 미혼 여성은 더더욱 그렇습니다. …… 누구나 일찍 결혼하기에 만일 우리가 더 미룬다면, 우리는 어떤 [결혼] 제안도 받지 못할 것입니다. 생각해 보세요. 만일 제가 결혼할 거라면 지금 당장 해야 하고, 몇 년 후에는 너무 늙어서 아무도 결혼할 사람이 없을 거라는 사실이 얼마나 이상한지요. 너무 끔찍합니다. 그러나 저는 제가 원하지 않으면 결혼하지 않을 겁니다. 설령 제가 은둔자처럼 살아야 할지라도 **사랑 이외의 것만이 중시되는 곳에서, 그 어떤 것도 저에게 일반적인 일본식의 결혼을 하도록 만들 수 없을 것입니다.**

[원문] Stematsu, Shige, and I have had some serious talks on the subject of marrying. An unmarried woman can truly do very little. Women do not have much freedom anyway, but an unmarried one still less. …… Everyone marries early, and if we put off, then we won't have any offers. Just think, how absurd it does seem when I think that now I ought to marry if I marry at all, and that in a few years I shall be too old for anyone to have me. It is too dreadful, but as I feel now I would not marry unless I wanted to, no matter if I have to live like a hermit, **and nothing would induce me to make a regular Japanese marriage, where anything but love is regarded**(Tsuda, 1991: 33~34, 줄임과 강조는 인용자).

문제는 복합적이었다. 일본에서 '여자'로 사는 것이 얼마나 어려운 일인지는 새삼스러운 일이 아니었지만, '미혼'의 여자라면 그 정도가 더 심해지는 것이었다. 다른 일본의 젊은 여성들과 마찬가지로 트리오는 결혼할 것인지 아니면 평생 독신을 고수할 것인지를 결정해야 한다는 압박을 받았는데, 심지어 오랜 유학을 마치고 귀국했기에 이를 선택할 수 있는 시간조차 얼마 남지 않은 상태였다. 당장 서두르지 않는다면 결혼하기에는 '너무 늙어'버릴 것이었다. 그러나 그와 같은 현실 앞에서도 우메코에게는, 설령 평생 고독한 삶을 살게 되더라도 '사랑 없는 결혼'이라는 일본의 전통을 따를 생각이 없었다.[19]

그로부터 약 반년 후에는 우메코가 가장 의지하던 스테마쓰마저 맞선을 통해 15세 연상에 세 자녀를 가진 고위 장교[20]와 결혼하는 길을 택했지만, 이는 그의 비혼 결심을 더욱 강화시켰을 뿐이었다. 그는 랜먼 부인에게 보내는 편지에서 스테마쓰와 그의 약혼자와의 관계를 전하면서, 결혼에 부정적인 자신의 심경을 다음과 같이 토로했다.

---

19 우메코가 보기에 일본에서 남녀가 진정한 '사랑으로' 연결되어 결혼하는 경우는, 이토 히로부미와 같은 최고 엘리트 남성이, 게이샤와 같은 직업을 가진 여성과 눈이 맞아 본래의 부인을 버리고 결혼하는 경우뿐이었다. "저는 진정한 사랑에 의한 결합이란 대부분 성공한 남자들이 가장 낮은 계층의 가수나 무용수와 결혼할 때뿐이라 생각합니다. 그들은 정말로 아름답고 대부분 재주가 많고, 스스로 원하는 방식으로 살기 때문입니다. 신사는 숙녀를 찾지 않고, 남자와 여자가 함께할 수 있는 모임이 거의 없는데 어떻게 사랑에 의한 결합이 가능하겠습니까?(I presume then the only true love matches are when these men-mostly great men- marry the singing and dancing girls of the lowest class, for they are truly beautiful and many are accomplished, for they live merely to please. How can love matches be made, when gentlemen never call on ladies, and there is so little society where the men and women mingle?)" (Tsuda, 1991: 31).

20 그의 남편은 사쓰마번(薩摩藩) 사무라이 출신으로, 보신(戊辰)전쟁, 세이난(西南)전쟁, 청일전쟁 등에서 전공을 세운 육군 군인이자 정치가인 오야마 이와오(大山巖, 1842~1916)로, 훗날 그는 육군 대장, 내대신, 원로, 귀족원 의원 등을 지냈다. 첫 번째 부인과 사별한 후 스테마쓰와 재혼했다.

스테마쓰는 그를 잘 모릅니다. 아마 그녀는 제가 그를 본 것보다 한두 번 더 봤을 것입니다. 일본에서는 그가 그녀와 약혼을 했는데도, 그녀를 따로 만나는 것을 허락하지 않습니다. 여하튼 간곡히 부탁드리니, 제게 결혼에 대해 너무 많이 쓰지 말아주세요. …… 제발 다시는 결혼에 대해 쓰지 말아주세요. 저는 그 문제에 질렸고, 그에 대해 듣거나 이야기하는 것도 끔찍합니다. 원하지 않는 결혼을 하지 않을 겁니다. 상황이든 사람이든 제게 결혼을 강요할 수 없을 겁니다. …… 저는 저의 학교를 갖고 싶고, 설령 혼자 살아가는 것이 너무 힘들기 때문에 제가 하지 않겠다고 단언하지는 않더라도, 결혼하지 않을 겁니다. 만일 제가 제 길을 개척할 수 있다면, 그리고 사람들이 단지 제가 결혼하지 않았다는 이유만으로 저를 이상하게 생각하지 않는다면[좋겠습니다]. 그러나 그것은 닥쳐올 시련들 중의 하나입니다.

[원문] Sutematsu knows him so little; perhaps she has met him once or twice only more than I, for Japanese etiquette does not permit him to call on her, though engaged to her. By the way, I must beg of you sincerely that you will not write so much about marriage for me. …… Please don't write marriage to me again- not once. I am so sick of the subject, sick of hearing about it and discussing it. I am not going to marry unless I want to. I will not let circumstances or anybody force me into it. …… I want to have my school, and never marry, though I do not say I shall never do so, because it is so hard, so very hard, to get along alone. If I could only do my own way, and not have everybody think me strange, just because I am not married. But that is one of the trials-trials have to come(Tsuda, 1991: 75, 줄임은 인용자).

이처럼 우메코는 랜먼 부인에게 보내는 편지에 당사자들이 서로 잘 알지도, 심지어 몇 번 만나지도 못한 스테마쓰의 결혼을 탐탁지 않아 하는 자신의 기분을 숨기지 않았다.[21] 랜먼 부인에게조차 다시는 자신에게 결혼에 대해 말하지 말아달라고 호소하는 것을 보면, 랜먼 부인 역시 미국에서 우메코의 결혼을 염려하고 있었던 것으로 보인다. 우메코가 위의 편지를 쓸 때까지만 해도 — 얼마나 힘든 일인지를 짐작하기에 — 비혼의 결심을 끝까지 지켜낼 수 있을지 스스로도 확신하지 못했던 듯하다. 하지만 1885녀 1월에 쓴 편지에서 자신의 약혼 소문이 있다는 사실을 화제로 삼아 자신에게 결혼은 너무 먼 이야기로 거의 '불가능'하다고 언급하고 있는 것을 보면,[22] 1864년생인 우메코가 20세를 넘어설 무렵에는 사실상 비혼의 결심을 굳히고 있던 것으로 보이며, 결국 그의 비혼 결심은 평생 유지되었다.

또한 우메코는 자신이 생각했던 것 이상으로 일본 여성이 열악한 상황에 처해 있다는 사실에 충격을 받았다.[23] 열악한 현실 자체보다 더 큰 문제는, 그

---

21 1893년 다무라 나오오미(田村直臣, 1858~1934)라는 일본의 목사는 미국에 체류하던 중 그곳에서의 결혼 풍습에 깊은 인상을 받아, 미일의 결혼 풍습을 비교하는 내용을 담은 영문 도서인 『일본인 신부(The Japanese Bride)』를 집필했다. 특히 그가 서양인을 향해 영어로 일본의 결혼 풍습을 소개하면서 당사자 간의 만남이나 사귐(courting)이 없다는 점, 철저히 남자 중심일 뿐 아니라 여자는 일방적으로 남자에게 의존적인 삶을 살게 된다는 점 등을 지적했기 때문에, 일본인들의 강력한 반발을 불러 결국은 일본의 "안녕질서를 방해하고 풍속을 어지럽힌다"라는 이유로 교계에서 추방되었다(이은경, 2017). 다무라가 일본 남자라는 관찰자의 입장이었다면, 우메코는 그보다 10년 앞서 일본 여자라는 당사자의 입장에서 일본의 사랑 없는 결혼 풍습을 비판하고 있었다는 점에서, 심지어 양자 모두 흔치 않은 미국 체류 경험에 기반하고 있었다는 점에서, 양자의 비교 연구는 흥미로운 주제가 될 것이다.

22 "저의 약혼 소문을 듣고 너무 웃겠습니다. …… 저는 모르는 사람과의 인위적인 결혼을 원하지 않으며, 돈이나 신분 혹은 지위도 저를 유혹할 수 없습니다. …… 저는 제게 결혼이 너무 먼 얘기라고, 심지어 불가능하다고 생각합니다(I was much amused by the rumors of my engagement. …… I want no made marriage, with any unknown, and no money nor rank nor position could tempt me. …… I think any marriage is very far off for me, nay, almost an impossibility)"(Tsuda, 1991: 175, 줄임은 인용자).

23 "저는 여성 작가가 쓴 유명한 일본 소설의 번역본을 읽고 있습니다. 아주 화려하고 신비하며 시적인 작품이지만, 매우 오리엔탈적인 부도덕함으로 가득 차 있습니다. 혹시 충격을 받지 않으셨을까 걱정입니다. 아마 미국의 도서관에서는 용납하지 못할 것 같습니다(I am just reading a translation of a famous Japanese work, a story, written by a woman — a luxurious, dreamy, poetical thing, but full of Oriental immorality. I fear you would be shocked. It

럼에도 불구하고 일본 여성 스스로가 극복하려는 의지를 보이지 않는다는 점이었다.

아, 여성들은 여러 가지 면에서 인생의 가장 어려운 시기를 견뎌야 합니다. 미국에서조차 저는 종종 제가 남자이길 바랐습니다. 아, 일본에서는 얼마나 더 심한지요. 불쌍한 여성이여. 여성의 삶을 더 나은 것이 되게 하기를 제가 얼마나 열망하는지요. 그러나 **그들이 너무도 만족하면서 그 이상의 것을 모르는 것 같은데, 제가 왜 그래야 할까요.**

[원문] Oh, women have the hardest part of life to bear in more ways than one. Even in America I often wished I were a man. Oh, how much more so in Japan! Poor, poor women, how I long to do something to better your position! **Yet why should I, when they are so well-satisfied, and do not seem to know any better?**(Tsuda, 1991: 23, 강조는 인용자)

우메코는 당사자들이 스스로의 처지에 만족하고 더 나은 것을 추구하려 하지 않는데, 어찌 자신이 그들의 지위 향상을 위해 노력해야 하는 것인지 혼란스러웠다. 설령 우메코가 일본 여성들을 위해 헌신하고자 해도 일본 여성 스스로가 문제를 자각하고 극복하려 하지 않는다면 무용할 터였다.

제 마음은 일본 여성들을 향합니다. 그들의 [불우한] 상황에 분노로 불타면서도, 동시에 그 여성들을 비난합니다. …… 여성들은 더 나은 것을 기대하지 않습니다. 일본 여성들은 충분히 만족하고, 외국인들이 공감하고 도와주려 노력을 하고 있음에도, [그들과] 마찬가지의 여성인 저와 같지 않습니다. 즉, **그들은 남자에게 더 나**

would not be endured in the library in America)"(Tsuda, 1991: 124).

은 대우를 기대하지 않고 스스로 열등하다고 생각하며 전혀 더 나아지려 노력하지 **않습니다.** 잘못된 것이 모두 교육만은 아닙니다. 전체 분위기가 바뀌어야 합니다. …… 저는 저의 자매들이 제가 그랬듯 교육을 받는 등의 혜택을 받기를 간절히 바랍니다.

[원문] My heart does go out to Japanese women, and I burn with indignation at their position, while I blame them too. …… the women expect no better either. …… Japanese women are contented enough, and though foreigners help and work and feel, they are not, as I am — one of them. …… **they don't expect better treatment from men — they feel they are inferior, and don't try to rise at all.** It is not all in education that is wrong: the whole atmosphere must be changed. …… I long that my sisters may study, and have such advantages as I had(Tsuda, 1991: 69, 줄임과 강조는 인용자).

우메코는 일본 여성들이 놓인 부당한 상황에 분노를 폭발시켰지만, 그러한 환경에 자족하고 있는 것처럼 보이는 일본 여성들을 향한 비판도 참지 않았다. 일본 여성 스스로 자신들이 남자들보다 열등하다고 여겨, 더 나은 대우를 요구하거나 그를 위해 싸우기는커녕 오히려 현실에 자족하고 있는 것으로 보였기 때문이다. 미국 출국에 앞서 황후를 알현해 "학업을 마치고 귀국한 후에는 여성의 모범이 되도록 밤낮으로 학업에 정진하라"라는 당부를 들었고, 미국 유학 당시 "일본 여성을 위해"라는 사명감을 품고 있었던 우메코였던 것을 기억하면(高橋裕子, 2002: 36),[24] 그러한 자신의 소명과 헌신의 대상으로는

---

24 우메코에게 황후를 알현한 것은 특별한 기억이 되었을 뿐 아니라, 일본에서 황후가 사족(士族)의 딸들을 공식적으로 접견하는 것도 최초의 일이었다. 황후 알현 후 각종 선물을 받아서 돌아왔는데, 우메코는 그중에서 '황후의 말씀(お沙汰書き)'을 적은 두루마리를 가장 소중한 것으로 여겼다(津田塾大学編, 1980: 77~84). 원본은 현재 쓰다주쿠대학에 보관되어 있다.

어울리지 않게 무력해 보이는 일본 여성의 모습에 좌절했으리라는 것을 짐작하기 어렵지 않다.

또 하나의 난관은 자신의 경력과 기대에 맞는 적당한 일을 찾기 어려웠던 것, 그의 생계와도 직결되었던 현실이었다. 귀국 후 한동안 그는 마땅한 일을 찾을 수 없었다. 유학의 경험을 살려 일본 여성에게 도움이 될 수 있는, 무엇보다 우메코가 희망하던 여자교육 분야에서 그의 역량을 발휘할 수 있는 환경이 마련되어 있지 않았던 것이다. 함께 바다를 건넜던 남자 유학생의 경우 훨씬 짧은 유학 후에도 일본에서 상당한 역할을 부여받았던 반면, 우메코는 적당한 직장을 찾지 못한 채 한동안 집안일을 돕거나 일본어를 새로이 배우며 시간을 보내야 했다. 그러나 심적으로 상당한 압박이 있었던 이 기간 동안에도 우메코는 스테마쓰 등과 함께 아래와 같이 여자교육에 대한 문제의식을 키우며, 이를 개선할 방법을 고심하고 있었다.

많은 이들은 소녀들이 건전한 교육을 받고 성취를 해서 **훌륭한 남자의 아내가 될 수 있을 정도의 여학교 이상은 필요하지 않다고 합니다.** 우리의 목적은 물론 보다 높은 계층의 사람들에 접근하는 것입니다. 지금 우리에게는 많은 장애물이 있습니다. 그중에는 여자교육에 대한 선입견이 있는데, 즉 일본에서 교육은 너무 가치가 낮아서 사람들이 푼돈 이상을 지불하기 싫어한다는 것 등입니다. 그래서 우리는 어떤 식으로든 그러한 기관을 세우기 위해 기부 같은 것이 반드시 필요합니다.

[원문] Many tell us that **nothing is more needed than a school for girls** where they could get sound education and accomplishments and **be fitted to be wives of the great men.** Our aim would be to reach higher classes, of course. Now we have many obstacles; among them, prejudice against women's education, and then teaching is so cheap in Japan, and they refuse to pay more than a mere pittance, and so we must have endowment or something to be able to keep up any institution(Tsuda, 1991: 24, 강조는 인용자).

그는 랜먼 부인에게 "미국으로 되돌아가고" 싶은 마음이 든다는 사실을 고백하면서도, "교육을 받은 일본인 여성"으로서 "일본 여성을 위해 하지 않으면 안 되는 것이 정말 많이 있기 때문에"(Tsuda, 1991: 26) '일본에서' 견뎌낼 것이라는 의지를 전했다. 그러나 자신의 역량과 기대에 걸맞은 직업을 찾지 못하는 시간이 이어지면서 우메코가 미국에 대한 향수로 힘들어하자, 주변에서는 그를 염려했고 랜먼 부인은 미국으로의 귀환을 권하기까지 했다. 하지만 우메코는 "여기(일본)가 나의 나라이고 고향이며, 여기에 있는 것이 의무"라고, "자신이 행복하다는 것, 그리고 일을 할 수 있게 된다면 더욱 행복해질 것, 그것만을 믿어달라"라고 적었다.[25] 실망과 갈등 그리고 고민하는 시간을 보내면서, 우메코의 일본 여성을 위한 교육자로서의 사명감은 강해져 갔던 듯하다.[26]

이처럼 귀국 직후 낯선 일본 생활 속에서의 적응에 어려움을 겪기도 했고[27] 자신을 포함한 일본 여성이 놓인 현실에 좌절하기도 했지만, 그럼에도

---

25 "제가 [지금] 행복하고 일을 할 때는 더 그렇다는 것만을 믿어주시기 바랍니다. …… 저는 자연스럽게 저의 책임과 위치를 절감하고, 소녀들을 가르치고 훈련시키기 위해 봉사해야 합니다(Only be sure that I am happy and will be more so when I get to work. …… I naturally feel my responsibilities and position, and I have to help to teach and train the little ones)"(Tsuda, 1991: 47, 줄임은 인용자).

26 "일본 여성을 위한 교사로서의 삶은 매우 힘들지만, 저는 그것을 저의 몫으로 선택해야 한다고 생각합니다(The life of a teacher, for a Japanese woman, is very hard, but I think I shall choose it for my lot)"(Tsuda, 1991: 83).

27 "…… 심지어 저의 가족에게도, 그들은 정말 친절하고 사려가 깊음에도 불구하고 저는 제가 어머니(랜먼 부인 – 인용자)께 하는 얘기는 하지 않을 것입니다. 그들은 얼마나 많은 것들이 제게 충격적인지 이해하지 못하기 때문입니다(…… Even to my own family, who are indeed so kind and considerate, would I [not] tell all I would you, because they can not understand how many things strike me)"(Tsuda, 1991: 24, [ ]는 영문서한집 편집자).

그는 일본 여자를 위한 교사로서의 삶을 점차 확신하게 되었다. 자신의 학교를 갖고 싶다는 소망도 가졌다.[28] 그의 교사로서의 사명감과 자부심은 실제 교사 생활을 시작한 지 약 1년이 지난 후 적은 아래의 문장에서 더욱 구체적으로 확인된다.

> 저는 저의 일을 즐기고 있고 또 매우 기쁘게 생각합니다. …… 일하는 것, 특히 교사로서의 일은 저에게 최선입니다. …… 저는 제가 저에게 딱 맞는 곳에 있으며 어머니께서도 설령 제가 단지 교사일 뿐일지라도, ─ 교사의 일이란 숭고한 것이기에 ─ 역시 기뻐해 주실 것이라 생각합니다.
>
> [원문] I do enjoy my work so much and am so glad of it. …… work, and a teacher's work, is best for me. …… I think I am quite in my right corner and place, and am sure you too rejoice with me, though I am only a teacher; yet a teacher's work is a noble one(Tsuda, 1991: 139, 줄임은 인용자).

4. 쓰다주쿠를 통한 여자 고등교육 도전

1) 쓰다주쿠 설립의 여정

1882년 말 귀국한 이래 낯선 가족과 일본 사회에 적응하면서 일본 여성의 상황에 대해서는 실망과 분노로, 개인적으로는 결혼과 취업에 대한 고민으로

---

28 "…… 가까운 미래에 저는 어딘가에 저의 학교를 만들 것입니다. 비록 거의 불가능해 보일지라도, 제가 해낼지 누가 알겠습니까(…… in the remote future, I may have a school of my own somewhere, and though it seems almost an impossibility, who knows but what I might)" (Tsuda, 1991: 71).

힘든 시간을 보내야 했던 우메코는, 1883년 봄 미선계인 가이간여학교海岸女
学校의 임시 교사로서 교육계에 첫발을 내딛게 되었다. 이후 이토 히로부미
가족을 위한 영어교사 등을 거쳐 1885년에는 시모다 우타코下田歌子(1854~
1936)를 도와 귀족 자제들을 대상으로 하는 화족여학교華族女学校의 교사,
1888년에는 일본 유일의 여자고등교육기관인 도쿄고등사범학교東京高等師範学
校(여자부)의 교사(겸임)로서 바쁜 나날을 보내게 된다. 당시 일본에서 여성으
로서는 – 황실 여자교육을 책임졌던 우타코에 다음가는 – 사실상 최고의 지위에 올
랐던 것으로, 이는 당시 일본에서 여성으로서 받을 수 있는 최고 수준의 급료
로 이어졌다. 경제적인 안정, 혹은 자신의 역할에 대한 충분한 보상은 우메코
에게 중요한 의미를 갖는 것이기도 했다.[29]

그러나 높은 지위와 경제적 안정을 이룬 것에 만족할 수는 없었다. 비록
화족여학교의 주임관이라는 높은 직책에 있었지만 "자극이 적은 환경에서 자
라 시녀들에게 [모든 것을] 맡기고 자란 그녀들 대부분은 그야말로 온실의 식물
과 같은 의지도 지력도 약한 생도"들이어서(吉川利一, 1990: 151), 그들을 상대
로 기분에 맞추면서 가르쳐야 하는 상황은 우메코가 궁극적으로 지향하던 바
가 아니었다. 누구보다 강한 향상심을 가진 우메코였기에, 학문에 대해 진취
적 기상이 부족한 분위기에 만족하기 어려웠으리라는 것도 충분히 짐작된다
(吉川利一, 1990: 151~152). 한편으로는 최고 수준의 여자교육을 펼치기에는 자
신의 역량이 부족하다고 일찍부터 자각하고 있기도 했다.

저는 종종 제가 스테마씌언니가 받은 것과 같은 수준의 훈련을 받았더라면, 하고

---

29 랜먼 부인에게 보내는 편지에서 우메코는 경제적인 문제로 고민하는 속내를 곧잘 드러냈는데,
여기에는 이토 히로부미 등 주변의 기대에 부응해서 서양식 드레스를 입거나 자유롭게 이동하
기 위해 인력거를 임대하는 비용이 부담스럽다는 등의 내용도 포함되었다(Tsuda, 1991: 282~
283).

생각합니다. 더 이상 그녀에게는 필요 없지만 제가 그런 긴 과정을 짧은 시간에 마치는 것은 불가능하니 말입니다. …… 지금 일본에는 정말 지적이고 잘 교육받은, 주로 도쿄사범학교를 나온 일군의 여성들이 등장하고 있습니다. 그들은 정말 야심 찬 여성들이고 꽤 훌륭한 일을 해냅니다. …… 저는 종종 제가 2년 정도 추가적인 교육을 받았거나 앞으로라도 받을 수 있으면 좋겠다고 생각합니다.

[원문] I often wish I had had Sutematsu's training, which has been of no use to her, but it was impossible in the short time I had to take such a long course, …… At present there is rising up in Japan a class of women, who are really intelligent and well-educated, mostly from the Tokyo Normal School. They are really a very ambitious class of women and do a great deal of good. …… I often wish that I could have taken, or take in the future, a short after course of study, for two years or a little longer(Tsuda, 1991: 249, 줄임은 인용자).

미국 체류 당시 '어린 나이' 때문에 본격적인 대학 교육을 받지 못한 것을 아쉬워했던 우메코는, 유급 휴직의 혜택을 받아 약 3년(1889~1892) 동안 미국의 대학으로 재유학을 떠났다.[30] 그가 선택한 브린모어칼리지Bryn Mawr College는 역사는 깊지 않으나 건실한 학풍과 이른바 명문대에 뒤지지 않는 엄격하고 수준 높은 교육으로 평판이 높았으며, 무엇보다 여자도 입학해 남자와 동등하게 수준 높은 교육을 받을 수 있다는 장점이 있었다. 특히 당시 학부장이 여성 최초로 취리히대학에서 박사학위를 취득한 페미니스트 케리 토머스M. Carey Thomas(1857~1953)였던 것도 결과적으로는 그에게 영향을 미쳤을 것이다(高橋裕子, 2002: 157~194). 우메코는 역사, 생물학, 영문학, 화학, 경제학, 철학

---

30 이러한 결정은 그의 개인적인 바람뿐 아니라, 여자교육의 진전에 따라 일본에서도 종래에 비해 보다 높은 수준의 여자교육이 필요해지는 현실도 작용했던 것으로 보인다.

등 다양한 과목을 이수해 우수한 성적을 거두었지만, 전공으로는 생물학을 선택했다. 이는 당시 일본 여성에게는 전혀 필요하지 않은 것으로 간주되는, 그래서 양처현모 양성을 목적으로 하는 여학교의 과목으로 채택될 일이 전혀 없는 분야였던 만큼 의미심장한 선택이었다.

그는 졸업 후 모교에 남아달라는 요청을 받을 정도로 연구에 몰두해 성과를 남겼고,[31] 졸업 후 약 반년에 걸쳐 오스위고대학Oswego Normal School에서 교수법을 배우는 등 유럽의 여러 대학을 경험하거나 방문했다. 같은 기간 동안에 친구인 앨리스 베이컨Alice M. Bacon(1858~1918)이 일본 여성에 관한 내용을 담은 저서 『일본의 여아들과 여성들Japanese Girls and Women』을 집필하는 것을 돕기도 했는데[Bacon, 1891(2012): 10], 이 과정에서 일본 여성의 현실을 보다 심도 있게 그러나 객관적으로 대할 수 있게 되었으리라는 것도 짐작할 수 있다.

이러한 과정을 통해 일본 여성을 위해 자신의 학교를 세우겠다는 목표의식도 더욱 뚜렷해진 듯, 우메코는 이전에 비해 훨씬 정돈된 목소리로 일본 여자교육의 필요성을 역설하기 시작했다. 미국 현지에서 '일본 여성을 위한 미국 여성의 장학금' 모금에 나선 것이다. 무엇보다 그는 근대 일본에서 이루어진 수많은 성과들이 남성 위주로 편중된 것으로, 그 혜택에서 여성의 존재가 간과되었음을 아래와 같이 지적했다.

…… 일본은 지금 입헌 정부와 국민을 대표하는 의회가 있습니다. 그러나 이 나라의 이러한 진전에서 많은 진보는 남자를 위한 것이며 그에 상응하는 이익이 여성에게는 주어지지 않습니다. 그들이 신일본에 도래한 새로운 조건에 부응할 수 있

---

31 공동연구를 통해 작성한 논문 "Orientation of the Frog's Egg"는 1894년 영국의 학술지 *The Quarterly Journal of Microscopical Science*, Vol. 35에 게재되었다.

도록 돕기 위한 교양 교육이 약 6~7년 전만 해도 거의 이루어지지 않았습니다. …… 저는 여성이 진보하고 교육받을 때에야 비로소 일본이 진정으로 높은 지위로 올라갈 것이라 생각합니다. 여성은 자신의 권리를 존중받아야 하고 영향력을 가지고 사회에 기여할 수 있어야 합니다.

[원문] …… Japan now has a constitutional government and a parliament of her people. But with all these advances for the nation, and much progress for the men, no corresponding advantages have been given to the women. Until six or seven years ago, little had been done for their liberal education-for helping them to meet the new conditions of life that New Japan brought with it. …… I have felt that not until the women were elevated and educated, could Japan really take a high stand. Women must have their rights regarded and be an influence for good in society(津田塾大学編, 1980: 21, 줄임은 인용자).[32]

우메코는 근대 일본에서 이루어진 많은 성취를 높이 평가하면서도, 그로 인한 혜택이 남녀에게 공평하게 미치지 못하는 현실을 지적했다. 나아가 여성들이 제대로 교육을 받아 지위가 향상될 때 비로소 일본의 수준도 향상되는 것이라고, 여성의 교육과 성장이 일본의 발전에 도움이 된다는 논리를 폈다.

또한 그는 당시 일본에서 이루어지고 있는 여자교육의 내용이 충분하지 못하다는 점을, 그리고 그럼에도 일본 여성들은 남성과 같은 교육을 향한 열망을 보이지 않는 현실을 1891년 8월 아래와 같이 지적했다.

최근까지 여자교육은 너무 제한되어 있어서 그들이 의존적 삶을 벗어날 수 없었습

---

32 우메코가 1891년부터 스크랩해 둔 자신과 관련된 기사 중의 일부이나, 게재된 매체명과 날짜는 누락되어 있다.

니다. 그들은 남자들이 하는 것과 같은 것을 하거나 빼어난 남자들의 생각을 이해하고, 지적인 즐거움이 있는 삶을 영위할 것을 염원하지 않았습니다. 그들이 받은 훈련이란 상냥한 숙녀이자 사랑스러운 아내로 만들기 위한 것으로, 손재주와 마음 가짐에 대해 배우지만 지적인 부분은 계발되지 않았습니다.

[원문] Until lately, women's education was too limited to fit them for other than lives of dependence. They did not aspire to do what men do, to understand great men's thoughts, or to live a life of intellectual enjoyment. The training which they received made them gentle ladies and lovely wives, — the hands and the heart were taught, the intellect was left uncultivated(津田塾大学編, 1980: 30).

이 글에서 보듯, 귀국 직후 일본 여성들이 열악한 형편에 처해서도 이를 극복하려 하지 않는다는 사실 앞에 좌절했던 우메코는, 그간의 경험을 통해 그러한 문제의 원인이 결국 여자교육 — 의 부족함 — 과 관련되어 있음을 인식하고, 이를 자신이 여자교육을 위한 학교를 세워야 하는 근거로 발전시키는 단계로 나아갔던 것이다.

좀 더 구체적으로는, — 그의 눈에 비친 — 당시 일본의 여자교육이란 그야말로 '상냥한 숙녀gentle ladies' 혹은 '사랑스러운 아내lovely wives'를 길러내기 위한 것이었지, 여성의 지성 연마를 목적으로 하는 것이 아니었다. 물론 이는 근대 일본 여자교육에 관해 우리가 이미 알고 있는 사실과 일치하는 것이기도 하다. 아래는 우메코가 일본 여성의 생애를, 그 가운데 여자교육 부분을 어떻게 인식하고 있는지가 함축적으로 정리된 — 그리고 [아마도] 당시 미국의 그리스도교 여성들에게 발신된 — 내용이기에, 다소 길지만 소개한다.

…… 여자아이를 위해서는 남자아이의 경우와는 다른 삶을 위한 교육과 훈련이 준

비되어 있고, 앞으로 다가올 험난한 일에 적응할 수 있는 방법을 배우게 될 것입니다. 무엇보다 여자아이들은 같은 책으로 배우거나 같은 학교에 갈 것을 기대하지 않습니다. 여자아이들은 남자아이들과 같은 야망을 가져서도 안 되고, 항상 강한 성의 지배하에 있을 것과 자신의 평생을 아버지나 남편 그리고 아들에게 의존할 것을 기대해야 합니다. 여자아이의 주된 덕목은 겸손과 정중함을 동반한, 복종과 순종 그리고 다른 사람의 의도에 대해 존중하는 것이 될 것입니다. …… 여자아이를 장래 그녀의 의무에 적응시키기 위해, 손님맞이와 접대뿐 아니라 바느질과 요리 등 어머니의 온갖 가사일을 돕게 할 것입니다. …… 이것들뿐 아니라 여자아이는 책을 읽으며 공부도 해야 하고, 중국 한자를 읽고 쓸 정도의 약간의 지식도 얻어야 합니다. 비록 남자아이와 같은 수준이 기대되지는 않지만 말입니다. 또한 그림, 음악, 꽃꽂이 등의 교육도 받아야 하고, 여자아이들이 성장하면서 받는 훈련과 교육은 남자아이들을 위한 것과는 점점 더 달라질 것입니다.

아동기와 함께 여자의 행복한 시간도 끝이 납니다. …… 여자아이의 교육과 훈련은 남자와 같은 지위를 갖도록 돕는 게 아니며, 여성에 드리워진 전통적인 관습이 그러하기에 여성은 가정과 사회에서 자신의 열등한 상황에 만족해야 합니다.

[원문] …… her education and training are preparing her for a different life from that of the boys, and she is taught what will fit her for the hard task of the coming years. She does not, in the first place, expect to study the same books, or go to the same schools. She must have none of the ambitions that a boy has, but must always expect to be under the control of the stronger sex, and to be dependent all her life on her father, husband, or son. Her chief virtues will be submission, obedience, and a deference to the wishes of others, combined with modesty and courtesy. …… In order to fit her for her duties in after life, she is taught to assist her mother in all household work, in the sewing and cooking as well as in the reception and entertainment of guests. …… Besides all this, she has some studies with books, and she may gain some knowledge of reading and writing the Chinese characters, though not in any degree to the same extent as is expected of the boys. There may be, also, lessons in painting, music, and flower-arranging, and with advancing years the training and education of the girl becomes more and more different from that of the boys.

With childhood ends a happy period in a woman's life. …… her education and training have not fitted her to take an equal position with men, and the timehonored customs for woman are such that she must be content with an inferior place in the home and in society(津田塾大学編, 1980: 36~37, 줄임은 인용자).

우메코가 일본의 여성이 처한 현실, 혹은 여자교육의 문제점을 지적하기 위해 거듭 남성과, 혹은 남자교육과 비교하고 있다는 점이 눈에 띈다. 그가 보기에 일본의 여아는 남아와 같은 야망을 품기는커녕, 남성의 지배하에서 항상 아버지, 남편 혹은 아들에게 의존적인 삶을 사는 것이 당연시되고 있었다. 이 때문에 교육에서도, 설령 시작은 비슷할지라도 점차 여아가 배우는 과목과 남아의 그것이 점점 달라져 가는 것이었다. 남아와 여아에 대한 차별적 교육이 남성과 여성이 보내게 될 생애의 차이로 이어지는 셈이었다.

이러한 문제의식으로부터 일본 여자교육의 필요성, 혹은 여자교육의 질적 향상을 강조하는 내용이 이어지는 것은 당연한 수순이었다. 다만 더욱 폭넓은 여자교육 혹은 여성의 독립을 가능케 하는 지원이, 여성을 위한 것일 뿐 아니라 일본의 발전 혹은 지위 향상에 도움이 될 것이라는 점을 아래와 같이 강조했다는 점을 지적해 둘 필요가 있다.

일본의 남자들 자신은 새로운 아이디어를 일본에 도입하면서, 여성 역시 새로운 상황에서는 필연적으로 변화해야 한다는 사실을 깨달았습니다. 현재에는 여성이 독립 가능하도록, 여성을 위한 보다 폭넓은 교육과 고용과 자립을 위한 새로운 길이 필요합니다. …… 성장이 특정한 분야에만 한정된다면 진정한 진보는 불가능하며, **남자뿐 아니라 여자도 교육받아야 비로소 일본도 높은 지위로 올라설 수 있습니다.**

[원문] Japanese men themselves have begun to find out that, with the introduction of new ideas into Japan, the women must inevitably change too, with the new conditions. The present time demands broader education for women, new avenues of employment and of self support, so that is may be possible for a woman to be inpendent(independent? ─ 인용자). …… Real progress is impossible while the growth is all on one side, and **Japan cannot take a high stand until the women, as well as the men, are educated**(津田塾大学編, 1980: 31~32, 줄임과 강조는 인용자).[33]

또한 여자교육의 필요성 혹은 그 중요성을 강조해 지지자의 협력을 얻어내기 위해서는, 활동의 대상 혹은 관심의 대상을 보다 구체화할 필요가 있었다. 우메코는 자신의 관심이 '상류층 여성women of the upper classes'에 있음을 숨기지 않았다. 자신이 최고 엘리트였을 뿐 아니라 최고 신분의 여성만을 위한 교육에 종사했던 경험의 한계 때문이기도 했지만,[34] 관점을 달리하면 그의

---

33 우메코는 전통적인 방식과 다른 폭넓은 교양 교육(liberal education)이 남성을 위한 도구가 아닌 '진정한 동료이자 조력자'로서의 여성을 길러내는 데 적합하다고 주장하기도 했다(津田塾大学編, 1980: 74).

34 화족여학교 교사로서, 우메코는 이미 교육받은 여성들이 일본의 운명을 바꿀 수도 있는 중요한 존재라는 기대를 일찍부터 피력했던 바가 있다. "오직 가장 신분이 높은 소녀들, 이곳에서

남다른 전문성을 발휘할 수 있는 영역을 선택하는 것이기도 했다.

저는 상류층 여성들을 위한 교육의 필요성을 이야기하고 싶습니다. 우리는 그들이 최고의 영향력을 가질 것을 기대해야 합니다. 그러나 현재의 진보적인 움직임 속에서 가장 뒤쪽에 자리 잡은 사람들이 있습니다. …… 상류층 여성들은 자신들의 남편들과는 전혀 다른 분위기에서, 즉 구시대적 일본에서 살고 있습니다.

[원문] I want to speak of the need of education for women of the upper classes. We should expect them to have the greatest influences. Yet there are the ones who are the most backward in the present progressive movement. …… the women of the higher classes live in the world of old Japan, — in an atmosphere entirely different from their husbands(津田塾大学編, 1980: 22, 줄임은 인용자).

우메코는 1880년대 초반부터 일본에서도 여성의 지위 향상에 대해 논의되기 시작했고 이를 위한 학교들도 생겨나고 있다고 파악했지만, 그러한 시대적 분위기 속에서 오히려 상류층 여성들이 가장 소외되기 쉽다고 여겼던 듯하다. 상류층 여성일수록 도리어 이러한 새로운 시도가 도달할 수 없는 특수한 위치에 있고, 특히 가장 선구적인 서양의 지식을 가지고 교육할 수 있는 서양인이나 서양 선교사들의 접근은 더더욱 어렵다고 보았던 것이다. 반면,

---

최고의 소녀들만이 이 학교에 입학할 것이라 생각해 주십시오. 이 소녀들이 가질 영향은 이 나라의 운명을 결정할 겁니다. 이 학교에서 교사가 되는 것은 책임이 무겁지만 매우 멋진 일이 될 것입니다(Just think only the highest girls, the best girls of the land, can enter this institution. Think of the influence all these girls will have in the after fate of this nation. It would be a very responsible but a splendid place to be a teacher in this school)"(Tsuda, 1991: 180~181).

이들은 제대로 교육을 받기만 한다면 오히려 막대한 영향력을 발휘할 수 있는 잠재력을 가진 존재이기도 했다.

우메코는 그들을 위한 일본인 교사 양성, 즉 당연히 상류층 여성에게 접근해 교육할 수 있을 정도로 지적으로 높은 수준의 일본인 여성교사를 상정했을 것이다. 여기에 그리스도교 신앙까지를 갖춘 재원을 양성하는 것은 결코 쉬운 일이 아니었고, 이것이 우메코가 미국에서 일본 여자교육을 위한 지원을 호소하는 이유였다.

2) 쓰다주쿠의 설립과 교육의 특징

두 번째의 유학을 마친 우메코는 1892년 귀국해 화족여학교로 복귀했다. 쓰다주쿠를 설립한 것은 그로부터 상당한 시간이 지난 1900년의 일이었다. 1895년 '고등여학교규정'에 이은 1899년 '고등여학교령'의 공포로 여자 중등교육 관련 제도가 정비되면서 그에 대한 관심도 전례 없이 고조된 시기였다. 무엇보다 중학교육을 받은 후 고등교육을 희망하는 여학생의 급증이 예견되는, 그야말로 우메코가 지향하는 학교를 세우기에는 적기였다.[35] 1898년 약 1년에 걸쳐 미국과 영국을 오가며, 다시 한번 학교 설립에 필요한 재정과 교육상의 준비를 다진 후의 일이었다.

학교 이름에 굳이 '주쿠塾: house school'라는, 전통적인 에도시대의 교육을 떠오르게 하는 표현을 사용한 것에서 상징되는 것처럼, 쓰다주쿠에서는 당시 근대 일본의 일반적인 교육기관과는 달리 독특한 교육을 펼쳤다고 평가된다. 그리고 이는 일찍이 선진적인 미국의 여자교육을 선구적으로 경험했고 한편

---

35   이러한 분위기 속에 같은 해에 도쿄여자의학교, 이듬해 일본여자대학교가 설립되었다.

으로는 그로부터 한참 뒤떨어진 일본 여자교육의 현실을 목격했던 우메코의 경험과 오랜 고민 끝에 만들어진 교육 철학이 반영된 것이라는 점에 이론이 없다. 그렇다면 그 구체적인 내용이 무엇이었는지, 즉 쓰다주쿠에서 이루어진 교육의 내용과 특징이 무엇이었는지, 이하에서는 우메코가 직접 학교의 설립과 운영을 주도했던 학교 설립 초기를 중심으로 정리해 보고자 한다.[36]

첫째, 엘리트 지향 교육이다. 이는 우메코가 학교 설립에 이르게 된 경위를 살펴볼 때 당연한 귀결이었다. 개교 당시 10명이었던 학생은 점점 증가했지만, "남성이 배우는 정도의 실력을 양성할 수 있는"[津田塾大学編, 1980: 4(일본어 부분)][37] 수준의 교육을 포기할 생각은 없었다. 그는 주쿠 설립 이후에도 줄곧 아래와 같이 여자를 위해 최고 수준의 교육이 필요하다는 자신의 소신을 명확히 했다.

봉건 영주와 구시대는 갔고, 이제 우리 여성은 좁고 오래된 도덕 규범의 통제를 극복하는 중입니다. 그들은 근대 문명과 근대적 생활에 적합한 보다 높은 수준의 것들이 필요합니다. …… 우리는 이처럼 **우리 여성에게 매우 중요한 시기를 맞이해 최고의 교육이 필요합니다.**

[원문] The feudal lord and the old times have gone, and our women are pushing aside the restraints of the narrow old ethical code. They need those higher qualities which fit in with modern civilization and modern life. ……
We need the best education in these critical times for our women(津田塾大学

---

36 초기 쓰다주쿠 교육의 특징에 관해서는 다니오카 이쿠코의 연구(谷岡郁子, 1998) 가운데 제7장 「쓰다주쿠의 디자인(津田塾のデザイン)」에서 많은 부분을 참고했다.

37 이 책의 구성은 영어로 된 자료가 권두에 가로쓰기로, 일본어로 된 자료가 권말에 세로쓰기로 실려 있으며, 각각 별도의 페이지를 사용한다. 일본어로 된 자료인 경우 페이지 뒤에 '일본어 부분'이라고 괄호 병기하며, 이러한 표기가 없는 것은 영문 자료에 해당한다.

編, 1980: 97, 줄임과 강조는 인용자).

우메코는 일본의 여성들에게도 최상의 교육이 이루어져야 할 때라고 생
각했고, 이를 실현하는 것이 학교 설립의 사명이라고 여겼다. 앞서 우메코가
일본 여자교육의 필요를 호소하는 내용을 살핀 바 있지만, 여성이 남성의 '진
정한 동료이자 조력자'가 될 수 있다고 믿는 그에게 여자교육의 수준이 남자
보다 뒤떨어지는 것을 용납할 수 없었을 것이다. 우메코는 미국 거주 당시 여
성들이 사회에서 활약하는 모습뿐 아니라 남성이라도 교육을 받지 못한 경우
에는 여성과 크게 다르지 않은 삶을 살게 되는 현실을 보면서, 결국 남녀의
격차는 성별의 차이 그 자체보다 '교육'에서 비롯된 것임을 확신하기에 이르
렀다. 그리고 ─ 중세 이전의 일본에서 여성이 권력을 가진 엘리트로 군림했던 역사에
서도 확인되는 것처럼 ─ 제대로 된 교육만 이루어진다면 일본 여성도 실력을 발
휘할 수 있을 것이라 여겼다(津田塾大学編, 1980: 19, 22~23, 29).

그런데 쓰다주쿠 설립 직전 '고등여학교령'이 발포되면서 여자교육에서
'양처현모'의 미덕이 강력히 요구되고 이후 이를 계기로 근대 일본에서 남녀
성별 분업의 가치관이 널리 유포되었던 것을 상기한다면, 쓰다주쿠의 교육이
념이 당시의 주류적인 여자교육의 방향과 상당히 다른 것이었음을, 심지어는
도전적이기까지 했음을 쉽게 이해할 수 있다. 여자 중등교육 제도가 정비되
면서 장래에 여자 고등교육의 수요가 증가할 것이라는 예상이 쓰다주쿠 설립
의 한 배경이 되었던 것도 사실이지만, 굳이 여자를 위한 '고등교육'을 지향한
다는 점 자체가 당시 여자교육의 방향 혹은 시대풍조와는 결을 달리하는 것
이었다.

둘째, 여성의 전문직 진출을 통한 사회활동을 장려했다. 이는 주로 '영어
교원 양성'이라는 형태로 이루어졌다. 우메코 자신은 대학에서 생물학을 전
공했지만 당대 일본 여성, 나아가 일본인 가운데 영어 실력에서 가장 높은 명

성을 지니고 있었고, 사실상 이것이 그가 세운 학교의 브랜드가 되는 효과가 있었다.[38] 하지만 실제로는 무엇보다 여성이 남성과 경쟁해도 경쟁력이 있는 분야, 혹은 당장 쓰다주쿠에서 최고 수준의 교육이 가능한 유일한 과목이 영어였다는 현실이 크게 작용했다. 의학이나 공학과 같은 분야는 최고 수준의 교육을 펼칠 수 있는 물질적인 기반을 마련하기도 요원할 뿐 아니라, 설령 전문성을 갖춘다 해도 여성이 졸업 후 사회에 나가 남성과 경쟁하기 쉽지 않을 것이기 때문이다.

그뿐만이 아니었다. '고등여학교령' 공포 등으로 여자교육기관이 급속히 늘어날 것이 예상되는, 나아가 영어 교원의 수요도 급증할 것으로 예상되는 상황인 데 반해, 영어를 가르칠 수 있는 교사의 공급은 충분하지 않았던 현실도 쓰다주쿠가 영어교육을 특성화할 충분한 이유가 되었다.[39] 우메코는 일본 사회에서의 영어 수요를 통찰력 있게 예견하고 이에 적극적으로 대응했던 것이다. 이러한 노력의 결과, 1905년에는 관립이 아닌 사립, 심지어 여자학교임에도 쓰다주쿠 졸업생에게 '영어과 교원 무시험 검정'의 자격, 즉 영어교사 시험이 면제되는 특권이 부여되었다. 이는 쓰다주쿠의 영어교육 수준이 정부에 의해 정식으로 공인된 셈으로, 근대 일본에서 결코 흔한 일이 아니었을 뿐 아니라 교육의 남녀 차별이 현격한 당시 분위기에서 여자학교로서는 최초의 일

---

38 쓰다주쿠를 설립한 지 1년이 지나지 않아 우메코는 문부성 영어 교원 면허시험 심사위원에 임명되었다(古木宜志子, 1992: 157).

39 영어를 사용하는 직업 가운데에서 특히 영어 교원의 양성에 집중한 것은, 여성에게 가장 유리한 직업이라는 현실적 이유뿐 아니라, 교사야말로 우메코가 바라는 영어 교육의 효과를 가장 신속하게 재생산할 수 있는 방법이었기 때문이다. 즉, 교사는 다른 직업과 달리 전국의 학교에 속해 후학을 양성하는 일에 종사하기 때문에, 양적인 확산뿐 아니라 차세대로의 계승이 이루어지는 직업이기도 했다. 또한 '높은 수준'의 교육을 지향했던 만큼, 충분한 지도 역량이 없는 과목을 가르치는 것은 그러한 원칙에 반하는 것이기도 했다. 수업의 과목이나 시간은 비슷한 조건의 다른 학교에 비해 상대적으로 적은 편이었는데, 이는 학교의 지향과 현실 사이에서의 나름의 타협이었던 것으로 보인다.

이었다.[40]

셋째, 그럼에도 쓰다주쿠의 목표는 다방면의 역량을 두루 갖춘 인재 all-round women를 양성하는 것으로, 영어는 그 자체가 최종 목적이 아니라 그를 위한 수단이라고 간주되었다[津田塾大学編, 1980: 3(일본어 부분)]. 영어가 우메코와 쓰다주쿠를 상징하는 가장 큰 장점이라는 점은 앞서 언급한 바이지만, 영어교사를 양성하거나 영어 능력을 향상시키는 것 자체가 학교 설립의 궁극적인 목적은 아니었다. 우메코는 일본 여성의 해방을 위해 폭넓은 서양의 근대 지식이 필요하다고 보았고, 제대로 된 영어교육이 이루어진다면 그동안 교양 있는 남성들만이 접할 수 있었던, 그리고 여성에게는 봉인되어 있었던 서양의 사상을 쓰다주쿠의 학생들도 접할 수 있게 될 것이라 기대했다 (津田塾大学編, 1980: 515). 서양의 사상과 이상 혹은 가치관에 도달할 수 있는 주요 통로가 바로 영어(영문학)라고 생각했던 것이다. 쓰다주쿠에서 영어 교육을 강화해 우수한 영어교사를 사회에 배출한다면, 이들을 통해 영어를 배운 많은 여성들이 더 수준 높은 지식과 정보에 접할 수 있게 될 것이었다.

…… 우리 학교는 영어와 문학 교육의 특별한 장점을 가지고 있습니다. 높은 활용성과 상업적 가치 외에도, 서양 언어의 완벽한 습득, 특히 문학에 대한 심화 학습은 [세계의] 동쪽에 사는 우리에게 서양의 사상과 이상과 가치관을 알려줄 것입니다. …… 또한 영문학은 우리에게 최고의 윤리적 가치관과 가르침을 줄 것이며, 그것은 이미 신일본의 건설에 크게 기여했습니다.

[원문] …… we have made in the school a special point of teaching English

---

40 1923년 일본여자대학교 전문과(專門科) 영문학과에 같은 특전이 부여될 때까지 18년 동안, 여자 교육기관 중 영어과 교원 무시험의 특전은 쓰다주쿠만이 누릴 수 있었다(古木宜志子, 1992: 185).

and literature. Apart from its usefulness and its commercial value, the thorough mastery of a Western language, especially a close study of the literature, gives to us of the East the key to Western thought, ideals and point of view. ······ English literature leads us also to the best ethical thought and teachings, which has already done much to mould new Japan(津田塾大学編, 1980: 95~96, 줄임은 인용자).

미국 유학과 영국 견학 당시 우메코가 특히 관심 있게 살폈던 것은 여자 칼리지 등의 커리큘럼과 운영 방식이었고, 자신도 일본 여성을 위해 폭넓은 교양 교육liberal art, liberal education을 펼치고자 하는 포부를 갖게 되었다. 그에게 영어는 교육의 전부가 아니라 시작이었던 셈이다.

넷째, 과외課外 교육과 자율학습 등을 중시했는데, 이는 교양 교육의 취지를 달성하기 위한 것이기도 했다. 쓰다주쿠 설립에 합류한 우메코의 오랜 친구 앨리스 베이컨은 시사문제 강의를 맡기도 했고, 근대 일본 여자교육에서 선구적 존재였던 메이지여학교의 이와모토 요시하루巖本善治(1863~1942)[41]도 다양한 주제를 가지고 정기적으로 강연했다. 그 외에 우치무라 간조内村鑑三(1861~1930)와 니토베 이나조新渡戸稲造(1862~1933) 등 당대 명사들의 강연도 이어졌다. 이러한 시도는 정규 과목으로는 달성하기 어려운 교양 교육을 실현하기 위한 보완책이었을 것이고, 한편으로는 인간적인 감화를 통한 전인 교

---

41 여자교육가이자 사상가. 나카무라 마사히사, 쓰다 센 등으로부터 영어, 농학, 그리스도교를 사사했고, 1883년 세례를 받았다. 1885년부터 ≪여학잡지≫를 편집, 남존여비의 사상과 관습을 비판하고, 여성에 관한 각종 도리를 연구하는 이른바 '여학(女學)'을 제창했다. 부자(父子) 중심의 이에(家)가 아닌 부부애 중심의 '홈(ホーム, home)'론을 전개했다. 1885년 설립된 메이지여학교의 운영에 참가했으며(1892년 교장이 됨), 남녀의 인격적 평등을 주장하면서 과학적 지식에 의한 가사 합리화를 아내의 역할이라고 간주하면서, 여자 고등교육의 필요성을 주장했다(野辺地清江, 1984).

육의 일환이기도 했다(谷岡郁子, 1998: 455~456).[42]

　다섯째, 소수정예라는 방침을 고수했다. 이것은 엘리트 교육을 위한 당연한 선택이기도 했지만, '진정한 교육을 하기 위해서는 결국 적은 수로 한정할 수밖에 없다'라는 우메코의 신념에서 비롯된 것이기도 했다. 쓰다주쿠의 특징이라 할 수 있는 개별 학생들의 개성이나 특질을 고려하는 유연한 교육, 혹은 성적이 부족하거나 규율에 어긋날 경우에는 퇴학을 불사하는 엄격한 교육은 소수 학생만을 대상으로 할 때 비로소 가능한 것이기 때문이다. 이는 그가 첫 미국 유학에서 받았던 교육이 모두 소규모 사립학교였던 개인적 경험뿐 아니라, 두 번째 유학 후 런던을 방문했을 때 성힐다대학St. Hilda College처럼 소규모의 여자대학이면서도 여타의 명문대학과도 동등한 수준을 인정받는 사례 등에서 깊은 인상을 받았던 영향도 있던 것으로 보인다.

　또한 쓰다주쿠 설립 당시부터, 일본에서는 전례 없는 시도인 만큼 5년간의 기한을 가진 일종의 '실험'이라고 간주했던 것도 소수 한정의 교육을 실시하지 않을 수 없는 이유가 되었을 것이다. 우메코는 자신이 꿈꾸던 여자 고등교육이 정말 실현 가능한 것인지 확신하기 위해서라도, 일정 기간 동안은 최소한의 규모로 학교를 운영할 수밖에 없었다. 그러나 이러한 기조는 1903년 쓰다주쿠가 전문학교로 인정받고 이후 영어 교원 양성으로 명성을 떨치게 된 이후로도 크게 변하지 않는 전통이 되었다.

　여섯째, 학생들의 기숙사 생활을 원칙으로 삼아 그 안에서의 교육을 중시했다. 이것은 이미 '여학교'라는 이름이 보편화되던 시기, 즉 전통적으로 교육이 이루어지던 사숙私塾이 쇠퇴하고 교실에서 이루어지는 수업 중심의 교

42　미션스쿨을 직접 표방하지는 않았지만, 당대 그리스도교계의 가장 저명한 인사들이 주요 강사로 등장하는 것이나 기숙사 생활 속에서 학생에게 감화를 주는 교육을 지향했던 것 등을 보면, 쓰다주쿠에 그리스도교의 영향이 강했던 것으로 여겨진다. 우메코 자신이 그리스도인이었던 것이나 미국 그리스도인 여성들의 지원을 받아 세운 학교였던 것과도 떼어서 생각하기는 어렵다.

육이 활발해지던 시기에, 군이 '주쿠'를 학교 이름으로 고집한 것과 무관하지 않았다(谷岡郁子, 1998: 459). "이 학교의 조직은 주로 가정[에서와 같이] 훈도薰陶를 제일로 삼아, 교장과 교사는 생도와 함께 살면서 조석으로 따뜻한 훈육溫育과 감화에 노력하고 또한 널리 내외의 사정에도 능통하며, 품성이 고상하고 체질이 건전한 부인을 양성하고자 한다. 다만 생도의 사정에 따라서는 특별히 통학을 허가할 수 있다"(谷岡郁子, 1998: 459에서 재인용)라는 쓰다주쿠의 규칙에서 보듯, 수업으로 그치지 않고 교사와 학생이 함께 살며 '감화'를 통해 영향을 미치는 교육을 지향했던 것이다. 한편으로는 여학생이 가사일 등으로 학업에 열중할 수 없었던 당시의 형편을 고려해, 그들을 그로부터 해방시켜 학업에 몰입할 수 있는 환경을 마련하기 위한 것이라는 해석도 가능하다.

5. '여행자'로서의 생애와 그 유산

우메코가 추구했던 교육의 방침 혹은 쓰다주쿠의 교육의 특징을 구분해 나열해 보았지만, 실상은 이들 모두가 서로 긴밀하게 연결되어 있는 것이라 군이 구분할 필요가 없어 보일 정도다. 남녀의 역할을 확실히 구분해 여성에게 '양처현모'의 덕목을 요구하는 근대 일본의 풍조에 동의할 수 없었던 우메코는 사회에서 남자와 동등하게 활약할 수 있는 여성을 배출하고 싶어 했고, 이를 위해서는 여자를 위한 높은 수준의 교육이 필요하다고 여겼다. 이러한 목표를 달성하기 위해서는 소수만을 대상으로 할 수밖에 없었으며, 영어 교육은 목표 달성을 위한 효과적이고도 확실한 수단이었다. 그리고 이상과 같은 교육을 더욱 질적으로 심화하기 위한 방법으로서 다양한 과외활동이나 기숙사 생활 등이 고안되었음을 짐작하기 어렵지 않다.

　근대 일본에서 쓰다 우메코는 유일무이한 존재였다. 이와쿠라사절단에 포함된 최연소 여자 유학생이라는 역사적 존재감 때문만은 아니다. 당대 일본 여성 가운데 가장 높은 수준의 영어를 구사할 수 있었다는 것이나, 미국과 일본의 상류 계층을 중심으로 같은 또래 누구와도 비견하기 어려울 정도의 네트워크를 구축하고 있었던 것 외에, 그가 가진 카리스마 혹은 − 비혼으로 평생 여자교육에 헌신했던 것에서 증명되는 것처럼 − 신념을 굽히지 않는 강한 의지의 소유자라는 선천적 재능과 기질까지도 평범함의 범주를 벗어난 것이었다.

그리스도교 신앙과 더불어 일기 수준의 잦은 편지를 통해 꾸준히 소통하던 랜먼 부인의 존재도 그러한 우메코를 형성하는 데 일조했던 것처럼 보인다. 그리스도인로서 자신의 신 앞에서, 그리고 − 우메코에 관한 책을 쓰겠다는 의욕을 보이며 − 태평양 건너에서 우메코의 활약을 기대하던 랜먼 부부의 존재 앞에서, 그는 항상 자신뿐 아니라 일본과 일본인을 타자화된 눈으로 바라보고 객관화하는 삶을 살아야 했기 때문이다.

그의 생애가 유일무이하다는 점을 강조하는 것은, 표현을 달리하면 그가 보낸 생애는 결코 근대 일본 여성에게 보편적인 것일 수 없었다는 뜻이기도 하다. 오히려 근대 일본 여성들에게 주어진 일반적인 환경 혹은 풍조를 배경으로, 우메코는 그에 거스르고 심지어 도전하기 위해 노력했던 것처럼 보인다. 그렇다면 그것을 가능하게 한, 혹은 멈추지 않고 지속하게 했던 원동력의 실체가 무엇이었을까. 그를 도와 오랜 시간 지켜보았다는 한 지인의 표현은 하나의 단서가 될 듯하다.

18세가 되기 직전 귀국한 우메코는 흡사 타임 터널time tunnel을 역행해서 돌아온 여행자旅人와 같았다. '문명개화'를 부르짖은 지 오래되었지만 50년 아니 100년 이상 뒤떨어진 세계로 타임슬립time slip했던 것이다. 개인적으로는 두 문화의 사이에서 즐거웠어야 할 청춘시대를 빼앗긴 데다, 일본 사회의 후진성에 대한 안타까움과 절망을 느끼는 것도 이상한 일은 아니었다. 그러나 이를 뒤집는다면 우메코는 50년 후, 혹은 100년 후에 실현될 세계를 [미리] 경험한 여행객이기도 했다 (吉川利一, 1990: 208~209).

즉, 시대에 순응하기보다는 앞서가려 했던 선구적인 안목이야말로 당대의 누구와도 구분되는 우메코의 장점으로, 이는 ─ 다소 문학적인 표현이기는 하지만 ─ 그가 시간을 넘나드는 '여행자'였기 때문에 가능했다는 해석인 셈이다. 당면한 현실과 압도하는 분위기에도 포기하지 않고 자신만의 길을 묵묵히 나아갈 수 있었던 것은, 그가 이미 ─ 미국 유학과 유럽 방문 경험을 통해 ─ 미래의 결과를 보았기 때문인지도 모르겠다. 물론, 우메코에 대한 보다 균형잡힌 이해를 위해서는, 그가 자신을 일반 일본 여성과 구분해 때로는 '미국인'의 시선, 때로는 '위'로부터의 시선을 가졌다는 점이나, 그의 주된 관심과 활동의 대상이 일본 여성 중에서도 최고 상류 계층에 한정되었다는 점 등에 대한 비판도 빠뜨려서는 안 되지만, 그에 대해서는 다른 기회를 통해 논하려 한다.

남다른 경험과 개인적 신념, 선구적 안목 등이 더해졌던 쓰다 우메코라는 인물의 생애는 근대 일본의 초기, 즉 1910년대 이른바 신여성들이 등장하기 이전 일본 여성들이 처해 있던 현실을 이해하는 하나의 단서가 된다. 물론 우메코 자신이 당시 일본 여성들을 대표하거나 상징한다는 의미는 아니다. 그보다는 그의 시선에 비친 모습 혹은 그가 문제를 느끼고 변화시켜 보려 했던 상황을 통해 당시 일본 여성이 처한 현실과 문제를 파악할 수 있게 해준다는 의미에서, 때로는 안경 때로는 거울과 같은 역할에 가깝다고 할 수 있을 듯하다. 우메코의 그러한 역할을 이해하는 것이 근대 일본 여성에 대한 입체적인 접근에 도움이 될 뿐 아니라, 그가 세운 쓰다주쿠에서 이후 근현대에 걸쳐 일본 여성운동의 전선에서 활동하게 되는 ─ 야마카와 기쿠에, 가미치카 이치코神近市子(1888~1981), 쓰루미 가즈코鶴見和子(1918~2006) 등 ─ 다수의 인물이 배출된다는 점도, 그를 빼고 근대 일본 여성의 역사를 논하기 어려운 이유가 된다.

제2부

다이쇼시대 1

탐색과 방향

제2장

여성 해방의 사상과 논쟁, 1918~1919
'모성보호 논쟁'을 다시 읽다

1. 다이쇼시대의 자각하는 여성들

근대 일본 여성의 역사를 살필 때 '다이쇼시대'는 특별한 의미가 있다. 근대 일본을 대표하는 여성운동가 대부분이 이 시대에 등장해서 본격적인 활동을 시작했을 뿐 아니라 주요한 문제 제기와 상징적인 사건들도 대부분 이 시기에 등장했거나 최소한 그 징조를 보였기 때문이다. 그러한 움직임은 아무래도 일본 사회 전체적으로 억압이 완화되면서 다양한 목소리를 낼 수 있었던 이른바 '다이쇼 데모크라시大正ﾃﾞﾓｸﾗｼｰ'[1]라는 시대적 분위기에 영향을 받은 것이기는 했지만, 그것만이 전부는 아니었다.

----

1   다이쇼 데모크라시란 러일전쟁(1904~1905) 후부터 다이쇼시대 말년(1926) 혹은 만주사변 발발(1931) 전까지의 정치·사회·문화 등, 각종 분야에 걸쳐 나타난 민주주의와 자유주의 운동·사상 조류를 가리킨다. 이러한 데모크라시 풍조를 추진한 것은 자유를 추구한 비특권적 상공업자, 노동자, 농민들이며, 메이지 국가를 지탱해 온 관료 지배에 대항하던 정당 세력이었다.

이 시기 이른바 '자각하는' 여성(부인)[2]들의 동시다발적 등장은 이들의 성
장과 등장이 이전 시대부터 준비된 것이었음을 짐작하게 한다. 즉, 1899년
'고등여학교령' 공포 등을 계기로 여자에 대한 중등교육이 본격화했고, '여학
교'에서 또래들과 함께 '여학생' 시절을 함께 경험한 여성들이 다수 배출된 후,
다시 이들이 여성으로서의 각성과 자각을 가지고 이른바 '부인문제'[3]에 관해
활발한 문제 제기에 나서기까지는 일정한 시간이 걸릴 수밖에 없었다. 뒤늦
게 여자 중등교육이 정착한 성과가 마침 다이쇼시대라는 사회적 풍조를 배경
으로 삼아 본격적으로 등장한 것이다.

앞으로 살펴보겠지만, 당시 벌어졌던 다양한 논쟁의 쟁점들은 개인의 문
제가 아니라 당시 대부분의 여성들이 공유하고 있었던 문제였고, 심지어 21
세기에도 여전히 유효한 경우가 많다. 나아가 이 시기에 등장한 이른바 '신여
성'[4]들이 1945년 패전까지도 여성계를 대표해 지속적으로 활동한 점, 이후로

---

2   근현대 일본에서는 주로 '부인'이 사용되다가 이후 점차 '여성'을 많이 사용하게 되었다. 현재
      일본에서 '부인'은 보수적 이미지가 더해져 사용되고 있지만, 본래에는 근대 일본에서 여자가
      남자의 노리개가 되는 통념에 저항해 그들도 인간적 존엄을 가진 존재라는 인식을 담아, 점차
      널리 사용하게 되었다. 그러나 ─ '부인'에 맞는 짝이 되는 용어가 없는 것에서 알 수 있듯 ─
      '특별대우'하는 성(性)을 당사자들이 일종의 틀이나 제약으로 의식하게 되고 스스로 남성에 마
      주하는 보편적 존재라는 감각이 강해지면서, 자칭으로서 '여성'이 지지를 얻게 되었던 것으로
      보인다(鹿野政直, 1989: 10~11). 다만, 양자가 이상과 같은 기준에 의해 명확하게 구분되어
      사용되었던 것은 아니며, 종종 혼용되는 경향이 있었다. 이 글에서는 주로 '여성'을 사용했으
      며, 원문을 그대로 번역한 직접 인용인 경우와, ─ '부인문제' '부인참정권' 등과 같이 ─ 역사
      용어로 정착된 경우 '부인'을 혼용했다.
3   '부인문제'란 여성의 사회적 지위가 남성보다 낮고 여성의 교육·노동·정치 등의 권리가 억압
      되고 있다는 문제를 표현한 용어로, 일본에서 대개 1910년대 경부터 1960년대까지 사용되었
      다. 여성에 대한 사회적 차별을 '부인문제'라고 지칭, 이것이 중요한 사회문제라는 점을 강조해
      '여성(부인) 해방'으로 요구하는 사상과 운동이 활발해졌던 것이다. 기본적으로 '근대적'인 관점
      을 전제로 하는 개념이기에, 제2기 페미니즘과 여성학이 등장한 1970년대 이후로는 사용되지
      않는다(井上輝子他編, 2002).
4   신여성이란 19세기 말~20세기 초에 걸쳐 구미와 일본·한국·중국 등 아시아 각국의 국민국가
      형성과 성립기에 나타난 일군의 여성들을 지칭하는 용어로, 이들은 종래보다 높은 교육을 받

도 그들을 능가하는 후속 세대의 등장이 두드러지지 않는 점 등을 고려하면, 다이쇼시대는 일본 여성운동의 '시작'임과 동시에 다양한 인물과 논점들이 대거 등장했다는 의미에서는 '전성기'라고도 할 수 있을 것이다.

이상과 같은 사실을 기억하면서, 이 글에서는 다이쇼시대에 등장한 다양한 인물과 논점을 고찰하기 위해 '모성보호 논쟁'(이하 '논쟁')을 논의의 중심으로 삼으려 한다. 그 이유는 첫째, '논쟁'을 통해 근대 일본 여성들이 고민하던 문제가 압축적으로 드러났고, 특히 쟁점이 되었던 '모성'이라는 개념이 근대 일본 전시기를 관통할 뿐 아니라 여전히 현재적인 문제로서도 의미 있는 주제라 여겨지기 때문이다. 둘째, 이 '논쟁'에 참여했던 인물들이 당대뿐 아니라 이후 일본 여성운동의 중추로서 활동하게 되며, 무엇보다 이 논쟁 과정에서 각자의 입장의 차이를 선명히 드러냈기 때문이다. 논쟁 당시의 주장과 입장의 차이를 살피는 것은, 이후 근대 여성운동의 역사에서 드러날 각 노선의 차이를 이해하는 데 도움이 될 것이다. 셋째, 이미 언급한 바와 같이, 바로 이러한 '논쟁'을 벌이게 했던 역사적 배경 또는 역사적 요인에 관한 고찰이 근대 개항 이후의 일본 여성사 전반을 조망·이해하는 데 유익하다고 여겨지기 때문이다.

기존 한국 학계에서의 '모성' 연구는 히라쓰카 라이초(1886~1971)를 중심으로 그의 '모성주의' 사상의 한계를 주로 근대 일본이라는 '국가'와의 관련 속에서 찾으려는 연구에 집중되는 경향이 엿보인다.[5] 그러나 라이초의 모성주

고 가정이라는 틀을 벗어나 직업·사회 활동에 종사하고, 기존의 성도덕에 이의를 제기하는 등의 활동으로 인해 종종 사회에서 지탄받기도 했다. 일본에서는 ≪세이토≫의 주변의 여성들, 특히 히라쓰카 라이초가 대표적인 신여성으로, 공격의 대상이 되었다.

5   라이초에 관한 국내 연구는 문학 분야에서의 접근이거나 나혜석, 김일엽 등과 같은 동시대 한국의 여성과 비교하는 내용이 대부분으로, 이 글의 주된 관심인 '모성'과 관련한 역사적 연구로서는 장정우(張晸宇, 2009), 박아름(朴娥凜, 2009) 정도를 참고할 수 있다. 일본 연구자의 논문이 번역·소개되는 경우에도 역시 라이초 편중 현상은 마찬가지인데, 그 가운데 참고할 만한 것으

의 주장에 대한 관심과 비판이 집중되는 반면, 당시 라이초의 주장이 등장한 당시 상황이나 그에 대해 가장 먼저 이의를 제기했던 요사노 아키코(1878~1942)의 주장 자체에는 그만큼 귀를 기울이고 있지 않은 것처럼 보인다. 심지어는 '논쟁'을 종결시켰고 실제적인 승자라고까지 인정받는 사회주의 여성운동가인 야마카와 기쿠에(1890~1980)의 주장조차도 라이초에 관한 설명을 위해 간단히 언급되는 데 그치는 형편이다. 이 글에서는 '라이초에게만 초점을 맞추지는 않을 것'인데, 이 자체가 이 글이 종래 연구와 구분되는 가장 큰 차별점이 될 듯하다.

2. '양처현모' 교육과 신여성

1) '모성'과 '양처현모' 개념의 근대적 출현

모성보호 논쟁을 주된 논의의 대상으로 하는 만큼, 본격적인 논의에 앞서 일단은 '모성'이라는 용어의 역사적 의미에 대해, 그리고 모성과 더불어 근대 일본에서 여성을 바라보는 양대 키워드라 할 수 있는 '양처현모'라는 용어의 의미에 대해 설명해 두려고 한다. 두 용어 모두 학술적으로뿐 아니라 일상생활에서도 매우 자주 그리고 광범위하게 사용되지만,[6] 의미를 정의하기는 다소 모호하고 애매하다. 심지어는 선입견이나 왜곡된 이미지를 동반한 채 사용되

로는 다음의 연구들이 있다. 요네다 사요코·이시자키 쇼오코(2003), 히로세 레이코(2006).

6   한국에서는 '현모양처', 일본에서는 '양처현모', 중국에서는 '현처양모'라는 각기 다른 용어로 정착되어 가는 과정에 대해서는 瀨地山角(1996) 가운데 「第4章 日本の近代主義と家父長制」를 참조할 것. 각각의 유사성과 차이에 대한 해석이 이 글의 관심은 아니기에, 크게 구분하지 않고 사용하기로 한다.

는 경우가 적지 않은데, 모성의 경우 정도가 더욱 심한 듯하다.

　'모성'의 사전적 의미를 확인해 본다면, '여성이 어머니로서 갖고 있는 성질, 또는 어머니다운 것', 또는 여기에 '어머니로서의 기능'이 추가되어 있기도 하다.[7] 여기에는 모성이 여자가 어머니가 되면 '당연히' 갖게 되는 성질이고, '모성애'는 선천적·본능적인 것 혹은 자연적인 것이고 초역사적인 것이라는 뉘앙스가 깔려 있다(加納実紀代, 2009: 68). 더 나아가 "여성의 일생은 어머니가 되는 것, 어머니인 것으로 이루어져 있다고 할 것이다. 어머니가 된다는 것은 여성만이 갖는 특권이며 …… 여성이 **태어나면서부터 갖는** 어머니로서의 천분天分을 총칭해 '모성'이라고 한다"거나, "자신의 체내에서 태아를 키우고 출산해, 그 뒤의 육아에서도 **본능적 애정**을 가지고 임하는 역할이나 **천성**은 그야말로 여성만의 독특한 것이라 할 수 있다. 이처럼 **태어나면서부터 가지고 있는 여성의 특성**을 모성이라고 한다"와 같은 모성에 대한 설명은, 우리 일상 생활에서 상식처럼 통용되고 있는 가치관이기도 하다(大日向雅美, 2009: 43~44, 줄임과 강조는 인용자).

　하지만 이미 여러 연구를 통해 밝혀진 것처럼 '모성'이라는 용어 혹은 개념이 서구로부터 수입된 번역어로서 일본에 등장한 것은 20세기 초의 일이었다. 앞으로 자세히 살필 것처럼, '모성'이라는 용어는 요사노 아키코가 1916년 발표해 '논쟁'의 최초 발단이 된 글 "모성 편중을 배척한다母性偏重を排す"를 계기로 널리 사용되기 시작했던 것이다. 대중의 일반적인 인식과는 달리, '모성'이라는 용어와 개념이 결코 보편적 혹은 초역사적으로 줄곧 존재해 왔던 것이 아니라, 근대의 산물이라는 사실은 이미 학계의 정설로 자리 잡고 있다.

　선입견과 오해 속에 오랫동안 널리 사용되어 온 것은 '양처현모' 혹은 '현

7　전자는 『広辞苑』(第六版)(岩波書店)에 따름, 후자는 『国語辞典』(三省堂), 『国語大辞典』(小学館) 등을 따름.

모양처'도 마찬가지다. 그리고 아무래도 '현모양처'라는 용어에서 조선시대의 신사임당을 곧잘 연상하는 한국에서 그러한 오해가 더욱 심한 것처럼 느껴지기도 한다. '현모양처·양처현모'가 — 긍정적인 의미에서든 부정적인 의미에서든 — 매우 오래 전부터 지속되어 온 '전통적'인 여성상이자, 현대 사회에서는 어쩐지 어울리지 않을 듯한 '유교적' 여자교육관이라는 인식이 바로 그것이다. 그러나 최근에는 '양처현모' 역시 근대의 시작에 즈음해 생겨난 개념이라는 쪽으로 의견이 모아지고 있다. 다만 근대국가의 형성 및 전통적인 유교 이념과의 관련성 등에 관해서는 그 정도와 방식에 관한 의견이 다양한 편차를 드러내고 있는 것으로 보인다.

이처럼 '모성'과 '양처현모'가 근대 일본 사회의 필요에 의해 의도적으로 개념화되고 강조된 덕목이라는 사실이 의미하는 것은 무엇일까. 이들 개념이 메이지유신 이후 근대 일본에서 강조되기 시작했다면, 그 이전의 전근대 일본 사회에서는 '모성'이나 '현모'가 여성에게 특별히 기대되는 덕목이 아니었다는 해석이 가능할 것이다.

에도시대 여성이 결혼 전에 갖추어야 할 네 가지 덕목四行은 부덕婦德, 부언婦言, 부용婦容, 부공婦功으로, 지적인 항목은 우선적으로 요구되지 않았다. 여성을 교육하기 위한 교훈서女訓書로서 『여자훈女子訓』, 『여훈초女訓抄』 등 중국에서 직수입한 서책과 교훈의 내용을 알기 쉽고 짧게 적은 습자 겸 독본용 교과서往來物가 사용되었는데, 이들 서책의 내용 가운데 '어머니로서의 마음가짐, 자녀 교육'에 관한 항목은 매우 적은 비중을 차지했다. 심지어 실제로는 어머니가 관여하던 여아의 교육조차도 어머니의 책임 영역으로 여겨지지 않았다. 당시의 어머니에게 요구되는 것은 어디까지나 '훌륭한' 아이를 '낳는' 것이었기 때문이다(小山靜子, 1991: 14~19).

결혼한 여성에게 요구되는 덕목은 교육하는 어머니가 아니라 오로지 아내로서, 그리고 며느리로서의 덕목에만 한정되었다. 아이를 낳는 것 역시 이러한 역할의 하나였을 뿐, 낳은 자녀에 대한 교육이나 영향은 크게 고려되지 않았던 셈이다. 이것은 여성을 철저하게 '어리석은 존재'라고 간주하던 당시의 여성관과 깊은 관계가 있었다. 심지어는 어머니의 '사랑'은 정에 휩쓸리기 쉽고 고식적인 것으로 자녀 교육을 저해하는, 바람직하지 못한 성정으로 인식되기도 했다. 에도시대 여성에게 기대되는 것은 "아이를 낳는 것이기는 해도 키우고 교육하는 것은 아니었으며, 그야말로 '배腹는 빌리는 것'이라는 말에 적합한" 상황이었다(小山静子, 1991: 20~24). 전근대 일본에 선천적인 모성 개념이 자리 잡을 여지는 매우 적었으며, 전근대 일본은 근대 이후 일본 사회를 석권한 '양처현모'와 같은 여성관과는 매우 동떨어진 사회였다.

2) '양처현모' 사상에 입각한 여자교육

여성의 역할, 특히 어머니로서의 역할에 대한 기대가 크지 않았던 근세와 달리, 일본이 메이지유신을 거쳐 근대화의 길을 걷기 시작하면서 국민의 양적 증가와 더불어 질적 향상이 강하게 요구되었고, 그러한 배경 위에서 '교육하는 어머니'의 이데올로기가 등장하게 되었다. 메이지시대 계몽주의의 거점이자 문명개화 정책을 이론적으로 뒷받침하는 역할을 했던 명육사明六社의 지식인들이 중심이 되어, 에도시대 여자교육의 교과서였던 『여대학女大学』을 비판하며[8] 새삼 '교육하는 어머니'상을 제창했던 것이다.

예를 들어 모리 아리노리森有礼(1847~1889)는 「처첩론妻妾論」이라는 글에

----

8   『여대학』은 가이하라 에키켄(貝原益軒)의 「和俗童子訓 巻之五 教女子法」을 바탕으로 만들어진 것으로 알려졌으나, 저자를 에키켄으로 확정할 수 있는 증거는 없다. 최고본은 1716(享保1)년의 『女大学宝箱』이라고 알려져 있다. 여자교육의 이념과 필요성, 아내로서의 마음자세 등을 적은 19개조의 여훈(女訓)과 결어로 구성되어, 봉건 체제 아래 이에(家)를 지탱하는 여성의 구실과 그 육성에 관한 조항이 열거되어 있다(小学館, 2007).

서 어머니의 역할에 대해 "아이와 어머니의 관계는 그야말로 카메라 렌즈에 물질이 비치는 것과 같다. 만일 그 물질이 순정하지 않다면 이것이 비치는 아이도 순정할 수 없다"고 규정하면서, 어머니가 될 여자는 항상 생각을 높이 하고 학술·물리를 터득해야 한다고 주장했다(湯沢雍彦編, 1976: 344). 후쿠자와 유키치福沢諭吉(1834~1901) 역시 「일본부인론日本婦人論」이라는 글에서 일본이 스스로 "인종 개량을 하려면 우선 일본 부인의 마음을 활발히 하고, 그 신체를 강건强壯하게 해야" 한다거나, "어머니母體가 강건하지 않으면 그 자손 역시 강건하지 않다"면서, 일본 여성의 어머니로서의 역할에 주목했다(福沢諭吉, 2003: 13, 42).[9]

나카무라 마사나오中村正直(1832~1891)의 경우에도, 어머니가 건강하면 태내의 아이도 강건한 것처럼 "자녀의 정신과 마음의 선악은 대개 그 어머니에 따르게 된다"고 하면서, "좋은 어머니를 만들기 위해서는 여자를 교육하는 것보다 나은 것이 없고", "[그렇게] 좋은 성정을 가진 어머니好性情ノ母를 얻어 훌륭絶好한 아이를 만드는 것이 …… 지금 인민의 성질을 개조하는 것보다 쉬운 일"이라는 의견을 내놓았다(明治文化研究会編, 1992: 212~213). 메이지시대를 대표하는 당대 지식인과 관료들이 잇달아 '어머니'로서 여성의 존재에 주목하고, 어머니의 역할이 일본의 장래를 위해 중요하다는 관점에서 여자교육의 필요성을 강조하는 발언을 남기고 있었던 것이다.

에도시대의 여자교육관에서는 여자를 어리석다고 여겨 오로지 아내·며느리로서 순종만을 요구했다면, 메이지 정부하에서는 어린이의 교육을 여자

---

9 후쿠자와는 「女大学評論」, 「新女大学」 등 다수의 여성 관련 문장을 집필했을 뿐 아니라 평생 여성의 사회적 지위와 역할에 깊은 관심을 보였는데, 이는 여성의 지위와 역할이 그의 근대화 구상에서 중요한 의미를 가졌기 때문이다. 그가 가진 여성론의 근본은 "남자도 인간이고 여자도 인간이다"라는 문장에 집약되어 있다고 하는데, 그의 여성론에 대한 사상적 분석뿐 아니라 실제로 여성의 지위 개선을 위한 그의 실천에 관해서는 西沢直子(2011)를 참고할 것.

가 감당해야 할 주요 몫으로, 그것도 국가의 처지에서도 매우 중요한 몫이라고 간주하고, 그를 위해 여성들에게 지식과 학문을 요구하는 것으로 바뀌어 갔다(小山靜子, 1991: 33~34). 이에 따라 1872년 문부성은 여아의 초등교육에 착수했지만, 20여 년이 지나도록 여자교육에 두드러진 발전은 보이지 않았다는 점은 이 책의 제1장에서도 이미 소개한 바와 같다.

그러나 1894년 청일전쟁의 경험에 이어 1899년부터 예정된 외국인 내지 잡거 정책 시행을 앞두고, 국가의식의 고양과 국가적 통합을 위해 양처현모 육성의 필요성에 대한 인식이 높아졌다. '현모'의 필요성에 대한 주장은 새삼스러울 것이 없지만, 지식에 의한 내조나 여성의 도덕적인 측면의 역할은 이 시기에 본격적으로 주목되기 시작했다. 무엇보다 가정의 관리 능력이 여성에게 필요한 덕목으로 강조되었는데, 단순한 종순從順을 넘어 가사노동을 충분히 감당하고 가정을 관리하는 여성이 '양처'라는 것이었다.

이러한 양처현모 사상에 입각해 1899년 '고등여학교령'이 공포되었고, 이로써 여자를 위한 중등교육이 공교육 체제 안에 비로소 자리 잡게 되었다. 하지만 여성 활동의 장은 가정이고 견실한 중산층 가정을 이루는 것이야말로 여성이 해야 할 일이라는 양처현모주의적 교육관 아래에서는, 고등여학교에서의 교육이란 남자 중학교에 견주어 수학·외국어·이과 등의 수업 시간이 절반 이하인 대신 수신·국어·재봉 등 도덕·실업 과목이 큰 비중을 차지하는 것이었다(尾崎ムゲン, 1999: 79). 그리고 이러한 여자교육의 기조는 패전까지 크게 변하지 않고 지속되었다.

이러한 과정을 통해 근대 일본 여자교육을 지배했던 양처현모 사상은 몇 가지 특질을 지니고 있었다. 첫째, 남녀는 단순히 생식 능력만이 아니라 생리적·심리적으로도 그리고 그 역할에서도 매우 큰 차이가 있다는, 이른바 대극적對極的인 존재로 규정되었다. 둘째, 여성은 아내·어머니로서 가정뿐 아니라 국가에 공헌하는 존재로서 남성과 동등함이 인정되지만, 그것은 어디까지나 추상적 인간으로서의 동등함에 그쳤다. 즉, 남녀의 직업은 구분되었고, 여자는 어디까지나 내조나 양육과 같은 간접적 방식으로만 국가에 공헌하는 존재로 남아 있었다. 겉으로는 남녀 동등이 인정되면서도 실제로는 여성이 남성에 비해 여전히 열등한 지위에 놓여 있었던 것이다(小山靜子, 1991: 56~57).

여성이 아내·어머니로서 '이에'에 이바지함으로써 국가에 공헌한다는 양처현모주의 여성관은, 여성의 종속을 요구한 유교의 그것과 분명 상통하는 바가 있다는 점을 부인할 수 없다. 즉, 근대의 양처현모주의란 이전 유교적 규범이 갖고 있던 '종속적이고 무지한' 여성상을 '가정을 담당하는 아내, 교육하는 어머니'라고 부분적으로 개조함으로써 성립했던 것이다. 정절이나 절제와 같은 유교적 덕목이 부덕婦德으로 칭송되는 것도 우연은 아니었다. 요컨대 양처현모주의 교육이란 단순한 봉건적 교육의 연장이 아니라, 유교적 덕목을 중시하면서도 그 가운데 양질의 차세대 국민의 재생산을 위해 '교육하는 어머니'라는 형태로 서구 여자교육관을 수용하고, 나아가 국가 통합의 필요로 인해 국가로까지 시야가 확대된 여성을 요구한 근대적 여자교육이라고 정리할 수 있을 것이다(瀬地山角, 1996: 144~146).

3) 다이쇼시대 사회 변화와 신여성의 등장

양처현모 사상에 입각한 교육이라는 여자교육의 원칙이 지속되는 가운데, 20세기 초부터는 그에 대한 비판뿐 아니라 여성이 놓인 상황과 문제들에 주목하는 이른바 '부인문제'가 사회문제로서 부상하기 시작했다. 주로 진보적인 남성들 사이에서 논의되거나 이에 대한 대안으로서 구미의 여성론·여성운동이 소개되는 데 그치던 '부인문제'에 대해 여성 스스로가 문제를 인식하고 논의의 주체로 서기 시작한 것은 바로 다이쇼시대, 즉 1910년대 초반을 넘어서면서부터였다. 그 대표적인 존재가 바로 일본 최초의 여성에 의한 문예잡지라고 일컬어지는 ≪세이토≫(1911년 9월~1916년 2월)였다.

발기인은 히라쓰카 라이초를 비롯한 5인이었고, 요사노 아키코를 비롯한 저명한 작가 7인이 찬조인으로 참여했다. 창간호에 실린, 장래 '논쟁'에서 격돌하게 될 두 여성의 글, 즉 라이초의 창간사 "원시, 여성은 태양이었다"와 아키코의 「두서없는 말」은 이후 일본 여성 해방의 선언으로 널리 알려지게 된다. 이들 '신여성'의 등장은 양처현모의 틀에 갇혀 있던 당시 여성들은 말할 것 없고, 양처현모주의에 입각한 여성들을 양성하고자 했던 당국에게도 상당한 충격을 주었던 듯, 뜨거운 지지와 비판을 동시에 받으며 상당한 반향을 일으켰다(村上信彦, 1978: 26~36).

여성 문제를 둘러싼 다이쇼시대의 이러한 급격한 변화, 특히 여성 해방을 주장하는 '신여성'이 등장하고 이에 대한 관심이 고조되었던 이러한 현상은 과연 어떻게 가능했을까? 거기에는 두 가지 계기가 있었다. 하나는 바로 여자 중등교육의 비약적 보급이었고, 또 하나는 직업여성의 증가였다. 비록 고등여학교 교육은 중류 계층의 여성에 한정된 것이었고, 남성에 대한 중등교육에 견주어 수준이 낮은데다가 양처현모의 양성을 목표로 한 것이었지만, 역설적이게도 바로 이러한 교육이 여성들에게 집에서 해방된 자유로운 시간·공간을 제공하고, 그들의 지적인 시야를 확대해 주었던 것이다.

이미 널리 알려져 있듯이 중등교육을 받은 여성들이 급증함에 따라 이들을 대상 혹은 주체로 하는 여성 저널리즘이 급속히 발달했고, 이것이 여성 해방 사상과 운동의 매개체가 되어갔다. 또한 중등교육의 보급은 직업여성의 증가로 연결되었다. 특히 제1차 세계대전에 따른 산업화의 진전과 제3차 산업의 확대에 따라 직업여성은 더욱 급속히 증가했고, 여성이 진출할 수 있는 직종도 다양해졌다. 다이쇼 말기 여성의 취직률은 최고를 기록했지만 대전大戰 경기에 따른 물가 등귀와 전후 공황으로 말미암은 생활난, 여성에 대한 저임금 정책 등으로 인해 이들 직업여성이 안고 있는 문제가 사회적으로 공론화된 것은 자연스러운 흐름이었다.

그러나 다이쇼시대가 오로지 이른바 여성 해방을 위한 움직임의 전성기였던 것만은 아니다. 여성에 대한 중등교육의 보급은 직업여성의 증가를 가져왔을 뿐 아니라 더 많은 수의 '양처현모'들을 배출했음을 잊어서는 안 된다. 다이쇼 시대에는 도시 봉급생활자를 중심으로 이른바 '신중간층'이 새로이 등장했는데, 바로 양처현모 교육을 받은 여성들은 바로 이들과 결혼함으로써 중류 가정을 지키는 '주부'가 되었기 때문이다.[10] 이들 신중간층은 대개 농가의 차남·삼남 등이 농촌 공동체로부터 이탈하고 도시로 유입되어 핵가족을 형성하는 경우가 많았기 때문에, 집안의 자산이나 유산을 기대할 수 없이 자신들의 월급을 계획적으로 사용함으로써 '가정 경제를 운영'해야만 했다.

이러한 도시 신중간층 가정의 주부들은 가사나 육아에 관한 정보를 시어머니를 비롯한 친족 공동체로부터 얻는 전통적인 방식 대신, 여성잡지나 미디어 등을 통해 얻을 수밖에 없었다. 따라서 이들 중류 가정의 여성들은 스스로 다양한 정보를 수집·선택하는 지적 능력을 갖출 필요가 있었으며, 생활과 문화에도 자신만의 관심과 욕구를 가지고 접근했다. 이들 신중간층 가정에서야말로 '남편은 일, 여자는 가사'라는 남녀 성별 분업에 의한 근대적 가정이 구현되었다. '단란'한 가정ホーム, home 을 꾸리는 것은 근대적 가정의 주부에게 요구되는 과제였으며, '양처현모'야말로 이러한 역할의 적임자로 여겨졌다.

결국 19세기 말에 확립된 양처현모 사상에 입각한 여학교 교육을 받고

---

10 데라데 고지(寺出浩司)에 따르면 신중간층은 러일전쟁~제1차 세계대전 기간 동안 공장 노동자와 함께 하나의 사회 계층으로서 본격적으로 등장, 다이쇼 중기부터 후기에 걸쳐 스스로의 생활 구조를 형성·확립했다. "두뇌 노동이라는 노동 형태, 봉급(샐러리)이라는 소득 형태, 자본가와 임노동자의 중간에 존재한다는 사회 계급 구성상의 위치, 생활 수준의 중위성(中位性)" 등을 특징으로 한다. 이를 포함, 신중간층에 대한 설명은 『家庭の生成と女性の国民化』(小山静子, 1999)의 제2장 2절을 참조.

자란 세대는, 다이쇼시대에 이르러 이른바 '부인문제'를 자각해 여성 해방을 외치는 선구적인 소수의 신여성들과 도시 신중간층의 중류 가정을 지탱하는 다수의 주부들로 자라났다. 이러한 여자교육의 성과 위에 일본 국내외에서 평화와 민주주의를 구가하는 정치적·사회적 분위기가 고조된 다이쇼시대 후반에 이르러, 이른바 모성보호 논쟁이라는 대규모 논전이 벌어진다. 히라쓰카 라이초 등 대표적 신여성들이 중심이 되고 양처현모에 가까운 개량주의적 입장의 여성들도 의견을 내면서, 그리고 심지어는 남성 지식인들도 이에 가세해서, 여성의 '모성'과 '경제적 독립'이라는 두 가지 키워드를 중심으로 이상적인 여성의 삶의 방식에 대해 활발한 논쟁을 전개했던 것이다.

3. 모성보호 논쟁 (1): 모성의 실현과 경제적 독립

1) 모성보호 논쟁의 배경: 엘렌 케이의 사상을 둘러싼 논전

스웨덴의 평론가 엘렌 케이Ellen Key(1849~1926)는 히라쓰카 라이초가 그의 모성 관련 언설을 적극 소개·지지했기 때문에, 근대 일본의 여성사 가운데 매우 중요한 위치를 차지하게 되었다. 그의 대표적 저작인 『연애와 결혼Kärleken och äktenskapet』(1903), 『아동의 세기Jahrhundert des Kindes』(1900) 등에 담긴 주된 사상은, 모성의 보호, 어린이의 주체성 보장, 자유연애에 따른 종족 유지 등으로 요약된다. 이러한 케이의 사상은 '여권 신장'을 주된 목표로 삼았던 서구에서의 제1기 페미니즘이 새로운 단계로 진입했음을 보여주는 것으로, 일본에서는 바로 '논쟁'의 중요 쟁점이 되었고 중국에도 상당한 영향을 미쳤다. '모성'이라는 용어 역시 바로 그의 저작과 관련된 것이었으며,[11] 그의 '모성주의'는 라이초 등의 번역을 통해 보급되어 다이쇼시대 일본 여성들의 주목을 받게 되었다.

케이는 원죄론에 입각한 기독교적 인간관을 비판하면서, 다윈과 스펜서의 진화론에 영향을 받아 다음과 같은 새로운 성도덕을 주장했다. 첫째로 인간 본성을 신뢰해 개인의 자유를 존중하고, 둘째로 정신과 육체의 일원화를 꾀하는 것이다. 이에 근거해 케이는 정신과 육체가 일치하는 성애의 중요성, 즉 '연애의 자유(및 이혼의 자유)'를 주장하게 된다. 그는 자신의 가장 대표적인 주장인 '모성보호'에 관해 "여성의 우수성은 자연으로부터 주어진 모성에서 유래한다"라는 점을 명확히 했다.

그는 남녀 본성의 질적 차이를 인정해 여성의 독특한 영역을 창조력, 애정, 모성, 가정家庭, 가정家政에서 찾았고, 특히 가정에서의 어머니 역할을 중시했다. 양육기의 아이를 둔 어머니가 육아에 전념할 수 있도록 '모성보호(양육을 위한 사회급여)'의 필요성을 주장했고, 남편의 수입 증가에 따라 남편이 아내의 가사 관리비를 지불하도록 제안했다. 기혼 여성의 이중 부담을 해소하는 동시에, 여성에게는 인간 개인으로서의 활동 의욕을 모성이라는 사명에 쏟으라고 권면했던 것이다(金子幸子, 1999: 129~131).[12]

케이의 모성주의 사상에 경도된 라이초가 케이의 저서를 ≪세이토≫에 번역·게재한 것은 1913년 1월부터 약 2년 동안이었다. 1915년 12월과 1917

---

11   '모성'이라는 용어는 케이가 사용한 스웨덴어 'moderskap(영어의 motherhood, maternity에 해당)'의 번역어로 등장했다고 한다(大日向雅美, 2009: 41~42). '모성'이라는 용어를 대중적으로 각인시킨 것은 1916년 요사노 아키코의 글("母性偏重を排す")이었지만, 케이의 주장을 비판하기 위한 글이었던 만큼 이 또한 케이와 관련된 것이었다. 엘렌 케이의 사상 및 일본·중국의 영향에 대해서는 다음을 참조. 井上輝子他編(2002), 히로세 레이코(2006), 千聖林(2003).

12   기혼 여성의 노동과 관련해 케이는 양육기 이후의 여성의 아동·청소년, 노인이나 환자 등 사회적 약자를 위한 공익적 활동은 권장했으나, 가정 밖에서의 노동에 대해서는 소극적이었다. 노동력 과잉에 따른 노동 시장 악화, 여성 건강 장애(불임 및 유아 사망률 증가), 아동 비행 초래 등이 그가 제시한 이유였다. 다만 일하는 여성에 대해서는 8시간 노동, 야간 노동 금지 등의 보호 정책이 필요하다고 주장하기도 했다.

년 9월에는 라이초 자신이 두 명의 아이를 출산해 직접 모성을 경험하기도 했다. 그런데 흥미롭게도, 궁극적인 모성의 경험이라고 할 수 있는 두 번의 출산 사이인 1916년, 라이초는 ≪세이토≫의 동인이자 문학계 선배인 요사노 아키코와 케이의 '모성'과 관련된 짧은 논쟁을 벌이게 된다. 본격적인 '논쟁'의 전초전인 셈이었다.

아키코는 출산·양육이 여성에게는 '천부天賦의 사명'이라는 톨스토이의 주장, '여자 생활의 중심 요소는 어머니가 되는 것'이라는 케이 등의 주장이 많은 이들로부터 주목을 받는 당시의 현실에 대해, "여자가 세상을 살아가는 데, 왜 어머니가 되는 것만을 중심 요소로 삼아야 하는가?"라고 개탄했다. 그는 톨스토이가 "인류의 본무本務는 둘로 나뉜다. 즉, 하나는 인류 행복의 증가, 또 하나는 종족의 존속. 남자는 후자를 이행할 수 없기 때문에 주로 전자로 부름을 받았다. 여자는 그들만이 그에 적합하기에 전적으로 후자로 부름을 받았다"라고 하지만, 자신은 남녀 모두 '인간성'을 본성으로 보아야 하며 이는 전적으로 평등하다고, 인류의 본무도 둘로 구분하지 말고 '인류 행복의 증가' 하나로 보아야 한다고 주장했다(与謝野晶子, 1916.2). 그에 따르면, 모든 일은 남녀가 평등하게 이행하는 것이 맞으며 종족의 존속 역시 남자가 여자와 협력하는 것이 당연하다. 인간에게는 개개인의 '개성'이 있고, 이는 수시로 변화流轉하고 진화하며 성장하고 또 각자의 다양한 '욕구'를 갖는 것이기 때문에, 여성이라고 해서 '모성'만이 강조돼서는 안 된다는 것이다(与謝野晶子, 1916.2).

아키코는 이른바 '모성 중심'이 갖는 또 하나의 오류로서, 실제 질병이나 빈곤 등 다양한 원인 때문에 부모가 되지 못하고 일생을 마치는 남녀도 적지 않다는 현실을 간과하고 있다는 점을 지적했다. 그리고 만일 부모가 되는 것이 인류 최고의 생활이기 때문에 여성이 모성중심의 생활을 해야 한다고 한다면, 남성도 당연히 '부성 중심'의 생활을 하는 것이 논리적으로 타당하다는 점도 덧붙였다. 그는 '천부의 사명'이 있다거나 "[여성은 인류 존속을 위해] 개인

권리를 천성적으로 제한"해야 한다는 식의 주장에 반대하면서, 오히려 "개개인의 권리와 의무를 …… 자유롭게 신장시켜 이행해 나가야 한다"라고 주장했다. 나아가 아이의 입장에서 보더라도 "부성의 사랑도 모성의 사랑과 마찬가지로 필요"한 만큼, 여성의 '모성'만이 강조되는 것은 옳지 않다고 주장했다 (与謝野晶子, 1916.2).

이처럼 아키코가 여성을 '모성'이라는 틀 안에 넣으려는 모든 주장에 반대하면서 남녀평등에 입각해 개개인의 행복 추구의 자유를 주장하자, 이에 반응한 것은 바로 라이초였다. 그는 케이의 사상에 대한 아키코의 이해 부족을 개탄하면서, 케이는 아키코가 말하는 것처럼 '절대적 모성중심설'을 주장한 바가 없으며 여성이 결혼하지 않는 것도 '자유 선택'으로 인정했다고 지적했다.[13] 또한 모성을 실현하지 않는 여성을 "싸잡아서 완전 제멋대로"라고 비난한 것도 아니라고 반박하며(らいてう, 1916.5),[14] 다음과 같은 케이의 문장을 인용해 제시했다.

> 결혼을 피하는 것, 혹은 또한 부모·자식이 되는 것은 피하면서 결혼하려는 것은 남자와 마찬가지로 개인으로서의 부인의 자유선택이다. 부모가 된다는 무거운 부담에서 벗어나려는 동기에는 진정한 이기주의와 진정한 타애他愛주의라는 두 가지가 있다. 그녀의 자아 발달 및 그녀의 행동의 자유에 장애가 된다고 해서 이를 피해 고립하는 것도, 남자와 마찬가지로 개인으로서 부인의 자유 선택이다. 만일 이러한 견지로부터 연애 및 모태母態를 본다면 부인은 연애도 아이도 없어도 무방하다. 만일 그녀가 이를 최고의 행복으로 본다면, 그녀는 제3의 성, 즉 일벌勞働蜂

---

13 케이 자신도 결혼하지 않고 독신으로 집필 활동을 하며 생을 마쳤다.
14 아키코는 앞의 문장에서 모성을 실현하지 않는 여성에 대해 "케이 여사처럼 싸잡아서 '완전 제멋대로(絶対の手前勝手)'라고 공격하는 것은 가혹하다"라고 비난한 적이 있다.

이나 신하 벌臣性蜂이 될 권리는 충분히 있다(らいてう, 1916.5).

라이초는 케이가 결코 절대 모성을 주장한 것이 아니며, 결혼해서 어머니가 되는 길을 가지 않은 여성의 선택도 존중했다는 점을 증명하기 위해 이상과 같은 문장을 제시했다. 그러나 아키코의 비판에 대한 완전한 반박이 된 것 같지는 않다. 결혼하지 않고 자아를 추구하는 여성을 '제3의 성'으로 간주한다는 것 자체가 — 양성 즉 남성·여성을 구성원으로 전제하고 논의를 전개하던 당시의 관점에서는 — '인류'의 범주에서 그들을 아예 배제하는 것으로 보이기 때문이다. 결혼하지 않는 동기를 '이기주의'와 '타애주의'로 구분해 생각하고 있는 것도 의미심장하다. 라이초는 케이의 주장을 선명하게 하고자 다음과 같이 자신의 친절한 설명을 덧붙여 케이의 문장을 소개한다.

> 모태가 되는 욕망을 전혀 버리지 않는 여성은(이러한 조건이 붙어 있습니다) 소녀로서 또 그 이상 부인으로서 미래의 아이에 대해 의무를 가지고 있다(이 의미는 단지 아이를 낳을 의무가 아니라 좋은 아이를 낳고 나쁜 아이를 낳지 않기 위한 의무로서, 예를 들면 근대의 열악한 노동 상태 아래서 여공 등이 되어 과도한 혹은 위험한 **노동에 종사함으로써 뒷날 낳으려는 아이의 생명 및 능력을 희생해서는 안 된다**, 곧 허약자, 병자, 또는 생리적 불구자 등을 낳아서는 안 된다는 것이 아닐까요?). 그리고 그 의무로부터 도망치려고 한다면, 그것은 '완전히 제멋대로' 하는 행동에 불과하다는 것을 나는 단지 주장하고 싶은 것이다(らいてう, 1916.5, 강조는 인용자, 괄호 안은 라이초).

라이초가 일찍부터 '우생주의'를 신봉했다는 의심을 더하는 데 일조할 것으로 보이는 이 문장은, 케이의 여성노동에 관한 입장을 함께 살핌으로써 그 뜻이 명확해질 수 있다. 라이초는, 케이가 여성노동의 금지를 주장한 것이 사

실이지만 그것은 '현실을 고려했'기 때문이라고, 즉 당시 여성노동의 실태를 알고 이를 고려했기 때문이라고 설명한다. 즉, 이상적 조건에서 하는 노동이라면 찬성할 것이지만 현대 산업조직 아래 열악한 노동 상황을 보았기 때문에 열렬한 반대자가 되었다는 것이다(らいてう, 1916.5).

라이초의 설명에 따르면, 케이가 산업사회에서의 열악한 노동 환경 등을 이유로 여성의 노동을 금지한 것은 그것이 여성의 모성 발휘, 그것도 좋은 아이를 낳아야 한다는 여성으로서의 역할을 수행하는 데 방해가 되기 때문이었다. 만일 '좋은 아이'를 낳아서 종족을 보존하는 데 방해가 되지 않을 수 있는 쾌적한 환경과 윤택한 조건의 노동이라면, 반대할 이유는 없는 셈이었다. 결국, 케이가 여성노동을 무조건 반대한 것은 아니었지만 여성에게 모성을 최우선적으로 요구했던 것은 사실이었으며, 그것도 더 나은 아이를 낳아 종족의 보존에 기여해야 한다는 '이타적' 이유 때문이었다고 볼 수 있는데, 이는 라이초의 경우도 크게 다르지 않았다.[15]

아키코는 "여사(라이초 ─ 인용자)가 나와 마찬가지로 모성에만 편중되지 않고, 여자가 가진 모든 좋은 능력을 존중한다는 것을 알고 안심했다"라고 하면서도, 자신이 육아에서 벗어나는 4~5년 뒤에는 좀 더 독서가 가능할 것이라고 했다(与謝野晶子, 1916.6). 이는 모성에 관한 케이의 사상에 대한 이해가 부족하다는 비난에 절묘하게 응수한 것처럼 보인다. 곧 모성주의에 반대하는 자기 자신이 실제로는 육아를 몸소 실천하고 있다는 것, 그리고 라이초의 응답에 완전히 납득한 것이 아니며 이후 논쟁이 재연될 것임을 암시하는 것이

15 라이초가 케이의 모성주의 사상에 영향을 크게 받은 것은 사실이지만, 그의 생각이 케이의 사상과 완전히 같았던 것은 아니었다. 케이는 국가가 여성을 1년 동안 징집해 교육시켜야 한다는 '모성교육론'을 주장했지만, 라이초는 이에 대해 관심을 보이지 않았다. 여성의 모성보호를 위해 케이는 국가와 남편이 도움을 주어야 한다는 주장이었지만, 라이초는 남편에 대한 복종으로 이어지기 쉽다는 이유로 남편의 도움에는 반대했다(히로세 레이코, 2006: 109).

었다. 실제로 모성을 둘러싼 이들의 본격적인 논쟁은 아키코의 예상보다 좀
더 빠른 시기에, 그리고 좀 더 많은 사람들이 참가해 이루어지게 된다.

2) 모성보호 논쟁의 전개: 아키코와 라이초의 논쟁

유명한 가인歌人이자 시인, 그리고 『겐지모노가타리源氏物語』의 번역자로 유
명한 요사노 아키코가 '부인문제'에 관심을 갖고 의견을 개진했던 것은, 그의
치열한 삶이 바탕이 된 것으로 알려져 있다. 오사카大阪 사카이堺 지역의 전통
있는 제과점 집안에서 태어난 그는 1901년 문학계에 데뷔한 이래 40여 년 동
안 24권의 가집과 15권의 평론집, 시집, 소설, 번역서 등을 내놓는 정력적인
집필 활동을 펼쳤다. 그뿐만 아니라 자신이 가계 대부분을 책임지면서도 11
명의 자녀를 출산·양육하기까지 했다.[16] 여학교 졸업 후 한동안 가업을 혼자
운영해야 했던 고통스러운 경험까지 포함해 평생을 '정력적'으로 살아낸 그
는, 최소한 '경험'에 한정해서 이야기한다면 근대의 어떤 여성보다도 '모성'과
'여성의 노동'에 관해 당당히 발언할 자격을 가졌다고 할 수 있을 것이다.

　　그에 비하면 일본 여성 해방운동의 상징 히라쓰카 라이초는 여러모로 아
키코와 대조되는 환경과 경력을 가졌다. 아키코보다 8살 연하인 그는 회계검
사원 관리이자 대학 교수였던 아버지를 둔 인텔리 가정의 셋째 딸로 태어나,
당시 여자가 입학할 수 있는 최고 수준의 학교였던 일본여자대학 3기생으로
입학할 때까지 윤택한 환경 속에서 성장했다. 어릴 적부터 학문적인 것, 이론
적인 것, 사색적인 것을 좋아했고, 한때는 선종禪宗 등 신비적인 종교에 몰입
하기도 했다(水田珠枝, 2007.4; 2007.5).

16　島田燁子(1996) 중의 제2장 「与謝野晶子の思想」을 참조.

문학에 입문한 뒤, 세상을 떠들썩하게 한 스캔들[17]을 거쳐 ≪세이토≫ 창간(1911), 새로운 연인 오쿠무라 히로시奧村博(1889~1964)와의 만남(1912), 케이 사상의 대면(1913), 연인과의 공동생활 시작(1914)과 첫 출산(1915), 나아가 '논쟁'으로 이어지는 그의 삶의 궤적을 보노라면, 라이초 역시 여성으로서 사적인 생활과 여성 해방 운동가로서 공적인 삶이 절묘하게 얽혀 있음을 알 수 있다.[18]

본격적인 '논쟁'은 아키코가 1918년 3월 ≪부인공론≫에 "여자의 철저한 독립女子の徹底した独立"이라는 문장을 게재해 당시 '모성보호' 주장에 대해 적극 반대한 것에서 시작되었다. 그 가운데 핵심적인 내용 다음과 같다.

나는 구미의 부인운동에서 주장되는, 임신·분만 등의 시기에 있는 부인이 국가를 향해 경제상의 특수한 보호를 요구하려고 하는 주장에 찬성하기 어렵습니다. 이미 생식적 봉사에 의해 부인이 남자에게 기식하는 것을 노예 도덕이라고 간주하는 우리들은, 같은 이유로 국가에 기식하는 것도 거절하지 않으면 안 됩니다. 부인은 어떠한 경우에도 의뢰주의를 취해서는 안 된다고 생각합니다. 금후 생활의 원칙으로서는, 남자도 여자도 자신들 부부의 물질적 생활은 물론, 미래에 낳을 자기 아이의 포육哺育과 교육을 유지할 수 있을 만큼의 경제적 보장이 상호 노동에 따라 확보될 것이라는 확신이 있고, 그 정도의 재력이 이미 남녀 양쪽 모두에게 축적되기를 기다린 뒤에 결혼하고 또 분만해야 할 것입니다. 설령 남자에게 경제적인 보장이 있더라도 여자에게 아직 그러한 보장이 없다면 결혼 및 분만을 피해야 한다고 생각합니다(与謝野晶子, 1918.3).

17　일명 시오바라(塩原) 사건으로 불리며, 1908년 이미 처자가 있는 작가 모리타 소헤이(森田草平)가 자신의 학생이었던 라이초와 도치기현(栃木県) 시오바라로 도주해 동반자살(心中)을 시도했다가 미수에 그친 사건이다. 이후 모리타는 그 사건을 「매연(煤煙)」이라는 제목의 소설로 ≪도쿄아사히신문(東京朝日新聞)≫에 연재했다.

18　島田燁子(1996)의 3장 「平塚らいてうの思想」를 참조.

라이초는 즉각 "모성보호 주장은 의뢰주의인가母性保護の主張は依賴主義か"라는 글로 반박했다. 그는 상당한 양의 지면을 할애해 유럽에서 케이의 사상이 나오게 될 수밖에 없었던 이유를 자세히 설명하고 있지만,[19] 아키코의 관심 자체가 케이의 사상에 대한 텍스트 분석이나 논쟁이 아니었던 만큼 라이초의 장황한 답변은 다소 쟁점을 벗어난 것처럼 보이기도 한다. 이 글에서는 당시 논쟁의 초점이 케이 사상 자체가 아니라 '일본 여성에게 모성보호가 필요한가(혹 그렇지 않다면, 무엇이 필요한가)'에 있다고 상정하고, 이에 맞추어 양자의 논지를 번갈아 살펴보고자 한다.

라이초는 아키코를 향해 "한 사람의 개인적 입장에서만 보고 시비를 논하려는" 태도이자, 여성의 "의뢰주의나 경제적 독립과 같은 형식적 명목에만 매달려 실상을 보는 것을 잊어버린 공론空論"이라고 비판했다. 또한 만일 아키코가 말하는 조건을 채워야만 결혼할 수 있다면 대부분의 여성이 평생 결혼해서 분만하는 날은 오지 못할 것이라고, 그 비현실성을 지적했다(らいてう, 1918.5).

그러나 현실 상황을 충분히 고려하지 않은 것이 아키코였는지에 대해서는 재고할 필요성이 있어 보인다. 그것은 그동안 '논쟁'의 일부로서 제대로 고려되지 않았던, 그러나 실은 "여자의 철저한 독립"보다도 먼저 발표된 "여자의 직업적 독립을 원칙으로 하라女子の職業的独立を原則とせよ"(1918.1)에는 아키코

19 라이초에 따르면, 당시 유럽에서의 여성 문제 가운데 중심 문제는 바로 '결혼제도 개혁'이었고, 그 배경에는 심각한 '사생아 문제'가 자리 잡고 있었다. 독일의 경우 1년 동안 18만 명의 사생아가 태어났는데, 그 비율은 전체 출생아의 12분의 1에 해당할 정도의 수였다. 더 큰 문제는 "현재 결혼제도에 따르지 않았다는 이유만으로" 그들을 가혹하게 비난·공격하고 도덕적으로 사회의 '죄인'으로 다룸으로써, 결국 그들의 "경제생활을 곤란과 위험의 경지"에 밀어 넣는다는 점이었다. 사생아의 아버지에게는 아무런 책임도 묻지 않기 때문에, 어머니만 모든 부담을 감당해야 하는 현실이 유럽에서 '모성보호' 주장이 제기되는 사회적 배경이었다(らいてう, 1918.5).

가 왜 이러한 문제를 제기하는지 그 이유가 좀 더 선명하게 나타나 있기 때문이다.

> 세계 전쟁은 이제 2년도 가지 않을 것이다. …… 전후의 생활은 분명 세계의 구석구석까지도 공전의 엄청난 격변을 보게 될 것이다. …… 그 격변 가운데, 최초에 우리나라가 입을 경제적인 일대 부진으로 다수의 중산계급과 무산계급이 치명적으로 비참해질 것을 생각하면, 우리는 지금부터 불안과 공포로 아연실색하지 않을 수 없을 것이다. 일국으로서도 일가로서도 또 개인으로서도 이른바 '전후 경영'의 중요한 문제는 이 경제상의 큰 어려움으로부터 얼마만큼 깊지 않은 상처만 입고 벗어나는가라는 한 가지로 연결된다. 생각건대, 그때가 오면 지금도 곤란을 겪고 있는 남자의 경제생활은 몇 배의 곤란이 더해질 것이다. …… 남자가 이제부터 그에 대해 대비하지 않으면 안 되는 것 이상으로, 본래 경제적 무능력자인 여자는 그보다 배로, 두 배로 대비하지 않으면 안 되는 것이다(与謝野晶子, 1918.1).

아키코가 — 1916년의 논쟁 당시 4~5년 후가 될 것이라고 했던 — 자신의 예상보다 빠른 1918년 신년 벽두부터 펜을 잡은 것은 바로 이러한 위기의식이 작용했기 때문이었다. 제1차 세계대전 종전 뒤에는 전쟁 호황의 반동으로 심각한 경제난이 찾아올 것을 예견했고, 그로 말미암은 피해는 남성뿐 아니라 본래 사회적 약자인 여성에게 더 집중될 것이라 생각했다. 어차피 종전 후의 상황에서 국가에 의한 보호를 기대하는 것은 난망할 것이기 때문에, 결국 각자의 생계를 위해 악전고투해야 하므로 여성의 경제적 독립의 필요성을 제기했던 것이다.[20] 특히 아키코는 경제적으로 영세한 계급의 여성은 자활의 능력을

---

20 제1차 세계대전과 상황이 다소 다르기는 하지만, 제2차 세계대전이 끝난 이후 일본의 상황을 보면 아키코의 우려는 타당한 것이었다고 보인다. 실제로 전후 경제난이 시작되자 모두가 각

갖춘 반면, "부모 형제 및 남편의 재력에 의존하면서 어떻게든 의식생활을 계속해 갈 수 있는 지위에 있는" 중간층의 '기생적 여자'들이, 도리어 남성들에게 경멸의 대상이 될 뿐 아니라 결국은 남성들의 발목을 잡는 족쇄가 될 것이라고 우려했다(与謝野晶子, 1918.1).

아키코의 이러한 위기감을 이해하지 못한 채 '공론'이라고 비판했던 라이초였지만, 그 또한 당시 여성이 처한 상황의 열악함에 대한 인식은 아키코와 크게 다르지 않았던 것으로 보인다. 라이초가 여성의 '경제적 독립'에 대해 부정적인 입장을 보인 것은 그에 반대한 것이라기보다, 그 '필요를 인정'하면서도 몇 가지 부정적인 현실 상황에 대한 인식에서 비롯된 것이었다. 라이초는 어차피 "어머니의 경제적 독립이라는 것은 웬만큼 특수한 노동 능력을 가진 사람 외에는 전혀 불가능"하다고 보았고, 따라서 부부 모두가 경제적으로 자식을 부양할 능력을 확보한 후에야 결혼이 가능하다는 주장은 비현실적이라고 생각했다. 만일 아키코의 주장을 따른다면, "건강한 아이를 낳을 수 있는 부인을 생애 또는 장기간 독신자로서 노동 시장에 두려고 하는" 셈이 되고, 이것은 "부인 자신의 불행"일 뿐 아니라 "국가로서도 여러 가지 의미에서 커다란 손실"이라고 여겼다. 나아가서는, 사생아의 증가를 비롯한 여타의 죄악을 양성하는 계기가 될 수 있다는 점을 경고했다(らいてう, 1918.5).

라이초의 주장은 대부분 '부정적 현실'에 대한 차선책의 성격이 강한 것으로 보인다. 사생아가 증가하는 현실, 상대 남자로부터 부양을 받기는커녕 윤리적 죄인으로 내몰리는 미혼모, 이러한 현실을 묵인하는 결혼제도 때문에 보호받지 못하는 모자의 비참한 생활, 여성이 경제적 독립을 달성할 만한 기술이나 지식을 습득하기 어려운 열악한 사회적 지위, 라이초는 이 모든 '부정

___

자 최소한의 생계 유지를 위해 악전고투해야 했고, 과부와 고아가 넘쳐나는 가운데 모성에 대한 배려는커녕, 오히려 산아 제한의 필요성까지 제기되었기 때문이다.

적' 상황을 타개하려는 대안으로 '국가'를 끌어들였다. 국가에게 이 책임을 지우고자 내놓은 논리는 바로 이러한 모자(혹은 모녀)를 보호하는 것이 궁극적으로 국가와 인류의 발전에 도움이 될 것이라는 시각이었다.

여기에서 엿보이는 그의 사상이란, 첫째는 — 케이의 영향을 받아 — 종족 발전에 기여해야 한다는 당위성, 둘째는 당분간 자립할 전망이 없는 여성을 당장 구할 수 있는 것은 '국가'밖에 없다는 인식이었다. 1916년의 논쟁에서도 확인된 것처럼, '개인'을 중시하는 아키코와, 천부적인 모성의 발휘를 거쳐 종족 유지에 기여해야 한다는 케이의 사상을 수용한 라이초의 인식의 차이는 이미 확연한 것이었다. 다만, 필자에게는 이들의 본격적인 '논쟁' 속에서 라이초의 국가에 대한 인식과 기대가 타당한가를 주목할 필요가 있는 것처럼 보인다.

기존의 연구들이 '논쟁' 이후 라이초의 행적, 즉 그가 우생학에 대한 관심을 보이면서 침략 전쟁 시기에 일본 정부의 정책에 협조했던 사실과의 연관성 속에서 그의 국가관에 문제가 있음을 지적하는 경향이 있지만, 사실 그의 현실 인식과 국가관에 문제가 있음을 가장 먼저 지적한 것은 다름 아닌 아키코였다. 그는 먼저 자신도 '모성을 존중'하지만, "순당順當한 모성 실현을 기하기 위해서라도 여자가 경제적으로 독립하는 것이 필요하다"라는 입장을 전제한 후, 자신이 라이초와 다른 입장에 서게 된 이유로서 그의 문제 제기가 '현재'와 '미래'를 혼동하는 데서 비롯된다는 점을 지적했다.

히라쓰카 씨는 '현재 있는 것'과 '장래에 있어야 할 것'을 혼동하고 있습니다. 현재 다수의 부인이 경제적으로 독립하지 못했다고 해서 미래의 부인도 언제까지고 마찬가지의 생활 과정에 있는 것은 결코 아닙니다. 우리는 하나의 이상을 향해 미래의 생활을 조준해 전향하려고 하는 것입니다. 임신·분만, 육아기에 국가의 보호를 구하지 않으면 안 될 정도의 경제적으로 무력한 불행한 부인이 되지 않으려는 자각을 가지고, 여자 스스로 훈련하고 노력하려는 것입니다. 따라서 국가의 특수한 보호는 결코 일반 부인에게 바람직한 것이 아니라, 어떤 불행한 부인을 위해서만 어쩔 수 없이 요구되어야 하는 성질의 것이라고 생각합니다(与謝野晶子, 1918.6).

아키코의 말에 따르면, 라이초는 자신도 여성의 경제적 독립의 필요성은 인정하면서도 '현재 있는 것'을 매우 부정적으로 인식했고, 쉽게 바뀌지 않을 것이라는 절박함이 강한 나머지 '국가'라는 차선책을 끌어들이려 한 것이었다. 그에 견주어 아키코는 부정적인 현재의 상황보다는 그 이후의 '앞으로 있어야 할 것'에 주된 관심이 있었고, 무엇보다 미래에 대해서 낙관적이었다. 여전히 궁극적으로 바람직한 '이상'을 포기하지 않았던 셈이다.

이상은 현실을 개조하는 것을 항상 예상하고 있습니다. 그리고 현실 대부분은 항상 다소라도 변동하고 있는 것입니다. 거기에 정당한 방향의 지도를 더해 통일된 추이를 도모하는 것이 이상입니다. 고정적으로 보이는 현실의 일면만을 주시한다면, 히라쓰카 씨가 주장하고, 우리들도 요구하고 있는 연애결혼도 '오늘날 사회에서는 전혀 실행 불가능한 이상'이라고 말하지 않을 수 없을 것입니다(与謝野晶子, 1918.6).

그는 그 이상을 빨리 포기하기보다는 계속 붙들고 있는 쪽을 택했다. 현실이 부정적이라는 이유로 포기한다면, 경제적 독립뿐 아니라 라이초가 주장하고 또 스스로 실천한 '연애결혼'이라는 이상도 마찬가지로 일찌감치 포기했어야 한다는 논리를 펼쳤다. 라이초처럼 당사자 사이의 연애결혼, 심지어 입적을 거부한 공동생활(동거)을 고집하는 것이 당시 결코 쉬운 일이 아니었음을 고려하면, 이러한 지적도 분명 일리가 있는 것이었다. 나아가 아키코는 라이초가 말하는 '국가'의 실체가 모호하다는 것, 또는 국가 개조의 실현 방법이 모호하다는 점을 다음과 같이 지적했다.

> 히라쓰카 씨는 '**국가**'라는 **것에 다대多大한 기대를 걸고 있는** 듯하지만, 이 점도 나
> 와 다소 일치하기 어렵다고 생각합니다. 히라쓰카가 말하는 '국가'는 현상 그대로
> 의 국가가 아니라 물론 이상적으로 개조된 국가의 의미겠지요. 그렇다면, **개인의**
> **개조가 제일의 급무**이지 않으면 안 됩니다. 개조된 개인의 힘을 모으지 않으면 개
> 조된 국가는 실현되지 않을 터입니다. 히라쓰카 씨는 나에 대한 항의 가운데 왜
> '국가'에 대해서는 많이 말하면서, 개인의 존엄과 가능성까지는 한마디도 하지 못
> 했습니까? 히라쓰카 씨의 견식이 만일 **개인의 개조를 수위에 두었다면, 여자를 경**
> **성警醒케 해 경제적 독립의 정신을 훈련시키는 것이 우리들 각자의 인격 개조에 가**
> **장 급하고 중요**하다는 사실에 우리와 같은 마음이었으리라 생각합니다(与謝野晶
> 子, 1918.6, 강조는 인용자).

아키코는 라이초의 '국가'에 관한 인식이 너무도 추상적인 나머지 자신이
추구하는 국가의 개조 방법에 대한 인식이 부족하다는 점, 국가를 개조하려
면 먼저 개인의 개조가 이루어져야 함에도 이에 대한 인식이 부족하다는 점
을 지적했다. 아키코는 라이초가 "'국가'의 경우에만 개조된 국가를 예상하면
서 미래의 여자와 사회 상태에 관해서는 개조된 그들을 전혀 고려하지 않고",
여성의 노동 참여라는 방법으로는 경제 상태가 언제까지나 개선되지 않을 것
이라고 미리 비관하는 것을 납득할 수 없었다. 자유연애를 주장할 때는 여전
히 부정적인 현실에도 불구하고 이상주의적 논의를 펼치던 라이초가 "부인의
경제적 독립에 반대할 때는 왜 그렇게까지 운명론적, 자연주의적으로 꽉 막
힌 소극론을 펼치는가"라고 반문했던 것이다. 국가의 개조 가능성과 개인의
개조 가능성에 대해 그리고 여성의 자유연애와 경제적 독립의 가능성에 관한
일관성 없는 태도에 대해, 아키코는 비판의 초점을 맞추었다.

그러나 이러한 비판에 대해 라이초는 주로 모성의 사회적 기여 또는 국가적 이익이라는 측면에서 국가가 모성보호에 나서야 하는 이유를 다음과 같이 다시 한번 강조하는 것으로 답변을 대신했다.

아이란 설령 자신이 낳은 자신의 아이라도 자신의 사유물이 아니라 그 사회의 [그리고] 그 국가의 것입니다. **아이의 수나 질은 국가·사회의 진보·발전, 그 장래의 운명과 지대한 관계가 있기 때문에 아이를 낳고 또 키운다는 어머니의 일은 이미 개인적인 일이 아니라 사회적·국가적 일**인 것입니다. 그리고 이 일은 부인에게만 부과된 사회적 의무로, 아이를 낳고 또 키울 뿐 아니라 좋은 아이를 낳아서 잘 키운다는 이중의 의무가 되고 있습니다. …… 따라서 국가는 어머니가 이 의무를 다한다는 한 가지만 생각해도 충분한 보수를 줌으로써 보호할 필요가 있습니다. 게다가 이렇게 **모성에 가장 확실한 경제적 안정을 주는 것은** …… **자연 아동의 사망률을 낮추고** …… **아동의 정신과 육체도 일반적으로 건전한 자로 키우기 때문에 국가의 이익과도 일치**합니다. …… 모성을 보호할 것인가 말 것인가는, 직접 보호를 받는 어머니나 어머니를 통해 보호되는 아이의 행복뿐 아니라 국가의 이해와 크게 관계가 되는 것이기 때문에 …… 결코 자선구제의 사업이 아닙니다. 다음으로 어머니 입장에서도 이것은 어머니의 일이라는 사회적 사업에 따르는 것이자 사회적 의무를 다하는 자의 당연한 권리로서 요구해야 할 것으로, 이것은 부인의 존엄을 손상시키기는커녕 어머니로서 부인의 정당한 사회적 지위를 인정하는 것입니다 (らいてう, 1918.7, 줄임과 강조는 인용자).

필자가 확인한 바로는, 라이초 자신이 ─ 여성의 현상現狀에 대한 비판과는 대조적으로 ─ 국가에 대해 긍정과 기대를 품는 근거가 무엇인지에 대해 명확하게 해명했던 것 같지는 않다. 그보다는 아키코가 앞선 문장에서 '국가의 개조를 위해서는 개인의 개조가 우선'이라는 논리 위에서 여자의 독립을 주장하는 것에 대해, 바로 그 '국가를 위해' 아이를 낳고 키우는 모성을 보호해야 한다는 취지로 답하고 있다. 국가에 대한 긍정적 기대의 근거 대신, 장래 국가를 긍정적인 존재로 만들기 위한 방법으로서 국가의 이익과 일치하는 모성의 보호를 주장하고 있는 것이다. 또한 라이초는 가정생활과 직업생활 사이에는 필연적으로 출산 전후의 짧은 기간에만 국한되지 않는 모순과 갈등이 생길 수밖에 없으며, 이 갈등은 국가에 의한 '모성보호'에 의해서만 해결될 수 있다는 주장을 반복했다. 그것이야말로 "연애결혼의 이상을 완전하게 실현할 수 있는 길"이며, 준비되지 않은 결혼이 가족과 사회를 불행하게 하는 것이 아니라 오히려 모성보호를 통해 가족과 사회를 모두 구할 수 있는 길이라고 보았던 것이다.

그는 아키코가 자신에 대해 '지금 있는 것'과 '앞으로 그래야 할 것'을 혼동했다고 비판한 것에 대해서도, 자신은 '앞으로 그래야 할 것은 [지금] 이야기할 수 없다'는 말로서 자신의 주장이 아키코의 그것보다 훨씬 더 현실적인 것임을 강조했다. 특히 라이초는 당시의 일본 노동 제도와 노동 시장의 상황에 대해서 매우 부정적인 인식을 갖고 있었다. 그는 노동을 둘러싼 상황이 앞으로도 여성에게 적합해질 것 같지 않으며, 여성이 노동 시장에 진출하는 것이 노동력 과잉으로 임금의 하락을 초래, 생활난이 가중되고 가정도 황폐해질 것이라고 비관했다(らいてう, 1918.7).

이처럼 가사노동과 직접생활의 병립 불가, 거기에 노동력 과잉에 따른 임금 하락, 출산과 육아가 국가의 이익으로 직결되는 사회적 행위라는 그의 신념이 변하지 않는 한, 라이초가 모성보호의 주장을 굽힐 가능성은 없었다. 신기한 것은 그가 모든 현상의 개조에 대해서는 비관적이면서 그 비관을 극복하기 위해 유일하게 기대할 수 있는 대상으로 '국가'를 상정하고 있다는 것이었다. 그의 근거 없는 국가에 대한 긍정과 낙관이 어디서부터 말미암은 것인지는 이렇듯, '논쟁'이 끝날 때까지도 여전히 모호한 채로 남아 있었다. 모성보호를 둘러싼 라이초와 아키코의 주장은 평행선을 달릴 뿐이었다.

4. 모성보호 논쟁 (2): 사회주의, 가정, 생활

1) '논쟁'의 일단락: 야마카와 기쿠에

서로에 대한 다소 감정적인 공격까지 곁들여지면서 전개되던 두 사람의 '논쟁'이 새 국면을 맞이한 것은, 이들 두 선배의 논쟁에 '명쾌하고도 통절'한 비평을 가한 신진 여성운동가 야마카와 기쿠에의 등장이 계기가 되었다.[21] 미토번水戶藩의 유학자 집안 출신으로 도쿄여자사범학교 2기 졸업생이었던 그의 어머니는 자녀 교육에서 남녀평등을 관철시켜 특히 딸의 재능 계발과 자립을 위한 응원을 아끼지 않았다.

이처럼 개명한 집안에서 성장한 기쿠에는 당시 양처현모 양성을 주된 목적으로 하는 여자교육에 심한 반감을 갖고 외부로 눈을 돌려 규수문학회閨秀文學숲에서 요사노 아키코 등의 강의를 접했으며, 1908년에는 쓰다 우메코가 설립한 쓰다주쿠에 입학해 어학과 여성해방론 등을 공부했다. 1916년 사회주의자인 야마카와 히토시山川均(1880~1958)를 만나 결혼, 1917년에 장남을 낳고 폐결핵으로 요양을 하던 중에 '논쟁'에 참여하게 된다. 이러한 그의 역정을 보면, 기쿠에 역시 자신의 경험 및 마주하고 있는 현실에 기반해 '논쟁'에 나섰으리라고 미루어 짐작할 수 있다.

그는 아키코나 라이초에 견주어 어리고 경력도 일천했지만, 당대의 주목

---

21   島田燁子(1996)의 제4장「山川菊栄の思想」를 참조.

을 받는 '논쟁'에 적극 참여하면서 '지식의 풍부, 논리의 엄정, 관찰의 예리함' 등을 가지고 당대 여성계의 양대 거목을 평론함으로써, 자신이 — 비록 지명도가 높지 않으나 — 그들과 필적하거나 심지어는 더 우월한 실력을 가지고 있음을 드러냈다(堺利彦, 1918.10). 사회주의 여성운동가로서 본래 엘렌 케이와 같이 '성性적 구별을 과장하는 주장'은 '반동적 사상'이라는 입장에 서 있었던 기쿠에는(山川菊栄, 1918.8),[22] 여성 해방의 운동사에서 아키코와 라이초 두 사람의 위치를 확인하는 것으로부터 자신의 논의를 시작했다.

그에 따르면, 아키코는 18세기 말 유럽에서 시작해 19세기 말에 대세가 된 '여권운동'의 전통을 계승하고 있는 반면, 라이초는 여권운동에 대한 대항 혹은 수정안으로서 19세기 초 북유럽에서 시작된 '모권운동'을 계승한 것으로, 양자 모두 각 시대의 요구에 부응해 출현한 것이었다. 특히 자본주의를 긍정하고 부인의 권력 강화에만 집중한 여권운동은 상당한 성과에도 불구하고 이른바 '부인 해방의 비극'이라고 할 만한 여러 비참한 결과를 동반했다. 여성의 직업의 자유, 경제적 독립 등을 외치는 것도 결국은 자본가에게 유리한 상황을 조성하는 구실을 했고, 이러한 상황에서 여권운동은 타인을 착취하고 또 착취당하는 자유에 지나지 않았다는 것이 그의 평가였다(山川菊栄, 1918.9).

....

22 　기쿠에는 여성의 자유를 주장하면서도 이를 가능하게 하는 사회를 실현하기 위한 정치 활동에는 반대하는 엘렌 케이에 대해 '진부하고 상투적인 사회정책론자'에 지나지 않는다고 폄하하고, 성적 구별의 과장에 입각한 그의 사상은 반동사상이라고 비판했다. 그럼에도 케이의 사상이 일본에 수용된 것은 ① 새로운 것과 서양의 것은 뭐든 무조건 감사하는 경향이 있는 일본인의 결점, ② 일본 여성의 학문의 부족과 무비판적·무조건적으로 추수(追隨)하는 경향, ③ 케이의 사상이 현재의 생활을 긍정하기에 적합함 때문이라고 보았다. 그에 따르면, 현재 여성의 해방에 대한 이상과 실제 결혼 생활에는 큰 모순이 있는데, 이를 인식·극복하기를 포기한 이들이 '모권 부활'이나 '가정 부흥'과 같은 이름으로 남녀 분업을 주장하는 케이의 사상을 지지하는 것이었다.

이에 견주어 엘렌 케이의 모권운동은 19세기 말 자본주의 완성에 따른 비참한 결과에 대한 완화제로서 다양한 자선구제사업 및 사회정책이 제창되는 가운데 등장한 것이었다. 자본주의의 폐해로부터 여성과 아이를 보호하는 등 이전의 여권운동보다 진일보한 것이었지만, 근본적 해결이 아닌 부분적 구제책에 안주하려는 것에 불과하다고 기쿠에는 지적했다. 또한 자본주의가 남자에게 미치는 악영향에 대해서는 눈을 감았다는 점에서 여전히 불철저하고, 심지어는 구식 '현모양처주의'의 오류에 빠질 위험조차 안고 있다고 우려했다.

기쿠에는 본업이 문예작가인 아키코가 시인적·공상적 태도를 버리고 현실에 근거해 사회문제를 비평하기 시작, 사회적으로 적지 않은 영향을 미치고 있는 것을 주목했다. 그리고 급격한 공업화와 그에 따른 자본의 집중으로 생활문제가 대두하는 당시의 시대적 상황에서, 아키코의 주장이 차지하는 위치를 부여하고자 했다.

> 근래 갑자기 여자의 직업교육이나 경제적 독립을 요구하는 소리가 활발해진 것도 필경 이러한 사회적 사실의 반영에 다름 아니다. 그리고 요사노 아키코 씨의 근래의 언론은 모두 중류계급 부인의 입장으로부터 이러한 사회 상태에 순응해, 이러한 난경難境을 무난하게 빠져나가려면 어떻게 하면 좋을까라는 문제를 중심으로 삼고 있다. 따라서 그는 여자에 대해서 어디까지나 이지理智주의, 정력주의, 분투주의를 고취하고 있다. 나는 이 점에서 그의 외침이 주저하고 게으른 중류계급 이상의 부인에게 딱 좋은 자극제가 될 것임을 의심하지 않는다(山川菊栄, 1918.9).

그렇다고 해서 기쿠에가 아키코의 주장을 아주 긍정적으로 평가했던 것 같지는 않다. 그는 아키코의 주장이 '노력을 존숭하고 분투를 중시한 나머지, 일체의 사회적 곤란은 개인의 노력으로 해결할 수 있다'라는 식의 결론, 개인의 빈곤은 자신의 게으름으로 말미암은 '자업자득'이라는 식의 결론에 이르기 쉽다는 점을 경계했다. 시대에 민감했으나 시대를 앞서지는 못했으며, 결국 부르주아지로서 계급을 극복하지 못했다는 것이 존경하는 선배이기도 한 아키코에 대한 기쿠에의 냉정한 평가였다.

한편 히라쓰카에 대해서는 일본의 엘렌 케이라고 명명했다. 그에 대한 평가도 케이에 대한 그것과 별반 다르지 않았다. "중류계급의 부인으로서는 다소 넓은 관찰과 다소 진보한 견해를 가지고 현대문명에 맞닥뜨린 정도에 지나지 않는다"라는 것이다. 흥미로운 것은 당시 '논쟁'에 대한 그의 평가다. 서양에서는 약 1세기의 간극이 있는 여성 해방을 위한 두 가지의 운동이 동시에 공존하는, 즉 '여권운동'과 한 세기 뒤에 경험하게 될 그 폐해에 대한 예방이 공존해, 마치 "북쪽 지방에서는 매화와 벚꽃이 같이 피는" 것과 같은 상황이 1910년대 일본에 발생한 것이라고 해석했다. 기쿠에는 두 사람의 근본적 차이는 '육아기에 있는 부인이 직업에 종사하는 것이 가능한가, 불가능한가'에서 출발한 것으로, 이를 가능하다고 보는 아키코는 국가의 모성보호가 무용하다고 보았고, 라이초는 반대로 불가능하기에 이에 대한 보호가 필요하다고 본 것이라고 명쾌하게 정리했다.

그리고 기쿠에 자신은 양자의 주장이 병립 불가능한 것이 아니라 조화를 이룰 수 있다고 보았다. 그 역시도 '육아'를 여성의 사회적 임무로 보았으며, 이들이 놀고먹는다遊食고 꾸짖음을 당해서는 안 된다고 지적하면서, 다른 직업과 마찬가지로 가정에서 수행하는 사회적 임무에 대한 대가를 정당하게 지불함으로써 여성의 경제적 독립을 가능하게 한다면, 이는 결코 아키코의 주장과 배치되지 않는다고 설명했다. 중류 이하 가정의 어머니는 자기 생활비를 충당할 수 없는 당시 일본의 현실에서, 비록 아키코와 같은 '천분天分과 정력精力'을 갖지 못한 평범한 일반 여성의 가사노동에 대해서도 경제적 가치를 인정하는 것이 타당하다고 보았던 것이다. 아키코가 주장하는 여성의 경제적 독립 자체에는 동의했지만, 그 방법과 과정에서는 이른바 모성을 보호하는 방식을 수긍했던 셈이었다.

하지만 그렇다고 해서 사회주의 운동가인 기쿠에가 라이초나 케이와 같은 입장에 선 것은 아니었다.

> 본래 경제적 독립이라는 것은 반드시 사회에 유익한 노동으로 의식衣食[을 충당]하는 것을 이름이 아니라, 어떻게 해서든 독자적인 한 목숨을 지탱할 수 있는 수입의 수단을 갖는 것을 의미한다. 이러한 의미에서 귀부인에게도 창부에게도 경제적 독립은 있을 수 있는 것이다. …… 자본주의 사회에서 무산자의 경제적 지위는 시장의 형성과 자본가의 상황에 따라 결정되는 것이기에, 그들의 독립은 항상 그러한 사정으로 위협받고 있는 것이다. …… 그렇다면 각 개인의 진정한 경제적 독립, 혹은 생활의 안정은 어떻게 얻을 수 있는가. 그것은 현재의 경제 관계라는 근본적 원인과 절멸하는 것 외에 실현 방법은 없다고만 여기서는 말해두고자 한다(山川菊栄, 1918.9, 줄임은 인용자).

'현재의 경제 관계가 영속될 것을 희망하지도, 그 가능성을 믿지도 않는' 기쿠에는 여성의 경제적 독립에 절대적 가치를 인정하지 않았지만, 현실적인 문제로서는 아키코와 마찬가지로 그 필요를 인정하는 입장이었다. 그와 동시에, '그토록 비참하게 희생되기 가장 쉬운 부인과 소아의 운명을 다소라도 완화시키고자 하는' 케이 일파의 모성보호 주장에도 일리가 있다고 인정해, 그 실현을 환영하는 입장이기도 했다.

결론적으로 기쿠에는, 두 사람의 주장 모두 일면의 진리라고 생각하면서도 양자가 함께 가는 편이 여성의 생활과 지위의 안정에 다소나마 도움이 될 것이라고 현실적 판단을 했던 것이다. 그럼에도 이 모두가 '부인문제의 근본적 해결이 아니'라고 생각했다는 점에서는 이들과 입장을 달리했다. 평소 소신인 사회주의에 입각해, 자본주의에 입각한 경제 관계라는 근본적 원인을 해소하지 않고서는 여성의 진정한 경제적 독립이 불가능하다는 신념을 갖고 있었기 때문이었다.

2) '논쟁'에 대한 다른 시각: 야마다 와카와 하니 모토코

'논쟁'은 주로 여성 해방을 주창하던 이른바 '신여성' 또는 그들의 목소리를 대변하던 진보적 잡지의 지면을 중심으로 이루어진 것으로 알려졌지만, 아키코·라이초·기쿠에의 대립과는 다른 방향에서, 또 다른 의견을 표현한 경우도 있다. 야마다 와카(1879~1957)가 바로 그러한 경우였다. 그는 어린 시절 거리에서 꼬임에 빠져 미국 시애틀의 사창가로 팔려갔다가 탈출해 그리스도교에 입신했고, 영어학원에서 만난 사회학자 야마다 가키치山田嘉吉(1866~1934)와 결혼한 뒤 귀국하는 등의 특이한 이력을 소유하고 있었다.

그는 라이초보다도 먼저 엘렌 케이의 사상을 접해 그의 저술을 번역·소개했고, 친분이 두터웠던 라이초에게 처음으로 케이의 사상을 알게 했을 뿐 아니라 '논쟁'에서도 라이초와 의기투합했다. '논쟁' 후 실제 '모성보호법' 제정을 위한 단체를 결성(모성보호법제정촉진부인연맹, 후에 모성보호연맹으로 변경)해 초대위원장을 역임하고, 1937년 파시즘 정권하에서 여성에게 실질적 도움이 되는 '모자보호법母子保護法'[23]을 제정하는 데에도 그의 역할이 컸다.

엘렌 케이의 사상을 적극 지지했고 라이초와 의기투합해서 '논쟁'에서 아

---

23 '모자보호법(母子保護法)'은 생활에 곤궁한 모자(13세 이하의 자녀와 어머니, 혹은 할머니)의 부조를 목적으로 하는 법률로 1937년 3월에 공포, 다음해 1월 시행되었다. 부조의 내용은 생활, 양육, 생업, 의료이며 모자보호시설의 설립에 관한 규정도 포함되었다. 이전부터 이러한 법률 제정의 필요성이 제기되다가 1929년 시작된 쇼와공황하에서 모자의 동반자살(心中)이 빈발해지자, '모자부조법' 제정을 위한 움직임이 본격화했다. 전시하 인적 자원 확보를 추구하는 인구정책, 건민(健民)정책과 연결되어 법 제정에 이르렀지만, 패전 후인 1946년에 폐지되었다(井上輝子他編, 2002). 야마다 와카는 모성보호연맹의 초대 위원장으로서 입법화에 공헌했다.

키코·기쿠에와 대립각을 세웠다는 점에서, 그의 모성 관련 주장이 라이초의 그것과 같은 것으로 생각하기 쉽지만, 반드시 그러했던 것만은 아니다. 와카가 모성보호를 주장하는 가장 큰 이유이자 주된 관심은 '가정'이었다. 그렇기 때문에 '논쟁'에서 사회나 인간에 대한 이야기뿐이고, 가정에 대한 관심이 적은 것에 대해서는 불만을 품을 정도였다. 여기에 라이초가 법률적 결혼 대신 자유연애와 공동생활을 고집했던 것을 생각하면, 그리스도교에 입각한 보수적 가정관을 가진 와카와의 인식 차이가 충분히 짐작된다.

와카는 "금후 부인문제를 제창하다今後の婦人問題を提唱す"(1918)라는 글을 발표하여, '논쟁'에서 오가는 주장들이 "인간을 낳는 본원本元이 되는 가정을 잊고 있음과 동시에 한편으로는 개인적 자유에 편중되어 부인의 독립, [혹은] 부인이 남자와 동등하다고 크게 외치는" 잘못된 사상이라고 비판했다. 그는 "사회의 단위는 가정"이라고 단언하고 "고독을 좋아하는 것은 야수거나 혹은 신"이라는 다소 현학적인 표현까지 동원해 가면서, 가정을 모든 논의 가운데 가장 우선적인 가치를 갖는 것으로 자리매김시키려 했다. 특히 그는 여성의 노동을 주장하는 아키코에 대해 비판적으로, "나의 희망은 부인의 심신의 전력을 가정으로 다시 돌이켜 신성한 부인의 천직을 온전하게 하는 것"이라고, 가정에 절대적인 가치를 부여하는 자신의 가정론과 여성의 역할론을 설파했다(香内信子編, 1984: 91~95).[24]

---

24 아키코는 와카가 "독립이라는 아름다운 말에 매료되어", "독립 등이라는 공상에 현혹되어"와 같은 표현을 쓰면서 자신을 공격하는 것에 대해 혹시 '독립'과 '고립'조차 구분하지 못하는 것인가라고 반문하고, '인간의 독립'이란 칸트뿐 아니라 동양의 사상에서도 지지하는 것인데 이를 공격하는 것은 타당하지 않다고 지적하며, 인류의 공동생활과 개인의 독립생활이 모순되지 않는다는 점을 강조했다(与謝野晶子, 1999: 223). 기쿠에 역시도 와카에 대해서는 매우 비판적이었는데, 일단은 와카가 여성의 '독립'을 고독이나 독신으로, 남녀평등을 여성의 남성화로 오해하고 있음을 지적하고, 다음으로는 가정생활은 인간생활의 한 방편일 뿐 그 자체가 절대적인 목표는 아니라는 점을 명확히 함으로써 가정을 중시하는 와카와는 매우 다른 입장에 섰다

와카와 마찬가지로 '가정'을 중시하는 입장에서 여성의 직업과 모성에 관해 언급했던 또 한 사람의 주목할 만한 인물로는 ≪부인지우婦人之友≫의 창간자이자 일종의 사립 대안학교인 자유학원自由学園(1921~)의 설립자 하니 모토코(1873~1957)가 있다.[25] 그는 자신이 그리스도인이라는 사실을 공개적으로 천명했을 뿐 아니라, 자신의 신앙을 바탕으로 중산층 가정의 여성들에게 주로 '생활합리화'를 주제로 한 계몽활동을 펼쳤다. 또한 항상 당시 유행하던 사상이나 정세의 변화에 관심을 갖고 이를 자신의 언어로 해석해, 잡지 지면을 통해 중류층 가정의 여성들에게 전달하는 일에 평생을 바친 지식인이기도 했다.[26]

호기심 많은 성격이나 여성을 위한 계몽활동에 주력했던 평소 그의 성향을 고려할 때, 그리고 '논쟁'이 벌어진 시기가 여성·가정과 관련해 그가 왕성하게 활동하던 시대라는 점을 생각하면 더더욱, '논쟁' 가운데 그의 이름이 보이지 않는 것은 다소 의아하다. 그러나 그는 주로 신중간층 혹은 중류층 가정의 주부들을 상정한 계몽활동에 집중하면서, 평소 진보적인 발언을 계속하는 이른바 신여성 그룹과는 어느 정도의 거리를 두었고, 심지어 그들의 과격한 움직임에 대해 비판적이기까지 했다. 이 때문에 적극적으로 '논쟁'에 직접 참여하기보다는 추이를 지켜보며 그와 관련된 자신의 의견을 ≪부인지우≫에 싣는 방식을 택했던 것으로 보인다.

≪부인지우≫의 창간 당시 이름이 ≪가정지우家庭之友≫였을 정도로 가정을 중요하게 생각했던 점이나 그 역시 그리스도인이라는 점에서 와카와 공통점이 많은 모토코였지만, 와카와는 대조적으로 당시 유행하던 모성보호 주장

(山川菊栄, 1918.8).

25 하니 모토코에 대해서는 다음의 연구를 참고할 것. 斎藤道子(1987), 이은경(2010a, 2010b).

26 그리스도교 신앙과 사회문제에 대한 그의 적극적 관심은 곧잘 "한 손에 성경, 한 손에 신문"이라는 표현으로 상징되곤 한다.

에 대해서 결코 호의적이지 않았다. 독자적인 그리스도교적 가치관에 바탕을 둔 그의 여성·가정에 관한 사상을 정리하는 것은 이 글의 목적이 아니지만, 여전히 보수적·전통적인 여성·가정론의 소유자로 분류되는 그가 실은 '양처현모'론에 바탕을 둔 여성 교육과 주부상에 대해 이의를 제기하면서 한편으로는 신여성의 그것과도 구별되는 고유한 입장을 견지했다는 점은 지적해 두려한다(이은경, 2010b).

그는 여성의 직업과 경제력, 모성 등의 문제를 '여권'이 아니라 '생활'이라는 측면에서 접근했으며(羽仁もと子, 1920.6),[27] 그러한 사고의 배경에는 그리스도교에 근거한 신의 존재가 있었다. 모토코가 모성의 실현, 즉 출산과 자녀의 교육을 여성의 '최고의 일'로 여겼던 것은 사실이지만, 그에게는 몇 가지 포기할 수 없는 다른 요소들이 있었다. 그에 따르면 "어머니인 부인 자신에게도 자신의 절대적 의지와 인격을 가지고 사회에 직접 작용하는, 어떤 정도의 생활이 반드시 필요"하며, 여성에게는 "자기 스스로 직접 세상 속을 홀로 걷는" 자세가 필요하다고 보았다. 곧 모성의 실현은 분명 가장 중요한 일이었지만, 그럼에도 하루의 시간 속에서 사회적인 공헌을 할 수 있는 일이 여성에게 필요하다는 것이다. 다소 거칠게 그의 주장을 정리하면, 결국 다음과 같은 것이 된다. 첫째, 모성의 실현이 우선이지만 반드시 노동과 공존해야 하며, 둘째, 그러한 사회적 노동이 경제적 대가를 목적으로 하는 것은 아니다. 셋째, 이를 통해 신이 요구하는 '이상적 생활'이 가능하다.

이를 위해서 여성은 하루 온종일 일하는 직업은 갖지 말고, "매일 약간씩의 시간을 살린, 연속된 일을 하는 것이 좋겠다. 일용직 같은 마음으로 일하는 것은 여성의 본질에 맞지 않다"라고 주장했다. 그는 여성의 직업을 설명하

---

27   이하, 여성의 직업에 관한 모토코의 의견은 대부분 이 글의 내용에 기초한 것이다.

고자 '재능의 자녀'라든가, ― 앞서 라이초가 소개했던 인용문에서 엘렌 케이가 벌을 가지고 비유했던 것처럼 ― '여왕벌·일벌·수벌'과 같은 비유를 사용하고 있다. 예를 들어 직업이란 각자가 가진 재능이 자연스레 성장해서 나타나는 결과물, 즉 '재능'에서 탄생하는 '자녀'와 같다고 본다. 재능 있는 여성이 직업을 갖고 일하는 것은 자연의 이치와 같이 지극히 당연하다는 논리다.

그는 직업이 돈을 목적으로 하는 것이라면 결코 오래갈 수 없으며,[28] 또 그렇다고 해서 그 역할만을 중시한다면 번식의 의무를 다한 '수벌'이 죽어버리는 것과 같다는 이유에서 비판적이었다. 그는 절대적인 자기를 자각하기 위해서 자기의 절대적인 생활이 필요하며, 그 가장 좋은 길이 바로 직업에 있다고 보았다. 나아가 그는 돈을 목적으로 일하는 것은 '일벌'과 같고 '여왕벌'은 '모성보호론'을 떠올리게 하기에 양자 모두 싫다는 지극히 주관적인 말로, 한창 '논쟁'을 벌였던 아키코와 라이초류의 주장을 함께 배척했다.

'논쟁'은 주로 여성 해방을 주장하는 입장에 섰던 '신여성'들의 전유물처럼 여겨지기 쉽다. 하지만 그들과 뜻을 함께하지는 않더라도, 여성들의 지위 향상과 생활 개선에 관심을 갖고 있던 하니 모토코나 야마다 와카와 같은 중도적 혹은 개량주의적 여성운동가들에게도, ― 직접 '논쟁'에 참여했는지와는 별개로 ― '논쟁'의 주제는 관심의 대상이었음을 알 수 있다. 특히 여성에게서 '모성'과 '직업'의 양립 가능성에 관해서는 현대에도 여전히 해법을 모색 중이라는 사실을 고려하면, 근대 일본 여성계를 이끌었던 이들 주요 여성 논객들이 각자의 입장에서 이에 대한 나름의 고민과 해결을 모색했던 것은 지극히 당연한 일이었다.

----

28 여성의 직업이 돈을 목적으로 하거나, 노동의 역할 자체를 목적으로 해서는 안 된다는 것은 이전부터 모토코가 곳곳에서 주장한 것이다. 이에 대해 야마카와 기쿠에는 모토코의 직업관이 "여자는 직업 외에 반드시 다른 생활 수단을 갖고 있다"라는 식으로 "지금의 무산계급 사정에 어두운 계급적 편견을 드러내고 있다"라고 비판하기도 했다(山川菊栄, 1982: 19).

5. 모성보호 논쟁의 여자들, 그리고 그 후

이상에서 살핀 '논쟁'은 출산하는 성性인 여성이 직업을 가지고 일한다는 문제, 즉 생명의 재생산과 생활 수단인 직업과의 양립이라는 오늘날의 문제를 가지고, 지금보다 약 한 세기 앞선 시기의 일본 여성들이 근대 일본 사회의 커다란 특징이라고 할 수 있는 잡지 저널리즘을 통해 벌인 대표적 논쟁이었다. 이것은 어리석은 여성이라는 전근대 시대의 여성 인식이 근대 이후 양처현모 양성이라는 여자교육 이념으로 변화하고, 이러한 교육에 답답함을 느껴 여성으로서의 문제점을 자각하기 시작한 여성들의 등장이 다이쇼 데모크라시 및 제1차 세계대전을 전후한 급격한 산업 발달이라는 시대 변화와 맞물리면서 가능해진 것이었다.[29]

이들의 '논쟁'은 계층과 시대를 넘어 모든 여성들이 공통적으로 안고 있던 여성의 모성 실현과 경제적 자립이라는 문제를 둘러싸고 활발하게 의견을 개진했던 작은 사건이었다. 논쟁의 내용뿐 아니라 각각의 참여자가 다소 과격할 정도의 설전을 벌임으로써 여성 문제에 대한 관심을 높이고 각자의 인지도도 높이는 부수적인 효과를 거둔 점도 평가할 수 있다.

일찍이 '논쟁'의 주된 참가자인 아키코·라이초·기쿠에 3인에 대해 한 연구자는 "그들의 삶 자체가 다이쇼시대 새로운 여성상을 보여주고 있으며, 많은 공통점을 갖고 있다"라고, 그들의 공통된 특징을 열거한 적이 있다. 그 내용을 정리하면 첫째는 비교적 좋은 여건의 가정환경에서 여학교 이상의 교육을 받았다는 점, 둘째는 배우자를 자신의 손으로 골라 연애결혼을 하고 일부

---

29 이러한 주제가 다시 한번 문제가 되는 것은 패전 후 약 10년이 지나 점령정치가 종결되고 극심한 경제적 빈곤도 어느 정도 극복했던 시점, 즉 이른바 '전후가 끝나가던' 시점(1955~1956, '주부논쟁')이었음도 의미심장하다.

일처와 자녀 중심의 가정을 이룬 것, 셋째는 외국의 여성론으로부터 영향을 받으면서도 결혼·출산·육아라는 생활체험 자체에 바탕을 두고 자신의 여성론을 구축한 것, 넷째는 '논쟁' 뒤 각자 다이쇼시대를 상징하는 교육 실천, 사회 실천의 길로 나아간 것 등이다(金子幸子, 1999: 117~118).

이러한 특징은 야마다 와카나 하니 모토코에게서도 대부분 공통적이지만, 성장 환경만큼은 다소의 차이를 보인다. 와카는 빈농 출신이었을 뿐 아니라 해외에 매춘부로 팔렸다가 탈출한 극단적인 고난을 경험했고, 아키코도 "구식 가정의 음울과 빈곤이 극에 달한 분위기 가운데 어렵고도 어렵게 자랐다"라고 고백하고 있으며, 모토코 역시 ― 아오모리현青森県 시골에서 도쿄로의 유학에는 성공했지만 ― 일종의 아르바이트를 통해 학비 면제의 약속을 받고서야 메이지여학교에 입학할 정도로 넉넉한 형편은 결코 아니었기 때문이다.

오히려 그들의 공통점은 각기 다른 환경에도 불구하고 왕성한 지적 욕구와 여성 문제뿐 아닌 각종 사회문제에 대해 폭넓은 관심을 가졌다는 점일 것이다. 윤택한 환경에서 최고의 교육을 받은 라이초나 기쿠에는 '양처현모' 교육에 답답함을 느껴 장외의 새로운 학문으로 관심을 확대시켰고, 모토코는 도쿄 유학 시절 처음 접하는 도시문명에 정신을 빼앗겨 한동안 학문을 등한시할 정도였을 뿐 아니라, '호기심'이 발단이 되어 친구를 따라 교회를 방문했다가 세례를 받기까지 했다. 가게 일과 가사 일에 쫓기면서도, 밤에는 부모의 눈을 피해 책을 읽으며 공상의 나래를 폈던 아키코나, 무학의 창녀 출신임에도 학자인 남편에게 학문을 배워 평생 독서를 즐겼던 와카도, 열악한 생활 환경이나 고난이 그들의 지적 욕구를 방해하지 못했음을 보여준다. 무엇보다 개인적인 경험 안에 갇히기보다는 평소의 생활에서 느낀 문제의식을 확대시켜, 자신이 포함된 더 넓은 계층에 관련된 보편적인 문제를 새롭게 발견하고 이를 해결하기 위한 실천에 나섰다는 공통점이 있다.

또 하나 흥미로운 점은, 이들 대부분이 이상과 같은 남다른 삶을 지탱할 만한 특별한 정신적·사상적 지주를 가지고 있었다는 점이다. 라이초가 한동안 선禪을 비롯한 신비주의 종교에 탐닉했음은 모두 아는 사실이며, 기쿠에는 사회주의 사상을 받아들였고, 모토코와 와카는 세례를 받고 그리스도인이 되었다. 아키코만이 이와 같은 정신적·사상적으로 의존할 대상을 갖지 못했던 듯한데, 심지어는 다른 네 명과 달리 든든한 버팀목이 되어줄 정도의 배우자를 만나는 행운과도 가장 동떨어져 있었다는 점에서, 어쩌면 다이쇼시대 일본 여성이 처한 문제를 가장 절실히 경험하고 또 호소하고 있었던 것은 아닐까 하는 상상도 가능하다.

　마지막으로 이들 여성이 '논쟁' 이후 어떠한 삶의 궤적을 보였는지를 간단히 언급하는 것으로 이 글을 마무리하고자 한다(香內信子編, 1966). 그것은 주로 당시 여성이 당면한 문제에 대해 여전히 추상적인 의미 부여에 그쳤던 '논쟁'의 주역들이, 이후의 주장과 활동에서 '논쟁'의 결과를 어떠한 식으로 반영하고 실천해 갔는가에 대한 대답이기도 하다. 이를 요약적으로 보여주는 것은 '논쟁' 직후 사회주의자 사카이 도시히코堺利彦(1871~1933)가 제안한 여성 참정권에 대한 각자의 반응일 것이다.

　아키코의 경우 '실천운동은 불가능하다'는 입장을 표명하면서, 그 이유로 첫째, 일본 여성들이 '부인의 선거권'에 무관심한 현상, 둘째, 11명의 자녀 양육으로 '상당히 바쁜 맞벌이'에 쫓기고 있는 현실을 들었다. 하지만 그는 '문필로 개인적으로 펼치는 조심스러운 운동'을 지향, 여성의 선거권을 요구하는 글로 여론 조성에 공헌했다고 평가된다. 기쿠에의 경우 당장의 여성참정권 운동에 대해서는 "무산부인은 참정권운동 이외에 그 이상 유리한 해방 수단을 가질 수 있는가 없는가, 나는 무산계급의 역사와 민중의 본능 가운데 이 질문에 대한 답을 발견하고자 한다"라며 신중한 자세를 보였지만, 전후에 이르기까지 무산계급 여성의 이해를 대변하고 이를 관철시키려는 여성운동의 형태를 지속적으로 모색했다.

가정의 중요성을 역설했던 와카는 ≪주부지우主婦之友≫ 등의 저널에서 가정문제 상담가로서 전후까지 활동을 지속했고, 1937년 '모자보호법' 제정이라는 성과를 냈다는 점은 앞서도 소개했던 바와 같다. '생활'에 바탕을 두고 주장을 펼쳤던 모토코는 이후로도 ≪부인지우≫를 중심으로 하는 여성계몽과 실험적인 학교인 자유학원을 중심으로 하는 교육사업을 통해 중류층 여성들의 사상과 생활에 커다란 영향을 미쳤다. 하지만 양자 모두 여성참정권에 대해 관심을 보인 것 같지는 않다. 특히 모토코는 일본에서 '여성참정권은 아직 이르다'라는 의견을 종종 표출하곤 했다.

흥미롭게도 '논쟁' 이후의 행적에서 여성참정권과 가장 근접한 움직임을 보인 것은 의외로 라이초였다. 여성참정권이 여권운동의 일차적 요구인 데 비해 라이초는 여권이 아니라 오히려 '모권'(모성)을 중시하는 입장이었던 점을 떠올리면, 선뜻 이해가 가지 않을 수 있다. 실제 라이초는 '논쟁' 직후인 1919년 신부인협회라는 단체를 만들고, 이를 통해 '화류병花柳病(성병) 남자의 결혼제한법' 제정운동과 같이 본래 자신의 관심인 모성에 충실한 모습을 보였다. 다만 그와 함께 여성들의 정치단체 가입 및 정치행사 참여를 가능하게 해달라는 '치안경찰법'(제5조)의 개정운동도 병행했는데(요네다 사요코·이시자키 쇼오코, 2003), 이는 그 자체가 일본에서의 여성참정권 운동을 위한 선구적 움직임이었을 뿐 아니라, 이후 본격적인 여성참정권 운동에도 중요한 의미를 갖는 것이었다. 라이초가 신부인협회 설립 당시 협력을 제안했던 대상은 교사 출신으로 노동운동에 관심을 가지고 있던 이치카와 후사에였고, 이를 계기로 본격적으로 여성운동에 투신한 후사에가 이후 일본 여성참정권 운동의 중추이자 상징과도 같은 여성운동가이자 정치인으로 성장하기 때문이다.

제3장

여성운동의 조직화와 노선 갈등,
1919~1922
신부인협회의 역사와 그 의의

1. 신부인협회, 일본 여성운동의 축소판

근대 일본의 역사에서 다이쇼시대는 '다이쇼 데모크라시'로 대표되는 역동적인 변화의 시기이자, 한편으로는 그로 인한 불안과 동요를 동반한 시기였다. 다이쇼시대의 이러한 시대적 특징은 '여성(부인)'에게서도 동일하게 목격된다. 예를 들어 다이쇼시대의 시작과 함께 여성 자신의 손으로 만든 잡지 ≪세이토≫ 동인으로 상징되는 이른바 '신여성'들이 등장한 것, 여성이 중심이 되어 모성과 여성의 경제적 자립 등을 주제로 치열한 논쟁을 전개한 것(모성보호 논쟁), 정당정치가 본격화하고 보통선거 실시가 확실해질 무렵에는 여성의 정치 참여를 위한 조직화를 시도했던 점 등, 다이쇼시대는 여성에게도 '변화'의 시대였다. 반면 이들이 끊임없이 서로 논쟁하면서 결합과 결별을 거듭한 것은 당시 일본 여성이 안고 있던 불안과 동요를 반증하는 것으로 보이기도 한다.

다이쇼시대 여성들의 움직임에 주목할 때 다음과 같은 몇 가지 특징이 눈길을 끈다. 첫째, 이 시기 활동했던 여성운동가들이 사실상 전후 여성계까지 장악할 정도로 일본 역사상의 걸출한 여성운동가 대부분이 집중적으로 등장했다. 둘째, 이들은 당시 융성한 출판계의 발전을 배경으로 잡지 지면을 통해 논쟁을 반복함으로써 이른바 '부인문제'에 관해 세간의 주목을 끄는 데 성공했다. 셋째, 이들은 자신들의 주장을 보다 강력하고 구체적으로 제시하기 위해 1920년경부터 꾸준히 조직화를 시도했지만, 대개는 이합집산하면서 단명하는 경향을 보였다. 넷째, 분열했던 여성계는 1923년 9월 간토대진재를 계기로 여성참정권 획득을 목표로 연대하는 모습을 보였고, 이때 태어난 부선획득동맹婦選獲得同盟은 1940년 해산할 때까지 여성운동의 가장 주요한 쟁점이었던 '부선운동'(여성참정권 운동의 별칭)을 주도했다.

이처럼 다이쇼시대에 한하지 않고 근대 일본의 조직화와 정치적 요구라는 여성운동과 관련해, 가장 주목해야 할 대상은 바로 신부인협회(이하 '협회')라 할 수 있다. '협회'는 제1차 세계대전 직후인 1919년 말 여성의 입장에서의 사회 개조를 목표로 결성된 시민적 여성운동 단체로, ≪세이토≫ 발행인이자 창간호에 실린 시 "원시, 여성은 태양이었다"로 유명한 일본 여성운동의 상징적 존재 히라쓰카 라이초가 중심이 되어 조직한 것으로 잘 알려져 있다. 존속 기간은 1919년 말부터 1922년 말까지의 약 3년 남짓으로 ≪여성동맹≫이라는 기관지를 발행했으며, 라이초가 이치카와 후사에, 오쿠 무메오(1895~1956)[1] 등의 협력을 얻어서 설립했고, 중심 강령 중에는 남녀의 기회 균등과 어머니

---

1 오쿠 무메오는 일본여자대학교 가정학부 졸업 후 ≪노동세계≫ 기자를 거쳐, 1920년 초부터 신부인협회 결성에 참가했고 특히 ≪여성동맹≫의 편집을 맡았다. 1923년 직업부인사(職業婦人社)를 결성해 직업부인에 대한 계몽과 지원에 나섰으며, 기관지 ≪부인운동≫을 간행했다. 1928년에는 부인소비조합협회, 1930년에는 부인세틀먼트를 설립했고, 전시 중에는 대정익찬회 조사위원회 등을 역임하면서 이를 통해 여성의 지위와 생활의 향상을 꾀했다. 전후에는 국민협동당 등에 소속 중의원 의원이 되었고, 1948년 주부연합회를 결성해서 소비자운동을 전개하기도 했다(井上輝子他編, 2002).

와 아이의 권리 옹호 등이 포함되어 있었다. 규약에는 여자교육, 부인참정권, 여성에 불리한 법제의 개정 및 폐지, 모성보호 등의 요구를 위한 운동 개시, 시민적 여성단체 및 여성 노동조합 조직화 등 다양한 사업 구상을 담았다. 그러나 실제로는 '치안경찰법'(제5조) 개정, '화류병 남자 결혼제한법' 제정, '중의원 의원 선거법' 개정(여성의 참정권 요구)을 위한 의회 청원 운동이 활동의 중심이었다. 신부인협회가 적극적으로 노력한 결과, 1922년 '치안경찰법' 제5조 2항을 개정해 여성이 정담연설회에 참여할 수 있게 했다는 점에서 근대 일본 여성운동사에서 상당한 의미를 갖는다(井上輝子他編. 2002).

그러나 '협회' 자체는 그 중요성에 비하면 충분히 연구되었다고 말하기 어렵다. 비교적 많이 알려진 내용은 여성들의 정치적 집회 참여를 자유를 획득하기 위해 '치안경찰법' 제5조 개정(이하, '치경법 개정')을 위한 노력을 계속해 결국 의회에서 이를 통과시켰다는 사실이나,[2] 지금의 상식으로는 다소 납득하기 어려운 '화류병 남자 결혼제한법' 제정(이하, '화류병 제한')을 위한 청원 운동을 했다는 사실이다. 그러나 그러한 의회운동의 내용이 흥미롭기는 해도, '협회'의 활동이 갖는 여성운동사에서의 의미가 주목되었던 것 같지는 않다.[3] 또한 일본 여성계에서 각각 '모성'과 '여권'을 주장하는 대표적 인물인 히라쓰카 라이초와 이치카와 후사에를 연구하기 위해서라도, 그리고 그들의 초

---

2 운동 초기에는 기존 법률을 '수정'하도록 청원했으나 '치안경찰법' 제5조의 '개정안'을 제출하는 것이 의회 통과와 함께 바로 효력을 얻을 수 있다는 조언에 따라, 제43의회부터는 우호적인 의원들을 통해 개정안을 제출하고 이를 통과시키는 것으로 운동의 방향을 변경했다. 이 글에서는 이들 운동을 '치경법 개정'으로 통칭했다.

3 2000년대 초반 신부인협회의 관련 인물에 대한 조사 및 ≪여성동맹≫의 강독을 위한 모임이 조직되어, 그 성과를 묶은 연구서(折井美耶子·女性の歴史研究会編著, 2006, 2009)를 간행했다. 이 글에서도 '협회' 소속 인물 관련 정보 등 기본적 사실 정리에 이들 연구의 도움을 받았으나 논지 전개까지 영향을 받은 것은 아니다. 이 글은 '노선의 확립 과정'이라는 독자적인 관점에서 ≪여성동맹≫ 원문을 분석하는 것을 목표로 했다.

기 활동의 일부이자 양자가 '의외로' 함께 협력했던 흥미로운 사례로서도 신부인협회 시기를 반드시 다루게 되기는 하지만, 이러한 관심 역시 '협회' 자체의 역사적 의미에 주목한 것이라 보기는 어렵다.[4]

종래 '협회'에 대한 초기 연구에서는 일본 여성참정권 운동의 원점이라는 측면에서 접근하거나 운동의 경과 및 성과 혹은 일본 여성 해방사에서의 의의를 강조하는 데 중점을 두었다(井手文子, 1956; 米田佐代子, 1972; 1974). 혹은 '협회' 설립의 중추였던 라이초의 중심 사상이 엘렌 케이로부터 영향 받은 이른바 '모성주의'였다는 점에 주목해, '화류병 제한'과 우생사상의 관련성 혹은 전시하 '익찬翼贊'(전쟁 협력) 혐의에 대해 고발하는 경우도 있다.[5]

이러한 연구들이 분명 필요한 것이기는 하지만, '협회'의 목적이 정말 부선운동을 위한 것이었는지 혹은 '협회'의 주된 창립 이념인 모성주의에 익찬의 혐의가 있는지를 밝히는 것이 '협회'의 존재 의의를 충분히 드러내는 것은 아니다. 여성의 참정권 획득을 위한 단체, 혹은 미성숙한 모성주의 주장이 군국주의에 이용되었다는 식의 단선적인 이해는 '협회'의 활동이나 지향에 대한 그 이상의 상상을 불가능하게 할 뿐 아니라, '협회'에 관련되어 움직였던 수많은 여성들의 이상이나 그들의 실제 생활에 대한 접근을 차단해 버리기 때문이다. 또한 3년 만에 해산에 이른 경위에 대해 협회 중심인물 간의 사적인 갈등에 주목해 설명하려는 경향도 '협회'가 갖는 역사적 가치를 소홀하게 하는 하나의 원인으로 작용하는 것으로 보인다.

---

4 菅原和子(2002)나 進藤久美子(2014)와 같은 경우가 대표적이다.
5 전자의 예로는 小林美登枝(1983), 후자의 예로는 鈴木裕子(1989)를 들 수 있다. 今井小の実 (2005)의 경우에는 '협회'가 라이초의 모성보호 사상을 실천하기 위해 구상된 것이라고 전제하면서도, 이를 '사회복지'라는 차원에서 접근하고 있다. 신부인협회에 관해 국내에 소개된 연구로서는 요네다 사요코·이시자키 쇼오코(2003)를 들 수 있으나, 이 역시 '협회'의 운동을 주로 라이초의 '모성'과 관련시켜 이해한다는 점에서 이 글과는 관심과 입장이 다르다.

'협회' 기관지 ≪여성동맹≫의 페이지를 넘기다 보면, '협회' 설립과 활동에는 이상과 같은 몇 가지 청원운동이나 라이초 개인의 사상과의 관련성만으로는 설명하기 어려운 복잡한 사연이 담겨 있음을 깨닫게 된다. 첫째로는 '협회'가 근대 일본 여성사의 흐름을 만들었던 대표적 인물들이 본격적으로 여성운동에 참여하는 시발점이 되었다는 것이고, 둘째로는 서로 다른 성향과 아직 확립되지 않은 막연한 지향을 가지고 만났던 이들이 '협회' 활동을 통해 노선을 찾아 각자의 길을 명확히 하게 되었다는 것이다. 앞서 언급한 청원운동이나 '협회' 운영을 둘러싸고 벌어지는 갈등은 바로 근대 일본에서 여성운동의 주된 흐름이 만들어지는 시발점이자 그 축소판이기도 했다. 마지막으로는 ≪여성동맹≫에 게재된 ― 유명인뿐 아니라 때로는 구체적 신원을 알 수 없는 ― 남녀 필자들의 문장이 이들 청원운동에 이르게 된 배경, 혹은 '협회' 관련자들이 가지고는 있었으나 그동안 주목받지 못했던 다양한 의견과 욕망을 드러내고 있다는 사실이다.

이상과 같은 이유로부터 이 글은 '협회'에 대해 다음과 같이 새로운 접근을 시도한다. 첫째, 단순한 '협회' 활동의 내용이나 결과보다는 근대 일본 여성운동의 여러 성격이 교차하면서 노선을 명확하게 해 가는 과정으로서의 양상에 주목할 것이다. 둘째, '협회'를 히라쓰카 라이초 중심으로 살피기보다는 '협회'의 노선이 라이초가 가졌던 최초의 구상을 어떤 식으로 구현하고 또 이와 충돌했는지, 그리고 궁극적으로는 어떻게 서로 멀어져 갔는지, 그 양상에 초점을 맞추고자 한다. 셋째, 이를 위해 '협회' 내 핵심 인물의 회고담이나 그들이 기관지 ≪여성동맹≫에 게재했던 문장에 치우친 기존 연구에서 한 걸음 더 나아가, '협회'에 대한 다양한 기대와 제언을 아끼지 않았던 무명에 가까운 남녀 필자의 기사에 관심을 기울일 것이다.

2. 신부인협회의 설립과 지향

1) 설립의 배경

신부인협회 설립의 배경에 관한 설명은 라이초의 사상적 성장의 계기가 되었던 이른바 '모성보호 논쟁'에 대한 언급으로부터 시작하려 한다. 라이초가 스웨덴의 평론가 엘렌 케이의 '모성보호' 사상을 적극 수용했던 사실, 자신이 주도해서 창간한 잡지 ≪세이토≫에 엘렌 케이의 저작을 번역·게재했고 사실혼 관계에 있던 남편 오쿠무라 히로시와의 사이에서 1915년과 1917년 두 번의 출산이라는 '모성'을 직접 경험했다는 사실, 그리고 공교롭게도 출산을 전후해서는 저명한 문학가인 요사노 아키코와 두 차례에 걸쳐 '모성'과 여성의 '경제적 독립'을 주제로 삼아 활발한 논전을 전개했다는 사실은 이미 널리 알려진 바와 같다.

이 책의 제2장에서 상세히 살폈던 것처럼, 라이초와 아키코 사이에서 시작되어 1918~1919년 주로 ≪부인공론≫ 지면을 통해 전개된 '논쟁'은, 야마카와 기쿠에 및 야마다 와카 같은 당대의 걸출한 여성운동가들, 나아가 남성 지식인까지 참전하는 양상으로 확산되면서 당대 지식인 사회에서 상당한 반향을 일으켰다. 당시 이른바 '모성'이 강조되던 풍조에 대해 아키코가 이의를 제기하면서 남녀평등에 입각한 개개인의 행복 추구를 주장하자, 라이초가 이에 반박하고 아키코가 재반박하는 양상으로 진행되었고, 반복되는 논전을 통해 아키코는 여성의 경제적 독립이, 라이초는 국가에 의한 모성의 보호가 우선되어야 한다고 주장하면서 양자의 의견은 평행선을 달렸다.

사실상 '논쟁'의 승자는 두 선배의 논쟁을 '여권주의'와 '모권주의'의 대결로 규정하고 이에 명쾌한 비평을 가하며 등장했던 기쿠에라고 할 정도로, 두 사람의 논쟁은 승패를 가리기 어려웠고 서로의 견해차를 좁히지 못한 채 끝났다. 하지만 이들의 의견이 마냥 평행선을 달렸다고 말할 수 없는 것은 이후 라이초의 행적에서 '논쟁'의 영향이 엿보이기 때문이다. 이것이 이 글에서 간략하게나마 굳이 '논쟁'의 내용을 언급한 이유기도 한데, '논쟁'에서 쟁점이 되었던 '모성'과 '국가'가 '논쟁' 종결 직후 라이초가 주도해서 설립한 '협회'의 이념 및 활동과 긴밀한 관계에 있다고 생각되는 것이다.

당시 아키코는 라이초가 '다대한 기대'를 걸고 있는 '국가'는 이상적으로 개조된 국가이지만, 그러한 국가 개조를 실현하기 위해 전제가 되어야 할 '개인'의 개조에 대해서는 그의 인식이 부족하다는 점을 지적했었다. 즉, 개인의 개조에 대해서는 비관하면서, 뚜렷한 근거도 없이 국가에 대해서는 ─ 모성을 보호해 줄 것이라는 등의 ─ 이상적인 기대를 품고 있다는 것이었다.

그런데 그에 대해 별다른 답을 내놓지 않았던 라이초가 '논쟁'이 끝난 직후인 1919년 중반부터 '협회' 창설을 목표로 움직이기 시작했다. 한편으로는 '협회'를 통해서 여성 개인의 개조와 이를 통한 사회의 개조를 추구하고, 다른 한편으로는 '치경법 개정'이라는 의회운동의 방식으로 ─ 이른바 '다대한 기대'의 대상인 ─ 국가를 향해 여성으로서의 요구 사항을 제출하려 한 것이다. 이러한 라이초의 움직임은 '논쟁'에서 아키코로부터 받았던 비판을 수용한 것, 혹은 '논쟁'을 통해 다른 의견들을 수용한 결과라고 볼 수 있다. 또한 주로 ≪세이토≫나 '논쟁'과 같은 언설 위주의 활동에서 벗어나, 여성들의 조직화를 통해 사회 개혁을 하려는 '실제 운동'에 나섰다는 점에서도 주목할 만한 움직임이었다. 이러한 변화가 응집된 '협회'의 존재는 사실상 라이초의 사상과 활동이 '논쟁' 이후 진일보했음을 입증하는 증거라 할 수 있다.

분명 '협회'는 '논쟁'을 통해 라이초가 줄곧 제창했던 '모성보호'의 정신을 계승한 것이기도 했다. 사회 개조의 기치를 내건 '협회' 시대의 라이초는 ─ 스스로도 인정하고 있던 것처럼 ─ '부인도 또한 인간이다'라는 이념하에 오로지 내적 자아의 해방이나 정신의 자유·독립을 부르짖는 데 그쳤던 ≪세이토≫ 시대의 모습과는 확연한 차이를 보였다. 엘렌 케이의 사상 수용과 '논쟁'을 거치면서 '여성으로서의 자각'이 더욱 뚜렷해졌고, 이것이 바로 '협회' 설립의 사명으로 이어졌던 것이다.

> 부인의 천직은 역시 어머니입니다. 하지만 새로운 어머니의 일은 단지 아이를 낳아서 기르는 것만이 아니라 좋은 아이를 낳고, 잘 키우는 것이지 않으면 안 됩니다. 즉, 종족의 보존 계속 이상으로 종족의 진화 향상을 도모하는 것이 생명이라는 가장 신성한 화염火焰을 무시無始로부터 무종無終으로 인도하는 부인의 인류에 대한 위대한 사명이지 않으면 안 됩니다. 여기에 부인의, 어머니의 존엄한 사회적 의의가 있다고 느끼게 되어, 연애, 결혼, 생식, 육아, 교육을 통한 인류의 개조(사회의 근본적 개조)를 최후 목표로 하는 여성으로서의 사랑의 해방, 어머니로서의 권리 요구야말로 가장 진보한 부인운동의 목적이라는 점에 도달한 것입니다(平塚らいてう, 1991: 157. 괄호 안은 원문에 따름).

라이초는 '협회' 기관지 ≪여성동맹≫ 창간호에 게재한 "사회개조에 대한 부인의 사명社会改造に対する婦人の使命"이라는 글에서 이상과 같이 모성보호의 중요성을 강조하고, 이것이야말로 여성으로서 본능의 만족과 인류의 요구가 일치하는 것, 개인의 행복과 사회적 이익이 일치하는 것이라고 주장했다. 그러나 다음 발언은 '협회' 설립에 즈음한 라이초의 태도가 단순히 '모성보호'만을 주장하던 때와는 달라졌음을 보여준다.

먼저 그는 자신들을 향해 "부인은 가정을 통해서 사회를 개조해야 한다, 우량한 인간을 창조하고, 인간의 본질을 [생리적 및 심리적으로] 개조함으로써 사회를 개조해야 한다, 사회의 근본적 개조는 이 외에 달리 있을 수 없는 것이다. 그런데 무엇이 좋아서 남자가 하는 것과 같은 목전의 사회의 피상적 개조에 매달리는가"라는 식의 비판이 있다는 사실을 소개했다. 그리고서는 그

에 대해 "가정을 통해 사회를 개조하기 위해서, 우량한 인간을 창조하고 인간의 본질을 개조함으로써 사회를 근본적으로 개조하기 위해서, 그 필요조건으로서 우리는 논자가 말하는 이른바 목전 사회의 피상적 개조를 요구한다"라고 대답했던 것이다(平塚らいてう, 1991: 161).

그의 대답에서 확인되는 변화의 양상은 다음과 같은 두 가지로 정리할 수 있다. 하나는 모성보호의 주장이 자칫 여성의 가정 내 역할만을 강조하는 '양처현모'주의를 옹호하는 어용사상으로 오해·이용되는 것에 대해 명확히 선을 그은 것이며, 다른 하나는 '사회 개조'를 주장함으로써 앞서 아키코 등이 주장했던 이른바 '여권주의' 사상까지를 포용해 '협회'의 활동에 조화시키고자 했다는 점이다.

2) 설립과 목적

약 3년 정도에 불과한 짧은 역사이지만, 이 글에서는 '협회' 활동 기간을 준비기(1919년 여름~1919년 12월), 제1기(1920년 1월~1921년 6월), 제2기(1921년 7월~1922년 3월), 제3기(1922년 3월~1922년 12월)로 나누어서 살피려 한다. 준비기는 라이초가 여성단체 조직의 뜻을 품고 이치카와 후사에 등의 협력자를 모아 운동의 방향을 구체화해 나갔던 기간이다. 제1기는 라이초와 후사에를 중심으로 협회가 의회 청원운동에 열중했으나 제43·44의회에서 연거푸 실패, 1921년 6월 총회를 계기로 두 사람이 거의 동시에 '협회'에서 이탈하기까지의 기간이다. 제2기는 새로운 임원을 중심으로 제45의회에서의 청원에 진력해 마침내 '치경법 개정'을 성공시키기까지의 기간이고, 제3기는 '치경법 개정' 성공 이후 '협회' 내외의 갈등이 증폭되어 결국은 해산에 이르기까지의 기간이다.

1919년 여름은 세계대전의 종결과 함께 새로운 사상이 전 세계를 휩쓸며 급격한 변화가 이뤄지던 시기, 특히 서양 각국에서 종전 후 여성참정권이 점차적으로 인정받기 시작한 시기였다. 라이초는 20대 초반으로 우애회友愛会[6]에서 막 탈퇴해 새로운 직업을 찾고 있던 교사 출신 후사에를 '협회' 설립의 동반자로 택했다. 우애회 활동이 시사하듯, 후사에는 노동 여성의 문제에 관심이 많았던 반면 이성이나 육아에는 관심이 적은 미혼의 청년이었다. 경제·교육·지식의 수준에서 중류 이상에 속하는 이른바 '신여성'의 대표적 존재이자, 연인과의 떠들썩한 스캔들로 세간의 주목을 끌었던 화제의 – 그리고 미모의 – 문학 작가, 모성보호를 중심 사상으로 내세우던 라이초와는 그다지 공통점이 많지 않았다. 그럼에도 불구하고 그를 동반자로 택했던 것에는 라이초가 생각하던 '협회'의 지향과 관련해 주요한 의미가 담겨 있었다.

사실 '협회' 설립에 즈음해 라이초에게는 또 하나 커다란 인식의 변화가 생겼다. 1919년 봄까지 이어진 '논쟁'을 마친 직후의 여름, 국민신문사国民新聞社의 의뢰를 받아 빈민을 대상으로 사회사업을 전개하던 목사 가가와 도요히코賀川豊彦(1888~1960)[7] 등과 아이치현愛知県 공장 시찰에 나섰던 것을 계기로 이른바 '노동 부인' 문제에 눈뜨게 되었던 것이다(今井小の実, 1999: 157~158).

---

6   우애회는 1912년 8월 설립된 전국적 노동단체로, 강령에는 상애부조, 수양, 지위의 개선을 내걸었으며, 노동자 자신에 의한 공제·수양 단체로 출발했다. 사회 유력자들의 지원 속에 회원을 확대했으며, 1916년경에는 회원이 2만 명에 달했다. 이후 점차 노동조합으로서의 성격이 강해져 '대일본노동총연맹우애회'로 개칭했다. 1916년 본부 내에 우애회 부인부가 설치되어 일시 활발한 움직임을 보였으나, 오래가지 못하고 1918년 기관지 ≪우애부인≫의 폐간과 함께 사실상 해체되었다.

7   가가와 도요히코는 저명한 그리스도교 전도자이자, 사업운동가, 사회사업가. 고베의 슬럼가에 살면서 헌신적인 봉사와 전도활동을 전개, 프린스턴대학에서 수학한 후 귀국해 노동운동에 참여했다. 생활협동조합 전신인 고베구매조합을 결성했고, 일본농민조합과 전도단체인 '예수의 친구들(イエスの友会)'을 만들었으며, 반전적 언동으로 검거되기도 했다. 미일 개전 직전 그리스도교 평화사절단원으로 도미했고, 전쟁 중에는 대미방송에 협력했으며, 전후에는 이른바 '일억총참회(一億総懺悔)'를 제창했다. 저서로는 『빈민 심리의 연구(貧民心理之硏究)』와 자전적 소설로 베스트셀러가 된 『사선을 넘어서(死線を越えて)』가 있다.

후사에와의 관계가 급속히 진전된 것도 바로 이때의 일이었다. 이들과의 만남은 라이초가 처음으로 노동문제에 관심을 갖는 계기가 되었고, 여공들의 비참한 생활을 직접 목격했을 때의 충격은 이들의 권익을 위한 대변자가 되어야겠다는 의욕을 고취시켰다. 관료였던 아버지를 둔 중류 가정에서 자라 고등교육을 받았고, 모성보호를 중심으로 하는 여성운동과 집필 활동에 종사하는 최고 수준의 엘리트 여성의 길을 밟아온 라이초로서는 일종의 월경越境을 한 셈이었다.

후사에와의 만남은 바로 그러한 월경의 결과임과 동시에 여성 노동자 문제까지 끌어안겠다는 새로운 결심을 드러내는 것이기도 했다. 전형적 부르주아 여성운동을 하던 라이초와, 상당한 교육을 받기는 했으나 투박한 시골 출신으로 노동문제에 경도되어 있던 후사에가 만나 아래와 같은 내용을 담은 '협회'의 '강령'과 '선언'을 기초하고, 앞서 언급했던 '치경법 개정'과 '화류병 제한'을 '협회'의 최우선 사업으로 확정하는 등 '협회' 설립을 이끌게 된다.

선언

부인도 또한 부인 전체의 이익을 위해 정당한 의무와 권리의 수행을 위해 단결해야 할 때가 왔다. 지금이야말로 부인은 부인 자신의 교양, 자아의 충실을 기할 뿐만 아니라 상호의 견고한 단결력에 의해 사회적 지위의 향상·개선을 도모하고, 부인으로서의 권리 획득을 위해 남자와 협력해서 전후 사회 개조의 실제 운동에 참가해야 할 때다. …… [빼어난 역량을 지닌 부인들이 존재함에도 불구하고] 부인의 힘이 하나가 되어 사회적으로 혹은 사회적 세력이 되어 활동하지 않는 것은 왜인가. 부인 상호 간의 어떤 연락도 없고 각자 고립 상태가 되어서 조금이라도 그 힘을 부인 공동의 목적을 위해서 하나로 하려는 노력도 없고, 또 그를 위한 기관도 없기 때문이 아니겠는가. 우리는 그렇게 믿고 있다. 이에 우리가 미력을 돌아보지 않고, 동지를 규합해 여기 부인의 단체 활동을 위한 한 기관으로서 '신부인협회'를 조직해, 부인 상호의 단결을 도모하고 견인지구堅引持久의 정신을 가지고 부인 옹호를 위해, 그 진보 향상을 위해 혹은 이익의 증진과 권리 획득을 위해 노력하고 그 목적을 달성할 것을 기약하는 바이다(「新婦人協会の宣言·綱領·規約」, 줄임은 인용자).

강령

하나, 부인의 능력을 자유로이 발달시키기 위해 남녀의 기회 균등을 주장할 것,

둘, 남녀 가치 동등관 위에 서서 그 차별[8]을 인정하고 협력을 주장할 것,

셋, 가정의 사회적 의의를 천명할 것,

넷, 부인, 어머니, 아이의 권리를 옹호하고, 그들의 이익 증진을 도모함과 동시에 이에 반하는 일체를 배제할 것(「新婦人協会の宣言·綱領·規約」).

이상의 '선언'과 '강령'에서 확인되는 것처럼, 주로 '인간으로서'의 여성의 자각을 주장하던 ≪세이토≫ 시대와 달리, 그리고 '여성으로서'의 해방을 주장하던 '논쟁'의 시대에서도 일보 전진해, 여성을 조직화하고 서로 다른 욕구들을 조화시켜 가면서 사회적으로 실현하는 것이 바로 '협회' 설립의 목적이었다. 이처럼 '여권주의'와 '모권(모성)주의'의 동반 실현을 추구하며, 이를 위해 남성과 협력하겠다고 천명한 것에 '협회'의 특징이 있었다.

이는 바로 '협회' 설립과 동시에 당장의 과제로 제시한 '치경법 개정'과 '화류병 제한'의 의회 동반 청원이라는 형태로 나타났다. 각각의 청원이 곧 여권과 모권을 의미하는 것이라면, 의회 청원이라는 운동 형태는 남성과의 협력을 의미했다. 당시 의회가 오로지 남성들만의 전유물이었기에, 의회에서

---

8 당시 문헌에서 '차별(差別)'이라는 용어는 지금의 '차별(discrimination)'보다는 '차이(difference)'로 이해하는 것이 문맥상 자연스럽다.

청원을 통과시키려면 일단은 그들로부터의 협조가 필수적이었기 때문이다.

그런데 여기서 한 가지 기억해 둘 필요가 있는 것은, 이러한 '협회' 설립 과정이 본래 라이초의 구상과는 매우 달랐다는 사실이다. 본래 그의 계획은 1920년 1월부터 기관지를 간행하고, 이를 보고 모여든 동조자들을 규합해 조직화로 나아가는 것이었다. 이를 위해 모성주의에 대해 라이초와 견해를 같이하던 야마다 와카를 편집인으로, 후사에를 실무자로 영입해 기관지의 창간을 서둘렀다. 그러나 제1차 세계대전 끝난 후의 이른바 전후 불황이 발목을 잡았다. 후원을 약속했던 이에게 재정적 문제가 발생해 '협회'의 자금 조달에 차질이 생겼던 것이다.

이러한 이유로 어쩔 수 없이 전체적인 사업 목표를 일단 간명하게 공표해 협력자를 모은 후, 이를 조직화해 나가는 것으로 추진 순서를 바꾸어야 했다. 1919년 11월 오사카에서 열리는 간사이부인대회에서 라이초가 운동의 구상을 발표하기로 결정한 후에는, 신부인협회라는 단체명과 기관지의 이름, 창립 취지 등을 배포 자료 인쇄 직전에야 부랴부랴 결정하는 등의 소동도 겪었다. 충분한 준비가 이루어지지 못했다는 증거였다. 그러한 와중에 야마다 와카는 자신의 일을 찾아 '협회'에서 점차 멀어져 갔고, 라이초와 같은 일본여자대학 출신으로 노동문제에 관심을 가진 오쿠 무메오, 그리고 실제 여공女工이자 후사에와 함께 우애회 간부를 맡기도 했던 야마우치 미나山內みな(1900~1990)[9]가 새로이 합류했다.

....

9   야마우치 미나는 12세부터 여공으로 일하던 중 우애회에 가입해 여성 최초 이사가 되었다. '협회' 초기부터 후사에와 기숙하면서 업무를 도왔으나, 이후 부르주아적 부인운동에 회의를 품고 1921년 여름 탈퇴해 야마카와 기쿠에의 집에 기숙하며 수학했다. 1922년 5월 '치경법 개정' 축하를 위한 행사장에서의 발언이 예정되어 있었으나 반대파의 저지를 받아 무산되는 소동이 있었다. 한동안 노동운동을 지속했으며 전후에는 공산당 등으로 수차례 총선거에 나섰으나 모두 낙선했다. 1954년 원수폭금지 서명운동과 일본모친대회에 헌신적으로 참여하는 등, "사회를 개혁하기 위해 체력이 다할 때까지 활동할 것"이라는 지론을 고수했다. 이상은 折井美耶

사전에 지면을 통해 자신의 이상을 구체적으로 널리 알리고 이를 통해 지향을 같이하는 동지를 규합해 조직화에 나서려 했던 본래의 구상 대신, 단기간에 짧은 문장의 취지를 발표하고 이를 보고 모여든 사람들을 조직해서 운동을 시작한다는 것은, 본래의 기대와 매우 다른 결과를 낳을 수 있었다. 짧은 내용만을 공유했던 만큼 구체적인 내용에 대한 오해뿐 아니라 실제 운동의 방식에서 차이를 노정露呈할 가능성이 컸고, '협회'의 '얼굴'이었던 라이초 개인의 인기와 능력에 좌우되기 쉬운 약점도 배태하고 있었기 때문이다. 처음부터 '협회'는 그러한 불안 요소를 안고 출발했는데, 이것이 바로 준비기의 특징이기도 했다.

3) 의회 청원 운동의 선택과 그 의의

근대 일본에서 여성이 처음 공식적으로 정치로부터 배제된 것은 1890년 '집회 및 정사법集会及政社法' 시행부터였다. 이전부터 관례적으로 정당 가입과 같은 여성의 정치 활동은 부정되는 형편이었지만, 이 법에 의해 이전부터 정치 참여가 금지되어 있던 군인·경찰·교원·학생에 더해 미성년자와 여자의 정담政談 집회 회동이 추가로 금지되었던 것이다. 1900년 제정된 '치안경찰법'에서도 정치로부터 여성을 배제한다는 원칙은 계승되었다. '협회'가 개정을 목표로 한 것은 바로 다음과 같은 내용의 '치안경찰법' 제5조였다.

제5조, 이하에 열거하는 자는 정사상의 결사에 가입할 수 없다
    일. 현역 및 소집 중의 예비予備·후비後備 의 육해군 군인

子·女性の歴史研究会編著(2009)에 의거한 것이며, 이하 특별한 설명이 없는 한 '협회' 관련 인물 정보의 출처는 모두 같다.

이. 경찰관

삼. 신관·신직·승려 및 기타 제종諸宗 교사敎師

사. 관립·공립·사립학교 교원·학생·생도

오. 여자五.女子

육. 미성년자

칠. 공권 박탈 및 정지 중인 자

여자 및女子& 미성년자는 사람을 모으는 정담 집회의 회동 혹은 발기인이 되는 것을 금함

결사 가입과 관련한 "오. 여자"라는 세 글자, 그리고 정담 집회 참여와 관련된 "여자 및"이라는 세 글자, 이렇게 총 '여섯 글자'를 지우는 것이 '치경법 개정'의 구체적인 목적이었다.

이러한 주장은 이전에도 제기된 적이 있기는 했다. 하지만 이를 의회로 가져가 공론화한 것, 즉 의회에서 '부인문제'가 논의된 것은 사실상 '협회'의 청원이 처음이었다. '협회'가 제기한 청원의 여덟 가지 이유 중에는, 법안은 과거에 만들어진 시대착오적인 것으로 지금의 여성이 양처현모가 되기 위해서 혹은 가정생활뿐 아니라 사회·직업 생활을 병행하기 위해서 정치政事적 지식은 반드시 필요하다는 것, 남녀 보통선거는 세계적 추세라는 것, 국제회의 참가나 귀족원 방청과 같은 사실상의 정치적 활동이 여성에게도 용인되고 있는 실제 현실과 모순된다는 것 등이 포함되었다(「治安警察法第五条修正の請願書」).

여성참정권 획득 과정에서 보편적으로 등장하기에 비교적 이해하기 쉬운 '치경법 개정'에 비하면, '화류병 남자 결혼 제한에 관한 청원서'는 여러 의미에서 특이해 눈길을 끈다. 첫째는 다른 여성운동에서 보기 힘든 '협회'만의 —어쩌면 라이초만의— 고유한 주장이라는 점, 둘째는 청원 당시에도 '치경법

개정'과 달리 상당한 비판을 받았으며, 전시하의 우생학 등을 연상시키기 때문인지 후대인에게도 여전히 부정적으로 인식되고 있다는 점, 셋째는 그럼에도 불구하고 당시 '화류병 제한'을 위한 청원의 서명자 수는 '치경법 개정' 서명자와 큰 차이가 없거나 심지어 이를 능가할 정도로 상당한 지지를 받았다는 점 등이다.[10]

'협회'는 민법의 혼인 관련 규정 어딘가에 다음과 같은 조항을 추가하도록 요청했다.

일. 현재 화류병을 앓고 있는 남자는 결혼할 수 없다.

일. 결혼하려는 남자는 먼저 상대 여자에게 의사의 건강진단서를 제시해서 화류병 환자가 아님을 증명해야 한다.

일. 이 증명서는 혼인신고서에 첨부해서 호적 담당관에게 제출해야 한다.

일. 결혼 후 남편이 화류병을 은폐한 사실을 발견했을 경우, 혼인을 취소할 수 있다.

일. 결혼 후 남편이 화류병을 앓는 경우 또는 남편으로부터 병독이 감염된 경우 아내는 이혼을 청구할 수 있다.

일. 남편으로부터 병독이 감염된 경우 아내는 이혼 후에도 남자에게 완치될 때까지 생활비와 치료비와 상당한 위자료를 청구할 수 있다(「花柳病男子の結婚制限に関する請願書」).

'화류병자'가 아니라 '화류병 남자'의 결혼을 제한하는 것이 남성에 대한 역차별이라고 비판하거나, 이 청원이 라이초가 과도하게 '모성'에 집착한 결과라고 혹은 우생학과의 관련성이 있을 것이라고 의심하는 것도 무리는 아니

---

10 최초 청원서 제출(제43의회)의 경우, '치경법 개정'은 2057인, '화류병 제한'은 2148인이 각기 서명했다(市川房枝, 1974: 57).

다. 하지만 청원의 이유와 그 근거가 담긴 청원서의 내용을 꼼꼼히 읽어본다면 이 청원이 반드시 우생학적인 이유나 혹은 남성과 대립각을 세우기 위한 것은 아님을 알게 될 것이다. 그리고 라이초가 그토록 '화류병 남자'라는 표현에 집착했던 의도도, 그에 대한 동의 여부와는 별개로 결코 이해하기 어렵지 않다.

라이초에 따르면, 당시 '화류병 제한'에 대한 비난의 내용은 결혼 금지 사유를 화류병으로만 한정한 것, 해당자를 남자로 한정한 것, 평소 라이초의 지론인 연애결혼 주장과 모순된다는 것 등 세 가지로 요약된다.[11] 라이초는 '화류병 제한'을 청원하는 동기는 주로 현실적 상황에 근거하고 있으며, 무엇보다 사회의 경각심을 불러일으키려는 매우 실용적인 목적을 갖고 있다는 점을 강조하며 다음과 같이 답변했다.

첫째, 다른 심각한 병들은 이미 격리 상태이거나 사회적으로 그 심각성에 대한 인식이 공유되고 있음에도 불구하고, 심각한 폐해를 초래하는 화류병에 대해서는 무자각 상태인 현실에 경종을 울리기 위한 것이다. 특히 화류병이라는 특성상 부부생활의 근저를 위협한다는 점에서 결혼 제한이라는 방식의 제재를 택할 수밖에 없다. 둘째, 화류병 '남자'를 대상으로 한정한 것은 실제 미혼 남자 중에 화류병자가 압도적으로 많다는 현실에서 비롯된 당연한 결정으로, 여자의 경우는 그 수가 상대적으로 매우 적거나 ─ 매춘부, 남편에게 옮은 부인, 가족에게 옮은 미성년자와 같은 ─ 특수한 상황에 한정되어 굳이 별도로 제재할 필요가 없으며, 나아가 미혼 여성에게 감염 여부를 조사하는 것은 사회 통념상 현실적으로 불가능하다. 셋째, 라이초 자신은 여전히 연애결혼

11　'화류병 제한'을 반대한 대표적 논객은 앞서 라이초와 모성보호 논쟁을 벌였던 요사노 아키코였으며, 화류병 관련 청원에 관한 라이초의 해명은 사실상 아키코의 의문에 대답하는 것이었다(与謝野晶子, 1920.2).

을 지지하며 이것이 실현될 경우 '화류병 제한'과 같은 것도 필요하지 않다고 생각한다. 그러나 지금과 같이 법률에 의거하려는 것은, 결혼제도가 당장 사라질 것을 기대할 수 없기에 임시방편으로 택한 것에 불과하다(らいてう, 1920.11).[12]

이상의 경위를 볼 때, 주위의 우려와 비판에도 불구하고 여권운동을 상징하는 참정권 운동의 일환인 '치경법 개정'과 모권·여성주의 입장에서 제기된 '화류병 제한'을 양대 사업으로 천명한 것은 '협회' 설립의 취지를 의도적으로 반영한 것으로 보인다(市川房枝, 1921.1c). 또한 앞에서 이미 언급했던 것처럼, ─ 비록 '선언', '강령' 및 두 개의 청원 내용에는 반영되지 않았으나 ─ '협회' 설립에 즈음해 라이초가 여성 노동자 문제를 포용하려 했었다는 사실도[13] 함께 기억할 필요가 있다. 즉, 부르주아 계급으로 분류되는 이른바 '신여성'들의 범주를 넘어 하층 여성 노동자들까지 함께 규합하고자 했던 라이초가 노동문제에 관심이 있던 후사에·무메오·미나 등을 끌어들였던 것이며, 이상과 같은 과정을 통해 '협회'라는 하나의 지붕 아래 다양한 목적과 지향을 가진 서로 다른 세력이 공존하게 되었던 것이다. 관건은 어떻게 이들의 협력과 균형을 그리고 추진력을 유지하는가 하는 점이었다.

본래의 계획대로 모든 일이 순조로웠다면, 라이초는 '화류병 제한'에, 후

---

12 라이초의 연애결혼이란, 통상의 연애를 통한 결혼을 의미한다기보다는 국가의 법률에 의해 구속받는 일반적인 결혼 형식에서 벗어나 남녀 서로의 애정에 기반해 실제 결혼의 상태를 유지하는 것을 의미하는 것으로 보인다. 그 역시 수십 년 동안 남편과 혼인신고 없이 실제적인 결혼생활을 유지했으나, 전시하에서 장남이 교장이 될 때 모친의 호적이 문제가 되자 정식으로 오쿠무라가에 입적해 오쿠무라 하루(奧村明)가 되었다.

13 '협회' 초기, 라이초 등은 야마우치 미나 등 파업 여공들의 요청을 받아 지원 활동에 나서기도 했고, 기관지 《여성동맹》에 여공 생활에 관한 기사를 싣기도 했다. '협회'의 '규약' 중에도 "노동자를 위한 학교·신문·조합 설치" 등의 내용이 포함되어 있다(「新婦人協会の宣言·綱領·規約」을 참조).

사에는 '치경법 개정'에 더 많은 힘을 기울이는 방식으로 역할을 분담하고, 양자가 함께 여성 노동자 문제를 포섭하는 방식으로 '협회' 활동의 균형이 유지될 수 있었을 것이다. 여성의 '지위 향상'이라는 공동의 목표를 위해 다양한 세력을 규합하고 조직화하려 했던 '협회'의 존립은, 바로 이러한 여러 목표와 세력이 강력한 리더십 아래에서 제대로 균형을 유지하는가에 달려 있었던 셈이다. 그리고 라이초와 후사에가 함께 청원운동을 이끌었던 제1기의 전반기까지는, 다소의 긴장감은 있었을지라도 이러한 균형이 비교적 잘 유지된 시기였다고 볼 수 있다.

3. 신부인협회의 활동과 성과

1) 의회 청원운동과 히로시마 여교원 압박 사건

아직 공식적으로 '협회' 발회식도 치르지 않았던 1920년 1월, 라이초·후사에 등은 다양한 경로를 통해 두 종류의 청원서에 수천 명의 서명을 받아 중의원과 귀족원 양원兩院에 제출했다. 2월에는 지지 여론을 형성하기 위해 500여 명의 청중이 참석한 가운데 신부인협회 제1회 연설회를 개최하기도 했다. 그러나 정우회 총재 출신 수상 하라 다카시原敬(1856~1921)는 당시 열기가 고조되고 있던 보선(보통선거)운동을 '위험 사상'이라 간주하며 제42의회를 해산시켜 버렸고, 덕택에 '협회' 최초의 청원도 무용지물이 되었다. 3월 4일에는 '사상가의 시국관'이라는 정담연설회에, 라이초와 후사에가 ─ 여성의 정담연설 참여 금지에 대한 항의를 표현하고자 ─ 참석했다가 적발되어 경찰에 소환되는 소동이 있었다.

3월 28일에는 약 70여 명이 참석한 가운데 신부인협회 발회식이 열려[14] 라이초, 후사에, 무메오 3인이 이사로, 그 외에 10인이 평의원으로 선출되었다. 4월 10일에는 모금을 위한 음악회가 열렸고 28일에는 제1회 평의회가 개최되었다. 5월 10일 총선에서는 엽서 발송 및 광고 게재 등의 지원 활동을 통해 '협회' 취지에 우호적인 16명을 당선시키는 성과를 올렸고, 7월 10일에는 그들의 협력을 얻어 제43의회에 '치경법 제5조 개정 법률안'을 제출할 수 있었다. 7월 25일부터 1주일 동안은 연인원 수백 명 이상이 참여한 정치법률 하기강습회를 개최했다. 그리고 10월부터는 그동안 보류되어 있었던 기관지 ≪여성동맹≫의 발행에도 착수했다(市川房枝, 1920.10·11).

이상에서 보듯 '협회' 발족 직후부터 한동안 분주한 시간이 이어졌다. 다양한 행사 준비뿐 아니라 우편을 통해 전국에 흩어져 있는 수천 명으로부터 '치경법 개정'과 '화류병 제한'에 대한 서명을 받고, 이를 모아서 의회에 제출한 후에는 직접 의원들을 방문해서 지지를 호소해야 했다. 거기에 정치 법률부·사회부·교육부라는 연구부를 만들어 월 2~4회의 모임을 한다거나, 60여 페이지에 달하는 월간지를 발행하는 일도 더해졌다. 의회 청원뿐 아니라 각 여성 단체들을 규합해 전국적인 조직을 만드는 것이 궁극적인 목표였던 만큼, 교류의 범위를 확대하기 위해 더욱 분주하게 움직여야 했다.

대부분의 일을 라이초, 후사에, 무메오 세 명의 상근이사가 담당해야 하는 열악한 환경에서, '협회' 설립 준비가 한창이던 1월 라이초의 가족 4명이 당시 크게 유행하던 스페인 독감으로 쓰러졌고, 여기에 무메오의 출산도 겹쳐 일손 부족이 심화되었다. 업무를 떠맡은 후사에게 생활에 필요한 급료가 충분히 지급되는 것도 아니었다. 게다가 의회 청원을 우선적인 활동으로 설정하고부터는 '협회' 활동의 일정이 의회의 회기 진행에 좌우되기 십상이었

14　사회주의자 사카이 도시히코, ≪부인공론≫의 발행·편집자인 시마나카 유사쿠(嶋中雄作, 1887~1949) 등 당대의 저명한 남성 지식인들이 협력자로서 다수 참가했다.

다. 인력이 부족한 만큼 다른 일들을 동시에 처리하기 어려웠다. 제1차 세계 대전 종전 이후 시작된 불황 속에 재정 기반을 제대로 확립하지 못한 채 '협회'를 발족시킨 것이 두고두고 발목을 잡는 태생적 약점이 되었던 셈이다.[15]

그런데 '협회'의 가장 기본적인 활동도 안정적으로 운영하기 어려운 상황에서 예상치 못했던 또 다른 사건이 발생했다. 이른바 '히로시마 여교원 압박 사건'이라고 불리는 이 사건은 업무 부담의 급격한 증가를 초래했을 뿐 아니라 '협회'의 근간을 흔들 정도의 영향력을 가진 것이었다.

≪여성동맹≫ 창간호에 이미 "전국 여교원회 조직에 관해 全国女教員会の組織に就いて"라는 글을 게재했던 것에서 보듯, '협회'는 일찍부터 여자로서는 가장 높은 수준의 고등교육을 받은 엘리트인 여교원들을 주요한 협력 대상으로 상정하고 있었다. 1920년 10월 22일에는 라이초·후사에 등이 도쿄에서 열린 전국여교원대회 참석자 260여 명과 간담회를 갖고 '협회'와의 협력에 관해 논의했다. '협회'가 지향하는 사회 개조를 위해서는 차세대를 낳고 육성해야 할 어머니와 소학교 교원의 책임이 중하다고 여겼고, 이들과의 협력을 통한 지부 설립 가능성 등을 타진했다(≪女性同盟≫, 1920.11: 50~51). 그리고 이에 적극적으로 반응한 사카구치 미쓰阪口みつ(1896~1956)·시노기 노부篠木ノブ(1895~1958) 등의 출신지인 히로시마현広島県을 라이초가 방문해, 히로시마, 후쿠야마福山, 미하라三原 세 곳에 '협회' 지부를 설립하게 되었다.

그런데 라이초 방문 당시 모임을 가졌던 학교 교장이 현청에 소환되어 심문을 받는 일이 발생했다. 그뿐만 아니라 '협회'가 정치적 색채를 띠고 있기 때문에 여교원의 '협회' 가입이 정치 참여를 금지한 현행법에 저촉된다는 이

15 　회원을 통한 매달의 정기적인 수입은 상근이사 세 명을 위해 책정된 월급조차도 감당할 수 없는 액수였기에, ≪여성동맹≫ 발행과 그 외의 행사를 위해서는 라이초가 후원자를 찾거나 빌리는 수밖에 없었다. 특히 후사에가 ≪여성동맹≫의 편집을 담당하던 시기에는, 권말의 소식란에 재정 궁핍과 일손 부족을 호소하는 글이 빠지지 않았다.

유로, 경찰로부터 여교원들에게 '협회'에서 탈퇴하라는 압력이 가해졌다. '협회'와의 만남을 "광명"으로 생각해 '협회'를 위해 "죽지 않을 만큼" 일하고 싶다던 이들은, 당장 이 사실을 '협회' 본부에 알리고 지원을 요청했다.

히로시마의 상황을 보고하는 편지를 받은 '협회'는 전국적 지명도가 있는 라이초를 당장 히로시마에 파견할 계획을 세우고, 한편으로는 정우회 본부를 방문해 이에 대한 정당의 공식 입장을 요구했다. 그 결과 경보警保국장으로부터 히로시마의 사태는 중앙정부의 공식입장이 아니며, "협회는 부인참정권 요구와 같은 것도 ─ 설령 그 자체가 협회의 목적이 아니라고 해도 ─ 하나의 수단으로 삼고 있기 때문에" 현縣 당국이 오해했으리라는 견해를 얻어냈다. 문부성 관료에게 교원의 복무 규정 내용 중에 의회 청원 금지는 없다는 사실도 확인받았다.

그럼에도 결국 그와 관련된 결정은 현지사縣知事의 권한에 속하기에, 중앙의 지시에 의한 해결을 기대하는 대신 교원이 '협회'에 가입해도 문제될 것이 없다는 여론을 조성하는 것이 중요한 과제가 되었다. 그리고 이를 위해서는 현 당국의 진의를 파악하고 그에 대한 '협회'의 입장을 명확히 할 필요도 있었다. '협회'의 예상을 벗어난 상황의 처리를 위해 분주한 사이에 사건 당사자인 노부·미쓰 등이 교원 사직원 제출, '협회' 지부 해산, 현 당국에 대한 저항 등을 결의하자 '협회'는 이를 만류하느라 더 바빠질 수밖에 없었다. 가입 여교원에 대한 소환·조사·경고는 히로시마현에서만 일어난 일이 아니었으며, 특히 ≪여성동맹≫의 '구독'을 둘러싼 갈등은 전국적으로 다수 보고되었다.

'협회'는 히로시마현 당국에 진의를 묻는 편지를 보내고, 관련 학교장이나 담당 관료視學官 등에게도 질의서를 보냈다. ≪아사히신문朝日新聞≫, ≪고쿠민신문國民新聞≫, ≪히로시마신문廣島新聞≫ 등의 호의적인 보도로 여론은 여교원 측에 유리해졌고 현 당국도 탈퇴나 지부 해산을 강제한 적은 없다고 한 걸음 물러섰지만, 여전히 다음과 같은 문제들이 남아 있었다. 첫째로 '협회'는 정치적 단체인가였고, 둘째로 청원은 정치운동인가, 즉 교원의 서명이 가능한가라는 것이었다.

사실 '협회'의 설립 목적 자체가 '정치'는 아니었기에 첫 번째 문제는 비교적 쉽게 해소되지만, 청원 조인調印을 둘러싸고 논쟁이 이어졌다. 특히 이 문제가 불거진 1920년 11월은, 다가올 제44의회를 겨냥해 '협회'가 치경법과 화류병 관련 청원 외에도 여성의 선거권 획득을 겨냥해 '중의원의원 선거법 개정에 관한 청원'(이하, '선거법 개정')에 대한 서명을 받고 있던 때이기도 했다.[16]

여성의 정치 참여가 금지된 중에도 최소한의 권리로서 인정되고 있던 것이 바로 의회 청원과 귀족원 방청이었다. 청원의 내용이 설령 정치적인 참정권에 관한 것이라고 할지라도, 여자 교원이라는 이유로 이에 관한 의회 청원조차 금지하는 것은 — 그에 대한 재고 및 논의 자체를 봉쇄한다는 점에서 — 충분히 문제가 있었다. 더구나 남성 교원에 대해서는 그들 역시 같은 교원임에도 불구하고 정치적 성향이 짙은 모임에의 참가가 묵인되고 있었다. 결국 사건 당사자인 '협회'·여교원 측과 히로시마 당국과 사이의 문답, 중앙 관료들의 견해 표명, 미디어를 통한 기사와 지식인들의 의견 제기 등이 거듭된 결과, 최종적으로는 여교원에게 '협회'의 입회 및 '화류병 제한' 청원을 위한 조인은 무방하나 '치경법 개정'과 '선거법 개정' 청원을 위한 조인은 불가하다는 결론이 내려졌다.[17]

히로시마 사건은 단순히 여교원과 '협회'의 관계 설정에 그치지 않고 이후 '협회'의 활동 방향 설정에도 커다란 이정표가 되었다. 난처한 상황에 처한 여교원들을 위해 '협회'가 정치적 성격을 가진 단체가 아니라고, 혹은 여교원

---

16   2355명의 서명을 받아 1921년 1월 29일 중의원과 귀족원에 동시 발송했으나 시기상조라는 이유로 간단히 불채택 처리되었다(市川房枝, 1974: 88).
17   히로시마의 여교원 압력과 관련된 사실은 특별한 주를 달지 않는 한, 市川房枝(1921.1, 1921.2)의 내용에 근거했다.

의 '협회' 가입은 불법이 아니라고 변호하던 소극적 자세는, 시간이 흐르면서 '도대체 왜 여교원은 정치 참여가 금지되는가', '오히려 여성의 참정권이 전면 적으로 인정되어야 한다'는 식의 적극적인 공세로 바뀌어 갔다. 상대적으로 무관심했던 여성참정권이 현안으로 떠오르면서, '선거법 개정'을 겨냥해 여성 의 정치 참여의 필요성을 강조하고 나아가 여교원의 정사政事 참여 금지를 당 연시하는 현실에 대한 문제 제기로 이어졌던 것이다.

'협회'는 청원운동이 정치운동이라는 해석은 매우 편협한 것이며, 설령 정치적인 행위로 해석된다고 하더라도 교육자의 정치 참여는 거스를 수 없는 대세라고 주장했다. 서구에서는 교원의 정치 참여가 인정되고 있을 뿐 아니 라 일본 국내에서도 대학 교원 및 남자 교원에게는 금지조항이 적용되지 않 거나 혹은 매우 느슨하게 적용되고 있다는 것이었다. '협회'는 이번 사건을 계 기로 여교원들이 각성하기 시작했으며, 이에 대한 비난과 박해가 있는 것 자 체가 오히려 자신들의 활동이 현실을 극복하고 이상을 향하고 있음을 증명하 는 것이라 평가했다. 나아가 앞으로 여교원 조합을 만드는 것만이 정답일 것 이라 조언하면서 일본 여성 전체가 여성총동맹을 조직해 함께 대응해야 한다 고 주장했다(市川房枝, 1921.1b).

히로시마 사건과 제44의회 청원이 겹친 1920년 겨울, '협회'의 역량은 이 들 정치적 성격이 짙은 두 사안에 집중됐다. ≪여성동맹≫ 1921년 신년호는 히로시마 사건 특집으로 꾸며졌고, 사건이 일단락된 후에도 제44의회에서 청 원이 기각되는 3월 말까지 여성 혹은 여교원의 정치 참여에 대한 언설이 집중 적으로 게재되었다. 설립 후 약 1년 동안 유지되던 여권운동과 여성·모권의 균형이 히로시마 사건을 계기로 급속히 무너지면서 여권운동으로 쏠리게 되 었던 셈이다.

이러한 경향은 주로 ≪여성동맹≫에 실리는 기사를 통해서 확인되는 바 이지만, 이후의 전개 상황을 보면 실제 구성원들 사이에서도 비슷한 움직임이 있었음을 알 수 있다. '협회'가 정치적 단체가 아니라고 강변해야 했던 것이 내부적으로는 '협회' 구성원 스스로 여자의 정치 참여에 대해 더 많이 고민하게 만들었고, 외부적으로는 그들의 성향을 더욱 정치적인 것으로 보이게 했다. 아이러니한 결과였다. 그러한 경향과는 반대로 라이초가 '협회' 설립 이전부터 집착했던 '여성'으로서 혹은 '어머니'로서의 권리 획득과 지위 향상이라는 또 하나의 목표는 점차 희미해져 갔다. 이상과 같은 흐름이야말로 바로 제1기 후반의 특징이라 할 수 있을 것이다.

2) 제44의회 청원 실패와 그 의미

1918년의 '논쟁' 당시에는 주로 모성보호를 주장했던 라이초가 '협회'를 조직하면서는 여성 노동자의 문제에 관심을 갖거나 여성참정권 관련 청원에 나서게 되었지만, 그렇다고 해서 이러한 활동이 평소의 모성주의 신념을 포기했던 때문이 아니었음은 앞서 거듭 지적했던 바와 같다. 본래 '협회' 설립의 정신, 특히 여성참정권 획득과 관련된 주장은 라이초에게 운동의 목적이 아닌 수단에 가까웠다. 그가 주장하는 연애 존중, 모성 존중을 위해서는 사회 자체를 바꿔야 한다는, 그리고 사회를 바꾸기 위해서는 여성이 정치계에 자신의 목소리를 낼 수 있어야 한다는 전략적 사고가 작용했던 것이다.

라이초는 '논쟁' 당시 국가에 의한 모성의 보호를 주장했고, 아키코 등으로부터 국가에 대한 그의 기대가 과도하게 긍정적이며 그러한 기대의 근거가 충분하지 않다는 취지의 비판을 받았었다(与謝野晶子, 1918.6). 여성 스스로의 경제적 독립을 추구하는 대신 국가에게 여성과 아이의 보호를 의뢰해도 좋을 만큼 국가가 신뢰 가능한 존재인지, 나아가 개조 가능한 존재인지 입증된 적이 없었기 때문이다.

그렇다면 '협회'의 의회 청원 운동은 라이초가 처음으로 정면에서 '국가'

와 대면하는 기회인 셈이었다. 특히 '화류병 제한'은 그가 '여성으로서' 국가를 향해 무엇인가를 요청한다는 상징적 의미가 있는 행위였고, 그에 대해 성의 있는 국가의 모습을 확인하는 것은 라이초가 자신의 사상과 실천의 방향을 설정하는 데 중요한 의미가 있었다. 의회가 '화류병 제한'조차 수용해 줄 수 없다면, 라이초가 그러한 국가를 믿고 모성보호를 주장하는 것은 설득력을 얻기 힘들 것이기 때문이다. 마찬가지로 '치경법 개정'을 통해 여성이 정치에 가까워질 수 있다면, 이는 여성 자신의 바람이 투영된 모습으로 국가가 개조될 수 있다는 희망으로 이어질 수도 있었다.

더구나 앞서 설명했던 것처럼 '화류병 제한' 청원이 '치경법 개정'과 비교해서 비슷하거나 이를 상회할 정도의 서명을 받았던 것을 보면, 냉소적인 언론의 반응과는 달리 '화류병 제한' 주장도 여성 당사자들로부터는 상당한 공감과 지지를 얻고 있었던 것으로 보인다. '협회'가 이 문제에 착목한 것도 이념적이라기보다는 성병으로 인해 고통받는 여성의 실상을 고발하는 의사醫師의 의견을 반영한 것이었다. '협회' 움직임과는 별도로, 성병으로 인한 문제가 더 이상 방치할 수 없는 수준에 이르렀다고 판단한 정부도 이에 대한 대책을 강구하기 시작한 상태였고(らいてう, 1920.11: 37),[18] 실제 해외에서도 이에 대한 제재 법률이 마련되는 추세였다. '협회'가 '화류병 제한'을 주된 사업으로 선정한 것 자체가 납득하지 못할 정도로 엉뚱하거나 도발적인 행위가 아니었다는 뜻이다.

그럼에도 불구하고 '화류병 제한'이 미디어로부터 집중적인 비판의 대상이 되고 '치경법 개정'과 달리 의회에서도 냉소의 대상이 되었던 것은, 제재대상을 '화류병자'가 아니라 화류병 '남자'로 한정한 것이 큰 이유가 되었다.

---

18 청원 당시에 이미 내무성 위생국 보건조사회에서 화류병 예방법안 기초에 착수한 상태였고, 실제 1927년에는 '화류병 방지법'이 제정된다.

라이초 역시 이러한 상황을 모르는 바가 아니었다. 남자에 대한 역차별이라는 비난을 감수하면서까지 그렇게 했던 것은, 당시 남자들의 방종한 성생활로 인해 일방적으로 피해를 입고 있는 여자의 입장에서 도덕적 혹은 교육적 효과를 노린 의도적 선택이었다. 그러나 야심 차게 '화류병 제한' 청원을 준비해서 임했던 제42의회(1919년 12월~1920년 2월)가 돌연 해산하고 제43특별의회(1920년 7월)에서는 그에 대한 변변한 논의조차 없이 기각되면서, '협회'는 남성만으로 이루어진 의회 혹은 정부의 여성에 대한 몰이해의 정도를 실감하게 되었다. 결국 제44의회(1920년 12월~1920년 3월) 청원을 준비할 때에는 그동안 '협회'의 정체성을 걸고 집착했던 '화류병 남자'라는 표현에 수정을 가할 수밖에 없었다.

먼저 '화류병 남자 결혼제한에 관한 청원서'라는 제목은 '화류병자에 대한 결혼 제한 및 이혼 청구에 관한 청원서'로 수정되었다. '남자'라는 표현의 삭제는, 그동안 '협회'가 추구하던 노선으로부터 일보 후퇴함을 의미했다. 아울러 건강진단서를 결혼 상대가 아닌 시정촌장市町村長에게 제출하게 하는 방식으로 변경하고, 남자도 여자에게 진단서를 요구할 수 있게 함으로써 남자에 대한 역차별이라는 비판에 대응했다. 결혼 후 감염 등에 관한 규정에서도 "결혼 후 남편이"라는 표현을 "결혼 후 당사자 한쪽이"로 수정해 남녀의 차이를 최소화했다.[19] 이 모든 것이 의회 남자들의 반감을 완화시키기 위한 것이

---

19 주요 부분만을 소개하자면, "제1조, 혼인을 하려는 남자는 혼인허가증의 교부를 주소지 시정촌장에게 신청해야 한다. 사실상의 부부관계를 맺으려는 경우 역시 마찬가지이다. …… 제9조, 혼인을 하려는 여자는 그 상대인 남자로부터 전염성 화류병이 아니라는 내용이 담긴, 자격을 가진 의사의 진단서 제시를 청구받은 경우 이를 거절할 수 없다. …… 제11조, 결혼 후 당사자 일방이 화류병을 앓는 경우 다른 일방은 완치될 때까지 별거 또는 이혼을 청구할 수 있다" 등이다(「花柳病者に対する結婚制度並に離婚請求に関する請願書」). 이전의 청원에서는 오로지 법률혼의 경우만을 상정했으나, 수정안에서는 사실혼까지도 단속 대상이 되도록 요구한 점도 또 하나의 커다란 변화였다.

었음은 말할 것도 없다.

하지만 이것은 법률에 의존한 해결 자체보다는 '도덕적 혹은 교육적' 효과를 노림과 동시에 남성들에 대해 경종을 울리고자 했던 청원 본래의 취지, 더 나아가 '협회'의 활동이 청원·입법 운동과 같은 여성의 정치적 활동 자체를 목적으로 하는 것이 아니라는 발족 당시의 취지가 훼손되기 시작했음을 보여준다. 즉, 이전 제43의회 청원운동의 경험 속에서 이것이 결코 여성의 선언과 주장에 대한 논리와 이성의 싸움이 아니라 정파와 인맥, 기세 등을 겨루는 복마전임을 실감한 후의 타협이었던 것이다.

진통 끝에 제출한 청원은 중의원의 위원회 토론에 부쳐졌으나 남자 의원들의 반감을 완화해 보려던 '협회'의 노력은 이번에도 보답받지 못했다. 본의회 회부에 앞서 심의를 맡은 위원회 위원들은 수정의 의미를 제대로 이해하지 못했다. 그들은 여전히 남녀가 대등하지 않다, 역시 남자에게만 제한을 두려는 것이다, 남존여비가 일본의 국정國情이기에 남자의 체면을 손상시키는 것은 옳지 않다는 등의 구실을 붙여 반대했고, 최종적으로 '화류병 제한'은 찬성 3표, 반대 4표로 부결되었다. 귀족원 통과는커녕 중의원의 본의회에도 상정되지 못한 채 종결된 것이다(≪女性同盟≫, 1921.3: 38~46).

'치경법 개정'의 경우는 좀 더 복잡했다. 대중과 정계에서의 공감대가 부족해서 의회에서 논의할 기회도 적었고 채택 가능성도 높아 보이지 않았던 '화류병 제한'에 비해, 여성의 정치 집회 참여와 단체 가입을 허락하라는 주장은 국내외의 분위기상 쉽게 무시할 수 있는 것이 아니었다. 특히 당시는 세계적으로 여성참정권 운동사에서 가장 중요한 시기라고 할 수 있었다. '협회'가 가장 적극적으로 활동하던 1920~1921년경에는 제1차 세계대전을 통해 국민으로서의 여성의 가능성을 확인한 영·미를 중심으로 세계 여러 나라에서 여성에게 참정권을 부여하기 시작했던 것이다. 일본 국내적으로도, 전후 자유와 평화를 구가하는 국제 사회의 분위기에 영향을 받은 이른바 다이쇼 데모크라시를 경험하고 있었다. 이러한 국내외의 배경이 있었던 만큼, 여성에게 ─ 실제 참정권까지는 아니더라도 ─ 정치를 접할 수 있는 최소한의 권한을 허용하는 내용을 담은 '치경법 개정'은 무모한 주장이라 할 수 없었다. 실제 대중의 여론뿐 아니라 정계 안에서도 '치경법 개정'에 대해서는 긍정적인 분위기가 형성되고 있었다.

중의원 채택 가능성이 높은 안건이었던 만큼 이를 둘러싼 각 정파의 신경전도 치열했다. '협회'는 청원과 별도로 통과 즉시 법적 효력이 발생하는 법률 개정안 통과를 목표로 삼았기 때문에 다수당인 정우회를 비롯한 정당 정치인들에게 의존해야 했고, 그들의 요구를 무시할 수도 없었다. 제43의회 당시 여당인 정우회가 시간이 충분하지 않다는 이유로 수정안 제출에 비협조적이었던 것을 기억하는 '협회'는, 제44의회(1920년 12월~1921년 3월)에서 같은 실패를 반복하지 않기 위해 애써 접촉 창구를 복수화했다. 그런데 막상 제44의회가 시작되고 보니 정우회와 무소속, 헌정회 이렇게 세 곳으로부터 개정안이 상정되어 있을 정도로, '치경법 개정'은 정계와 여론의 상당한 지지 속에 의회 통과가 당연시되는 분위기였다.

여성에게 결사의 자유는 시기상조라고 해도 정담연설 방청 금지는 해금하는 편이 타당하다는 입장은, 이전부터 내무성을 비롯한 정부 측에서도 공공연하게 표명해 온 것이었다. 언제든지 의회 결의만 있다면 정부는 여성의 정담연설 방청을 허용하겠다는 것이었다. '협회'는 한 걸음 더 나아가 결사의 자유까지 확보하기를 원했지만 결국 세 가지 개정안 가운데 가장 보수적인 안이 채택되었다. 즉, 결사 가입 금지 규정은 유지한 채, "여자 및 미성년자는 사람을 모으는 정담집회에 회동 혹은 발기인이 되는 것을 금함"이라는 규정 가운데 "여자 및"이라는 세 글자만을 삭제한, 정우회에서 준비한 개정안이 중의원 위원회를 거쳐 본의회에서도 만장일치로 통과되었던 것이다(市川房枝, 1921.3a).

대중의 여론도 호의적이었고 정부도 이미 수긍하는 데다, 개정안 중에서 가장 보수적인 내용을 담은 여당의 안이었던 만큼, 중의원 본의회까지는 비교적 수월하게 통과할 수 있었다. 하지만 귀족원은 여전히 쉬운 상대가 아니었다. 후사에 등이 적극적으로 위원장과 위원들을 방문해 협력을 요청한 끝에 귀족원의 위원회에서는 가결되었지만, 결국 제44의회 회기 최종일인 3월 26일 귀족원 본의회 심의는 통과하지 못했다. 시일이 촉박해 각 정파 간부들의 사전 동의를 충분히 얻지 못했기 때문이다.

본의회에서 부정적인 분위기를 주도한 것은 후지무라 요시오藤村義朗 (1871~1933) 남작의 발언이었다. 본 청원이 심의에서 가결된 이유에 대한 위원장의 간단한 설명과 찬반을 대표하는 각 의원의 발언, 정부 측의 허용 의사 표명 후 등장한 그는 여성의 정치운동이 바람직하지 않다는 이유를 다음과 같이 표명했다.

첫째, 그것은 생리적으로 말해도 심리적으로 말해도 자연의 이법理法에 반합니다. 다음으로 …… 정치상의 운동을 남자와 함께 이것저것 활동한다는 것은 여자의 본분이 아닙니다. 여자의 본분은 가정에 있으며 교육 내지 사회적 사업에 있다고 생각합니다. 그뿐 아니라 여자가 사회 표면에 나서 정치상의 운동을 한다는 것은 매우 좋지 않은 결과를 초래하는데, 그것은 고래로부터 역사에서 그 실례가 적지 않습니다. …… 근래 신여성인지 무엇인지 하는 묘한 여성단체가 여러 가지 정치상의 활약을 시도하려 하는 것을 저는 매우 불쾌하게 생각합니다. 이러할 때에 귀족원이 이를 허락한다는 것은 우리 국체國體에 관련된다고 생각하기에 저는 단연코 이를 반대합니다(「貴族院議事録記録第二十六号 大正十年三月二十六日」, 줄임은 인용자).

허무하게도 토론은 이것으로 간단히 종결됐고, 바로 이어 기립에 의한 투표 결과 '치경법 개정'은 불채택이 선언되고 말았다(市川房枝, 1921.4). 분위기에 압도된 탓인지, 당연히 지지해 줄 것이라 기대했던 의원 중 소수밖에 기립하지 않았던 것이다.

귀족원에서의 부결로 인한 '협회'의 충격과 좌절은 컸다. 남자 보통선거에 대한 열기가 높아지는 가운데 대중의 여론은 물론 정당과 정부의 지지를 얻었음에도 불구하고, 의회가 전혀 다른 결정을 내렸기 때문이었다. '협회' 설립 이전부터 1년여 동안 총 3회의 의회 회기에 맞춰 의회 청원에 온 힘을 기울였음에도 불구하고 아무런 성과 없이 끝난 것에 대한 허탈함도 한 이유가되었을 것이다. 비난의 눈총은 의회로 모아졌고 여성운동과 의회와의 관계에 대한 회의가 깊어졌다. 앞으로 의회 중심의 운동을 계속할 것인가에 대한 의견도 엇갈렸다.

작전의 실패와 운동 부족 혹은 좋은 일군이 부족했기 때문이라는 자성도 없지 않았으나, 여성들에게 이토록 중요한 문제가 회기 마지막 날 제대로 된 논의조차 없이 부결되고 마는 현실, 여성 문제에 대해 전혀 이해가 없는 의회의 실체를 제대로 목격한 충격으로 말미암은 동요가 컸다(市川房枝, 1921.5b). 야마다 와카는 만일 처음부터 부결시킬 생각이었다면 굳이 자신들의 완고함을 만천하에 드러내는 토론을 전개할 필요가 없었으며, 만일 반대 의견을 듣고 현장에서 설득된 것이라면 일본 귀족원의 수준이 어느 정도인지를 드러내는 것이라고 비난했다(山田わか, 1921.5: 9). 다나카 다카코田中孝子(1886~1966)[20]는 귀족원 의장이 문제의 중요성이나 의의를 제대로 이해하지 못했음을 지적하면서, 사회의식이 자연스레 요구한 개정안을 이처럼 경솔하고 둔감하게 취급한 귀족원의 존재 가치에 의구심을 표명했다(田中孝子, 1921.5: 11~13).[21]

---

20 다나카 다카코는 일본여자대학교 졸업 후 도미해 스탠포드대학(문학)과 시카고대학(사회학)에서 수학하면서, 특히 사회사업에 관심을 가졌다. 귀국 후 모교에 잠시 몸담았으나 퇴직 후에는 결혼 및 출산 그리고 집필 활동 등에 몰두했다. 1933년 도쿄시에 취직한 이후 결혼상담소, 도쿄가정재판소에서 일하는 등, 평생 사회복지 문제에 관심을 기울였다.

훗날 확인된 바에 따르면 귀족원에서의 부결은 사실상 정파적인 관계 때문에 발생한 것이었다. 즉, 여성 문제에 대한 견해의 차이 또는 여성의 정치 집회 방청에 대한 심각한 고려 때문이 아니었던 것이다. 라이초가 자신의 신념을 실현하기 위해 '협회'를 결성하고 그곳에 모인 여성들이 함께 1년 이상 전력을 기울였던 문제들이, 남성만이 존재하는 의회에서 그 가치를 제대로 인정받지 못했을 뿐 아니라 허무하게 거부당한 것이었다. 이제 라이초와 '협회'가 선택했던 운동 방식에 대해 재고하지 않을 수 없었다. '여성으로서'의 목소리를 내기 위해 시작한 운동이, 라이초가 그토록 여성('모성')에 대한 보호를 기대했던 '국가'의 실체와 마주치는 순간 '남성'들의 목소리로 변질되었고, 거듭되는 좌절 속에서 '협회'의 의회 중심 운동에 대해 회의적인 목소리가 분출되는 것은 자연스러운 수순이었다.

사실 제44의회는, 라이초와 후사에라는 두 인물과 그들이 각각 관심을 가진 두 문제를 중심으로, 그리고 이들에게 의탁한 여성들의 다양한 기대와 욕망이 하나의 절정을 이룬 시기였다고 할 수 있다. 본래 서로 다른 욕구를 가진 다양한 배경을 가진 여성들이 히라쓰카 라이초라는 전국적 명성을 가진 인물, 여권주의와 여성·모성주의를 아우르는 그의 사상 및 여성 노동자까지도 포용하려는 활동 방식에 매료되어 '협회'에 집결했고, 오로지 '치경법 개정'과 '화류병 제한'(도중에 '선거법 개정'이 추가)이라는 눈에 보이는 확실한 목표를 향해 매진했다. 그러나 그 모든 노력이 수포로 돌아갔음을 확인한 1921년 3월 말을 기점으로, '협회'에 내재되어 있던 문제는 폭발하고 그를 둘러싼 형세

---

21 다카코는 반대 연설이 너무 바보스러워서 반박의 필요를 넘어서는 것이라고 전제한 후, 특히 여성의 정치 참여가 '자연의 이치에 반하는 것'이라는 주장에 대해 여성의 정치 참여가 비교적 최근의 일로 그 결과를 증명할 재료가 현재는 존재하지 않는다는 점을 지적하면서, 인간의 이상이 변하고 사회 조직도 변하며 자연의 이법이라는 것도 시대의 요구에 따라 변하는 등 모든 것이 '발전적'임에도 불구하고, 귀족원 의원들은 여전히 '고정적'이라고 꼬집었다.

는 격변하기 시작했다. 기대가 컸던 제44의회에서의 '치경법 개정' 실패는 바로 제1기의 종말과 제2기의 시작으로 가는 기폭제가 되었다.

3) 세대 교체와 의회 운동의 제한적 성과

제44의회 종료로부터 약 한 달 후, 후사에는 돌연 그동안 거의 전담하다시피 해 온 ≪여성동맹≫ 편집 업무에서 사퇴할 것이라고 선언했다(市川房枝, 1921. 5c).[22] '협회'의 세 상근이사 중 무메오는 출산과 그 외의 사적인 일들로 인해 '협회'에 전념하지 못했고, 라이초는 고정 직업이 없는 남편을 대신해 집필로 생계를 책임져야 하는 입장이어서 '협회' 활동에 집중하기가 쉽지 않았다. 때문에 미혼인 데다 다른 직업이 없는 후사에가 ≪여성동맹≫ 편집을 비롯한 상시적인 행정 실무를 사실상 전담해 온 형편이었다. 후사에의 퇴진은 단순한 한 개인의 신상의 변화에 그치지 않는 '협회'의 운명과 직결되는 문제였다.

그럼에도 불구하고 후사에의 퇴진에 대해 적극적인 만류는 없었던 듯하다. 1921년 4월 말 후사에는 ≪여성동맹≫ 업무에서 물러났고 6월에 열린 제1회 총회에서는 이사직도 사임했다. '협회' 업무가 전업이었음에도 불구하고 독립적 생계가 가능할 정도의 급료를 받지 못해 가족의 원조에 기대야 했던 상황, 그리고 라이초와의 원만치 못한 관계나 '협회' 활동 등에서도 만족을 찾지 못했던 상황에서 이루어진 선택이었다. 미국에 건너가 기분 전환을 하면서 현지의 여성운동 및 노동운동을 시찰하고 싶다는 동기도 크게 작용했다.

----

22 직전까지도 편집부 일손 부족을 호소하고, 4월 초까지도 다른 여성단체를 방문해 '협회'에 운영에 도움이 될 만한 내용들을 챙겼던 그녀지만(市川房枝, 1921.5), 약 열흘 동안의 귀향 이후 퇴사와 도미를 결정했다. 이후 입국이 쉽지 않던 미국에 ≪요미우리신문≫ 특파원 자격으로 도미할 수 있었던 것은 같은 신문사에 근무하던 오빠의 도움이 있었기 때문이었다(市川房枝, 1974: 95~96).

후사에의 이탈 직후에는 라이초 역시 요양을 이유로 도쿄를 떠나 한적한 해안으로 거처를 옮겼다. 심지어 이사회에 '협회'의 해산을 요청할 정도로 이미 활동 의욕을 상실한 상태였다. 그러나 해산은 물론이고 이사직 사퇴 의사도 받아들여지지 않았다. 결국 여전히 이사로 남기는 했으나 이후 라이초는 거의 '협회' 활동에 참여하지 않은 채 자연에 파묻혀 요양과 양육·집필 활동에 전념했다.

'협회'의 중추로서 처음 설립을 계획하고 실행했던 라이초와 후사에 등부터, 이제는 그들의 외침에 공명해 '협회'에 모여든 이들, 즉 고다마 신코児玉真子(1883~1928),[23] 사카모토 마코토坂本真琴(1889~1954),[24] 모로키 야스코衆樹安子(?~?),[25] 쓰카모토 나카코塚本なか子(1893~1947),[26] 그리고 후사에의 뒤를 이어서 ≪여성동맹≫ 편집을 담당할 야베 하쓰코矢部初子(1895~1895)[27] 등으로 세대 교

---

23 고다마 신코는 '협회'의 청원운동에 협력했던 중의원 의원 고다마 유지(児玉右二)의 부인으로 1920년 3월의 모임에 동반 출석, ≪여성동맹≫에 실린 회원 명부에도 이름을 올렸다. 일본여자대학 가정학부를 다닌 중류 계층에 속했지만, 여성 노동문제에도 관심을 가졌다. '협회' 해산 후 무메오 등 '협회' 동지들과 부인연맹을 조직했으며, 탈퇴 후 부인참정동맹에도 참가했다.

24 사카모토 마코토는 그리스도교인 가정에 태어나 미션스쿨인 교리쓰여학교(共立女学校)에서 영어를 습득했고, 세이토사(青鞜社)에 가입했다. 1920년 3월 '협회' 발회식에서 평의원으로 선출되었으며, 1921년 6월의 총회에서 이사로 선출되어 본격 활동을 시작, 자택을 '협회' 사무소로 제공하는 등의 재정적 기여뿐 아니라 1922년 3월 '치경법 개정'에도 공헌했다. '협회' 해산 후 부인동맹, 부인참정동맹에 참가했고, 1923년 9월 간토대진재 직후 결성된 도쿄연합부인회를 거쳐 부선획득동맹에서도 임원을 역임했다.

25 모로키 야스코는 타이피스트로서 1920년 타이피스트조합 창립총회에서 이사로 선출되었으며, '협회' 회원이 되었다. 1922년 3월 '치경법 개정' 통과에 크게 기여했고, 이사로도 활동했다. '협회' 재정 확보를 위해 노력했으며, '협회' 해산 후에는 부인참정동맹, 부인참정권획득기성동맹회, 도쿄부인경제연맹 등에 참여했다.

26 쓰카모토 나카코는 창립부터 해산 결정이 있던 총회까지 일관해 '협회'와 함께 했다. 여학교 졸업 후 일찍부터 여공문제에 대한 글을 썼고, 우애회 부인부 주최의 대회에서 라이초와 조우했다. '협회' 발회식에서 평의원으로 선출되었으며 특히 재정 조달을 위해 노력했다. '협회' 해산 후 부인연맹에 가입했다가 탈퇴, 부인참정동맹의 실행위원이 되었다.

27 야베 하쓰코는 쓰다주쿠를 거쳐 잡지 편집, 영어교사 등으로 활동했다. 1920년 1월 6일 '협회'

체가 이루어졌다. 그리고 이들이 지향하는 바가 ≪여성동맹≫ 지면을 통해 공개되면서 ≪여성동맹≫은 이전과 다른 잡지로 탈바꿈하게 되고 그와 더불어 '협회'의 성격도 변화하기 시작했다. 이 시기가 바로 협회의 제2기에 해당한다.

새로이 '협회'를 계승한 이들이 집중한 것은 - 아마도 본래 그들이 처음 '협회'에 집결하는 계기가 되었을 - 의회 청원운동이었다. 제45의회가 시작되자 1922년 1월 선거법 개정안 제출에 이어 복수의 '치안경찰법' 개정안이 중의원에 다시 상정되었다. 성공 가능성을 최대화하기 위해 이번에도 "여자 및"이라는 세 자만을 지우는 데 전력을 다하기로 결정했다. 이미 그러한 내용을 담은 정우회 안이 제44의회에서 중의원을 통과한 전력이 있기에, 제45의회에서는 고배를 마셨던 귀족원을 상대로 하는 운동에 집중하기로 했다(坂本真琴, 1922.6: 6).[28]

중의원 위원회를 만장일치로 통과한 개정안이 무사히 중의원 본의회를 통과하고, 다시 귀족원 위원회까지 통과한 것은 회기 만료를 사흘 앞둔 1922년 3월 22일의 일이었다. 3월 24일에는 귀족원 본의회에 상정되었으나 다른 안건에 밀려 최종일인 25일까지도 심의 자체가 불투명한 상태였다. 줄곧 방청객으로 자리를 지키던 '협회' 회원들이 '치경법 개정'을 요청하는 내용을 적은 명함을 의원들 개개인에게 전달하는 등의 필사적인 노력을 펼친 끝에야, 최종일 밤 11시를 넘어 간신히 개정안이 상정될 수 있었다. 그리고 간략한 찬

의 첫 협의회에 참석해 찬조회원 13인 중 1인이 되었고, 평의원으로 지명되었다. 후사에를 이어 ≪여성동맹≫ 9호부터 편집·발행을 담당했고, 자신의 글을 5편 이상 게재하기도 했다. 적란회(赤瀾会)와 팔일회(八日会) 등 사회주의 조직에도 참가했으며, 주로 '노동자의 입장에 서는 좌파'를 자인했다.

28 '협회' 간부들은 제45의회 귀족원 본의회를 앞두고 귀족원 부결 당시 결정적인 반대 발언을 했던 후지무라 의원의 자택을 방문해 협력을 요청했다. 예상 외로 그는 순순히 협력을 약속했을 뿐 아니라 이전의 반대도 본심이 아니라 정파 간 갈등의 결과였음을 시사했다. 심지어 당일 갓난아이를 업고 찾아온 '협회' 간부를 보고 여성운동가에 대한 선입견에서 벗어났다고 고백하기까지 했다.

성 연설 후의 기립에 의해 가결이 선언된 것은 회기 종료를 10여 분 남긴 밤 11시 40분경의 일이었다(坂本真琴, 1922.6: 9~12).

장황하게 '치경법 개정'이 의회에서 통과되는 과정을 서술한 것은, 이것이 얼마나 대단한 성과인지를 드러내기 위한 것이라기보다, 오히려 그들이 제출한 안건이 – '협회'의 노력에 비해 – 의회에서 얼마나 '중요하지 않게' 다뤄졌는지를 증명하기 위해서다. 즉, 수천 명을 넘는 회원들의 염원을 담아 3년 가까이 '협회'가 매달려 온 '치경법 개정'은 양보에 양보를 거듭한 끝에 정우회의 제안대로 "여자 및"이라는 단 세 자를 지우는 것에 그쳤고, 여론의 지지는 물론 정부의 수긍이 있은 후에도 정파적 계산에 밀려 빈번히 기각되는 수모를 겪어야 했다. '협회' 회원들이 각 단계마다 의회나 위원회의 관계자를 개별적으로 면담하고 협력을 요청하지 않는 한, '치경법 개정'은 단 한 걸음도 나아가지 못했다. 더욱 허무하게 다가온 것은 회기 마지막 날까지도 심의에 오르지 못하다가, 이를 안타깝게 여긴 한두 의원의 도움으로 막상 심의에 오르자 변변한 논의도 없이 이삼십 분 만에 간단히 통과되어 버린 사실이다. 그나마 이것이 '협회'가 준비했던 세 청원 중 유일하게 거둔 성과였다.

'치경법 개정'으로 여성들의 정치행사 참여가 허용됨으로써 앞으로는 선거 후보자 부인과 딸 등이 적극 지원 활동에 나설 수 있게 되었다거나, 연설회 등에서 여성 참석자가 회장의 분위기를 부드럽게 할 것이라는 등의 긍정적인 기대에도 불구하고(≪女性同盟≫, 1922.6: 20), 그러한 기쁨이 그다지 크거나 오래 지속되었던 것 같지는 않다. 축하를 겸한 정담연설회 행사는 '협회' 창립 주역들이 부재한 어수선한 분위기 속에 끝났고,[29] 심지어 '협회'의 재정

---

29   3월 30일 밤 축하회가 열렸으나 참가자는 겨우 10여 명, 의원은 겨우 두 명에 불과해 아쉬움 많은 행사로 끝났다. 4월부터는 '협회'의 고베, 나고야, 요코하마, 오사카 등 지부에서 정담연설회를 개최했고, 도쿄에서는 1922년 5월 15일, 중앙불교회관에서 기념연설회가 열렸다. 개회사는 무메오가 담당했고, 라이초의 축사(「治警五条修正案通過祝演説会に寄せて」)와 기

악화로 《여성동맹》이 한동안 발행되지 못했기 때문에 '치경법 개정' 통과 기사도 두 달여가 지난 후에야 게재될 수 있었다.

그보다 더 불길한 것은 '협회'의 분열이었다. 오사카 지부가 독립해서 독자적인 '오사카신부인회협회'로 활동하겠다고 선언한 것은 1922년 2월이었으나 '협회'의 본부에서는 즉각 손을 쓰지 못했다. 독립을 요구하는 이유로서 라이초의 은퇴와 본부의 의사소통 결여를 내세운 것, 그리고 '치경법 개정'을 위한 의회 로비에 한창 정신을 빼앗긴 본부가 이에 제대로 대응하지 못한 것을 보면(本部, 1922.6), 분열의 원인이 의회운동 집중과 라이초의 이탈 즈음부터 내재되어 있었으리라 짐작할 수 있다. '치경법 개정' 성공과 거의 동시에 일어난 오사카 지부 독립 선언은 '협회'가 안고 있던 갈등과 분열의 상징이자, 이후의 전개 방향을 시사하는 것이었다. 이렇게 제2기가 끝나고 좀 더 노동자 친화적인 목소리가 높아지는 제3기로 돌입하게 된다.

4. 신부인협회의 갈등과 분열

1) 노선 갈등

(1) 의회 청원을 둘러싼 갈등

'치경법 개정'의 성공을 축하를 겸해 1922년 5월 15일 도쿄 간다神田 중앙불교회관에서 열린 정담연설회에서 '협회'의 미래를 짐작하게 하는 작은 소동이 있었다. 이른바 '야마우치 미나 강단降壇사건'(이하 '강단사건')으로 불리는

쿠에의 연설문(「無産婦人の政治的自覚」)이 각각 대독(代讀)되었다(児玉勝子, 1981: 77~78).

것으로, 무메오의 의뢰를 받아 연사로 등단하려는 미나에게 다른 간부들이 '입장이 달라서 곤란하다'며 극력 반대했던 사건이다. 미나는 "당신들은 노동 부인에 대해 일종의 벽을 만들 셈인가"라고 반발했지만 받아들여지지 않았고, 이 일을 계기로 오쿠 무메오와 쓰카모토 나카코는 이사를 사임했다(今井小の實, 1999: 170).

이보다 앞선 1921년 3월에는 고베神戸 지부가 회원의 이탈을 가져올 것이라는 이유로 찬조 회원으로 소속되어 있던 가가와 도요히코와의 협력을 거부하는 일이 있었다. 앞서도 간단히 소개했던 것처럼, 당시에도 이미 이름이 알려진 사회운동가이자 목사인 그는 '협회' 설립에 즈음해 라이초의 조언자로서 협력했고, 특히 '협회'의 사업 모델로서 당시 여성 노동자 계층까지를 포용하는, 미국 사회봉사가 제인 애덤스Jane Adams(1860~1935)가 세운 복지시설 헐하우스Hull House에 대한 정보와 아이디어를 제공하기도 했다. 가가와는 여권·모성주의를 넘어 노동 계층까지로 운동의 영역을 확대하려던 라이초에게 큰 버팀목이 되었던 존재였다(今井小の實, 1999: 172). 그럼에도 라이초의 '협회' 설립 초기부터 긴밀한 관계를 유지해 온 고베 지부 회원들이 그와의 협력을 거부했던 것이다.

이 두 가지 사건이 의미하는 것은 무엇인가. 바로 '협회' 안에 서로를 포용하기 힘든 갈등 관계가 줄곧 존재해 왔다는 것이다. 달리 표현하면 바로 부르주아 계층과 프롤레타리아 계층, 중산층의 여성과 노동하는 여성, 시민운동과 무산운동이 '협회'의 틀 안에서 공존하기 쉽지 않다는 사실을 의미했다. 전자가 '본래의' 라이초와 유사한 배경을 가졌거나 혹은 모성보호와 같은 그의 본래적 지향에 동조하는 이들이었다면, 후자는 '협회' 설립에 즈음해서 — 가가와·후사에 등과 교류하면서 여공문제에 눈뜨는 등 — '변화한' 라이초에 호응해 모여든 이들이었을 것이다.

이들은 라이초를 신뢰해 '협회'라는 하나의 우산 아래 모여들었다. 하지만 고베 지부가 가가와와의 협력을 거부한 것을 보면 이미 라이초 이탈 이전부터 서로를 이해·용납하지 못하는 관계가 시작되고 있었으리라는 짐작도 가능하다. 당시 가가와는 간사이노동조합의 지도자였지만 폭력과 같은 직접적인 행동보다는 의회 중심의 운동을 주장하는 온건파에 속했다. 그럼에도 '협회' 회원 중 일부는 그처럼 온건한 노동운동가조차 수용할 여유가 없었던 것이다. 그러한 분열 양상이 고베뿐 아니라 '협회' 안에 만연했음을 보여주는 것이 바로 '강단사건'이었다.

야마우치 미나는 '협회' 설립 초기 라이초를 만나 후사에와 함께 기숙하면서 '협회' 일을 돕다가, 제1기의 말기이자 ― 라이초와 후사에가 '협회'에서 이탈하던 ― 1921년 여름 '협회'를 떠났던 인물이다. 활동 초기에는 '협회'의 역할에 대해 긍정적이었으나, ― 그 자신의 표현을 빌자면 ― "시간이 흐름에 따라 점차 비판적이 되는 것을 어찌할 수 없었다". 생활 감각의 차이 등으로 인해 납득하기 어려운 상황이 벌어지고 '귀족적·부르주아적 부인운동'이라는 느낌 등이 더해지면서 점차 '협회'에서 멀어져 갔던 것이다. 그는 "일본의 부인운동은 커다란 목적 앞에서 공조하는 단결력이 결여되어 있다. 나는 운동에 대해 전혀 기대할 수가 없다"라는 말을 남긴 후 '협회'를 이탈, 야마카와 기쿠에에게 의탁해 수학하던 중이었다(折井美耶子·女性の歷史硏究会編著, 2006: 183~184).

그러한 미나를 강단에 세울 수 없다고 강경한 태도를 취했던 모로키 야스코, 고다마 신코, 사카모토 마코토 등 '협회'의 간부들이, 다름 아닌 후사에와 라이초 이탈 후 '치경법 개정'의 실현에 매달렸고 실제 제45의회 마지막 날 청중석에서 이를 지켜보았던 당사자들이었던 것은 결코 우연이라 보기 어렵다. '강단사건'은 '협회' 중심 세력이 오로지 의회운동에 집중해 온 결과이자 그에 대한 불만과 갈등의 일면이 폭로된 상징적인 사건이었다.

협회 창립 이래 줄곧 '의회'는 운동의 중심이자 갈등의 주요한 이유가 되었다. 실제 '협회'가 설립된 후 3개월이 지난 후에야 발회식을 할 수 있었던 것은 이미 시작된 의회 회기에 맞추어 청원을 준비하느라 분주했기 때문이었다(市川房枝, 1920.10·11). 당시 일본 여성에게 '제국 신민은 의회에 청원할 수 있다'는 것 외에 달리 정치적 의사를 표현할 방법이 없었기에, '협회'로서도 이에 매달릴 수밖에 없었다. 의회에 머리를 숙이는 것이 결코 '치경법 개정' 때문만은 아니었다. 잠시 양보해 이를 수정할 수만 있다면 이후에는 더 이상 머리를 숙이지 않아도 되리라는 판단이 작용했다. 궁극적인 목표는 여성의 선거권과 피선거권의 획득이었다(市川房枝, 1920.10).

하지만 의회에서는 모든 문제가 당파 간 감정에서 결정되는 현실이었다. 이를 고려할 때, 특정 당파의 지지로 인해 또 다른 정파의 반감을 사는 일은 특별히 경계해야 했다. 결국 의회 청원운동의 구체적인 내용이란 정파 간 갈등이 생기지 않도록 조율하고 그들을 설득해 여성운동에 호감을 갖게 하는 것으로 귀결되었다(市川房枝, 1920.11).[30] 의회운동에 필요한 정력이 매우 컸던 만큼, 그 결과가 좋지 않았던 제44의회 후에는 탄핵이나 정당 타파 수준이 아니라 의회제도 존재의 가치 자체에 회의를 느낄 정도로, '협회'가 느끼는 후유증은 컸다(奥むめお, 1921.7: 17).[31]

라이초와의 친분으로 창립 당시부터 '협회'를 지원하던 작가 아키타 우자쿠秋田雨雀(1883~1962)는 '치경법 개정' 정도도 쉽게 통과하지 않는 의회 정치를 상대하는 것은 힘의 낭비이며, 따라서 의회운동에 힘을 쓰기보다 인간의 본질적인 것에 힘을 기울여야 한다고 조언했다(秋田雨雀, 1921.4: 18~19). 이것은

---

30 정우회가 일정이 촉박하다는 이유로 제43회 특별의회에 개정안 제출을 주저하자, 배신감을 느낀 후사에는 정권 퇴진을 입에 담을 만큼 강경한 입장을 보이기도 했다. 이처럼 의회운동은 정당의 변덕에 따라 크게 좌우되는 불안정한 운동이었다(市川房枝, 1920.12).

31 그럼에도 일부 논객은 의회운동이 여성 해방에 대한 많지 않은 객관적 표현의 하나이며 채택 여부와 상관없이 보수적인 지방 유지들에게까지 이러한 여성 문제를 인식하게 하고, 또 청원운동 과정에서 여성들도 의회와 정치의 실상을 파악하게 된다는 점에서 의의를 찾기도 했다(土田杏村, 1921.7: 34~35).

'협회'의 의회활동에 대한 전면 부정이라기보다 더 나은 여성운동을 위한 충고였다.

이에 호응하기라도 하듯 라이초도 의회 청원이라는 목표를 향해 돌진하는 '협회' 활동에 회의를 내비쳤다. 후사에의 고별무대가 되었던 1921년 6월 제1회 총회에서 라이초는 "이 얼마나 바쁘고, 정신없고, 경황없고, 무리가 많으며 과도하게 일한 시간이었던가"라는 탄식으로 시작하는 문장을 통해, 과거 1년 반 동안의 '협회' 활동을 반성했다(らいてう, 1921.7). 즉 '협회'가 아직 "단체로서 간신히 윤곽이 잡힐 듯 말 듯한 때에, 성급하게 욕망의 실현에 착수해서 외부를 향해 교섭을 시작"했던 일부 활동가의 행동을 지적하면서, "협회 자체, 달리 표현하자면 단체의 생명 또는 운명이 단지 이들 개개의 일에 맡겨진 것으로 잘못 믿고, 목전의 혹은 외관상의 성공을 서두르고 또 과도하게 중시하는 경향"이 있었다고 회상했다.

> 그런데 이럴 때 가장 많은 유혹 앞에 설 수밖에 없는 것은 이른바 사업가라든가 활동가라든가 일꾼働き手이라든가 하는 타입의 사람이다. 특히 이들 사업仕事이 세간의 주의를 환기시키게 되어 끊임없이 관객의 소리를 듣게 되면서는 더욱 그렇다. 왜냐하면 이런 종류의 사람은 관객을 우선으로 삼아 외부에 대해 허세를 부리는 것에, 또 그러한 것을 가지고 외관상의 성대盛大함을 세간에 과시하는 것에 마음을 빼앗기기 쉽기 때문이다. 그뿐 아니라 거기에 협회 자체의 진정한 성대함이 있고, 또 그것이 자신들의 열성의 표시인 것처럼 세간과 함께 자신을 오신誤信해, 무의식 중에 한 걸음 한 걸음 소위 일중독자仕事屋, 운동중독자運動屋로 타락할 가능성을 갖고 있기 때문이다(らいてう, 1921.7).

어떤 이들은 '사업가' 혹은 '활동가'가 후사에 등을 지칭하는 것이며, 라이초가 후사에에 대해 불만을 표현하는 것으로 해석하기도 한다. 구체적으로 누구를 지칭하는 것인지는 차치하더라도, '협회' 발회식 전부터 의회 회기에 맞춰 청원운동을 시작했던 그동안의 무계획적인 활동에 대한 총체적인 비판을 담은 것은 명백한 사실이었다. 의회에서의 채택에 유리하다는 주위의 조언에 따라 본래의 소신을 버리고 '화류병 남자'를 '화류병자'로 변경하면서까지 임했던 제44의회에서의 '화류병 제한' 청원에 실패한 후, 라이초 역시도 의회 중심의 '협회' 활동에 회의를 느끼기 시작했었다. 이는 다음 문장에서도 확인할 수 있다.

> 단체가 단체로서의 생명력을 유지하기 위해서는, 그(사회사업이나 운동 ─ 인용자)와 동시에, 아니 그보다 앞서 단체 그 자체에 대해 하지 않으면 안 되는, 보다 중요하고 근본적인, 눈에 보이지 않는 많은 일이 단체 내부에 없으면 안 된다. 즉, 단체의 생명 또는 정신을 만들고, 또 이를 성장시키는 것이다. 좀 더 말하자면 단체 그 자체의 근저를 만든다는 것이다(らいてう, 1921.7).

앞서 자본주의 사회의 남성 중심적인 의회에 불신을 표명하면서 의회 청원은 일시적 이용에 불과하다는 인식을 보였던 라이초가 '협회' 설립 1년 반 만에 활동의 방향에 대한 전면적인 재고를 요청했던 것은, 그가 의회운동에 대한 더 이상의 기대를 포기했음을 시사한다. 실망한 라이초가 '협회'의 해산까지 요구했으나 받아들여지지 않았음은 앞서도 언급했던 바와 같다. 그러나 라이초가 건강상의 이유로 요양에 들어간 후 '협회' 활동을 주도하게 된 이들은, 라이초의 의견에 귀를 기울이기보다 과거와 같이 의회를 향한 청원운동을 지속하기로 결정했다. 라이초와 후사에가 물러난 1921년 여름 이후부터 제45기 의회에서 '치경법 개정'이 채택된 1922년 3월 말까지의 제2기는, 오로지 의회 청원만을 중시하는 이들이 '협회' 활동을 주도했던 셈이다.[32]

하지만 최우선 사업으로 추진했던 '치경법 개정'이 작으나마 성과를 내는 순간 더 이상의 목표를 잃은 '협회'는, 더욱 단결해 세력을 확대하고 장기적 목표를 향해 나아가는 대신 내부적 회의와 갈등에 빠져들었다. 2년여에 걸친 의회운동의 결과에 실망한 '협회'를 향해 의회에 매달리기보다 '직접 행동'을 촉구하는 목소리가 높아졌던 것이다.

(2) 활동 방향을 둘러싼 분열

의회운동을 둘러싼 찬반이 하나의 커다란 갈등 요인이었다면, 같은 맥락에서 '협회'의 운동 방향 자체에 대한 불만의 목소리 혹은 이견이 잇따라 제기되는 것도 주목할 만하다.

라이초의 이탈 후 의회운동 중심의 '협회'를 이끌던 오쿠 무메오의 남편 에이치ᆐー는 ≪여성동맹≫에 기고한 문장에서, '치경법 개정'을 달성하기 위해 청원이라는 방식으로 현재의 정치·정치가에게 의탁하는 '협회' 활동에 불만을 표했다. 스스로를 '좌경화된 입장'이라고 표명한 그는, 부르주아 남자 전제의 문명은 붕괴해 가는 중이며 이를 구제할 것은 노동자와 여성이어야 하고, 특히 각성한 부인은 남성을 향한 예언자이자 구세주여야 함에도 불구하고, 작금의 '협회'와 ≪여성동맹≫은 실망감을 줄 뿐이라고 비판했다. 그는 '협회'가 의회 중심 활동으로부터 탈피할 뿐 아니라 새로운 재정 기반 마련 등을 위해서라도 기존의 틀을 깨야 할 것이라고, 더욱 철저한 반反부르주아·반反남자 전제 운동의 기치를 확고히 해야 할 것이라고 주장했다. 나아가 모성

---

32 라이초가 이탈한 이후인 제45의회 청원에서는, 세 개의 청원 중 라이초의 평소 신념에 가장 부합하는 '화류병 제한'이 빠져 있다. 이것은 '치경법 개정'에 분주했던 때문에 생긴 우연한 결과일 수도 있다. 그러나 ≪여성동맹≫ 1922년 신년호의 새해 사업 다짐 가운데에도 '화류병 제한'만이 누락되어 있는 것을 보면, 라이초 이후 '협회' 운영을 주도하던 이들에게는 화류병에 관한 공감이 부족했거나 긴급한 사업이라는 인식이 희박했던 것이라 짐작된다(奧むめお, 1922.1).

과 아이의 보호, 남녀평등의 달성과 화류병 문제의 해결 등도 결국 제도와 조직을 크게 변화回轉시킴으로써 가능할 것이라고 주장, 일종의 실력 양성이 필요하다는 의견을 펼쳤다(奧榮一, 1921.7: 43~46).

이상의 반反의회적인 언설과 더불어 한편으로는 라이초의 영향이 감퇴했음을 입증이라도 하듯, 그의 사상의 핵심이라 할 수 있는 모성주의에 대한 이견도 ≪여성동맹≫에 종종 게재되었다. 즉, 육아와 가정이 대개 여성의 책무라고는 해도 남자의 목적이기도 함을 명시해야 한다는 것, 가정은 남녀 공통의 것이며 전문적 지식 및 취업 기회를 남녀 양성 모두에게 개방해야 한다는 스기모리 고지로(1881~1968)의 주장은 분명 라이초가 내세웠던 모성보호의 방침과 어긋난 것이었다. 나아가 그가 여성의 전문직 진출을 적극 옹호하고 있는 것도(杉森孝次郎, 1922.1: 16) 어쩔 수 없는 상황에 놓인 하층 여성의 노동(여공)에 대해 마지못한 긍정을 보이던 라이초의 입장과 분명 동떨어진 것이었다.

그 외에도 다수의 논자들은 여성운동을 첫째로 성性으로서의 여성을 남성 전제로부터 해방시키는 것과, 둘째로 무산자로서의 여성을 유사 계급 전제로부터 해방시키는 것으로 구분하면서, 주로 첫 번째 목적에 집중하고 있던 '협회'의 운동 방향에 수정을 가하도록 직간접적으로 요구했다.

특히 노동운동가였던 후지이 데이藤井悌(?~1931)는 노골적으로 라이초와 대조적인 입장의 언설을 펼쳤다. 그는 대부분의 '부인문제'란, 과장된 여성의 이차성징을 출발점으로 하는 것이며 이를 찬미하는 입장이 – 바로 라이초가 강한 영향을 받았던 – 모성보호 주창자 엘렌 케이라고 규정하면서, 여성성을 과도하게 강조하는 것이 사회적으로 바람직하지 않다는 입장을 지지한다고 강조했다. 즉, 여성의 이차성징을 최소화하는 것이 남녀 쌍방, 즉 인류의 이익이 된다는 것이다.

그 예로서 후지이는 남녀의 일에 차이가 크지 않은 농민 가정에서 "[자녀는 상대적으로 강건하고 실용적인 인간으로 성장하고 …… 부인에게 남편은 단지 성적 애무 대신에 우정이 생기고 가사에 대한 남편의 모멸적 무관심 대신에 공동 경영의 관념이 생겨 …… 가정은 부부 자신을 위해서도 아이를 위해서도 훨씬 가치가 많은 것이 될 것"이라고 주장했다. 그는 '여성으로서'의 특징을 살려 모성보호에 의한 가정 중심의 사회를 지향하는 라이초와 달리, ─ 그 자신의 표현을 빌자면 ─ "어디까지나 개인주의에 입각한, 단지 '나我'를 무한하게 확대"할 뿐 가정이나 국가는 그 확대의 어느 단계에 불과한 것이라는 세계관을, 다름 아닌 ≪여성동맹≫의 지면을 통해 펼치고 있었다(藤井悌, 1922.1: 22~23).[33]

이처럼 라이초 이탈 후의 '협회'에는, '여성으로서'의 해방이 아니라 '인간으로서'의 해방을 주장하는 여권주의의 목소리가 높아지면서 '협회'의 활동 방향을 둘러싼 동요가 심해졌다. 이것이 바로 '협회'가 '치경법 개정'에 집중하는 데 반발하는 목소리가 높았던 제2기와 제3기에 걸쳐 나타난 현상이었다.

2) 적란회 설립과 신부인협회 비판

'협회' 안팎에서 의회 중심 활동 방향에 대한 비판의 목소리가 높아진 것은 '협회'에 견줄 만한 또 다른 여성단체가 등장한 것과도 무관하지 않았다. 일본 최초의 사회주의 여성단체인 적란회가 바로 그것이다. 적란회는 '협회' 발족보다 약 1년 늦은 1921년 4월, 야마카와 기쿠에, 이토 노에伊藤野枝(1895~1923),[34] 곧

---

33   '협회' 안에서 여권주의적인 목소리가 높아진 것은 모성보호 논쟁 당시 라이초와 대립각을 세웠던 요사노 아키코의 문장이 ≪여성동맹≫의 타이틀로 실린 사실에서도 엿볼 수 있다(与謝野晶子, 1922.4).

34   이토 노에는 여성운동가이자 무정부주의자로, 1912년 세이토사에 가입했고, 번역과 평론 등을 발표했다. 1915년 라이초로부터 ≪세이토≫를 계승, '무규칙·무방침, 무주의·무주장'을 내

도 마가라近藤真柄=堺真柄(1903~1983)[35] 등 42명에 의해 결성되었다.

시민적 여성운동의 입장에서 여성의 조직화와 단결을 도모한 신부인협회를 의식해, 당시까지 몇 개 그룹으로 나뉘어 있던 사회주의 계열 여성들이 단결해 설립한 것이었다.[36] 그들의 강령은 "우리는 우리의 형제·자매를 빈궁과 무지와 예속으로 침륜시키는 일체의 압제에 대해 단호하게 선전포고하는 바이다"(『日本労働年鑑(大正11年版)』: 176)라는 매우 간결한 것이었다. 비교적 짧았던 적란회의 존속 기간 동안 가장 두드러졌던 두 가지 활동은, 일본 여성으로서 처음으로 '메이데이Mayday' 행진에 참가한 것, 그리고 라이벌 관계라고 할 수 있는 '협회'에 대해 비판의 화살을 날린 것이었다.

기본적으로 자본주의 체제하에서는 여성 노동자의 비참한 정도가 완화될 리가 없다고 믿었던 기쿠에는, 의회운동이나 노동 조건 개선 운동에 여성의 힘을 낭비하는 것이 죄악이라고까지 단정하면서 '협회'의 부르주아적 여성운동에 대해 다음과 같이 비판했다.

> [신부인협회는] 시세의 추이에 압도되어 과연 세이토사의 독선적 개인주의, 명상적 예술주의를 탈피하기는 했으나, 그 어떤 명백하고 확고한 사회관에 기초하지

걸고 지상에서 정조논쟁, 낙태논쟁, 폐창론 등을 전개했지만 1916년 무기 휴간에 들어갔다. 무정부주의자 오스기 사카에(大杉栄)와 연애 끝에 동거했고, 함께 ≪노동운동≫ 등의 잡지를 창간했으며 여러 공저·저서를 남겼다. 1921년 적란회에 참가했고, 1923년 간토대진재 혼란 중에 남편과 함께 살해되었다(井上輝子他編, 2002)

35 곤도 마가라(사카이 마가라)는 사회주의자이자 여성운동가로, 일본의 선구적 사회주의자 사카이 도시히코(堺利彦)의 딸이기도 하다. 적란회 결성에 참가했고, 결성 직후의 메이데이 데모에서 구속된 최연소이자 일본 최초의 여성 참가자로 주목 받았다. 1922년 공산당에 입당했고 이후 부인정치운동촉진회를 조직했다. 전후에는 일본부인유권자동맹 회장을 역임했다.

36 마가라는 "러시아 혁명에 자극받은 일본 노동자들 가운데, 격렬한 혁명의 기운이 고조된 시대 이 흥분된 공기 속에 우리 부인도 몸을 던지자는, 혁명에 참가하자는 열정이 타올랐다"는 것도 적란회 결성의 한 요인이었다고 술회했다(小山伊基子, 1966: 42~43에서 재인용).

않은 채 부르주아류의 센티멘털리즘을 가지고 그저 산만하고 막연하게 '부인과 아이의 권리'를 주장하고 있다. …… 세이토 시대의 유희 본능 위에, 혁명 이후의 경종에 놀라 게으른 잠에서 깬 부르주아 부인의 자신과 자신의 양심을 속이려는 수단에 불과한 자선도락慈善道樂을 가미한 것에 불과하다. 실제 불쌍하고 무지한 노동부인을 자신들의 손으로 지도하고 구조해서 쓰겠다는, 부르주아류의 자만심自惚れ과 기만적인 자비심おためごかしの慈悲心 외에, 세이토 시대 이상 진보한 사상의 흔적을 우리는 히라쓰카 씨에게서 발견할 수가 없다(山川菊栄, 1921.7, 줄임은 인용자).

이에 더해 그는 '협회'의 출현이 일본 여성계에 다소의 자극이 되었으며 자신도 그 활동에 기대했던 것이 사실이나, 결국은 배신을 당한 셈이라고 탄식했다. "당당한 단체적 운동 대신 무지하고 절조 없는 정당인들과 투합한 것을 비롯, 사상의 유치·불철저함에 더해 운동 방법의 우악하고 어리석음은 도저히 사회운동으로 성립하기 어려울 정도"라는 것이었다. 나아가 그러한 '협회'와 라이초 아래 모인 신진기예新進氣銳한 여성들이 앞으로 어떠한 길을 걸어야 할 것인지에 의문을 표하는 방식으로, 적란회에 힘을 더하도록 은근히 종용했다(山川菊栄, 1921.7).

'협회'로서도 이에 대응하지 않을 수 없었으나, 마침 기쿠에가 지면을 통해 이상과 같이 공격한 것은 라이초와 후사에가 '협회'를 이탈한 직후인 1921년 7월의 일이었다. 때문에 ─ 기쿠에의 기대와 달리 ─ 반박문을 낸 것은, 제2기 이래 '협회'를 이끌던 오쿠 무메오였다. 그는 부르주아 여성운동과 여성노동 문제에 동시에 관심을 가지면서도 의회운동의 필요성을 주장하는 포용적인 입장이었다. 무메오는 기쿠에를 향해 '협회'에 대한 막연한 소문 대신 사실에 입각해서 비평해 줄 것을 요구하면서, '협회'를 신랄하게 비판하는 사회주의자의 좁은 도량에 유감을 표했다. 아울러 "현재 일반 부인은 무엇을 생각하고 있는가, 오늘날 노동부인은 무엇에 의욕을 갖고 있는가에 관해 그(기쿠에 — 인용자)가 어느 정도의 통찰과 이해를 갖고 있는지"에 의구심을 드러냈다.

그는 "자본주의만 ㅁㅁ되면 바로 오늘의 노동부인이 구원될 것이라 생각하는 것은 지나친 낙관"이며, 그들이 자각해 앞으로 어떠한 신사회를 추구할 것인지에 대해 사고할 수 있도록 "어떤 준비가 필요한가"를 잊어서는 안 된다고 주문했다(奧むめお, 1921.8).[37] 이에 더해 지금 여성 문제에서는 의회 정치의 긍정·부정을 논할 때가 아니라 정치의 본질을 생각해야 할 때이며, '협회'의 의회운동이야말로 정치가의 실체를 밝히고 여성을 자각하게 한 공로가 있다고 보았다. 즉, 남자 전제의 압박하에 놓인 만큼 여성이라면 모두 자각해서 단결해야 할 때이며, '협회'는 이를 위한 기반 다지기 작업으로서 의의가 있다는 것이다. 마지막으로 적란회에 대해 아는 바는 없으나 지식계급이나 저널리스트 등을 공격하기보다는 여성 해방을 위한 실제 운동에 직접 나서는 것이 어떻겠느냐는 조언도 빠뜨리지 않았다(奧むめお, 1921.8).

기쿠에 역시 가만히 있지 않았다. 그는 사회문제의 근본을 다루지 않는 운동은 야유를 받는 것이 당연하며 이를 사회주의의 배타성과 협소함이라고 비판하는 것은 옳지 않다, 어떠한 목표를 향해 나아가려면 이를 방해하는 요소를 제거하는 것이 당연하기 때문이다라고 일축했다. 기쿠에는 사회주의는 바로 노동계급의 입장에서 현재의 사실을 설명하는 것이자 노동자 계급의 해방을 궁극의 목적으로 하는 것인데, 계급의식이 매우 발달한 남자 노동자와 달리 여성은 아직 충분히 진화하지 못했기 때문에 더욱 노력해야 하는 것이라고 강변했다.

그는 자본주의와 여성의 해방은 결코 양립할 수 없으며 자본주의의 존폐

---

37 본문 중 공란(ㅁㅁ)은 원문 그대로 표기한 것이다. 이는 문장 가운데 수차례 사용되고 있는데, '타도' 정도의 뜻으로 짐작된다.

를 배제한 사회문제의 논의는 부르주아의 선전에 불과하다는 강경한 주장을 계속했다. 나아가 2년 전까지는 '협회'와도 일시적 제휴가 가능할 것이라 기대했으나 이제는 불가능하며 유해무익함을 통감한다고까지 발언, 화해의 가능성을 차단했다. 마지막으로는 적란회와 '협회'의 입장 차이가 결국은 계급적 대립을 인정할 것인가의 문제로 귀결되며, "노동계급의 해방을 떼어놓고 부인의 해방을 기대하는 것은 공상이라는 것, 부인의 굴종이 어떤 사회적 조건이 필요로 하는 결과로 생긴 현상인 이상, 그 조건이 소멸되지 않고서는 해결될 수 없다"라는 것을 명확히 했다(山川菊栄, 1921.10).

　이른바 여성의 지위 향상을 지향하는 최초의 여성 단체를 표방한 '협회'가 많은 언론과 지식인의 주목을 받았던 만큼, 새로 등장하는 적란회가 '협회'와 라이벌 구도를 형성해 자신들의 지명도를 높이기 위해 '협회'를 도발했으리라는 예상도 가능하다. 이것은 이전에 아키코와 라이초가 한창 모성을 둘러싸고 논쟁을 벌이던 때, 신진 여성운동가인 기쿠에가 여성계의 두 거목을 싸잡아 비판함으로써 자신의 지명도를 높임과 동시에 논객으로서의 빼어난 역량을 과시했던 '모성보호 논쟁'을 떠올리게 한다.

　적란회의 의도와는 별개로, 라이초 등이 이탈한 후 확고한 운동 방향을 확립하지 못한 채 의회운동의 지속 여부, 노동계급 여성의 포용 여부 등을 둘러싸고 갈등하던 '협회' 회원들에게, 적란회의 등장은 또 다른 선택의 가능성을 제시하는 것이었다. 달리 말하면 제45의회 청원에 집중하던 제2기 이래의 활동에 동의할 수 없었던 이들은 기쿠에의 비판에 공명하며 '협회'의 활동 방향에 대한 불만을 노골화했다. 실제 후사에와의 인연으로 '협회' 설립 초기부터 참여했던 야마우치 미나의 경우, '협회' 이탈 후 기쿠에에게 의탁해 여성운동 지도자가 되기 위한 수업을 받고 있었다는 사실은 앞서 언급한 바와 같다.

　'치경법 개정' 이후 의회 중심 부르주아 여성운동에 대한 반발이 커지는 가운데 라이초가 다시 한번 '협회'의 해산을 요청했고, '협회'는 1922년 12월 정식으로 해산을 의결했다(제3기의 종말). 사실상 불만 세력을 배제하기 위한 방법이나 다름없었다. 이후 그들은 '협회' 활동을 통해 점점 뚜렷해진 각자의 지향에 따라 새로운 단체를 조직하거나 완전히 활동의 장을 옮기는 방식 등을 통해 본격적으로 다음 운동을 준비하게 되는데, 특히 '치경법 개정'을 주도했던 고다마 신코, 사카모토 마코토, 모로키 야스코 등은 이후 부인연맹, 부인참정동맹 결성에 참가하는 등 한동안 활동을 함께하게 된다.

5. 신부인협회의 좌절과 그 역설적 가치

이 글은 근대 일본에서 여성의 권익 신장이라는 정치적 목적을 달성하기 위해 사실상 최초로 조직된 여성 운동단체인[38] 신부인협회의 갈등과 해산의 원인을, ― 라이초와 후사에의 갈등과 같은 개인의 문제가 아닌 ― 당시 여성운동 내의 다양한 노선들의 만남과 갈등, 재편성이라는 역사적인 흐름 속에서 찾으려는 문제의식에서 출발했다.[39] 이러한 관점에서 '협회' 설립 취지부터 본격적인 활

---

38 '협회' 설립 이전에 애국부인회나 일본그리스도교부인교풍회(日本キリスト教婦人矯風会) 등이 설립되었으나, 여성 자신의 지위 향상과 권리 획득, 의식의 변혁을 지향한 정치적 조직화의 결과물이었던 신부인협회와는 설립의 목적과 성격이 다르다.

39 '협회' 해산의 이유로서 라이초와 후사에와의 불화를 지적하는 경우, 그 근거로서 라이초가 기질상 아나키스트적이고 자신의 정신과 기분을 중시하는 자유주의자이며, 이상을 추구하나 구체성은 부족하다는 평가를 받는 반면, 후사에는 남의 일에 간섭하고 소소한 잘못이나 부족함을 하나하나 지적하며, 무엇이든 자기가 해야 직성이 풀리는 성격이었다는 점이 거론된다(井手文子, 1987: 195). 후사에가 '협회'의 행정 실무와 ≪여성동맹≫의 편집을 담당하고, 라이초는 대외협력과 후원자 알선, ≪여성동맹≫ 집필 등을 맡으면서, 업무상 상당한 갈등이 있었던 것도 사실이었다. 라이초의 명성에 크게 의존하는 후원자 찾기는 언제나 만족스러운 상태에 이를 수 없었고, 생계를 위한 집필을 병행해야 하는 라이초의 집필 속도는 마감과 약속에 철저한 후사에를 종종 분노케 할 정도였기 때문이다. ≪여성동맹≫에는, 라이초가 원고를 쓰다가 내던져서 자신이 대신 썼다든가(市川房枝, 1921.1d), 라이초의 원고가 마감 안에 도착하지 않아서

동의 양상, 갈등과 해산의 과정을 조망했으며, 특히 라이초와 후사에가 ― '협회' 일을 주도하던 시기에 집중하기보다는 그들이 ― '협회'를 떠난 이후의 운동 방향을 둘러싼 갈등까지를 관통해 살펴보았다. 이것이야말로 종래의 연구와 비교해 이 글이 갖는 가장 큰 특징이기도 하다.

근대 일본의 저명한 신여성으로서 그 자신이 '연애결혼'에 의한 두 번의 출산을 경험했던 라이초는, 1918~1919년의 이른바 '모성보호 논쟁' 가운데 국가를 향해 '여성으로서'의 권리와 모성보호를 주장했다. 이후 그러한 모성주의적 주장에 더해, 남녀평등을 추구하는 여권주의적 주장까지를 포용해 실천하기 위한 여성단체 조직화를 구상하게 된다. 여기에 라이초가 여성 노동자 문제에까지 목격하고 관심을 갖게 되면서 '협회'에는 각기 다른 지향을 가진 다양한 계층의 인물들이 집결했다.

라이초는 어디까지나 '모권'을 달성하기 위한 중간 단계로서 여성의 정치 참여가 필요하다고 생각했던 듯하지만, 막상 의회 청원운동을 시작하자 여기에 모든 역량을 빼앗기게 되고 그에 더해 전혀 예상치 못했던 히로시마 여교원 압박 사건과 같은 일이 겹치면서 '협회'의 관심은 온통 의회와 정치에 집중되었다. 하지만 전력을 기울였던 '치경법 개정'이 의회에서 허무하게 부결된 후에는 '협회' 설립의 중추였던 라이초와 후사에 모두 '협회'를 이탈했다. 남은 이들 가운데 '협회'를 주도하는 이들이 더욱 적극적으로 의회·정치운동에 몰입하게 되면서, 라이초의 모권주의 사상에 공명해 집결했던 이들은 '협회'의

빼버렸다는 등(市川房枝, 1921.3b), 라이초를 향한 후사에의 불평이 종종 실렸다. 하지만 당시 개성적인 여성운동가들 사이에서 드러나는 다소의 갈등과 분쟁은 오히려 주위의 관심을 환기시켜 긍정적인 효과를 거두기도 할 정도여서, 이것이 반드시 '협회' 해산의 주범이었다고 단정할 수는 없다고 여겨진다. 미혼인 후사에가 경제적 빈곤과 '협회'의 업무에 시달리면서 남다른 '연애결혼' 생활을 하는 라이초의 집에 한동안 더부살이를 했던 상황까지를 고려하면, 둘 사이의 갈등은 둘 사이의 운동 노선의 차이에 더해, 기질상의 차이와 지근거리에서 사생활과 업무가 구분되지 않는 업무 환경까지 더해진 종합적인 결과물로 이해할 수 있을 듯하다.

운동 방식에 대해 점점 더 불만을 품게 되었다. '협회'의 끈질긴 노력 끝에 '치경법 개정'에 성공했지만, 이후 의회운동의 성과에 대한 회의, 부르주아 여성운동에 대한 노동·무산 계층의 비판, 새로운 운동의 필요성에 대한 공감 등이 더해지면서 '협회'는 해산의 길로 나아갔다.

이러한 과정을 통해 일본 최초의 시민적 혹은 부르주아적 여성단체, 여성의 입장에서 사회 개조를 목표로 출발했던 신부인협회는 약 3년의 짧은 역사를 남기고 좌초했다. 하지만 그들의 탄생과 갈등의 과정은 다이쇼 데모크라시를 거치면서 '자각하기' 시작한 당시 여성들이 무엇을 원하는지를 보여주는 과정이었으며, 그들의 해산은 그러한 자각이 점점 뚜렷해졌음을 반증하는 것이기도 했다. '협회' 중추였던 라이초와 후사에, 일정한 역할을 감당했던 무메오와 와카, '협회' 외부에서 비판적 역할을 감당했던 아키코와 기쿠에 등이 '협회'가 해산된 후에도 다이쇼시대는 물론 전후에 이르기까지 일본 여성운동의 각 분야를 이끄는 사실상의 지도자가 되었다는 사실은, '협회'의 존재 가치를 역설적으로 보여준다고 할 것이다.

'협회'가 이루어낸 '치경법 개정'이라는 결과는 1924년부터 본격화하는 여성참정권 획득을 위한 여성운동의 정치적 토대가 되었다. 정치 집회에 참석조차 불가했던 여성들이 자신들의 의견을 모을 수 있게 되었고, 제한적이기는 하나 의회 청원 성공의 경험은 여성참정권 획득이라는 보다 큰 꿈을 가능하게 했다. 무엇보다 '협회'가 여성참정권 운동에 미친 가장 큰 영향은, 라이초의 제안을 받고 '협회'에 합류해 여성운동에 첫발을 내디뎠던 이치카와 후사에의 존재 자체였다. 1923년 9월 간토대진재를 계기로 연대의 필요성에 공감한 여성들이 1924년 말 부인참정권획득기성동맹회를 발족시키는 등 여성참정권 운동을 향해 나아가는 중심에, 미국 체류 중 대진재의 소식을 듣고 귀국을 서둘렀던 후사에가 있었던 것이다.

제3부

다이쇼시대 2

재편

제4장

여성과 '제도부흥',
1923~1924
재해인식, 도시건설 그리고
연대의 움직임

1. '대진재'의 발생과 여성

1923년 9월 1일 오전 11시 58분 32초. 가나가와현神奈川県 사가미相模만을 진원으로 매그니튜드 7.9를 기록한 대지진이 도쿄東京를 비롯한 간토関東 일대를 강타했다. 예상을 뛰어넘는 큰 피해를 낳은 것은 지진의 충격 자체보다 그로 말미암은 화재였다. 9월 3일 오전까지 거의 이틀 동안 계속된 화재로 인해 도쿄와 요코하마横浜 시가지가 절반 가까이 불탔다. 니혼바시日本橋, 아사쿠사浅草, 혼조本所, 교바시京橋 등 서민들이 주로 거주하던 도쿄 동부의 이른바 시타마치下町와 오테마치大手町, 유라쿠초有楽町, 히비야日比谷 등 도심부의 피해가 컸다. 도쿄의 경우 세대 수 약 48만 3000세대, 인구 약 230만 9600명 가운데 30만 8300세대(62%), 133만 4000명(58%)이 이재민으로 되고, 사망자는 5만 8000명, 실종자를 합하면 10만 5000여 명에 달하는 대참사였다. 간토대진재(이하 '대진재')[1]는 일본에서뿐 아니라 2차대전 이전 도시의 화재 중 세계 최

그림 4-1 도쿄의 3분의 2가 지진과 화재로 피해 입었음을 표현한 일러스트

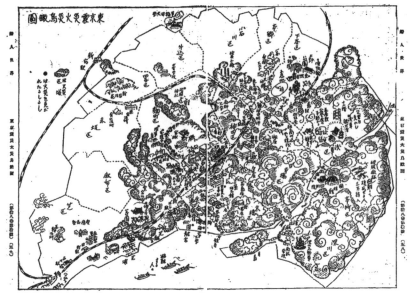

자료: ≪婦人世界≫ 18-10(1924.8).

대로 기록되었다(越沢明, 2011: 200~202).[2]

　'대진재'가 근대 일본에서 충격적인 대참사였음은 주지의 사실로 새삼 강
조할 필요가 없지만, 이 글에서는 필자의 주된 관심인 당시 일본 여성의 입장
에서 이것이 어떠한 경험 혹은 의미로 다가왔을지 생각해 보려 한다. 인간으
로서 보편적으로 느끼는 반응이나 의미 외에, 여성으로서의 자각뿐 아니라

1　한국에서는 대개 '관동대지진'으로 불리지만, 이 글에서는 9월 1일 발생한 대규모 지진 그 자
　　체를 지칭하는 경우를 제외하고는 일본에서의 공식 명칭인 '간토대진재'를 사용한다. 이는 당
　　시 간토 일대를 습격한 지진뿐 아니라 이를 계기로 발생한 건물의 붕괴와 대화재 등 이차적인
　　'재해'까지를 폭넓게 포함하는 것으로, 실제 이차적인 피해가 대지진 자체에 의한 것보다 컸기
　　때문이기도 하다.
2　본 장에서 다루는 고토 신페이의 제도부흥에 관해서는 특별한 표시가 없는 한, 越沢明(2011)
　　에 따른 것임을 밝혀둔다.

사회적·정치적인 문제들을 향해서도 눈뜨기 시작한, 그리고 초보적인 형태로나마 조직화를 시도하던 다이쇼시대의 일본 여성들에게 '대진재'가 어떠한 영향을 남겼고, 나아가 어떠한 의미를 갖는 것일까?

'대진재'가 발생한 1923년 9월 여성계는 뚜렷한 공통의 목표, 혹은 대표적 인물이나 단체를 특정하기 어려운 다소 지리멸렬한 상태였다. '협회'는 전년도 말에 이미 해산했기에, 오래 전부터 전도사업 외에 주로 여성을 위한 구제사업을 지속해 온 일본그리스도교부인교풍회(이하, 교풍회)[3] 정도를 제외하면, 여성계를 대표할 만한 조직이나 뚜렷한 움직임을 찾기 힘들었던 것이다. '협회'의 두 주역인 히라쓰카 라이초와 이치카와 후사에는 1921년 여름 각각 요양과 도미渡美를 이유로 운동의 전선에서 멀어진 상태였고, 신부인협회 출신 운동가들이 소규모 여성단체의 결성과 해산을 거듭하는 중이었다.

바로 이러한 즈음에 도쿄와 요코하마 등 수도권을 포함한 간토 일대에 대지진이 습격해서 일본 사회에 큰 충격을 주었는데, 이는 여성계도 예외가 될 수 없었다. 실제 '대진재' 발생 이후 여성운동의 동향에 큰 변화가 나타났는데, 이하에서는 바로 그 구체적인 내용을 살펴보려 한다. 근대 일본 여성의 역사를 '대진재'와의 관련성 위에서 파악하려는 것이다.

---

3   일본그리스도교부인교풍회는 평화·순결·금주(拜酒)를 3대 목표로 하는 그리스도교 여성단체로, 1886년 금주운동을 주요 활동으로 하는 세계그리스도교부인교풍회 일본지부로 설립되었다. 당시 일본에 폭음한 남편의 폭력이나 외도 등으로 고통 받던 여성들이 많았고, 그중 한 명이었던 야지마 가지코(矢島楫子)가 금주운동에 공명해 설립했다. 전전에는 강간죄의 남녀평등한 적용, 공창제도 폐지, 해외 매춘 단속, 여성보호 시설인 자애관 설립, 여성참정권 운동 등을 전개했고, 전후에는 '매춘방지법' 제정에 이어 각종 구제 활동과 평화운동 등을 전개하고 있다(井上輝子他編, 2002).

2. '제도부흥'의 배경·계획·추진

'대진재'와 근대 일본 여성들의 관계를 본격적으로 파악하기에 앞서, 이를 위한 기초적 지식으로서 도쿄도를 비롯한 중앙·지방의 정부와 관료가 전대미문의 대재앙에 어떠한 방식으로 대응하려 했는지 간단하게나마 살펴볼 필요가있다. 필자가 거듭 강조했던 것처럼 여성들의 움직임이 갖는 의미를 입체적으로 파악하기 위해서는 언제나 당시의 정치·사회의 상황에 대한 이해가 선행되어야 하기 때문이다.

지진으로 인해 통신 수단과 도로가 끊어지는 등 도쿄가 큰 혼란에 빠졌을 때, 이러한 사태를 악화시키는 또 다른 요인이 있었다. '대진재' 발생 약 1주일 전인 8월 23일 가토 도모사부로加藤友三郎(1861~1923) 총리대신이 돌연 사망해 내각이 총사직했으며, 28일 야마모토 곤베에山本權兵衛(1852~1933)에게 천황으로부터 내각을 조직組閣하라는 ― 그를 총리로 임명하는 ― '대명大命'이 내려진 참이었다. 9월 1일 내각의 신임식이 예정되었던 만큼, '대진재'는 그야말로 '정치적 공백기'에 발생한 셈이었다. 또한 8월 29일은 조선인들에게 '강제병합 굴욕일'로 기억되는 날이었고, 9월 2일은 공산주의 청년동맹이 국제청년의 날 행사를 기획하고 있었던 참이기에, 치안 당국의 경계 태세가 한층 엄중한 시기이기도 했다(藤野敦, 2002: 131).

9월 2일 밤 야마모토 내각이 성립했다. 같은 날 밤 내무대신 고토 신페이後藤新平(1857~1929)[4]는 도쿄 재건을 위해 다음과 같은 기본 방침을 세웠다. 첫째, 천도遷都를 부정한다, 둘째, 부흥비로 30억 엔을 사용한다, 셋째, 구미 최

---

4   고토 신페이는 의사 출신 위생행정관으로서 일본 공중위생 행정의 기초를 놓았고, 대만총독부 민정장관, 만철 초대 총재를 역임하는 등 식민지 경영에 적극 참여했다. 체신·내무·외무 등 각종 대신을 역임했으며 1920년 도쿄시장에 취임했고, '대진재' 발생 후에는 내무대신으로서 '제도부흥'에 진력했다.

신의 도시 계획을 적용한다, 넷째, 도시 계획 실시를 위해 지주에게 단호한 태도를 취한다. 고토는 천도, 즉 수도를 이전하는 대신 수도 도쿄를 유지하기로 했지만, 에도시대 이래 이어져 온 본래의 모습으로 '복구'하는 대신 그의 오랜 바람대로 근본적인 도시 개조를 실현하고자 했다. 이른바 '제도부흥帝都復興' (도쿄 부흥)의 방침을 택한 것이다.

여기에는 다소의 설명이 필요하다.[5] 사실 이미 1919년 '도시계획법'이 공포되어 근대 도시 계획을 위한 법제도가 일본에 도입되었는데, 당시에도 내무대신은 고토였다. 과거 에도시대의 거대한 '조카마치城下町'[6]이었던 도쿄는 분명 꽤 잘 정비된 도시였음에 틀림없지만, 개항 이후 급속히 발전하는 근대 일본의 수도로서는 크게 미흡했다. 좁은 도로, 근대적 상하수도의 부재, 비위생적인 목조 주택長屋의 밀집, 공원과 가로수의 부족, 시내 철도와 항만의 미정비와 같은 문제가 산적했던 것이다. 이후 재원 부족에 시달리면서도 도쿄시구 개정사업(1889~1916)이 진행되었고, 그 결과 도심부 도로 확장과 노면 전차 부설, 도심부 상수도 정비, 히비야공원 신설 등이 이루어졌다. 그러나 에도시대에 약 100만 명 정도였던 도쿄의 인구가 1910년경 이미 200만 명을 돌파하는 가운데, 여전히 대도시로서의 인프라는 크게 부족한 상태였다.

1916년 데라우치 마사타케寺內正毅(1852~1919) 내각이 수립되면서 고토 신페이가 내무대신이 되었는데, 마침 이 시기는 일본의 6대 도시에서 도시 계획을 실현하려는 기운이 가장 높아지던 때이기도 했다. 고토를 회장으로 하는

---

5   1919년의 '도시계획법'에 이르기까지의 경위에 관해서는 越沢明(2011: 161~181)의 내용을 참조.

6   조카마치란 16~17세기에 걸쳐 확립된 일본 고유의 도시 유형 중 하나로, 넓은 의미에서는 성의 영주인 다이묘(大名)의 거주 건물과 성곽을 중심으로, 여기에 가신단, 사원, 신사(神社), 직인(職人), 조닌(町人) 등이 거주하는 지역을 포함하는 도시적 공간 영역을 총칭한다. 좁은 의미로는 그중 상공업자인 조닌의 거주 지역을 지칭하는 경우도 있다.

도시연구회가 조직된 것도 이 무렵이었다. 1918년 5월에는 내무성에 대신관
방大臣官房 도시 계획과가 설치되는 등 도시 계획을 위한 움직임이 활발해졌지
만, 이러한 움직임을 견인하던 고토가 외무대신으로 이동하게 되면서 기세가
약해졌고, 이후 등장한 하라 다카시 내각하에서 도시 계획 법안이 부실한 내
용으로 성립되는 것을 막을 수 없었다. 1919년 4월 4일 '도시계획법'과 '시가
지건축물법'이 공포되었는데, 전자에서 국고 보조에 관한 내용 등이 삭제되는
등 도시 인프라 정비를 종합적으로 추진하기 어려운 불완전한 법안이 되었던
것이다.

　이처럼 도시 계획에 대한 아쉬운 기억을 가진 고토였기에, 그가 '대진재'
이후 도쿄를 복원하거나 재건하는 것이 아니라 과거에 이루지 못했던 도시
계획의 꿈을 담아 '부흥'이라는 목표를 세웠으리라 보아도 이상하지 않다. 그
는 이른바 '제도부흥'을 위한 주요 방침으로서 조직의 신설, 재원의 국비 부
담, 토지 정리 실행이라는 세 가지 과제를 제시했다. 그리고 이를 추진하기
위한 제도부흥원帝都復興院(이하 '부흥원')이 만들어졌다. 고토는 제도부흥 사업
의 추진을 위해서는 중앙관청의 힘을 최대한 발휘할 필요가 있고, 이를 위해
서는 다른 성省과 동격의 제도부흥성帝都復興省이 필요하다고 생각했지만, 주
변의 반대에 부딪혀 '부흥원'이 된 것이었다. 고토 스스로 총재에 취임했고,
이전부터 자신과 인연이 깊은, 도시 계획에 핵심이 되는 인사들을 끌어모았
지만[7] 1924년 2월에는 '부흥원'마저 부흥국으로 격하되었다.

　고토는 사업 추진에 의욕적이었지만, ― '부흥원'의 짧은 수명에서 상징되는 것

---

[7]　여기에는 이전 고토가 도쿄시장 재임 시절에 만들었던 도쿄시정조사회 관료들과, 그가 과거
　　내무대신일 때 도시연구회에 모았던 관료와 학계 인사 등, 오래 전부터 도시 계획에 관해 뜻을
　　같이했던 인사들이 대거 참여했다. 부총재인 미야오 슌지(宮尾舜治), 마쓰키 간이치로(松木幹
　　一郎)를 비롯, 이케다 히로시(池田宏), 사노 도시카타(佐野利器), 나오키 린타로(直木倫太郎),
　　소고 신지(十河信二) 등이다.

처럼 – 충분한 재원을 확보할 수 있을 정도로 정치인·관료의 지지를 받지는 못했다. 재원 확보는 도시 계획 사업에서 최대의 난제였다. 결국, 본래 계획보다 사업은 크게 축소되었지만, 그럼에도 도쿄라는 생활공간 형성에 상당한 성과를 남겼던 것으로 평가된다. 쇼와거리昭和通り 등 주요 간선도로가 완성되었고, 수운의 중요성을 감안한 대규모 교량 정비가 이루어졌으며, 진재 경험을 통해 녹지와 오픈스페이스의 중요성을 인식한 결과로서 다수의 공원이 신설되었다. 특히 52개의 작은 공원을 소(초등)학교에 인접하게 배치해 방재의 거점이자 지역 커뮤니티의 중심이 되도록 했다. 주택정책으로서는 국내외 기부금을 재원으로 재단법인 동윤회同潤会를 설립, 이재민과 장애인 등을 위한 아파트를 건설했다(越沢明, 2011: 265~286).[8]

사실 고토가 제도부흥 사업을 어떻게 추진해 갔는지, 혹은 사업이 어떻게 좌절되어 가는지에 대해 고찰하는 것이 이 글의 주된 관심은 아니다. 앞서 밝힌 것처럼 주목한 것은 바로 '대진재' 발생 직후, 그리고 고토 신페이가 중심이 되어 제도부흥의 방침을 천명했을 때 여성들이 보인 반응이며, 특히 이러한 제도부흥의 계획과 추진에 즈음해 여성들이 이에 관해 주장한 내용이다. 이상과 같이 고토가 본래 이루고자 했던, 또는 실제 이루었던 제도부흥의 수준을 개략적으로나마 파악한 것은, 그에 대한 여성들의 각종 주장이 당시 수준에서 어느 정도 타당한 것이었는지, 혹은 반대로 얼마나 현실과 동떨어진 것이었는지를 파악하기 위한 것이다.

당시 다양한 세력으로 분열되어 있던 여성들이 제도부흥을 향해 제기한 문제와 주장한 내용이야말로, 남자 보통선거 달성(1925)을 목전에 둔 1923~

---

8 동윤회는 1924년 재단법인으로 설립되어 1941년 주택영단(住宅営団)에 승계되는 형태로 사라질 때까지, 16개 단지 109개 동의 철근 콘크리트 아파트를 건설했다. 중류 계층을 대상으로 하는 것으로부터 단신 여성, 저소득자를 대상으로 하거나, 슬럼가 개발용(slum clearance)까지 다양한 형태의 아파트가 건설되었다.

1924년 시점에서 일본 여성 운동계가 갖고 있던 - 정치뿐 아니라 일상생활의 면에서도 - 구체적인 지향과 바람의 총결산이라고 볼 수 있을 것이다. 또한 지진 발생 직후 이들 여성들이 진재의 경험과 충격을 극복하고 연대를 위해 나아가는 과정을 살핌으로써, 대진재의 경험이 여성 연대를 가로막던 장벽을 넘어서는 하나의 계기로 작용했음을 확인하고자 한다.

3. '대진재'의 발생과 인식 그리고 문제 제기

1) '대진재'를 향한 인식

이제 본격적으로 '대진재'를 마주한 다이쇼시대 여성들이 이에 대해 보인 반응을 살펴보려 한다. 그동안 이른바 각종 '부인문제'를 둘러싸고 논쟁을 벌이면서 여성계를 대표하며 운동을 이끌었던, 혹은 최소한 당시의 잡지 지면을 통해 자신의 의견을 개진할 수 있을 정도의 위상을 가진 여성들이, 종래 경험해 보지 못한 전대미문의 '대진재'를 마주했을 때 이를 어떻게 인식하고 대응했는지 살펴보려는 것이다.

에도시대에 발생했던 수차례의 - 에도의 지도를 바꿀 정도의 - 대형 화재를 비롯해, 역사적으로 일본에 각종 대규모 재해가 이어진 것은 널리 알려진 사실이다. 하지만 1923년의 '대진재'는 인구밀도가 높은 근대 도시 생활이 시작된 이후 겪는 최초이자 최악의 재앙이었던 만큼, 그에 대한 반응도 이전과는 다른 방식으로 나타났다. 대표적인 특징은 진재에 관한 정보가 당시 유행하던 신문과 잡지를 통해 신속하고 광범하게 유통되고 그에 대한 해석이 공유된다는 점이었다. 전대미문의 대재앙을 경험한 후의 첫 심경으로서 "자연의 위력 앞에 인간이 얼마나 무력한지를 절실하게 깨달았다"(川路柳虹, 1923.

11: 69)라는 반응은 자연스러운 것이었다. 그로부터 한 걸음 더 나아가 천견론天譴論과 운명론, 정신론 등의 다양한 반응이 나타났다(広井脩, 1986).

천견론이란 '대진재'가 발생한 원인에 대해 '하늘이 인간을 벌하기 위해 재해를 일으켰다'고 해석하는 것이다. 본래 이러한 관점은 '통치자'에 대한 견책의 의미를 주로 담았지만, 1923년 '대진재'의 경우에는 오히려 '대중'의 퇴폐와 타락을 비난하는 맥락에서 사용되는 경향이 강했다. 여기에 "신이 때때로 노여움을 드러내어, 명백한 정의를 왜곡하면서 기뻐하는 자를 벌하지 않는다면 그때야말로 세계는 끝"이라고 주장했던 우치무라 간조 등의 그리스도교에 입각한 천벌론이 더해진 것은, 과거에 볼 수 없었던 근대 일본에서 새롭게 목격되는 것이었다(스에키 후미히코, 2012: 42~43).

운명론이란 자연이 가져오는 재해와 그로 인한 인간의 생과 사를 피할 수 없는 운명으로 받아들여 묵묵히 감수하려는 사상이다. 이것은 — 예를 들면 — 도쿄 혼조구本所区의 한 장소에서 4만 명 가까이가 불에 타 사망한, 이른바 '육군혼조피복창적지 참사陸軍本所被服廠跡地惨事'[9]와 같이 특별히 참혹한 사건을 경험하고 살아남았거나, 혹은 이를 목격한 이들의 문장 가운데 특히 자주 나타난다. 불에 타 굴러다니는 시신이나 하천을 메우다시피 한 익사체를 목격하면서, 살아남은 자로서 인간에게 주어진 운명에 대한 소회를 토로하는 것이다. 정신론이란 실용적인 대책의 강구에 몰두하기보다는, 인간의 정신과 태도를 강조하는 태도라고 할 수 있다. 이는 "인지人知를 초월해 운명을 지배하는 것이라고 여겨지던 것도 [인간의] 정신력으로 해결 가능하다"라는 신념으

---

9   '피복창(被服廠)'이란 일본 육군의 군복을 만드는 조직으로, 1919년 혼조구에서 오지구(王子区)로 이전한 후 예전 부지는 1922년 도쿄시에 불하되었고, 이후 공원이나 학교의 부지로 사용될 예정이었다. 이 부지가 '대진재' 당시 피난 장소로 사용되었는데, 많은 이재민과 가재도구 등으로 입추의 여지가 없는 상황에서 불길을 동반한 강한 돌풍(火災旋風)이 방향을 바꾸어 습격하면서 이곳에서만 약 4만 명의 사망자가 발생했다.

그림 4-2 '대진재' 직후 희망적인 분위기의 ≪여성개조≫(1923년 10월 호) 표지

로, 예를 들어 "정신일도 하사불성", "지성이면 감천" 등의 표현을 통해 곧잘 드러났다.

　　마지막으로 한 가지 더 언급해 둘 것은, 근대 이전의 일본에서는 지진과 같은 재해의 발생을 반드시 부정적으로 보지 않고 심지어 긍정적으로 보는 경향조차 있었다는 사실이다. 예를 들어 에도시대 말기 대규모 재해에 대한 서민들의 반응 속에는, 공포와 같은 부정적인 측면뿐 아니라 일상에서 벗어난 해방감이나 재해 복구를 위해서는 자신들의 일거리도 증가할 것이라는 등의 긍정적인 기대가 담겨 있었다(北原糸子, 2000: 213~249).[10] 그러나 이러한 일상의 파괴에서 해방감을 느끼는, 일종의 '재해 유토피아'를 추구하는 경향은

10　이와 비슷한 맥락에서 아마도 부흥원 혹은 '제도부흥' 등의 이름에 등장하는 '부흥'이라는 용어 사용의 의미도 찾을 수 있을 것이다. 즉, 기존의 것들이 파괴된 후에는 더 나아질 것이라는 긍정적인 기대가, '대진재' 이후 일본인들이 재건사업에 대해 굳이 '부흥'이라는 용어를 고집하는 이유가 아닐까 생각된다.

주로 서민들에게서 찾아볼 수 있는 것이지, 재해 앞에서 지켜야 할 것이 많거나 혹은 재해로 인해 잃을 것이 많은 중·상류층에게 해당되는 것이 아니었음은 쉽게 짐작된다. 그렇다면 여성의 경우는 어떠한 반응을 보였을까? 이상과 같은 사실을 염두에 두면서, '대진재' 발생 직후 발행된 여성잡지의 기사를 통해 여성들의 진재 인식을 살펴보려 한다.

2) 여성들의 '대진재' 인식

필자가 살펴본 바에 따르면, 이른바 근대 일본의 저명한 여성 가운데 '대진재'의 원인에 대해 천견론과 같은 극도로 부정적인 주장을 펼치는 경우는 발견하기 어렵다. 오히려 '대진재' 이후의 상황을 긍정적으로 해석하면서 낙관적인 전망을 펼쳤던 인물이 눈에 띄는데, 바로 여성잡지 ≪부인지우≫를 창간한 하니 모토코가 대표적이다. 그는 '대진재'가 휩쓴 후의 폐허 앞에서 "공포스러운 천재天災가 우리로부터 모든 소유물을 빼앗음과 동시에, 새롭게 우리에게 주신 많은 것들이 있음을 알게 되었다"(羽仁もと子, 1923.10: 2)라고, 깨달음의 고백과 함께 미래에 대한 희망을 표현하고 있었다. 본래 매우 진취적이고 긍정적인 성향의 소유자이자 결코 현실 앞에서 좌절하지 않는 그리스도인이라는, 평소 그의 명성에 걸맞은 반응이었다(Eun-gyong Lee, 2015).

또 다른 저명한 그리스도인 여성운동가이자 게이센여학원惠泉女学園 설립자인 가와이 미치(1877~1953)[11] 역시, 신이 "특히 여성"에게 다시 한번 기회를

11　가와이 미치는 게이센여학원을 설립한 여성 교육자로서 니토베 이나조와 쓰다 우메코의 가르침을 받고 미국 브린머여자대학에 유학, 귀국 후에는 여자영학숙(쓰다주쿠), 도쿄여자고등사범에서 교편을 잡았다. 1905년 일본 YWCA 창립에 진력해, 1912년에는 YWCA 최초 일본인 총간사가 되었고, 1929년 그리스도교주의 여학교인 게이센여학원을 설립해 원장이 되었으며, 전후에도 여자 고등교육의 보급에 공헌했다.

주셨다는 인식을 가지고 있었다. 즉, 이제까지의 경건하지도 성실하지도 않았던 경박한 생활을 용서하고, 금후 신성함과 세속적인 즐거움이 함께 공존하는 사회를 만들어갈 개척자로서의 가능성에 기대를 가지고, 자신들을 "죽음에서 생명으로 인도"(河井道子, 1923.11: 18)해 주셨다는 것이다. 이처럼 그는 '대진재'에서 살아남은 여성으로서, 앞으로 살아갈 미래에 대해 신 앞에서 강한 책임감을 드러냈다.

그 외의 저명한 여성운동가 대부분은 대지진 발생의 원인보다는 '대진재' 이후에 대해 더 큰 관심을 보였던 듯하지만, 그렇다고 지진 발생 당시 혹은 직후의 상황에서 자신들이 목격한 부정적인 현상들에 대해서까지 눈감은 것은 아니었다. 지진의 발생 자체가 신의 징벌인지 아닌지에 대해서는 큰 관심을 보이지 않았지만, 지진 피해를 그토록 비극적인 참상으로 확대시키는 원인이 된 행위에 대해서는 비판적이었던 것이다. 지진 혹은 재해 발생의 원인 자체에 대한 집착 대신, 발생 이후의 사태를 악화시킨 인간의 잘못에 주목한 것으로, 이는 문제를 발견하고 반성함으로써 복구의 방향을 제시하려 한다는 점에서 '미래지향적'인 태도라고 할 수 있다.

그러한 입장을 취했던 대표적인 인물은 바로 히라쓰카 라이초였다. 그는 자신이 경험한 '대진재'[12]에 대해 "고금동서에서 예를 찾기 힘들 정도의 대참사"라고 규정한 후, 이것은 "우리 국민성과 현現 사회의 결함이 여기 가장 노골적으로, 그것도 유감없이 폭로된 것"이라고 탄식했다. 그는 지진의 피해를

---

12 라이초는 '협회'에서 이탈한 후 도쿄를 떠나 집필 활동에 몰두하던 중 1923년 4월 자녀들의 교육을 위해 도쿄로 돌아왔다가 대지진에 맞닥뜨렸다. 하지만 그가 살던 센다가야(千駄ヶ谷)는 지진의 피해가 크지 않았고, 따라서 라이초 가족의 피해도 크지 않았다. 그러나 그 역시 시타마치(下町, 서민 주거지역) 등에서의 큰 피해, 자경단에 의한 조선인과 중국인 학살과 같은 사건에 대해서는 알고 있었을 터이고, 무엇보다 이전 자신과 세이토사 활동을 함께했던 이토 노에가 남편 오스기 사카에와 함께 살해되는 충격적인 일이 있었다(差波亜紀子, 2019: 64~65).

상상 이상으로 막대하게 확대시킨 원인에 대해, 이번 대참사는 "사람들이 쉽게 말하는 것처럼 천재에 의해 야기된 것이 아니라, 오히려 우리 시민의 평소 마음의 태도가 초래한 것"이라고 단언한 후, 그 구체적인 내용에 대해 다음과 같이 덧붙였다.

정말 무서운 것은 사람들이 말하는 것처럼 지진도, 화재도 아닌, 우선 첫째로는 시민이 도시와 자신들의 생활과의 사이의 관계를 이해하고 있지 않았다는 것, 따라서 도시문제를 항상 너무나 무관심하게 방치해 두었다는 것, 둘째로는 역사적 사실이나 학자들의 경고를 돌아보지 않았던 것, 셋째, 과학적·연구적 정신을 결여한 것, 넷째, 서구문화의 피상적이고 부분적인, 눈을 속이는 모방으로 근근이 버텨온 것, 다섯째, 현 사회의 도덕적인 결함 — 예를 들면 이기주의, 의무 또는 책임감 박약 등등의 것이라고 하지 않으면 안 됩니다(らいてう, 1923.11: 10~11).

이처럼 '대진재'가 초래한 비극의 궁극적인 원인을 구체적으로 열거한 그는, "[자신은] 이른바 종교나 일부 위정자들처럼 천재를 '천벌'로 보는 것이 아니라 오히려 그러한 인식의 어리석음에 분노를 느낄 정도"라고 하면서, 초월적인 의미에서 '대진재'의 원인을 찾으려는 일부의 움직임에 대해 냉소적인 태도를 보였다. 재해 발생의 일차적인 원인보다 궁극적인 원인에 관심을 보인 그는 시민으로서의 철저한 반성을 더욱 강조하고 있었다. 그에 이은 아래의 제안은, 그동안 여성운동 혹은 모성운동으로만 인식되었던 라이초의 새로운 면모를 엿보게 하는 흥미로운 내용을 담고 있다.

이상적인 신제도新帝都를 세우기 위한 가장 중요한 기초공사로서, 일단 우리 시민이 이번 대참해大慘害의 정도가 왜 실제 지진 이상으로 컸던 것인가를 잠잠히 생각하고, 도시라는 하나의 공동생활체와 자신의 생활과의 밀접한 관계를 깨달아,

…… 사회 연대의 원리를 각자의 마음에 체득할 것을 무엇보다 바라마지 않습니다 (らいてう, 1923.11: 12, 줄임은 인용자).

분명 라이초는 '대진재'의 경험 속에서 근대의 도시에 사는 시민으로서의 자각을 가졌으며, 특히 도시를 하나의 공동생활체라고 인식하고 있었던 것으로 보인다. '대진재'의 경험을 통해 추상적인 인간의 도리로서, 혹은 당위적인 규범으로서가 아니라 당장의 생존을 위해 사회적으로 연대해야 한다는 사실을 절감했던 것이다.

후지타 사키코藤田咲子라는 그다지 알려지지 않은 한 여성 논객은, 진재 당시 부유층이 보였던 부도덕함에 대해 꼬집었다. "왜 화족華族이나 부호富豪 계급이 문호를 개방해 주지 않았던가. …… 광대한 저택을 소유하고 정원을 가진 화족이나 부호 등의 계급이 왜 그것(피난민에게 문호를 개방하는 것 – 인용자)을 감행하지 않았던가(藤田咲子, 1923.11: 79~84, 줄임은 인용자)". 그는 상대적으로 피해를 덜 입은 야마노테山の手(에도 중심지) 지역의 부유층들이 즉각적으로 구호의 손을 내밀지 않고 이기적인 모습을 보인 것에 대해 비겁하고 교활한 행위라고 비판하면서, 계엄령에 따라 재빨리 부유층의 대저택들을 징발하지 않고 방관한 관헌들의 태도에 대해서도 문제를 제기했다.

눈길을 끄는 것은 진재 당시 과도하게 많은 피난 짐이 참사를 키웠다는 사실에 대한 반성이었다. 소유욕 자체를 진지하게 재고해야 한다는 목소리가 터져 나왔고,[13] 특히 소유욕에서 비롯된 여성들의 미숙한 대응이 지진의 피해를 확대시킨 주범으로서 비난의 대상이 되었다.

---

13 예를 들어 한 남성 논객은 "모두의 소유여야 할 것이 잘못해서(?) 개인 수중에 들어가 있는 것이기 때문에 이중삼중의 손해다"라며, "사람들 모두의 공통의 소유물을 많게 하고, 각자의 소유물을 되도록 적게 하도록 힘쓸 것"을 주장하는 등, 공유(共有)와 사유(私有)에 대해 의미 있는 문제를 제기했다(相馬泰三, 1924.1: 46~47, 괄호는 원문에 따름).

[피재지 어디를 봐도] 부인의 시체가 많다. [부인의 시신들 중에는] 아이를 업은 어머니도 ○도 상당히 있지만, 젊은 아가씨가 정말 많았다. 대개 부인 자신의 생명 안전을 추구하는 이상으로 의복이나 소지품, 음식물, 가구와 같은 재신財物을 아꼈나. 그래서 이것저것 무거운 물건을 질질 끌어내어 되도록 집 가까운 곳으로 피난했다. 그리고 불길에 쫓기면서 여기저기 피난했지만, 그 사이에 대부분의 물품은 불타버리고 간신히 목숨만 건져 도망쳤을 때는 다리도 불타 무너져 사방이 불바다로 둘러싸인 상태였다. …… 물질적 욕망에 집착해서 귀중한 생명을 경시한 사람들은 비참한 말로를 맞이한 것이다(一条忠衛, 1923.11: 66, 줄임은 인용자).

이것은 비록 남성 필자의 글이지만, 그리고 재해 중에 사망한 사람들을 '싸잡아'서 '물질적인 욕망에 집착한' 사람으로 매도하는 논리적인 오류가 있기는 하지만, 당시 여성들을 독자로 하는 잡지에 실려 진재 당시의 피해 여성들에게 향해진 비난의 실체를 엿보게 한다는 점에서 참고할 가치가 있다. 이 정도로 극단적이지는 않을지라도, 여성 스스로도 '대진재'의 경험을 통해 자신들의 생활상의 문제점에 대해 자각하고 어느 정도는 수긍했던 것처럼 보이기 때문이다.

대부분의 여성은 신유행의 의복을 고르는 것에는 눈이 밝아도 사회적으로는 아직 깊은 수면에 빠져 있습니다. 이번 흉재凶災에서 뚜렷하게 이 결점이 드러났습니다. 혼조本所, 후카가와深川 등에서 7만 명 이상의 인명을 잃은 것은 왜일까요. …… 지금 각 개인이 각각 적절하게 단독 행동을 했더라면 그러한 참해를 어느 정도는 줄일 수 있었을 것입니다. …… 정말 여성에게 침착함과 기민함이 있었다면 이라고 생각하지 않을 수 없습니다(加藤愛子, 1923.11: 86, 줄임은 인용자).

이러한 지적이 타당한 것인지, 즉 진재 당시 피해가 확대된 것에 대한 비난의 화살이 이처럼 여성들을 향한 것이 과연 적절했던 것인지에 대해 논쟁하는 것이 이 글의 목적은 아니다. 이 또한 진재의 피해를 확대시킨 이유들 중 하나로 제기되었을 뿐이기 때문이다. 하지만 이상과 같이 '대진재'를 대하는 여성의 문제가 노정되었고, 특히 평소 여성들의 생활과 태도에 대한 날카로운 비판이 있었다는 점은 기억해 둘 필요가 있다.

4. '제도부흥'에 즈음한 메리 비어드의 제언

고토를 중심으로 도쿄의 재건을 위한 사업이 시작될 무렵, 여성들도 앞으로의 도시 재건 방향에 상당한 관심을 가졌다. 지진 발생 당시 자신의 경험담을 나누거나 지진 피해가 상상 이상으로 악화되었던 것에 대한 탄식과 비판에 그치지 않고, 앞으로 새로이 만들어야 할 도쿄라는 생활공간에 대해 구체적으로 생각하고 발언하기 시작한 것이다.

앞서 살폈던 것처럼 '대진재' 발생 이전에 이미 – 현재의 기준으로는 크게 미흡하다고는 해도 – 도쿄에서 이른바 도시 계획이라는 것이 진행되어, 도시 공간이 정부의 계획에 의해 그리고 생활의 편의를 고려하면서 재구성될 수 있다는 사실이 증명되었던 바 있다. 이러한 경험이 있었던 때문인지, 도시의 재건 혹은 부흥에 대해 여성들 스스로 적극적으로 의견을 제기하기 시작했다. '대진재'의 피해와 충격이 컸던 만큼 재건에 대한 기대도 커졌다. 평소 여성 문제에 관심을 가지고 여권 혹은 모권의 신장을 위한 활동을 전개해 온 운동가라면, 여성과 여성이 주로 담당하는 가정과 일상생활에 크게 영향을 미치기 마련인 도시 재건, 즉 생활환경의 재구축에 대해 관심을 가지고 의견을 제시하는 것도 당연했다. 여성들로부터 "부인과 아이를 위해 친절하게 구상된 도시였으면 좋겠다"(井上秀子, 1923.10: 4)라는 희망을 담은 구체적인 제안들이 쏟아지기 시작했다.

일본 여성들이 제도부흥에 대해 뜨거운 관심을 갖고 적극적으로 의견을 제시하게 되었던 것에는, 메리 비어드Mary Beard(1876~1958)라는 이름을 가진 벽안碧眼의 여성이 중요한 역할을 했던 것으로 보인다. 그는 고토 신페이의 초대를 받아 도쿄 재건을 위한 조언자로서 방문한 역사학자 찰스 비어드 Charles Austin Beard(1874~1948)[14]의 부인이었다. '대진재' 발생 직후 남편과 함께 일본을 찾은 그는 여성단체에서 강연하거나 3~4개 이상의 주요 여성잡지에 기고하는 등, 체류기간 동안 일본 여성들과 활발히 접촉했다. 특히 진재 발생 후 제도부흥 사업이 여성에게 얼마나 중요한 일인지 혹은 이 사업에서 여성이 어떠한 역할을 해야 하는지에 대해, 서구의 사례를 들어가며 적극적으로 의견을 제시했다.

무엇보다 그가 강조한 것은 남성들이 도시 재건을 위해 각종 계획을 수립하는 것처럼, 여성들도 어머니와 자녀의 건강과 행복을 위해 '여성(부인)의 입장에서' 부흥사업에 관심을 가지고 적극적으로 제안해야 한다는 점이었다 (メリー・ビーアド, 1923.11). 그에 따르면 도시계획은 특히 여성에게 중요하며, 여성의 도시에 대한 요구를 충족시키기 위해서는 도시계획 단계부터 복잡한 도시 사회에서 여성이 수행하는 역할에 대한 이해가 선행되어야 했다. 이러한 이유에서 그는, 일본 여성이 도쿄 재건 과정에 목소리를 낸다면 앞으로 여성의 생활과 활동 범위를 확장할 수 있으리라 보았던 것이다.

---

14   20세기 전반 미국에서 활동한 역사·정치학자로서 역사와 정치, 경제 등 다방면에 걸쳐 수많은 저서를 남겼다. 부인인 메리 비어드와 함께 쓴 책 『미국 문명의 부상(The Rise of American Civilization』(1927)은 베스트셀러가 되어 미국 역사학계에 큰 영향을 미쳤다고 평해진다. 뉴욕 시정조사회 사무이사를 지낸 경력이 있으며, 1922년 9월경 일본을 방문해 6개월간 체재한 후 도쿄 시정에 관한 조언(「東京市政に関する意見概要」)을 남겼다. 그가 귀국한 후 '대진재'가 발생하자 고토는 쓰루미 슌스케(鶴見俊輔)를 통해 즉각 그의 방일을 요청했고, 비어드는 부인을 동반하고 다시 일본을 방문했다.

도시 계획은 여러 방면에서 부인에게 조력할 수 있습니다. 그것은 개개인의 부인을 개인적으로 도울 수 있습니다. 그것은 어머니로서의 사회적 역할이라는 면에서 부인을 도울 수 있습니다. 그것은 노동자働き手의 능률이라는 면에서 그들을 돕고, 그리해 국가의 산업적 부원富源 및 권력에 공헌할 수 있습니다. 그것은 가정부로서의, 또 가족 수입의 소비자로서의 부인을 도울 수 있습니다. 그래서 우리들은 도시 계획이 부인의 생활 및 그 이해 전반을 포함한다는 의미에서 부인에게 중요하다고 인정합니다. 그럼에도 부인은 자기 자신을 위해 놓치지 말고 기회를 잡을 정도로 자기 자신의 요구를 의식하고 있지 않습니다. …… 부인의 생활양식 및 부인의 활동이 얼마나 밀접하게 근대 도시 계획과 연결되어 있는지를 아직 이해하고 있지 못합니다……(Beard, 1923.11: 25).

도시와 여성의 관계를 구체적으로 지적하는 이 문장에는, 그럼에도 불구하고 자기 자신의 요구를 제대로 의식조차 하지 못하고 있는 일본 여성들에 대한 안타까움이 함께 담겨 있다. 이러한 이유에서 그는 도쿄의 재건에 즈음해 일본 여성들이 관심을 갖고 제기해야 할 문제가 무엇인지를 개인적(여성적), 모친적, 경제적, 가정적이라는 네 가지로 분류해 아래와 같이 제시했다.

첫째는 여성으로서 갖는 개인적인 요구로, "위생설비, 즉 공중위생, 청결한 물, 음료의 신속하고 청결한 배급 및 취급에 관한 설비, 병원사업, 가로에서의 사고나 화재 위험을 비롯한 방지 가능한 재난으로부터의 안전"과 같은 것들이 거론되었다. 특히 강조한 것은 '교통의 편리'였다.

교통이 편리해지면 과도한 노력 없이 필요한 쇼핑도 가능해지고 수시로 집회나 회합에 나갈 수도 있고 박물관이나 기타 교육적 장소를 찾을 수도 있으며 공원이나 기타 오락장에도 갈 수 있습니다. 또 친밀한 대화나 사회적 의견 교환을 위한 상호 가정 방문도 가능하며 밤이든 낮이든 용이하게 그리고 안전하게 걸어 다닐 수 있습니다(Beard, 1923.11: 26).

물론 여기에서 말하는 여성을 위한 교통의 편리라는 것이 도쿄 전체를 아우르는 대규모의 도로 정비나 원활한 자동차 주행을 위한 넓은 교차로, 도심과 주거지 혹은 직장과 가정을 연결하는 것과 같은 도로 확충만을 의미하는 것은 아니었던 같다. 그보다는 여성이 매일 주변을 산보하거나 쇼핑을 하고 이웃과 교류하며 문화와 유희를 향유할 수 있는 환경, 즉 여성이 집안일과 가족에만 매몰되지 않고 하나의 인격으로서 균형 잡힌 매일의 일상을 향유할 수 있는 환경의 구축이 필요하다는 점을 지적하고 있는 것이다.

둘째, 모친적인 요구란 그야말로 자녀를 훌륭하게 키우기 위한 특수한 요구였다. 어머니와 자녀의 건강을 위한 환경을 요구하는 것이다.

그곳에서는 공기가 맑고 차의 소음은 잊힐 정도며, 나무나 꽃이나 차가운 물이 인간의 신경을 안정시키며 어머니와 유아의 원기를 고무시킬 것입니다. 게다가 아이는 뛰어놀지 않으면 안 됩니다. 그들은 운동장을 가져야 하는 것입니다(Beard, 1923.11: 27).

그는 서양인인 자신이 보기에 일본인들이 정원에 대해 특별한 애착을 갖고 있다는 점을 인정하면서, 도시 재건에 앞서 "토지가 공원이나 운동장을 위해 확보되지 않으면 그 후에는 그 목적을 위해서 얻으려 해도 얻을 수 없는" 상태가 될 것이라 경고했다. 이전 뉴욕에서 새로운 구역 건설을 할 당시 공원과 운동장을 위한 토지를 확보하지 못한 결과, 지금은 "어머니가 앉아 쉬면서 아이를 놀게 할 수 있는 장소가 하나도 없는" 상태가 되었고, 이는 "어머니들이 그때 자기 자신을 위해 주의해야 할 문제에 관해 생각하는 데 게을렀기" 때문이라는 것이었다.

그가 어머니로서 자녀를 위해 준비해야 한다고 제안하는 또 하나의 장소
는 바로 안전한 오락 장소였다. 특히 청춘 남녀가 '정력의 건전한 배출구'를
가질 수 있도록 여러 가지 야외 체육 시설을 확보해야 한다고 지적했다. 육체
와 정신 그리고 도덕은 건전한 오락 설비에 의해 개선되기 때문이라는 것으
로, 가장 좋은 선택은 물에 접한 공원이라고 친절하게 제시하기까지 했다. 자
녀를 위한 그의 마지막 제언은 통학로 개선에 관한 것이었다(Beard, 1923.11:
28).

> 학생은 그 정력이 오가는 길의 곤란함으로 인해 소모되지만 않는다면 정신적인 공
> 부를 보다 즐겁게 그리고 더욱 잘 해낼 수 있을 것입니다. 언 발이나 상처 난 목,
> 공복을 호소하는 육체는 모두 지혜로운 도시 계획에 의해 예방될 수 있습니다. 어
> 머니들은 학생에게 가장 이익이 될 도시 계획의 이러한 방면에 관해 책임을 지지
> 않으면 안 됩니다(Beard, 1923.11: 28).

셋째, 경제적 요구란 이른바 직업부인, 특히 "가장 최근에 공장에 들어
온", 그러나 "공기가 신선하고 일하기에 보다 상쾌한 작은 마을이나 시골에서
온" 여공들의 입장을 고려한 것이었다. 일본인은 "공장의 위치나 공장을 단속
하는 안전법이나 위생법" 등에 깊은 관심을 기울이지 않으면 안 되며, 나아가
도시 계획에서 "가정과 직장과의 거리 및 양자 간의 교통 기관은 다른 어떠한
멋진 교차로나 도시 미관에 관한 계획보다도 사회에 더욱 중요"하다는 점을
강조했다. 그는 "노동자의 질병이나 사망률을 높이고 부도덕을 조장하며 정
신을 상해"하는, 자신이 영국이나 미국에서 경험했던 '나쁜' 주택의 사례를 들
면서 '산업적 주택 설비'의 필요성을 제기했다
마지막으로 가정적家政的 요구란 가정경제의 운영을 책임지는 주부의 입장
을 반영한 것으로, 이는 도시 계획이 가정의 경제성에도 영향을 준다는 점을

전제로 했다. 이상적인 도시 계획이 이루어진다면 "시간이나 운임을 절약하고 혼란을 피하기 위해 잘 배치된 공공시설, 가장 편리한 운수도로, 상업지대의 공포公㥐, 편리한 장소에 설정된 학교, 기타 사려 깊은 부인의 머리에 띠오를 많은 항목"에서 생활비를 절약할 수 있으리라는 것이다(Beard, 1923.11: 29).

그런데 메리 비어드가 이상과 같은 여성을 '위한' 주장뿐 아니라, 도시 재건의 완성도를 높이기 위한 '여성으로서'의 제안도 필요하다고 지적한 점은 눈길을 끈다. 예를 들면, 미술 관계자가 도시 미관에 적극적으로 의견을 낼 수 있도록 여성들이 여론을 일으킬 필요가 있다는 것이었다. 남성들이 도시 재건의 전체적인 방향을 설정하고 이를 실현해 가더라도, 여성들 역시 여성으로서의 관점을 살려 미美와 생활의 편리를 추구해야 한다는 것이 그의 생각이었다. 또 하나, 이상과 같은 문제 발생 시에 쉽게 해결하기 위해 상시적으로 주요 자료를 비치하고 조사할 수 있는 자료국 설치가 필요하다(ビアード夫人, 1923.10: 11)고 제안한 것은 그 자신이 역사학자였기 때문일 것이다.

이처럼 메리 비어드는 도시 계획에 관한 선진적인 지식을 전달했을 뿐 아니라, 젠더적인 관점에서 도시 재건을 바라보는 견해를 다이쇼시대 일본의 여성을 향해 발신하고 있었다. 그는 도시 재건을 행정과 경제·정치로 한정하지 않고 젠더와 생활의 문제로 승화시켜, 행정을 담당하는 남성에게 도쿄라는 생활공간의 재건을 전적으로 맡기지 않고 여성의 기준에서 필요한 부분에 대해 구체적인 요구를 제시할 필요가 있음을 강조했다. 도시 재건의 과정에 여성으로서의 감각을 발휘한 의견을 내도록 권한 것은 미적인 부분에서 여성의 감각이 남성보다 우월하다고 여겼기 때문으로, 그는 일본 여성의 장점이 도쿄 재건에 반영되기를 기대했다. 여성의 생활과 미, 비어드는 이러한 두 가지 의미의 젠더적 관점에서 제도부흥에 일본 여성이 참여하기를 강하게 촉구했던 것이다.

메리 비어드가 던진 메시지는 주로 도시 재건에 즈음해 여성의 자세와 요

구 사항에 관한 것이었지만, 그의 일본에 대한 관심은 그에 머물지 않았다. 아마도 그는 강연이나 기고 등을 통해 일본 여성들과 친교를 쌓아가는 과정에서 일본 여성의 생활이나 지위에 대해 관심을 가지게 되었던 듯하다. 이른바 일본의 '부인문제'에 대해서도 관심을 보였는데, 예를 들면 일본 여성의 지위 향상을 위해 무엇보다 시급한 것은 "공창 전폐公娼全廢와 게이샤藝妓 폐지와 교육제도 개량"이라는 인식을 가지고 있었다. 나아가 오락을 위한 공원과 운동장의 필요성을 제기하면서, 특히 여성만을 위한 클럽俱樂部이나 부인회관과 같이 여성을 위한 공간이 필요하다고 제안하기도 했다(ビアード夫人, 1923.10: 10).[15]

5. '제도부흥'을 향한 일본 여성들의 기대

당시 제도부흥에 관심이 있는, 그리고 여성잡지를 손에 넣을 수 있는 중류 계층에 속한 일본의 여성이라면, 도시 재건에 관해 메리 비어드가 소개하는 내용을 접하는 것은 어렵지 않았을 것이다. 앞서도 소개한 것처럼 메리 비어드는 ≪부인공론≫, ≪부인지우≫ 등의 여성잡지에 여러 편의 글을 기고하기도 했고, 이들 잡지에 그의 강연록이 게재되고 있었기 때문이다.

따라서 고토 신페이가 추진했던 종래의 도시 계획이 진행되는 과정을 접했던 바 있고, 여기에 메리 비어드가 전하는 최신의 정보까지 더해진다면, 일본의 여성들도 도쿄에서 생활하는 당사자로서 어느 정도의 제안도 가능한 정도의 식견을 가질 수 있었을 것이라 보아도 이상하지 않다. 직전까지 이른바

---

15 그 외에도 일본 여성들에게 교육을 통해 가정학(家政學) 혹은 간호학 등을 습득하게 해야 한다는 의견을 제시하기도 했다.

'부인문제'로 목소리를 높였던 일본 여성계의 지도자들은 제도부흥에 관해 적극적으로 의견을 냈는데, 흥미로운 점은 메리 비어드의 제언이 주로 일상생활에 친절한 물리적 공간을 만들기 위한 것이었다면, 일본 여성들은 이를 수용하면서도 한 걸음 더 나아가 추상적이고 정신적인 심지어 윤리적인 요구까지 쏟아내고 있다는 점이다.

이러한 경향은 무엇보다 그리스도교 여성들에게서 두드러진다. 대표적인 이는 앞서도 언급했던 가와이 미치였다. 그 역시 도시 재건이란 "내화내진耐火耐震 건축, 교통 기관의 완성, 상하수도 설치, 도로 개설"과 같은 것임을 모르지 않았다. 그러나 "외부적인 것만으로는 결코 신제도新帝都 건설은 불가능"하며, 그러한 설비를 완성시켜야 하는 것은 당연하지만 더욱 중요한 것이 있다고 보았다. 그는 "그것을 사용하는 인간이 우선 가장 먼저 거듭나 새로운 사람新人이 될 필요"가 있으며, 이를 위해서는 무엇보다 "교육에 중점을 두고 싶다"라고 생각했는데, 여기서 교육이란 학교 교육만이 아닌 "보통 일반의 사회교육, 특히 도덕 교육"을 의미하는 것이었다(河井道子, 1923.11: 13~14).

다음으로 희망하는 것은 "참혹한血腥い 간판을 [도쿄 거리의] 일체 활동사진이나 기타 유흥물에서 금하는 것"이었다. 그가 보기에, 음란한 삽화 등은 이미 금지가 되었음에도, 살벌하고 잔혹한 그림이 여전히 횡행하는 것을 이해할 수 없었기 때문이다. 그가 잔인한 이미지의 배제掃除를 주장한 것은, '제도의 미帝都の美'를 위해서이기도 하고 자녀들의 감성 교육에 좋지 않기 때문이기도 했다. '검이나 총 등 완구도 불필요'할 뿐 아니라, 심지어 아이들에게 그러한 살육 도구를 쥐어주고 연습하게 하는 것은 '죄'라고까지 생각했던 그는, 여성들이야말로 더더욱 자녀와 후진을 위해 이러한 문제 해결을 위해 노력해야 한다고 호소했다.

그가 세 번째로 주장하는 것은 '공창 폐지'였다. 그는 '사창私娼'은 개인의 도덕에 호소할 문제라는 이유로 오로지 공창에만 관심을 집중했다. "도시의 입장에서 아름다운 건설을 하려 한다면 공창 같은 것은 사회의 쓰레기로 쓰레기통에 넣는 것이 당연합니다." 이를 위해 교풍회뿐 아니라 "도쿄를 사랑하고 새로운 제도를 세우고자 바라는 자는 모두 이것(공창)의 폐지운동에 참가해야" 한다고 주장했으며, 부모를 위해 몸을 파는 것과 같은 잘못된 가르침도 근절해야 한다고 보았다(河井道子, 1923.11: 15).

가와이 미치는 제도부흥에 대한 이러한 자신의 희망을 '신성함과 환락歡樂이 고립·적시하지 않고 친구親友가 되어 손에 손을 잡고 협력하는' 것이라고 표현했는데, YWCA 설립의 주역이자 독실한 그리스도인인 그는 제도부흥의 이상적인 모습을 다음과 같이 상상해 묘사했다.

> 모든 노동자도 진선미를 사랑하게 되고 시市의 위생기관이 구비될 뿐 아니라 백귀야행百鬼夜行과 같은 악풍이 일소되어, 여자나 아이는 언제라도 밖에서 안전하고, 자연의 미로 가득 찬 공원이나 삼림 중에서 노는 자가 늘며, 풍기문란한 활동사진(영화관 — 인용자)이나 댄스홀과 같은 저급한 향락장 안에서 소년·소녀가 놀지 않게 되고, 가정의 친밀감이 온 집안에 충만하며 화목한 가정의 노래가 사방에 울려 퍼지고, 의식주에는 부족함이 없으며, 게이샤나 투기자投機者는 …… 스스로 부끄러움을 느껴 몸을 감싸고 외출하지만, 보통사람은 차림을 잘 정돈해 생기 있는 모습으로 활보하는 세상이 된다면, 그때야말로 물질은 모두 정신화되고 의식주는 모두 신성하게 되며 오락도 필요해지는, 종교와 일상생활이 일치하기에 이르는 것이니 …… 제도부흥에는 이상과 같은 것을 우리가 희망하는 것입니다(河井道子, 1923.11: 13~14, 줄임은 인용자).[16]

---

16 그는 한 영국 작가의 단편(시)을 소개하면서 그 시가 담은 뜻을 이상과 같이 설명한 후, 이러한 모습이야말로 자신이 '제도부흥'에 기대하는 것이라고 덧붙이고 있다.

또 한 명의 그리스도교계 여성으로서, 교풍회를 대표하는 인물이자 훗날 여성계의 연합과 참정권 획득을 위한 활동으로도 이름을 남기는 구부시로 오치미(1882~1972)[17]가 있다. 제도부흥에 즈음해 그가 도쿄시에 대해 제시한 희망이라는 것은 그리스도교 여성운동의 일환으로서 평소 주장해 온 내용과 크게 다르지 않았는데, 다음과 같은 세 가지 키워드로 정리할 수 있다.

첫째, 견실한 도시. 이는 그야말로 대지진에도 견딜 수 있는 튼튼한 도시를 의미하는 것이었다.

둘째, 인도의 도시. "부디 인육 매매가 허락되지 않는 도시였으면 좋겠고, 교육을 강요하는 입학난으로 아이나 청년을 울리지 않는 도시였으면 좋겠으며, 빈민굴에 빛이 들어서 세균이 사라지는 도시였으면 좋겠고, 공장이나 사무국에서 천재天災 설비가 제대로 된 도시였으면 하며 모든 시민이 시를 사랑하는 도시였으면 좋겠다"라는 것이었다.

셋째, "도쿄 주민에게 시市를 사랑하게 하라." 모델로 삼은 것은 도쿄보다 17년 앞선 1906년 대화재를 경험한 미국 샌프란시스코였다. 대화재로 종래의 '추악한' 거리가 불타자 "아편굴, 도박, 추업醜業, 주점까지 일체를 죄악시해 법률로 금했을 뿐 아니라 최근 시내에는 부인 오천인조五千人組라고 하는 각 부인단체 지도자로 조직된 단체가 생겼는데, [이렇게] 시의 풍기風紀·위생·교육·오락 등에 관해 성의 있게 시민의 이익을 도모하는 기관이 갖춰진" 것은, ─ 그가 보기에 ─ '대진재' 이후 재건된 도쿄가 본받아야 할 모습이었다. 그

---

17   구부시로 오치미는 구마모토현(熊本県) 출신으로 도쿠토미 소호(徳富蘇峰)가 그의 백부가 된다. 1916년 일본그리스도교부인교풍회 총간사가 된 이후 줄곧 폐창운동에 힘을 기울였다. 교풍회 안에 일찌감치 일본부인참정권협회를 설립했으며, 부인참정권획득기성동맹회에도 가입해 이른바 '부선운동'에도 적극 참여했다. 전후에는 매춘금지법제정촉진위원회 위원장이 되는 등, '매춘방지법' 제정에 진력했고 1962년 교풍회의 대표가 되었다. 전후 국회의원에 입후보했으나 낙선했다(井上輝子他編, 2002).

는 "모든 주민을 시민으로 하고 모든 부인을 시민으로 해, 여기 도쿄 재주자在
住者에게 시를 사랑할 권리를 주어야 한다"라고 강조했다(久布白落実, 1923.10:
6~7).

　아마도 오치미의 주장은 도쿄에 거주하던 상당수의 주민, 특히 '시타마치
下町(도쿄 동쪽 일대의 서민 거주지)' 일대 서민들이 '대진재'로 인해 대부분의 재
산을 잃었던 상황에서, 그들조차도 차별 없이 포용해야 한다는 의미를 담고
있었던 것으로 보인다. 그런데 그로부터 한 걸음 더 나아가 '부인을 [남자와 마
찬가지로 도쿄의] 시민'으로 인정해야 한다고 한 것이 눈길을 끈다. 여성의 주장
이 ― 그것이 재산에 관한 권리의 주장이든 혹은 어떤 사안에 대한 의견의 제시이든 ―
사회에서 전혀 받아들여지지 않던, 그래서 부친이나 남편이 그 여성의 권리
를 대신하는 것이 당연시되던 시절이었음을 고려하면, 여자를 '시민'으로 한
다는 표현은 자못 의미심장하다. 신분이나 성별의 구분 없이 도쿄 주민 모두
에게 주인의식을 가지고 참여하도록 하라는 것은 비단 제도부흥에 국한된 이
야기가 아닐 것임은, 이후 오치미가 부선운동에 참여하는 것으로 증명되기
때문이다.

　이와 비슷하게 제도부흥에 즈음해 여성 혹은 시민의 자치를 중시한 것
은, 그 누구보다 가정을 중시하는 언설로 유명했고 여성들을 위한 상담에도
적극적이었던 또 한 명의 그리스도인 여성운동가 야마다 와카였다. 그 역시
도 샌프란시스코의 사례를 들어 자치적인 정신의 중요성을 강조했다. 복구를
위해서는 '물품'보다는 '발명'이 중요하며, 단순한 물건의 발명보다는 "어떻게
해서 생계의 길을 세울 것인가"라는 발명이 더 중요하다고 보았다. 제도帝都
의 부흥이란 결국 '제도制度의 창조'이며, 이를 위해서는 발명하는 능력이 필
요하다는 것이다. 글의 말미에서 학교 건물 200동을 지어주겠다는 미국의 제
안을 거절하는 편이 좋다고 조언했던 것도(山田わか, 1923.11: 25~26), 자치적이
고 창조적인 정신 함양을 중시하는 그의 가치관과 부합하는 것이었다.

'대진재' 후의 참상을 자본주의의 문제, 혹은 근대 도시의 문제가 노정된 결과로 보아 이에 대한 근본적 해결이 필요하다는 주장도 제기되었다. 야마카와 기쿠에는 대진재를 "맹목적인 자본주의의 인도에 따라 무방침·무계획, 엉망진창, 닥치는 대로 발달한 도시의 비참한 운명"이 폭로된 결과로 간주하고, 이를 회복하고 재건하기 위해서는 '도시' 문제의 해결이 필요하다고 보았다. 나아가 이러한 문제를 해결해 도쿄 및 시민의 생활을 부흥시키기 위한 방법으로서, 사회주의자로서의 정체성을 드러내며 "토지의 시유市有 혹은 국유화國有化"를 주장했다.

이뿐만 아니라 그는 정치적·경제적 중심지인 도쿄에 문화 시설까지 집중시키는 이른바 '수도 집중주의'를 비판하면서, 공중의 안전과 행복을 위한 도시를 만들기 위해서는 방재 시설뿐 아니라 다양한 사회 시설을 확충해야 한다고 주장했다. 나아가 그는 '대진재' 발생 당시 물자의 징발과 각종 단속을 통해 사유재산을 제한했던 것처럼 앞으로도 어느 정도는 사회주의적인 방식을 채택할 필요가 있다는 논리로, '대진재'를 자신의 신념을 설파하는 기회로 삼기도 했다(山川菊栄, 1923.11: 20~25).

이러한 사회주의적 방식의 도입, 구체적으로는 토지 국유화라는 주장이 기쿠에와 같은 사회주의자뿐 아니라 라이초에게서도 목격되고 있는데, 유사한 주장에 이르는 양자의 경위는 다소 달라 보인다. 아래는 고토의 제도부흥 사업에 대한 라이초의 견해를 정리한 흥미로운 문장이기에, 다소 길지만 그대로 인용한다.

도시 계획의 이상안을 만들 때 전문 학자의 의견이 가장 필요하고 각 계급의 남녀의 의견도 또한 크게 도움이 될 것입니다. 하지만 우리의 마음이 진재 전과 같다면 아무리 훌륭한 안이라도 실행할 때에는 여러 곤란이 생길 것입니다. 나는 신제도에 당연히 행해질 또 행해지지 않으면 안 되는 **국가사회주의적 정책의 하나로서**

도, 이 도쿄시의 토지를 — 적어도 토지만이라도 지금 대 영단을 내려 전부 시유市有로 하고 동시에 사용私用 토지의 넓이에 상당한 제한을 두었으면 좋겠다고 생각합니다. 하지만 이것도 시민 전체가 사회 연대의 이상에 눈뜨지 않으면 원활히 실행될 수 없을 뿐 아니라……(らいてう, 1923.11, 줄임과 강조는 인용자).

그동안의 라이초의 행적을 기억한다면 다소 낯설게 느껴지는 주장이다. 1919년 신부인협회 결성에 즈음해 잠시 여공들의 비참한 실상에 관심을 가졌던 것이 그의 행적에서 이질적인 행보로 여겨질 정도로, 출신부터 유복하고 일상생활에서도 현실감 없는 부르주아 여성이라는 비난의 대상이 되기도 했던 그였다. 그랬던 그가 이제는 진재 전과는 다른 신제도를 만들어야 한다고, 그를 위해 토지의 사유화를 부인하는 의견을 피력하고 있는 것이다. 라이초가 사회주의 이념에 의거해 토지국유화를 주장한 기쿠에와 크게 다르지 않은 주장을 펼친 것은 '대진재'의 충격과 이를 극복해야 한다는 시급한 명제 앞에서, 그리고 어쩌면 종래와는 전혀 다른 도쿄를 만들 수 있을지도 모른다는 기대 앞에서 자신의 계급이나 종래의 노선을 뛰어넘는 과감한 상상과 제안이 가능했음을 보여준다.[18]

제도부흥을 향해 라이초와는 또 다른 의미에서 매우 선명한 주장을 전개한 이는 여성사학자 다카무레 이쓰에(1894~1964)[19]였다. '신동양주의(新東洋主

---

18 이 무렵의 라이초는 본인의 청년기와는 달리 일정한 직업이 없는 남편과 두 자녀를 부양해야 하는 입장으로, 실제 경제적으로 여유로운 편은 아니었던 듯하다. 한편으로는 1920년대에 일본 사회에 확산되던 사회주의 사상이 '대진재'라는 전대미문의 충격적인 경험과 맞물리면서 대중에게도 비교적 거부감 없이 받아들여지거나 이해되었던 당시 분위기의 영향을 받았을 것으로 추측되며, 1928년부터 라이초가 지금의 생협에 해당하는 소비생활협동조합(통칭 소비조합)의 운영에 뛰어들었던 것을 보면 '대진재' 직후 그의 발언이나 주장이 일시적인 탁상공론만은 아니었던 것으로 보인다. 즉, '대진재'의 경험이 그의 사상과 행적이 변화하는 데 영향을 주었거나, 적어도 하나의 분기점으로 작용했던 것이라는 추측이 가능하다.

義)로'라는 부제가 붙은 글을 통해, 그는 제도부흥을 위해 일본 여성의 수행해
야 할 역할, 혹은 이를 통해 일본 사회가 나아갈 방향에 대해, 도시계획과 같
은 실질적인 측면이 아닌 정신과 이념의 측면에서 접근했다.

이쓰에는 일단 남자가 외부적이고 이지적인데 반해, 여자는 내부적이고
감정적이라는 식의 '남녀의 성별'에 따른 구분을 명확히 인식하고, 이를 전제
로 논의를 시작했다. 그는 제도부흥에 대한 여성의 희망은 "외견적 부흥보다
내부적 혁신에 주력을 쏟아주었으면" 하는 것으로, 연극이나 문학과 같은 것
조차도 "외견적 미에서 내부적 미로, 오락적 사치 조장의 역할에서 진리와 사
랑의 감격으로" 옮겨 가야 한다고 제안하면서, 아래와 같이 덧붙였다.

다만 우리가 가야 할 길로서 현재 열려 있을 길은 종래의 서양주의에서 동양주의
로, 물질주의에서 정신주의로, 이지주의에서 열정주의로의 길을 걷는 것이라 생각
합니다. 외형의 미에서 사랑의 미로, 인공에서 자연으로. …… [종래의 철학과 달
리] 금후의 철학은 주정주의(主情主義)의 철학이고, 금후의 진리는 정즉실재(情即

---

19 다카무레 이쓰에는 여성사 연구자이자 시인, 이른바 신여성주의 사상가로 알려졌으며 구마모
토현에서 태어났다. 1920년 상경해 근대 문명을 비판하는 천재시인으로 문단에 등장했으며,
남녀의 평등과 여성의 사회 참가를 주장하는 여권주의에 대항해서 여성 원리를 강조하고 사회
의 근본적 개혁을 주장하는 신여성주의와 농본주의적 아나키즘의 입장을 취했다. 무산부인예
술연맹을 창설하고 ≪부인전선(婦人戰線)≫을 발행했으며, 1931년 이른바 '숲의 집(森の家)'을
짓고 두문불출하면서 여성사학 연구에 착수했다. 라이초와 후사에 등이 그의 저작후원회를 결
성해 지원했고, 그는 『대일본여성인명사서』(1936), 『대일본여성사 제1권 모계제연구』(1938)
등, 다수의 대작을 완성했다. 이후 대일본부인회 기관지 ≪일본부인≫에 일본이 혈연 공동체
임을 강조하면서 여성의 전쟁 협력을 강하게 권장하는 내용의 문장을 다수 발표했다. 문명 비
판과 근대가족 비판에서 출발한 그는 고대로 거슬러 올라가 여성사 및 혼인과 가족의 통사를
연구, 가부장제와 며느리를 맞이하는 방식의 결혼(嫁入り婚)을 상대화해 여성 해방운동에 이
론적 근거를 제공했다. 방대한 일기 자료의 분석에 기초한 그의 혼인사 연구는 후세 연구자들
에 의해 비판적으로 계승되었고, '일본'과 '여성'을 준거집단으로 상정한 일본 독자의 여성 해방
사상의 구축을 지향했던 것은, 후대에 '페미니즘은 내셔널리즘을 어떻게 극복할 것인가'라는
과제를 남겼다(井上輝子他編, 2002).

實在)의 진리일 것으로 생각합니다(高群逸枝, 1923.11: 78~79).

이쓰에는 이처럼 이성을 기반으로 하는 근대적 사상 일체를 거부하면서 정情을 중심으로 하는 동양적 사상으로의 복귀, 즉 그와 같은 사상이 예술·종교·교육 전반에 걸쳐 영향을 미쳐야 한다는 주장을 폈다. 특히 교육 혁신의 필요성에 대해 강한 의지를 보였는데, 당시 확대되고 있던 이른바 '문화적 교육' 혹은 '예술적 교육' 등을 나약한 교육법이라고 단정하면서, 다음과 같이 극단적인 '국민교육 부흥'의 필요성을 설파했던 것이다.

> 다시 우리는 '진리'로 교육하는 교육으로 복귀하지 않으면 안 됩니다. 주위의 사정
> 이 어떠하든, 아동 자신의 가정이나 개성이 어떠하든 진정한 획일교육으로 용감하
> 게 아동에게 군림하는 교육, 교육자 자신이 진리의 사도가 되는 교육, 야비野卑·부
> 정不正한 부르주아 사회의 악덕을 폭로하는 교육으로 복귀하지 않으면 안 됩니다
> (高群逸枝, 1923.11: 79).

이쓰에가 대진재 후의 제도부흥을 향해 정신적·도덕적 변화를 기대했던 것은 앞에서 살핀 그리스도인들과도 유사하지만, 그의 요구는 당시 일본 사회가 추구하던 서구화와 근대화의 방향을 수정할 것을 요구했다는 점에서 대비된다. '동양적'이라는 표현을 사용하고는 있지만, 그가 '국민교육', '획일교육', '진리의 사도' 등을 열거하고 있는 것에서 권위주의와 국수주의의 경향이 엿보이는 것은 부인하기 어렵다.

이들 외에도 미국 체류 중이던 이치카와 후사에 정도를 제외하면 근대 일본에서 이름을 알렸던 여성운동가 대부분이 제도부흥에 대한 기대와 요구를 드러내고 있는 것처럼 보이는데, 이 중 다수는 '여성으로서'의 요구임을 명확히 하고 있었다. 흥미로운 사실은 그들 중 극히 소수를 제외한 대부분이 도시

재건과 생활 개선을 위한 구체적인 제안에 그치지 않고 ─ 지나치게 이상적이라 할 정도로 ─ 보다 근본적인 변화 요구와 기대를 분출시키는 데 더욱 열심인 것처럼 보인다는 점이다.[20] 즉, 실제적인 '도시 재건'의 수준을 넘은 근본적 생활의 변화, 공간적 변화를 넘어 정신적 개혁까지를 주장하고 있었다.

제도부흥에 즈음해 일본 여성운동가들이 보이는 이러한 특징은, 도시 계획에 관해 매우 실용적이고 합리적인 정보를 제공하면서 생활환경 개선을 위한 다양한 제안을 했던 메리 비어드와 비교할 때 차이가 드러난다. 조금 과장하자면 일본 여성들은 대진재의 경험과 제도부흥을 그야말로 일본과 일본인이 완전히 새롭게 거듭나는 계기로서, 즉 가정생활의 혁신, 나아가 여성 해방을 위한 기회로 인식하고 있었던 것처럼 보인다. 이는 당연히 실제 제도부흥 사업의 범주를 넘어서는 것으로, 아무리 의욕적으로 도시 재건에 매달리던 고토 신페이라 해도 받아들이기 어렵고 어쩌면 남성인 그로서는 이해하기조차 힘들었을 법한 내용이었다.

아마도 여성들에게 '제도부흥'은 더 이상 공간적인 의미에서의 도시 재건만이 아니라, 새로운 출발이자 여성으로서 품고 있던 이상적 생활의 기대를 가능하게 하는 희망이 되었던 듯하다. 그들은 제도부흥에 대한 여성으로의 요구를 확실히 함으로써, 종래의 불합리한 모든 조건을 제거하려는 바람을 드러냈다(三宅やす子, 1923.11: 21). 따라서 '대진재' 직후 제도부흥을 향해 여성들이 쏟아내는 주장을 통해, 1910년대에 등장한 신여성뿐 아니라 그리스도교계, 나아가 사회주의계와 보수 중류 계층 여성들이 품고 있던 구체적인 요구

20　그리스도교도인 간토렛토 쓰네코(ガントレット恒子, 1873~1953)의 경우에는 다른 대부분의 여성운동가들과 달리 공원, 위생, 교육, 교통, 하천, 풍속 등과 같은 구체적이고 실용적인 내용을 제안하고 있지만(ガントレット恒子, 1923.10: 15~17), 여기에는 그가 영국인과 결혼해서 서양 경험이 풍부했던 것이 영향을 미쳤을 것으로 짐작된다(그에 대한 자세한 소개는 제5장에서 다룬다).

와 욕망의 내용까지도 확인할 수 있다. 즉, 본격적인 여성 연대가 시작되기 직전인 1923년 시점에서 다양한 입장을 대표하는 여성 지도자들이 가지고 있던 궁극적 바람이 무엇이었는지, 그들이 지향하는 방향을 파악할 수 있는 것이다. 이상과 같은 의미에서 제도부흥에 대한 여성들의 요구란 사실상 당시까지 여성계가 지속적으로 제기해 왔던 각종 문제의 총결산인 셈이었다.

　한 가지 지적해 두고 싶은 것은, 그 과정에서 특정 단체의 주장이 여성계 전반의 지지를 얻는 현상이 목격된다는 것인데, 대표적인 사례로서 이른바 폐창廢娼을 들 수 있다. 수십 년 전부터 교풍회를 중심으로 한 그리스도교계에서 지속적으로 제기했던 공창의 전폐, 즉 폐창의 주장은 대진재와 제도부흥을 계기로 더 이상 일부 여성계의 주장이 아닌 '여성계의 일치된 염원'(山川 菊栄, 1923.11: 28~29)으로 자리 잡게 되었으며, 제도부흥을 향한 여성들의 가장 강력한 주장이 되었다.

6. '대진재' 이후의 봉사와 연대

이상에서 '대진재'와 제도부흥이 1920년대 일본 여성들이 갖고 있던 바람을 드러내는 계기가 되어, 당시 여성들이 가진 각종 기대와 바람이 어떠한 것이었는지 그 내용을 살폈다. 그런데 여성과 '대진재'의 관계는 그뿐만이 아니었다. '대진재'의 경험과 제도부흥이 당시 여성운동의 흐름에도 영향을 주어 특히 여성계의 연합을 촉진하는 기폭제로서도 작용했다는 점을 주목할 필요가 있다.

　앞서도 소개했던 것처럼 대지진 발생 후 도쿄 재건을 돕기 위해 일본을 찾은 비어드 부부는, 1년 전인 1922년에도 고토 신페이 당시 도쿄시장의 요청으로 일본을 찾은 적이 있었다. 메리 비어드는 당시 일본 여성들에게 받은 인상을 다음과 같이 적었다.

올해 봄 정도까지는 일본 부인은 …… 소수 예외를 제외하고는 자신에 대한 확신신이 적은 것처럼 여겨졌습니다. 또 관료가 부인들에 대해 보이는 신임도 더욱 적었던 듯합니다. 다양한 단체에서 봉사하고 있는 **부인은 모두 뿔뿔이 흩어져 서로 의존하지 않고** 또 남자는 이들 부인에 관해 조금도 흥미를 갖고 있지 않았던 듯합니다. …… 그 당시는 아직 **협동일치에서 나오는 힘이라는 것이 보이지 않았습니다.** 그러나 …… 위대한 개인적 힘은 충분히 인정할 수 있었습니다. …… 당시 도쿄의 **부인에게 자신감이 부족했던 것은 부인들끼리 서로 연결되지 않기 때문**에 생기는 것이라고 저는 생각했습니다. …… 협력한다면 충분히 유력한 존재가 될 것이라고 말할 생각을 하지는 못했습니다(メ—リ ビア—ド, 1923.11: 57~58, 줄임과 강조는 인용자).

메리 비어드는 '대진재' 이전에 만난 일본 여성들에 대해 자신감 결여와 연대의 부족을 지적했다. 이것이 관료나 남성들로부터의 신뢰나 관심도 높지 않은 이유라고 보았다. 여성들의 개인적 역량은 우수한데도 협동성이 부족한 것이 자신감 결여로 이어졌다. 협력하기만 했다면 보다 존재감을 높일 수 있으리라는 아쉬움이 묻어나는 술회였다.

"그러한 때에 지진이 일어났습니다. …… 부인들은 즉시 자신들의 사회에 대한 가치와 자신들의 힘에 대한 확신을 갖게 되었습니다. 그래서 단호히 부인들의 사업을 시작했습니다. …… 부인들은 구호 사업에 착수했던 것입니다"(メ—リ ビア—ド, 1923.11: 58, 줄임은 인용자).

지진 발생 3일 후 오치미 등 교풍회 대표가 관청을 방문해 필요한 일이

있다면 돕겠다는 뜻을 전했다. 그 결과 9월 하순경 연유練乳 배달의 일을 부탁받게 되자, 교풍회에서는 다른 여성단체들에도 협력을 구했다. 9월 28일 12개 단체로부터 124인이 모였고 이들은 아무런 조건 없이 연유 배달에 참여하기로 결정했다. 이날 자유학원을 대표해 참석한 하니 모토코의 "따지지 말고 실천부터 합시다理屈なしに実行から始めましょう"라는 선창에 따라 여성들은 소속단체를 떠나 구호 사업을 위해 협력했고, 이것이 도쿄연합부인회 결성의 단초가 되었으며 이후 점차 활동과 인원이 늘어갔다.[21]

그동안 공적인 영역에서 존재감을 드러내지 못했고 스스로도 사회적 역할에 대해 자신감을 갖지 못했던 여성들이, 대지진의 발생을 계기로 새로운 만남과 활동상 도약의 기회를 맞이한 것이었다. 그야말로 "이 모임(도쿄연합부인회 - 인용자)의 탄생은 대제도의 시민 한 명에게도 추위와 기근을 겪게 해서는 안 된다, 이를 위해 움직이자는 데서 출발해 결국 대도쿄 제도의 부흥까지 정연한 운동과 일정한 계획이 있는 방침하에 각 부인단체가 연합해서 움직이고자 하는 것"이었다(守屋東, 1923.11: 34).

이러한 일본 여성들의 사회적 활동 개시, 그리고 연대의 움직임에 대해 메리 비어드는 다음과 같이 적극 평가했다.

[내가 진재 후 일본을 방문했을 때 일본의] 부인들은 이미 [첫 번째 구호 사업에 이어] 두 번째의 일仕事에 매달리고 있었습니다. 즉, 부흥사업입니다. 이것은 이제부터 몇 년이나 계속될 성질의 사업입니다. 오랜 세월 일본 부인이 각개 격파로 노력해서 실패했던 일이 이번 일대 참해慘害라는 특별特有한 사태가 일어나자 약속도

---

21 참여한 여성단체의 수는 40여 개를 넘어섰고, 내부적으로는 직업부, 제작부, 노무부, 사회사업부, 연구부, 교육부 등으로 편성되었으며 메리 비어드 자신도 "미국인이 아니라 일본 부인의 한 명으로서 최선을 다하겠다"라고 하면서 적극적으로 조언하기도 했다(守屋東, 1923.11: 33).

없이 일어났던 것입니다. 이렇게 해서 일본 부인은 일찍이 서양 부인이 경과했던 것과 같은 진화의 노정을 밟아 가는 것입니다(メーリ ビアード, 1923.11: 58).

대지진이 일어나기 이전 일본 여성들의 모습에서 아쉬움을 느끼며 떠났던 그는 지진 발생 후의 일본 여성들에게서 긍정적인 조짐을 발견했다. 즉, 지진 후 부흥사업 속에서 일본 여성들이 진화를 향해 움직이고 있음을 확인한 것이다. 이는 외부 관찰자인 비어드만의 느낌이 아니라, 바로 이러한 움직임의 주체인 일본 여성 자신의 고백이기도 했다.

이번 진재가 이(여성에게 사회적 역할이 전혀 기대되지 않는 상태 — 인용자)를 개조하기 위해 주어진 천계天啓라고 여기는 것은 결코 한두 사람이 아니었다. 동지는 각처에서 일어났다, 박차고 일어났다. 예상치 못하게 하나로 모인 작은 강줄기처럼, 하나로는 작고 또 불안해 보였던 부인 각 사람도 또 각 단체도 큰 강줄기에 하나로 흘러들어 지금은 배를 띄울 수도 있고 운수의 편리함도 도모할 수 있을 정도의 대해大海의 일면을 갖게 되었다(守屋東, 1923.11: 32).

이것은 '대진재' 직후의 도쿄연합부인회[22] 결성을 지칭하는 것이었다. 미국에 체류 중이던 이치카와 후사에가 도쿄 ILO지국 책임을 맡아 귀국을 결심, 일본으로 돌아왔을 때에는 일본 여성들의 연합이 이처럼 본격화되던 시기였다. 1924년 1월 귀국한 후사에는 이전 협회에서 함께 일했던 지인들과 접촉을 시작했고, 참정권운동을 위해 1924년 12월 발족하는 부인참정권획득기성동맹회의 일원으로 참여하게 된다.

---

22 여기에는 직업, 종교, 동창회, 지역, 사회사업 등 분야를 망라한 도쿄의 각종 여성단체가 참여했다.

7. '대진재'와 근대 일본 여성운동

이 글에서는 1923년 발생했던 '대진재'가 근대 일본 여성운동사에서 어떠한 의미를 갖는지에 대해 살피고자 했다. 이를 위한 토대로서 간토대진재 및 이후의 '부흥' 사업의 개요를 파악하고, 당대 일본 여성들이 가진 진재에 대한 인식과 문제 제기의 내용을 살펴보았다. 그리고 이상과 같은 내용을 바탕으로 제도부흥에 대한 여성으로서의 요구, 진재 경험을 통한 여성들의 연대 움직임이라는 두 가지 내용에 대해 고찰했다. 또한 일본 여성들이 제도부흥에 대해 목소리를 낼 수 있는 배경이자 비교 대상으로서, 지진뿐 아니라 여성으로서도 앞선 경험을 가진 메리 비어드의 제언 내용을 소개했다. 특히 그는 직접 일본을 방문해 여성들의 분열된 모습과 '대진재' 후의 연합 움직임을 목격하고 평가했던 제삼자로서의 의미를 가지고 있기도 했다.

당시 제도부흥에 대한 여성들의 요구는 단순히 도시 재건에 대한 실용적 요구에 그치지 않고, 모든 면에서 여성과 아이가 살기에 적합한 환경 조성을 요구하고 있었다. '대진재'가 상상 이상의 참혹한 파괴를 가져왔던 만큼 그들에게 '제도부흥'은 그야말로 새로운 시작의 기회로 여겨졌으며, 이전과 달리 여성과 아이를 위한 이상적 생활이 가능할지도 모른다는 꿈을 갖게 했다. 제도부흥에 대해 적극적으로 목소리를 높인 것은 서양에서 온 메리 비어드의 격려에 힘입은 바 컸지만, 오히려 주로 도시 재건에 집중된 비어드의 제안보다 더 근본적으로, 당시 일본 여성들은 자신들이 가지고 있던 다양한 욕구를 제도부흥을 향한 기대라는 방식으로 분출시키고 있었다. '대진재' 후 제도부흥을 향한 여성들의 목소리는 1923년 시점에서 이른바 '자각하는' 여성들이 갖고 있었던 문제의식과 요구의 총결산이었던 셈이다.

다음으로 '대진재'의 경험이 이른바 모성보호 논쟁과 협회 활동 후 흩어져 있었던 여성계의 연대를 촉진하는 계기로 작용했음을 확인할 수 있다. 진재 후 구휼 활동 가운데 상호 접촉을 늘려가면서, 다양한 입장을 대표하는 여성들이 첨예한 대립을 접고 진재의 경험과 '제도부흥'의 이름 아래에 연합했던 것이다. 처음에는 사회의 필요에 부응해 일시적으로 도우려는 단순한 봉사활동이었다. 하지만 이들이 결집하기 시작한 1923년 말은 1922년 3월 신부인협회의 청원에 의해 여성의 정담집회 참여가 허용되고 1925년 의회에서의 보통선거가 의결되는 사이의 중요한 시기였다. 남자 보통선거의 실현은 이미 시간문제로 여겨지던 시기이자, 서양에서는 여성참정권이 실현되기 시작한 후였다. '대진재'라는 비상시국을 맞이해 그간의 분열을 넘어 '따지지 말고' 일단 함께 모였던 이들은 도쿄연합부인회 결성으로 나아갔고, 1924년 말에는 40여개 단체가 연합하는 부인참정권획득기성동맹회 결성으로 이어졌다.

'대진재'의 가장 중요한 결과의 하나가 각각의 여성 단체가 연합해서 커다란 조직하에 활동하게 된 것이라는 평가는 당시에도 이미 존재했다(守屋東, 1923.11: 30). 여성들이 '대진재'를 계기로 연대해 새로운 단체를 결성한 후 여성 참정권을 요구하기 위한 운동을 본격적으로 시작하게 되는데, 이에 대해서는 다음 장에서 계속하고자 한다.

제4부

쇼와시대_전전(戰前)

참정권운동과 전쟁

제5장

여성참정권 운동과 정당정치, 1924~1932
초기 전략과 특징

1. 여성참정권 운동과 정당 그리고 정치

근대 일본에서 여성들이 국가를 향해서, 혹은 남성들을 향해서 자신들의 권리를 획득하기 위해 장기간에 걸쳐 지속적으로 운동을 전개했던 가장 대표적 사례는, 1920년대 중반부터 패전 당시까지 이어졌던 이른바 '부선운동',[1] 즉 여성의 참정권 획득을 위한 운동일 것이다. 하지만 성공적이었다고 평가하기

---

[1] 이는 1925년 보통선거(남자) 실시가 의회를 통과하자 여성참정권 운동가들이 '普選(보선)'과 '婦選(부선)' 모두 발음이 '후센'인 것에 착안해, "'후센(婦選)' 없이 '후센(普選)' 없다"라는 구호를 사용하기 시작한 것에서 유래한다. 근대 일본에서의 여성참정권, 즉 부선은 지방정치 참가의 권리 및 선거권·피선거권인 '공민권', 정당 결사와 가입의 권리인 '결사권', 국정 참가의 권리 및 중의원 선거·피선거권인 '참정권'의 세 가지 권리를 의미하는 것으로, '부선 3권'이라고 부르기도 한다. 당시 '부선' 혹은 '참정권'이라 할 때에는 '부선 3권'을 포괄적으로 대표하는 경우와 부선 3권 중 세 번째 권리를 특정해 지칭하는 경우가 있는데, 그러한 용어의 사용은 이 글에서도 같다.

는 어렵다. 1924년 12월 '부인참정권획득기성동맹회'(=부선획득동맹, 이하 '동맹') 설립을 계기로 활동을 본격화했지만, 실제 일본 여성에게 참정권이 부여된 것은 그로부터 20여 년 후인 1946년의 일이었기 때문이다.

　심지어 일본 정부 혹은 일본의 남자들에 의해서도 아닌, 오히려 그들을 굴복시키고 점령통치를 시행하던 연합국 최고사령관 총사령부General Headquarters of the Supreme Commander for the Allied Powers: GHQ에 의해서였다는 점을 떠올리면,[2] 약 20년에 걸친 부선운동이라는 것의 실체가 무엇이었는지 의아해지지 않을 수 없다. 나아가 근대 일본 여성들이 하나의 목적을 향해 그토록 끈질기게 매진했다면, 그로 말미암은 유산이 전후 일본의 여성에게 혹은 현대 일본의 여성에게까지 어떤 식으로든 영향을 남기고 있을 것이라는 점에서도, 부선운동에 주목할 필요가 있다.

　한국에서는 부선운동에 관한 연구가 사실상 공백에 가깝지만,[3] 그에 대한 연구가 전혀 없는 것은 아니다. 특히 최근 일본에서는 줄곧 부선운동의 중추적 역할을 담당해 부선운동의 상징적 존재가 된 이치카와 후사에에 대한 묵직한 두 권의 연구서가 출판되었고,[4] 이들 모두 후사에를 중심으로 하는 부선운동의 실상을 상당히 심층적으로 접근하고 있다. 그러나 아쉬움이 없는

2　이치카와 후사에는 훗날, GHQ의 결정에 앞서 패전 직후 시데하라 기주로(幣原喜重郎) 내각 각의(閣議)에서 여성참정권 부여를 포함한 선거법 개정을 이미 결의했다는 이야기를 들은 적이 있다고 회고한다(歷史評論編集部, 1979: 75~76).
3　이전에 이 주제를 다룬 국내의 연구로서는 필자의 「모성 참정권 전쟁 그리고 국가: 근대 일본 여성운동의 통시적 고찰」(2016)이 사실상 유일했으나, 본격적인 사료의 검토에 이르지 못한 채 기존의 연구 성과를 소개·정리하고 문제를 제기하는 시론적 연구에 그쳤다.
4　이치카와 후사에 및 부선운동에 관한 선구적인 연구로서 鹿野政直(1974)가 있었지만, 근래에는 다음과 같은 본격적인 연구서들이 출간되었다. 菅原和子(2002), 進藤久美子(2014), 進藤久美子(2018), 伊藤康子(2008). 그 외에 개별 연구로는 각 지방에서의 동맹의 활동에 대한 실증 연구나 후사에의 각종 주장을 사상적으로 분석하려는 연구들이 대부분이며, 국내 연구로는 이지영(2012)이 있다.

것은 아니다. 첫째로 후사에의 행적을 지나치게 소소하게 열거·기술하느라 도리어 후사에와 '동맹'의 부선운동에 대한 체계적인 이해를 어렵게 하고, 둘째로 관련 인물들의 부선운동을 위한 행적을 일찍부터 '전쟁 협력'으로 이어지는 전조前兆로 해석하려는 경향이 강해, 부선운동의 실체에 대한 객관적 이해를 어렵게 하고 심지어 전쟁 협력의 원인 규명 그 자체에도 방해가 되는 듯하다.

셸던 개런Sheldon Garon의 경우, 부선운동을 본격적으로 다루지는 않았지만 자신들의 목적 달성을 위해 여성에게 사회적 역할을 맡겨 동원하려는 지배층(정당, 관료 등)과, 참정권 획득을 비롯한 통치체제 편입을 원하는 여성단체들 사이의 밀접한 상호 관계를 '연속적'으로 파악한 바 있다(Garon, 1997). 여성의 공적 역할의 중요성과 필요에 대한 양자의 공감이 있었으며, 여성참정권 부여를 위한 의회에서의 시도뿐 아니라 전쟁에 대한 여성의 협력도 전시와 평시를 관통하는 위와 같은 양자의 관계 속에서 이해해야 한다는 것이다.

종래의 연구와 비교할 때, 이 글은 일본에서 축적된 최근의 연구 성과를 참고하고 여성운동과 정치의 관계에 관해서는 셸던 개런과 유사한 관점을 취하지만, 그가 근대 일본의 정치와 여성의 관계에 관한 거시적인 개관과 관점의 제시에 그친다면, 이 글에서는 이를 이치카와 후사에와 '동맹'의 부선운동을 중심으로 구체적인 사례에 집중한다는 점에서 차이가 있다. 대신 후사에와 '동맹'이라는 주제를 다룰 때에는 근대·일본 역사의 흐름 속에서 거시적이고 통시적인 접근을 시도하려 한다는 점에서 앞서 소개한 일본의 연구 성과와도 차이가 있다. 하지만 필자가 강조하고자 하는, 이 글이 종래의 연구와 다른 더 중요하고도 뚜렷한 차이는 아래의 두 가지다.

첫째, 근대 일본에서의 부선운동이 처해 있던 환경과 조건, 달리 표현하면 근대 일본 여성참정권 운동을 둘러싼 구조와 그 변화에 관심이 있다. 일본의 부선운동이 영미를 비롯한 서구의 사례와는 구분되는 '특수한' 상황에서 출발했고 그러한 환경과 조건에 기반해 전략이 수립될 수밖에 없었다는 점, 이후 일본의 정치·사회의 변화에 따라 부선운동의 대응 전략이 변화할 때에도 바로 그 특수한 조건이 여전히 영향을 미치면서 변화의 방향을 제약하는 요인으로 작용했다는 점을 강조하는 것이다. 둘째, 부선운동이 당시의 정치가를 대상으로 입법을 요구하는 일종의 로비활동에 가까웠던 만큼, 그러한 활동의 상대가 되었던 '정치 체제'의 변화에 주목하면서 그에 대응하기 위한 부선운동의 전략 변화라는 관점에서 접근해야 한다는 것이다.

약 20년에 걸친 부선운동 기간 동안[5] 일본의 정계는 정당내각, 거국일치 내각, 초연超然내각과 같이 정치 체제의 변화를 거쳐, 결국은 군부 파시즘 세력이 주도권을 쥔 총동원 체제, 대정익찬회大政翼贊会 중심의 익찬 체제로 이어졌다. 후술하겠지만, 1924년 본격적으로 후사에 등이 부선운동을 시작할 무렵의 정계는 정우회와 민정당이 두 축이 된 정당정치 혹은 정당내각의 시대였고, 부선운동이란 주로 정당과 의회를 상대로 하는 것이었다. 결코 길다고 할 수 없는 단 20년 동안 정치 체제와 그 주도세력이 빈번하게 변화했고, 부선운동은 그에 맞추어 전략을 수정해야 했다. 따라서 이른바 후사에와 '동맹'의 부선운동뿐 아니라 '전쟁 협력'이라는 것도 바로 이러한 맥락에서, 즉 정치 체제와의 상호 관계 속에서 파악할 필요가 있다.

이 글에서는 부선운동의 역사를 종래와 다른 방식으로 구분할 것이라는 점도 밝혀둔다. '동맹'과 후사에의 부선활동을 시기적으로 구분할 때, 대부분의 연구에서 1924년 '동맹'의 발족부터 1940년 '동맹' 해산(후사에 개인을 중심

5   '동맹'의 활동 기간으로 한정한다면 1924년부터 1940년까지 약 16년이 되지만, 이 연구는 '동맹' 해산 후에도 여전히 부선 획득을 목표로 활동했던 후사에의 활동까지 시야에 넣고 있기에, 1945년 일본의 패전까지를 부선운동 기간으로 간주한다.

으로 고찰할 경우에는 1945년 패전)까지의 기간을 각각 1931년 9월 만주사변 발발과 1937년 7월 중일전쟁 발발을 기준으로 삼아 세 개의 시기로 구분하고 있다. 실제로는 전쟁과 큰 관계가 없는 의회운동인 부선운동의 역사를 '전쟁'을 기준으로 삼아 구분하고 있는 것으로, 만주사변 발발 이전을 '평시', 만주사변 발발부터 중일전쟁 발발 전까지를 '준準전시기', 중일전쟁 발발 이후 패전까지를 '전시기'(전쟁기)로 구분하는 식이다.

이것은 종래의 부선운동에 대한 연구가 주로 전쟁과의 관련성, 특히 이치카와 후사에의 '전쟁 협력'에 주된 관심이 있었음을 시사하는 것이다. 하지만 필자는 부선운동의 시기 구분을 전쟁이 아니라, ─ 분명 전쟁과 깊은 관련이 있기는 했지만 ─ 부선운동(혹은 그 운동가들)이 마주해야 했던 일본 정치 체제의 변화를 기준으로 할 것이다.[6] 즉, 정당내각의 시대, 정당정치 와해의 시대, 총동원과 대정익찬 체제의 시대라는 세 시기로 구분하려 하는데, 이 글에서는 부선운동의 전사前史 및 일본 부선운동이 갖는 환경과 특징 등을 소개하는 데 이어, 그 첫 번째에 해당하는 정당정치의 시대만을 다룰 것이다.

마지막으로 이 글의 전개에 대해 소개하면, 제2절에서는 일본에서의 여성참정권 운동 시작의 경위를 간단히 정리한 후, 그것이 처해 있던 몇 가지 조건에 대해서 다른 나라의 사례를 염두에 두면서 그 특징을 파악하려 한다. 무조건 서양의 경우와 다른 점만을 강조하려는 것은 아니나, 후사에 등이 운동 전략을 수립할 때 고려하지 않을 수 없었던, 그리고 실제 중요하게 작용했던 당시의 조건들을 파악하는 것이다. 제3절에서는 앞에서 살핀 바와 같은 일본 부선운동이 놓인 상황과 조건에서 그들이 택한 활동의 기본 전략과 특징을 파악한 후, 그러한 부선운동 전략이 1924~1932년 사이의 정당정치 기간에

---

6   부선운동의 시대 구분으로서가 아닌, 당시의 시대 상황에 대한 객관적 설명을 위해 필요한 경우 '준전시기' 혹은 '전시기'라는 표현을 사용하게 될 것이다.

어떻게 전개되었는지를 고찰할 것이다.

2. 근대 일본 여성참정권 운동 개시의 경위와 환경

1) 근대 일본 여성참정권 운동 개시의 경위

1922년 말 신부인협회(이하 '협회')가 해산한 이후 여성계는 이합집산을 거듭했지만, 그럼에도 다음 목표가 여성의 본격적인 참정권 획득이라는 데에는 어느 정도 공감대가 형성되었다. 이미 '협회' 활동 막바지부터, 집회의 참가나 결사의 권리를 요구하는 수준을 넘어 '설령 여성이 참정권을 요구한다 해도 무슨 문제가 되는가'라면서 여성에게도 참정권이 필요하다는 목소리가 나오기 시작했던 것이다.[7] 여기에는 영미를 비롯한 세계 각국에서 여성에게 참정권이 이미 허용되고 있다는 사실과, 그에 관한 지식 및 정보가 일본에도 수입·보급된 영향이 컸다. 사실상 이름뿐이긴 했지만 1921년 7월 교풍회 산하에 이미 일본부인참정권협회(이하, 참정권협회)가 결성되었고, 1923년 2월에는 참정권을 위한 여성들의 대동단결을 주창하며 부인참정동맹(이하, 참정동맹)도 등장했다.[8]

---

7   이에 관해서는 이 책의 제3장에서 자세히 다룬 바 있다.
8   '협회' 해산 직후 '협회' 출신 몇몇이 부인연맹이라는 단체를 만든 데 이어, 1923년 초에는 여성들이 각종 의회운동을 위해 대동단결하자는 취지에서 부인참정동맹이 설립되었다. 그러나 교풍회는 여기에 참가하지 않았고, 수개월 후 발생한 간토대진재를 계기로 탄생한 부선획득동맹이 이후 부선운동을 주도하게 되면서 부인참정동맹의 존재감은 약해졌다. 그러나 부인참정동맹은 여성이 변호사가 될 수 있도록 '변호사법'을 개정하고 메이지대학 여자부 개설에도 공헌하는 등의 성과를 남겼으며, 1927년부터는 '민법' 개정을 위한 청원운동도 전개했다(児玉勝子, 1981: 90~93).

그러나 실제로 여성참정권 획득을 위한 여성계의 본격적인 대동단결이 이루어진 것은, 1923년 9월 간토대진재 발발 당시 정부 요청에 따라 여러 여성단체들이 연유 배달 등 구호 사업에 참여한 것이 계기가 되었다. 재해로 인한 위급 상황에서 당국의 요청에 따라 교풍회를 중심으로 여러 단체의 여성들이 모였고, 이때 시작된 구호 사업은 1923년 9월 28일 흩어져 있던 여성단체들을 대동단결시킨 도쿄연합부인회(이하, 도련부회) 결성으로 이어졌다. 그리고 이것이 다시 한번 여성참정권을 위한 연대의 필요성을 환기시켰음은, 아래 가네코 시게리의 증언에서도 확인된다.

> [간토대진재 후의] 부인의 활동이 구호로부터 부흥으로 옮겨가자 '소실 유곽의 재흥을 허용할 수 없다'라든가 '소학교의 재흥 운운'한다든가, 자연히 여자의 입장으로부터 구체적인 의견을 갖게 되는데, 이것을 실현하려고 하면 한 표가 없는 것이 이를 방해한다. 참정권의 필요가 절실하게 통감되었던 것이다. 거기에 한편으로 제50의회에서는 오랫동안 기다려온 남자 보선이 통과될 것이라는 전망이 섰다. 그렇기에 '지금 새로운 운동을 일으키지 않으면 어떻게 하나!'라는 매우 절박한 기운이 각자의 가슴을 뛰게 했다(進藤久美子, 2014: 71에서 재인용).

'대진재' 후 복구 과정을 거치면서 새삼 참정권의 필요를 절감한 여성들 사이에서 대對의회운동을 위해 힘을 합하자는 목소리가 높아졌고, 이것이 1924년 12월 부인참정권획득기성동맹회의 결성으로 이어졌다. 이전 '협회'를 비롯한 여성들의 의회운동에 대해, "[의견을 모아서] 함께 오라"던 의원들의 주문을 반영한 것이기도 했다(≪婦選≫, 1927.7: 1).

새로운 조직에 참가하는 단위를 '단체'가 아닌 '개인'으로 정하여, 소속 단체와 상관없이 누구나 개인 자격으로 가입할 수 있게 했다는 점에 '동맹'의 가장 큰 특징이 있었다. 그리고 이 새로운 단체의 목표는 오로지 '부인참정권'

획득으로 단일화하기로 했다. 이로써 종래 손잡기를 꺼리던 참정동맹과 참정 권협회 회원뿐 아니라 여성참정권 획득을 원하는 사람이라면 누구라도 '동맹' 을 통해 '대동단결'할 수 있게 되었다(進藤久美子, 2014: 72). 그리고 남자 보통 선거를 허용하는 법안이 의회를 통과한 직후인 1925년 4월에는 "부선 없이 [진정한] 보선 없다婦選なくして普選なし"라는 뜻을 담아 부선획득동맹(이하, '동맹') 으로 이름을 바꾸게 된다.

교풍회 출신 총무이사 구부시로 오치미를 비롯해 회무이사 이치카와 후 사에, 회계이사 나카자와 미요中沢美代의 체제를 갖추고, 중앙위원으로 가네코 시게리金子しげり=山高しげり(1899~1977),[9] 가와사키 나쓰河崎なつ(1889~1966),[10] 간 토렛토 쓰네코[11] 등이 임원으로 이름을 올렸다. 이후 이들의 직책이나 구성은 종종 변하고 심지어 1930년에는 총무이사 오치미조차 '동맹'을 떠나 참정권협 회로 복귀하게 되지만, '동맹'의 중추적 존재로서 오랜 기간 변함없이 부선운

----

9   가네코 시게리(야마다카 시게리)는 사회운동가이자 정치가로, 주부지우사(主婦之友社) 등의 기 자를 거쳐 부선획득동맹에 참가하고, 모성보호연맹의 조직과 '모자보호법' 제정에도 기여했다. 전시 중에는 부인시국연구회에도 참여했으며, 전후에는 이치카와 후사에와 함께 전후대책부 인위원회를 결성하고, 이른바 '미망인'과 '지역'의 문제에 관심을 기울였다. 1962년 참의원 의 원이 되었다.

10 가와사키 나쓰는 교육자이자 사회운동가로, 나라여자고등사범학교에 이어 도쿄여자고등사범 학교에서 수학하고, 도쿄여자고등사범과 도쿄여자대학 등에서 교편을 잡았다. 1921년에는 요 사노 아키코 등과 함께 문화학원(文化学院) 설립에 관여하고 교사로 일했다. 사회운동에도 참 여해 도쿄연합부인회, 부선획득동맹 등에서 활동했으며, 전후 사회당 소속으로 출마해 참의원 의원이 되었고 일본모친대회에도 힘을 쏟았다(井上輝子他編, 2002).

11 간토렛토 쓰네코는 아이치현 출신의 그리스도교 운동가로, 여학교 교사로 재직 중이던 1898 년 미국대사관 직원이었던 영국인 에드워드 간토렛토(Edward Gauntlett)와 결혼했다. 당시 일 본은 국제결혼 규정이 없었기에, 영국 국적을 취득한 후 결혼했다. 교직에 몸담으면서 교풍회 회원으로 활동, 부선운동에도 참여했다. 범태평양부인회의 회장을 역임하는 등 국제무대에서 도 활약했으나, 아시아·태평양전쟁 중에는 총동원 체제하에서 일본부인단체연맹 회장이 되었 고, 전시 중에는 남편과 함께 일본으로 귀화했다. 1946~1953년 제6대 교풍회 대표로서 패전 후 교풍회의 부흥에 힘썼고 전쟁 협력의 반성으로부터 호헌·평화운동에 진력했다(井上輝子他 編, 2002).

동을 전개함으로써 일본 부선운동의 상징적 존재가 된 사람은 후사에였다. 이 글에서는 기본적으로 후사에의 주장과 활동이 '동맹'을 비롯한 부선운동계의 주장과 활동을 의미하는 것으로 간주해 논지를 전개하려 하는데, 이는 바로 이상과 같이 부선운동에서 후사에가 실제 수행했던 역할의 중요성 및 그로 인한 역사적 상징성 때문이다.

2) 근대 일본 여성참정권 운동의 환경과 조건

메이지유신 후 일본이 적극적으로 서양 열강의 정책과 문화를 수용하고 모방했던 것은 주지의 사실이다. 하지만 여성 관련 정책, 특히 여성의 참정권에 관해서는 다른 모습을 보였다. 이미 일본에게 동경의 대상이었던 영국과 미국뿐 아니라 세계 여러 나라에서 여성에게 참정권이 주어지던 1920년대 초반, '협회' 활동을 통해 간신히 정치 집회 참여의 자격은 획득했지만 여전히 정치단체에 가입할 권리조차 없던 일본 여성에게 참정권은 요원한 것이었다.

부국강병과 문명개화를 위한 야심 찬 개혁 정책을 통해 이미 많은 분야에서 ─ 이른바 '탈아입구脫亞入歐'라는 메이지시대 이래의 목표가 달성되었다고 할 정도로 ─ 서양 열강과 어깨를 나란히 하던 일본이었지만, 여성과 관련한 정책에서만큼은 세계 5대 열강이라는 위상에 걸맞지 않게 뒤떨어져 있었다. 국제사회에서 일본이라는 나라 자체의 위상과 ─ 그 절반을 차지하는 ─ 일본 여성의 지위가 이토록 '어긋난' 상황을 배경으로 일본 부선운동은 출발했던 것이며, '동맹'의 여성들도 이러한 사실을 충분히 인식하고 있었다.

부선운동 출발 당시 이를 둘러싸고 있던 혹은 부선운동이 놓여 있던 국내외의 환경은 이후 부선운동의 전략을 수립하거나 변화를 모색할 때에도 영향을 미치게 되는데, 그 '환경'이 어떠한 것이었는지에 대해서는 아래와 같이 세 가지로 정리할 수 있다.

첫째, 부선운동 전개 당시 목표로 삼거나 참고할 만한 구체적인 성공 사례들이 시기적으로나 접근성의 면에서나 비교적 '가깝게' 존재했다. 특히 제1차 세계대전 직후, 총력전 당시의 공헌을 인정받아 오랜 숙원이었던 참정권을 부여받게 된 영국과 미국 여성의 사례는, 일본의 부선운동가들에게 참정권 획득에 대한 희망을 주었을 뿐 아니라 구체적인 학습의 대상이 되었다.[12] 그중에서도 '동맹'의 활동에 가장 큰 영향을 미친 것은 미국의 사례였는데, 이는 후사에의 경험과 관련이 깊다.

후사에가 1921년 협회를 떠나 미국에 도착했을 때, 마침 그곳에서는 여성들이 참정권 획득에 성공해 유권자로서 혹은 정당인으로서의 본격적인 정치 활동을 시작하려던 참이었다. 후사에는 미국 여성참정권 운동의 주역들을 직접 만나거나 관련 기관과 행사 등을 방문, 귀국 후의 활동을 위한 지식을 축적할 수 있었다. 특히 "꼭 부선운동을 하세요. 노동운동은 남자 손에 맡겨두면 됩니다. 부인의 일은 부인이 아니면 할 사람이 없습니다. 여러 일을 한꺼번에 해서는 안 됩니다"라던 미국 여성참정권 운동의 주역 앨리스 폴Alice Paul(1885~?)의 조언이, 자신의 운동에 큰 영향을 미쳤다고 후사에 스스로 회고할 정도였다(市川房枝, 1930.9).[13] 후사에가 일본으로 귀국한 것은 여성계가 협력을 모색하던 1924년 1월의 일이었으니, 이후 '동맹'의 조직과 활동에서 그

---

12   ≪부선(婦選)≫에는 "英国婦人と参政権", "英国の婦選", "海外婦選ニュース", "英国の男女平等参政権", "米国婦人は婦選を如何に行使しつつあるか" 등 영미 부선의 사례를 소개하는 글들이 꾸준히 소개되었다.

13   후사에는 미국 체류 당시 '시카고 부인클럽'에 가입해 여성들이 선거나 정치를 다루는 것을 지켜볼 수 있었고, 참정권 획득 달성 후 정치 교육을 목적으로 결성된 '부인유권자동맹(National League of Women Voters)' 본부를 방문, 부선운동을 시작하는 단계부터 이미 부선운동 '이후'의 운동에 대한 책임감을 느낄 정도였다. 그 외에도 다양한 여성단체들을 방문해 자료를 수집했고, 세네카폴스에서 열리는 미국 남녀평등대회(Equal Rights Convention) 제75주년 기념대회에도 참가해 깊은 인상을 받았다(市川房枝, 1974: 103, 118~120).

가 가져온 최신 정보가 중요한 참고가 되었으리라는 점은 충분히 짐작할 수 있다.

서양 사례에 관심을 가진 것은 후사에만이 아니었다. 교풍회에 속한 그리스도인으로서 서양의 정보에 쉽게 접할 수 있었던 총무이사 오치미 역시, 아래와 같이 참정권과 관련해 서양의 사례를 언급하고 있었다.

이들 나라 중 이미 29개국이나 부인의 참정권을 인정해서 남녀평등하게 국가의 의무와 책임을 지우며, 특히 영국조차 최근 남녀 연령의 차이를 철폐한 지금 …… 일본에서는 부인의 참정권은커녕, 그 생존권조차도 거부하는 듯한 인권 무시의 질곡이 쇼와시대인 오늘날까지 이어지고 있으니, [이처럼 여성을 존중하지 않는다면] 결코 세계에서 일본의 지위를 높일 수 없습니다(久布白落実, 1928.11, 줄임은 인용자).

이처럼 오치미는 서양 여성과 비교해서 낮은 일본 여성의 지위가, 국제 사회에서의 일본의 지위에도 영향을 줄 것이라고 지적했다. 서양에서 여성참정권이 실현된 것이 일본 부선운동의 동기이자 명분이 된 것이다. 더 나아가 '동맹'의 여성들은 영미의 여성들이 참정권을 획득하기 위해 사용했던 방법, 그리고 실제 여성에게 참정권이 주어지게 된 경위에 대해서도 충분히 알 수 있었다.

언제까지라도 참을성 있게 남자에게 요구하는 운동을 장려한다. …… 1914년 드디어 세계대전의 선전포고가 내려지자 그때까지 폭동을 계속하고 있던 부인들도, 기타 각 부인단체도 일제히 참정권 운운하던 입을 닫고 모두 함께 국가 위기에 직면해 무엇인가 국가를 위해 하지 않으면 안 된다고 생각했다. 그리고 수천 명의 여자는 군대에 입대해 땅으로 바다로 하늘로, 전선의 배후에서 남자를 도와 이를 보완했던 것이다. …… 지금 영국은 부인의 힘이 없었으면 전쟁을 그 긴 시간 동안

지속하는 것이 크게 어려웠을 것이라고 진심으로 생각한다. 전쟁이 끝나자 관대한 남자들은 이미 부인에게 참정권을 주어도 좋을 것이라고 했다. 그때 비로소 부인에게 오랜 기간의 운동과 전쟁에서 과시한 힘에 의해 처음으로 참정권이 주어졌고 ······(デームイ·デイス·リットルトン, 1929.12, 줄임은 인용자).

이 글은 부선운동이 본격화한 후의 기사이기는 하지만, 이상과 같은 정보를 접할 수 있었던 일본의 부선운동가들은 전례가 없는 여성참정권 획득이라는 목표를 향해 기약 없는 싸움을 벌여야 했던 영미의 여성들과 달리 여성참정권의 실현이 결국은 시간문제라는 확신을 가지고 출발할 수 있었을 것이다.[14] 이러한 사실이 부선운동의 방법 혹은 전략을 선택하는 과정에 영향을 미쳤을 뿐 아니라, 심지어 달성 이후의 상황까지를 '예지豫知'해 대응하게 하는 근거로 작용했던 것이다.

둘째, 부선운동 기간 내내 일본의 정치는 불안정했고 정치 체제조차 극단적으로 변화했다. 즉, 부선운동이 본격화할 1920년대 중반은 정당정치를 비롯 근대 일본에서 가장 자유·민주의 분위기가 고조된 시기였지만, 정당이 정치를 주도하는 정당정치는 오래가지 못했고, 군부의 영향력이 강한 파시즘 정권을 거쳐 사실상 독재정권이라 할 수 있는 대정익찬에 이르기까지 짧은 기간 동안 정치 체제가 급변했기에 '동맹'의 부선운동도 그와 부침浮沈을 같이 해야 했다.

---

14   흥미로운 점은, 서양에서 여성에게 참정권이 부여되었던 사실에 관심을 가진 것은 부선운동가들뿐 아니라 일본 정부도 마찬가지였다는 사실이다. 1918년 8월 내무성에서는 제1차 세계대전 당시 서양 여성의 역할과 영국 여성참정권 운동(suffragist groups)의 동향에 관한 242쪽 분량의 보고서를 작성했다. 서양의 사례를 전제로 일본 여성들이 부선운동의 전략을 세웠다면, 이를 마주하는 일본 정부와 정당의 남성들도 서양의 사례를 이미 파악하고 대응했던 셈이다 (Garon, 1997: 126).

근대 일본에서 가장 대표적인 정당은 정우회로, 1900년 이토 히로부미에 의해 만들어져 '반反정당의 정당'이라는 비판을 받을 정도로(井上壽一, 2012: 4~5) 보수적인 색채가 강한 편이었다. 그러한 정우회에 대항해 한동안 다양한 정치세력들이 명멸했지만, 1927년 정우회 다나카 기이치田中義一(1864~1929) 내각의 성립은 민정당이 등장하는 직접적 계기가 되었다. 민정당은 반反정우회라는 기치 아래 여러 정치세력이 연합해 결성되어, 보수적인 정우회에 대항해 '의회 중심 정치'를 표방하는 등(井上壽一, 2012: 35~37) 각종 사안을 둘러싸고 줄곧 정우회와 대립각을 세우게 된다.

1920년대 중반부터 1930년대 초반까지 '동맹'의 여성들은 여성참정권의 획득을 위해 주로 이들 양대 정당을 상대해야 했다. 즉, 이들 양대 정당의 의원을 대상으로 관련 법안의 의회 제출을 촉구하고 제출된 법안을 지지해 줄 부선 우호 세력을 만들어야 했던 것이다. '치안유지법' 등으로 언론과 사상이 통제되는 근대 일본에서, 가정을 지켜야 할 ─ 것이 당연시되는 ─ 여성들이 밖으로 나와 부선운동을 위한 단체를 조직하고 후원금을 모아 활동하는 것이 결코 쉬운 일은 아니었다.

그러나 그보다 더 부선운동을 어렵게 한 것은, 운동을 전개해야 할 상대가 신뢰하기 어려울 뿐 아니라 심지어 그 존재 자체마저 불안정하다는 점이었다. 그나마 부선운동이 가장 활발했던 정당내각 시대조차, 1927년부터 1932년까지의 약 6년 동안 집권 여당이 정우회-민정당-정우회로 약 2년마다 교체될 정도로 그 수명이 짧았기 때문이다. 정권이 바뀔 때마다 '동맹'은 부선에 대한 종래의 약속이 깨질 수 있다는 불안감, 혹은 새로운 정권이 이전 정권보다 부선을 더 지지할 수도 있다는 기대감으로 동요했다.

심지어는 불안하게나마 부선운동의 상대가 되어주었던 정당정치의 시대가 오래 지속되지도 못했다. 1932년 5·15사건 이후로는 정당내각이 아니라, 군인이나 관료를 수상으로 해 정당인을 비롯한 다양한 인사들로 조각되는 협력내각(거국일치내각)이나, 아예 정당과는 무관한 초연내각의 시대가 이어졌다. 정·민 양당은 여전히 의회의 절대 다수를 차지하고 있었지만, 강한 군부의 압력 속에 더 이상 의회에서 부선에 관해 의미 있는 역할을 하는 일은 없었다. 그리고 1937년 7월의 중일전쟁 발발 이후로는 이른바 총동원 체제로, 1940년에는 모든 정당들이 해산하고 대정익찬회에 합류하는 이른바 대정익찬 체제로 나아가게 된다.

이처럼 약 20년의 짧은 기간 동안 정세가 급격히 변화했기에 부선운동도 살아남기 위해 전략의 수정과 적응이 필요했다. 서양에서 제1차 세계대전 당시 정부에 협력한 대가로 여성에게 참정권이 주어졌다면, 마찬가지로 일본에서도 여성들이 전쟁에 협조한다면 참정권이 주어질 것인가? 서양에서와 같은 '공식'을 적용한다면, 정치 체제가 바뀌고 정부 정책의 주요 어젠다가 변화할 때 '동맹'도 그에 협력할 필요를 느낄 수밖에 없는 상황이었다.

셋째, 부선운동 시기가 마침 근대 일본에서 생활의 근대화 혹은 합리화의 시점과 중첩되고 있다. 일본이 개항과 메이지유신 등을 거쳐 본격적인 근대화를 추구하는 과정에서, 근대적 도시의 건설뿐 아니라 서양의 생활문화 전반을 수용해 모방하려 했던 것은 주지의 사실로, 굳이 다시 설명할 필요가 없을 정도다.

생활에 관한 관심은 19세기 후반 근대화의 시작과 거의 동시에 시작되었지만 하루아침에 달성될 수 있는 것은 아니어서, 1920년대~1930년대에도 생활문제는 여전히 '생활 개선', 혹은 '생활 합리화'라는 명목하에 여성들의 주요 관심사 중 하나로 남아 있었다(小関孝子, 2015). 주부를 비롯한 여성들을 대상으로 생활 개선의 필요성을 계몽하거나 관련 정보를 공유하기 위해 20세기 초부터 ≪부인지우≫와 같은 잡지가 발행되었고, 그 결과를 실물로 직접 확인할 수 있는 생활개선박람회 등도 당국의 협력 속에 정기적으로 개최되고 있었다. 이 책의 제4장에서 이미 확인했던 것처럼, 1923년 간토대진재 이후에는 면적의 절반 이상이 불탄 도쿄라는 공간을 새롭게 구획하고 재건해야 하는 등, 가정의 수준을 넘어 정부 혹은 지자체 차원의 도시 계획이나 행정의 일부로서도 생활의 문제는 중요한 관심사 중 하나였다.

따라서 근대 일본에서 '생활'은 그 자체가 여성과 정부, 혹은 지자체 등 공적 기관이 연결될 수 있는 현안이 될 수 있었다. 주부들이 자신이 책임진 가정이라는 사적 공간을 더 나은 공간으로 만들기 위해 생활 개선에 매달릴 때, ─ 간토대진재 이후 도쿄의 사례에서 보듯 ─ 지자체는 도시의 구획과 유통, 환경 등에서 더욱 효율적으로 작동하는 생활공간을 만들기 위해 부심했다. 여성들이 소비자로서 생활의 문제에 착목할 때, 이를 수용해 시정에 반영할 수 있는 시스템을 가진 지자체에 접근해 관계를 만들고자 하는 것은 자연스러운 일이었다. 한편으로 정부는 부국강병을 달성하고 가장 중심의 가정을 단위로 삼아 천황을 정점으로 하는 가족국가를 건설하기 위해서, 나아가 그 가정의 가장과 자녀를 효율적으로 전시에 동원하기 위해서라도 가정의 생활과 경제를 책임진 주부의 존재에 관심을 가졌다.

이러한 배경 위에서 '생활' 문제는 여성들의 사적인 바람과, 정부와 권력의 공적인 욕구가 큰 저항 없이 연결될 수 있는 지점이 되었다. 정치와 행정 혹은 전쟁 수행의 편의를 위해 정부가 여성들에게 요구하는 것은 대개 생활과 관련된 것이었고, 참정권을 얻어내기 위해 줄곧 정치인과 관료들의 기색을 살펴야 했던 여성계로서는 ─ 평소 자신들의 주된 관심사이기도 했던 ─ 생활과 관련된 노력을 요구받을 때 이를 거절할 명분이 없었을 것이다. 정부나 지자체의 생활 관련 요구란 대개 자신들에게도 유익한 내용이었거나, 설령 일시적인 불편함은 있더라도 최소한 국가와 정부에게는 도움이 된다는 명분이 있었기 때문이다.

3. 정당정치 시대 여성참정권 운동의 전개와 좌절

1) 부선운동 초기의 전략과 특징

이상과 같은 근대 일본의 상황과 조건에서 후사에와 '동맹' 등은 어떠한 방식으로 부선운동의 전략을 수립하고 활동을 전개했을까? 그 특징은 아래와 같이 여섯 가지로 정리할 수 있다.[15]

첫째, 불법 혹은 폭력적인 방법의 사용을 배제하고 철저히 준법에 의거한, 평화적인 방법으로 일관했다. 즉, 국가나 정부와 '대결'해 목적하는 바를 쟁취하겠다는 인식 없이, 오로지 국가가 규정한 규정 안에서 운동 방법의 '합법성'에 줄곧 연연했던 것이다(国武雅子, 1996). 의회를 향한 입법운동이 실제 유효했던 정당정치 시대에는 준법의 영역을 벗어날 이유를 느끼지 못했을 것이고, 비상한 각오 없이 정권에 맞서 의견을 내기 어려웠던 중일전쟁 발발 이후의 강압적 분위기에서는 준법의 영역을 벗어나는 부선운동을 생각하기 어려웠을 것이다.

하지만 1932년 정당정치가 붕괴한 후 군부와 파시즘이 대두하면서 긴장감이 고조되기 시작했던, 즉 부선운동가들에게 종래의 운동 방법을 고수하는 것이 타당한지를 놓고 이견과 갈등이 있을 법했던 — 만주사변 발발 이래 중일전쟁 발발 전까지의 — 이른바 준전시기에도 부선운동을 위해 '동맹'이 권력이나 군부에 저항하는 모습을 보였던 사례를 찾기는 쉽지 않다. 만주사변 발발 후 오래지 않아 전쟁과 군부를 비판하는 후사에의 발언이 실린 '동맹'의 기관지

---

15 각각의 특징은 대부분 운동 초기인 정당내각 시대에 해당되는 것이며, 이후 정세(政勢)와 전세 (戰勢)의 변화에 대응해 함께 변화해 간다는 점은 미리 밝혀둔다. 각각은 명확히 구분되는 것이기보다는 서로 연결된 것이기도 하며, 특별한 설명을 덧붙이지 않는 한 대부분 부선운동의 중추였던 후사에의 철학이 반영된 것이기도 하다.

≪부선≫(1932년 3월 호)이 판매 금지 처분을 받은 적이 있지만(市川房枝, 1932.4), 과격한 행동이라고 할 정도는 아니었고 부선과 관련된 활동의 결과는 더더욱 아니었다.

앞서 살핀 것처럼 후사에와 '동맹'의 운동가들은 영미에서의 여성참정권 운동에 대해 학습했고, 그로 인한 결과뿐 아니라 달성 후의 상황에 대해서까지도 파악하고 있었다. 영국에서의 여성참정권 운동 과정에서 일부 과격한 폭력이 있었던 것 역시 알려진 사실이었다. 그러나 부선을 위한 운동의 구체적인 방법을 선택해야 했을 때, 영미에서 여성들에게 참정권이 부여된 직접적인 이유가 다름 아닌 제1차 세계대전 당시 여성들의 협력이라는 점, 즉 국가가 위기에 처했을 때 후방에서 남자들을 적극적으로 도왔기 때문이라는 점이 그들에게는 가장 의미 있는 정보였을 것이다. 성과를 예측할 수 없는 상황에서 여성참정권 획득을 위한 운동을 벌여야 했던 영미의 운동가들은 합법과 불법을 넘나드는 다양한 방법을 사용해야 했지만, 시작에 앞서 사실상 결과를 이미 알고 있었던 일본의 여성들로서는 여성참정권 획득을 위해 굳이 불법적 혹은 폭력적인 방법을 취할 이유가 없었던 셈이다. 실제 후사에는 영국에서 폭력적인 운동이 있었음을 충분히 인식하면서도 그렇게 과격한 방법이 일본에는 적합하지 않다는 데 동의하고 있었다(≪婦選≫, 1930.2: 12).[16]

둘째, 대對정당, 대對의회 입법운동을 활동의 중심으로 하되, 철저한 대정당 중립주의를 원칙으로 삼았다. 이는 첫째로 제시한 '평화' 원칙과 직결되는 것이기도 했다. 후사에를 비롯한 '동맹'의 대표들이 부선을 호소하기 위해 양당의 정치인을 찾아가 면담하는 일은 드문 일이 아니었고, 그 대상에는 사회

---

16 1930년 민정당에 의해 제한공민권안이 제출되었을 때, '동맹' 안에서도 여성참정권을 위해 목숨을 걸었던 영국의 여성들에 비해, 일본에서는 이를 위해 희생한 자가 없다는 자성의 목소리가 나오기도 했다(小泉郁子, 1930.9). 그러나 실제 과격한 행동으로 나아가는 일은 없었다.

당이나 일본농민당과 같은 소규모 무산정당까지도 포함되어 있었다(市川房枝, 1928.2). 이들의 주된 활동은 의원들을 만나 부선의 당위성을 설득하는 것, 그 결과 의회에 관련 법안을 제출하도록 요청하는 것이었으며, '동맹'의 활동이 너무나 의회 중심으로 이루어진 나머지 매년 12~(이듬해)3월의 정기의회 기간을 제외하면 활동을 하지 않는다는 오해를 받을 정도였다(塩原静, 1928.11).

의회에서 법률안이 처리되기 위해서는 이를 제출하도록 의원들을 설득하는 것뿐 아니라 제출된 법률안이 의회에서 통과될 수 있도록 분위기를 조성할 필요가 있었기 때문에, 연말의 정기적인 국회 개원 이전에는 더 적극적으로 움직여야 했다. 선거 기간에는 부선에 호의적인 혹은 부선을 지지하는 후보에 대한 지지를 선언하거나 그들을 위한 유세를 전개함으로써, 정계에 부선 지지 세력을 확대하려 노력했다.

정당과 정치인을 향해 적극적으로 접근하는 한편으로는 ─ 매우 아이러니하게도 ─ 모든 정당과 거리를 유지하면서 중립을 고수하는 것을 원칙으로 했다. '동맹' 발족 당시부터 "부인참정권 획득을 위해 의회에 대한 직접 운동과 일반에 대해 여론을 환기하는 운동을 전개"(「婦人參政權獲得既成同盟会創立総会案内状」)할 것을 '목표'로 삼으면서, "정당·정파에 대해 절대 중립의 입장을 유지"(「婦人參政權獲得既成同盟会宣言書·規約等」) 것을 '규약'에 담았던 것이다. "정당과는 교섭할 뿐 특정 정당에 의존하지 않는다"라는 원칙은 후사에가 거듭 강조했던 바였다(市川房枝, 1927.3).

그렇다고 해서 '동맹'이 정당과의 관계에 결벽적이거나 이상을 고수하려 했던 것은 아니었다. '동맹'은 "주로 정당을 상대로 하고, 그 당략黨略으로서 하루빨리 부선이 이용되도록 운동"하는 것이 필요하다며, 정당이 부선을 정략적으로 이용하는 것에 대해 열린 태도를 보였다(≪婦選≫, 1927.6: 1). 다만 이것이 정당에만 유리하게 이용되어서는 안 되고 오히려 자신들이 정당을 이용해야 한다는 점을 상기시키며, 정당과의 관계 속에서 지혜롭게 부선을 달성할 것을 다짐하고 있었던 것이다.

1928년(1차), 1930(2차), 1932년(3차) 보통선거로 치러지는 중의원 총선거에 지방선거까지 더하면 사실상 거의 매년 선거가 실시되는 가운데, '동맹'은 정당에 대한 엄정중립 원칙과 부선 지지세력 확대라는 목표를 가지고 선거에 임했다. '동맹'은 소속 정당이나 여타의 정책과 무관하게 오로지 후보의 '부선'에 대한 태도 혹은 여성으로서의 입장을 기준으로 지지 후보를 결정해 리스트를 공개하고, 멀리 지방까지 지원 유세에 직접 나섰다. 이러한 초당파적 전략이 타당한 것이었는지 혹은 부선에 유익한 것이었는지에 대해서는 당시에도 의견이 엇갈려, 히라쓰카 라이초, 오쿠 무메오 등으로부터 비판을 받기도 했다(進藤久美子, 2014: 87).

셋째, 의회와 대중을 향해 여성참정권 인정을 설득하기 위한 논리로서 남녀평등 등의 보편적 가치보다 부선 실현에 따른 이익을 강조하는 '실용'적인 태도를 취했다. 물론 여성참정권 주장이 남녀평등에 기반하고 있다는 점은 '동맹' 설립 당시부터 천명했던 바이지만, "우리 여성은 이미 우리가 한 개인으로서, 한 국민으로서, 국가의 정치에 참여하는 것이 얼마나 당연하고 필요한지 그 이유에 대해서는 **말하지 않겠다**"(「婦選獲得同盟宣言・規約」, 강조는 인용자)라고 한 것은, 여성참정권의 당연함을 표하기 위한 수사였겠지만, 일견 실제 상황을 표현하는 것처럼 보이기도 할 정도다.

후사에는 여전히 부선의 필요성을 자각하지 못하는 대부분의 여성을 향해, "부인의 생활과 정치가 얼마나 밀접한 관계에 놓여 있는가, 또 부인이 정치에 참여하는 것에 의해 어떠한 결과를 가져올 수 있는가"(市川房枝, 1927.9)를 자각시키고자 노력했다. 후사에의 부선에 대한 신념을 상징하는 표어로 널리 알려진 "부선은 열쇠다婦選は鍵なり"는 부선이 더 나은 단계로 향하는 문을 열기 위한 열쇠에 해당한다는, 즉 부선 달성을 통해 산적한 각종 '부인문제'를 해결할 수 있을 것이라는 의미를 함축한 말이었다. 후사에 스스로도 여

성참정권이 "구미에서는 부인의 인간의 권리로서의 요구"인 데 비해, "일본에서 참정권은 오히려 수단"으로서, "오늘날 현존하는 봉건적 법률 제도 및 기타 부인 및 아이에게 불리한 법률 제도를 수정·폐지"하기 위해 주장되는 것이라는 점을 인식하고 있었다(市川房枝, 1930.6).

그러나 부선의 실현을 위해 실제로 설득해야 할 대상은, 자각하지 못한 다수의 여성뿐 아니라 여성참정권 부여 여부를 결정할 수 있는 실권을 가진 남성 정치가와 그들의 결정에 영향을 미칠 대중이었다. 남자만으로 이루어진 정당과 의회 정치인, 그리고 대중에게 여성참정권의 필요성을 납득시키기 위해서는 아래와 같은 논리가 동원되어야 했다.

> 남자만으로 일가가 유지되는 것이 아니고, 또한 국가가 성립하는 것도 아닙니다. 남녀가 공동으로 하는 힘, 즉 공동의 책임을 짐으로써 국가가 성립하는 것이기에, 따라서 권리도 공동으로 부여하지 않으면 안 됩니다(山川房子, 1927.3).

얼핏 보면 남녀평등의 주장과 유사해 보이지만 실제로는 미묘하게 다르다. 가정이나 국가가 남녀 공동의 힘에 의해 비로소 성립하는 것이니 그러한 '필요'로부터 여성에게도 공동의 '책임'을 지워야 한다는 것, 그리고 그러한 책임과 표리를 이루는 권리(참정권)도 함께 주어져야 한다는 논리다. 이는 일본의 국민을 낳아 키우는 '현모'로서의 역할을 제대로 수행할 수 있도록, 즉 우수한 국민을 만들기 위해 여성에게 정치에 참여할 권리가 주어져야 한다는 요시오카 야요이(1871~1959)[17]의 주장과도 연결된다.

---

17 요시오카 야요이는 근대 일본에서 보기 드문 여자 의사로서, 도쿄여의학교(東京女医学校, 현 도쿄여자의과대학)의 설립자이기도 하다. 시즈오카현(静岡県) 출신으로 소학교 졸업 후 상경, 당시 유일하게 여자도 입학 가능했던 사립의학교 제생학사(済生学舎)에 입학했고, 1892년 의술개업 시험에도 합격해 의사면허장을 받았다. 도쿄지성학원(東京至誠学院)에서 독일어를 수

부인이 이러한 남자의 지배에 있으면 결국 함께 쓰러져 버리고 맙니다. 일본인을 구하려면 아무래도 부인이 정치에 참여할 필요가 있습니다. 또한 부인은 단지 부인으로서만이 아니라, 다음으로는 국민의 어머니입니다. 그러한 부인에게 어떠한 권리도 주어지지 않는다면, 자애로운 어머니는 될 수 있어도 현명한 어머니賢母는 될 수 없습니다. 현모에게 키워지지 못하는 아이가 열등한 국민이 되는 것은 당연합니다(吉岡彌生, 1927.12).

때로는 일본이 처한 구체적인 문제 앞에서 여성의 협력 혹은 정치 참여의 필요성을 강조하기도 했다. 예를 들면 1920년대 후반 민정당 정권하에서 경제 위기가 심각해졌을 때, '동맹'의 기관지인 ≪부선≫에는 "정부는 하루라도 빨리 …… 신속하게 부인공민권을 비롯한 모든 부인의 정치적 자유를 해방함으로써, 진정한 부인의 힘을 이용해 이번 국난 타개의 임무의 일단을 수행케 할 책임을 자각하라"(≪婦選≫, 1929.11: 5)라는 내용의 기사가 실렸고, 총무이사인 오치미는 하마구치 오사치浜口雄幸(1870~1931) 수상을 대상으로 한 글에서 다음과 같은 의견을 표하기도 했다.

여자에게 그 책임의 범위를 조금 더 넓혀주었으면 한다. 그리고 부엌의 경제가 얼마나 국가에 직접 영향을 미치는 것인지를 평소부터 이해해 주었으면 한다. …… 우리는 권리로서 요구한다는 것이 아니라, 오히려 우리의 책임 범위의 확장으로서

학 중에 원장인 요시오카 아라타(荒太)와 결혼, 1897년 지성의원을 개설했고 1900년 지성의원 내에 도쿄여의학교를 창립했는데, 이는 1912년 도쿄여자의학전문학교로 승격했다. 그는 1931년 도쿄여의학회 회장으로 취임했고, 여성의 사회적 지위 향상을 추구해 1937년 교육심의회 위원, 1939년 국민정신총동원중앙연맹이사(여성 유일), 1942년 대일본부인회 고문, 대일본연합여자청년단 이사장 등을 역임했다. 전후에는 전시 중의 국책협력에 대한 책임을 추궁당해, 1947년 교직 추방 처분을 받아 교장을 사임했지만 1951년 추방에서 해제되어 이듬해 도쿄여자의과대학 학장으로 취임했다(井上輝子他編, 2002).

요구하는 것이다(久布白落実, 1928.11).

이처럼 부선의 필요를 '실용'에서 찾는 논리의 언설은 정당정치 시대에 정당 정치인과 대중을 설득하기 위한 수사로서 빈번하게 등장하지만, 의회 정치가 와해된 이후 그러한 경향이 더 강해졌으리라는 사실을 짐작하기는 어렵지 않다. 군부와 파시즘이 지배적인 사회에서 남녀평등과 같은 당위적 선언이 받아들여질 리가 만무했고, 정권에 혹은 전쟁 수행에 도움이 된다는 점을 강조하지 않을 수 없었을 것이기 때문이다. 하지만 근대 일본에서 가장 평화롭고 심지어 민주적이었던 정당정치 시대에조차 '실용'을 주된 근거로 부선의 필요성을 논해야 했던 사실은, 근대 일본 사회에서 여성에게 드리워진 규범과 굴레가 어느 정도였는지 혹은 얼마나 내면화되었는지를 시사하는 것이라고 할 수 있다.

넷째, 부선운동의 일환으로서 여성에 대한 정치 교육을 중시했는데, 여기에는 정치에 대한 지식의 보급뿐 아니라 각종 선거운동에 참여하도록 여성들을 독려하는 것도 포함되었다. 정치 교육이 의회운동과 더불어 부선운동의 양대 축이라 할 정도로 많은 공력을 기울인 것에는 이유가 있었다. 여전히 많은 여성들이 참정권의 필요성을 자각하지 못하고 있었기에 그들을 각성시킬 필요가 있었고, 여성참정권을 반대하는 주된 입장인 이른바 '시기상조론'의 주요한 논거가 바로 여성들에게 정치적 소양이 부족하다는 것이었기 때문이었다.

'동맹'은 남자교육과 마찬가지로 여학교 교육 과정 중에도 정치 교육의 내용을 편성할 것과, 학교를 이미 벗어난 일반 여성을 대상으로도 정치 교육을 포함한 공민 교육을 실시할 것을 지속적으로 주장했다(久布白落実, 1928.8). '동맹'의 여성들 스스로가 여성의 정치 교육에 적극 참여해 주기적으로 연구회·간담회 등을 개최했고, 규슈九州에서 홋카이도北海道까지 전국 각지를 순회하는 정치 강연에 나서는 것도 마다하지 않았다. 실제 선거에서는 이른바 선거숙정選擧肅正, 즉 부정선거 감시 활동을 전개했고, 가족 등 주변 유권자를 향해 바른 한 표의 사용을 독려하는 계몽활동도 잊지 않았다.

흥미로운 점은 여성에 대한 정치 교육은 물론 유권자 교육과 선거운동 참여 등이 아직 참정권이 부여되지 않은 '무권자無權者'를 상대로, 혹은 무권자에 의해서 이루어지고 있었다는 점이다. 이는 앞서 설명했던 일본 부선운동의 환경 가운데 첫 번째로 제시했던 것처럼, 이미 다른 나라들의 사례를 목도하고 그 역사를 파악한 후에 시작된 후발주자였던 것,[18] 그중에서도 후사에의 미국 체류 경험과 관련이 깊다. 1920년대 초 미국에서 여성참정권이 실현된 후의 상황을 이미 목격했던 후사에는 여성을 위한 정치 혹은 유권자 교육의 필요성을 절감했음을 반복적으로 고백하고 있으며, 여성이 정당에 입당할 경우의 손익이나 정당 안에서의 여성의 역할과 같은 여성과 정당의 관계에 대해서도 일찍부터 고민하고 있었다.[19]

다섯째, 부선에 대한 대중적 지지 확대와 인적 네트워크 구축을 위해 생활운동·사회운동 등으로 활동의 영역을 확대해 갔다. 이는 이 글의 제2절 2항에서 설명했던 것과 같이 생활의 개선과 합리화가 사회적으로 주된 관심이 되고 있던 당시 상황을 반영한 것이었다. 후사에는 과거 '협회' 시절 대의회 활동의 경험을 통해 정치인과 정당의 약속을 신뢰하기 어려운 만큼, 정치 상

---

18   후사에는 이미 "婦人参政権運動の婦人運動に於ける地位"(市川房枝, 1925.3)라는 장문의 기사를 통해 서양 각국에서의 여성참정권을 둘러싼 움직임과 그 역사를 심도 있게 소개할 정도였다.

19   후사에는 미국 체류 당시부터 귀국 후까지 "婦人有権者連盟の会合を膨張して: 米国婦人は参政権を如何に行使せんとして居るか"(1921.12), "米国婦人有権者同盟の揚げている綱領"(1922.1), "最近に於ける米国婦人運動の方向: 参政権行使についての観察"(1922.2), "最近の米国婦人界"(1924.7~9) 등의 글을 통해, 미국 여성들의 참정권 획득 이후의 역사를 꾸준히 전하고 있었다.

황의 변화에도 쉽게 좌우되지 않을 정도로 부선에 대한 대중의 지지가 필요하다고 여기게 되었다. 그렇다면 대중의 관심과 지지를 끌어낼 수 있는 사회적 이슈를 '동맹'이 앞장서서 견인해야 했다. 이를 위해 1929년 가스요금 인하를 위한 소비자운동을 시작으로, 쓰레기 처리나 도매시장의 업자 선정 등의 문제에도 적극적으로 의견을 개진하는 등, '동맹'은 도시문제, 사회문제, 평화문제 등으로 관심과 활동의 영역을 확대해 갔던 것이다(鹿野政直, 1974).

이 글의 제2절 1항에서도 언급했던 것처럼, '동맹'은 설립 당시 오로지 '부선'만을 유일한 목적으로 삼고 그 외의 문제들은 관심에 따라 각자가 속한 다른 단체를 통해 해결하기로 했다. 하지만 바로 '부선'이라는 공통의 유일한 목적을 달성하기 위해서라도 '동맹'이 다양한 사회문제에 개입하지 않을 수 없었다. 특히 1932년 5·15사건 이후 중앙 의회에서의 부선운동이 어려워지면서는 아예 소비자운동, 사회운동을 '동맹'의 주요 활동으로 포함시켜 이에 더욱 집중하게 되는데, ─ 이 글의 제3절 2항에서 살피게 될 것처럼 ─ 정당정치 시대부터 이러한 운동 영역의 확대는 이미 시작되었다.

여섯째, '동맹'은 부선운동을 위한 '대동단결'을 명분으로 태어났고, 실제 운동의 전개 과정에서도 줄곧 여성들의 연대와 협력을 중시하는 경향이 있었다. 특히 후사에는 '부선을 위한 최대한 폭넓은 연대'를 추구했는데, 이는 다음과 같은 두 가지 방향에서 설명되었다. 하나는 최대한 많은 여성과 단체가 '부선'을 목적으로 연대할 수 있도록 다른 장벽을 최소화한다는 것이고, 또 다른 하나는 ─앞의 내용을 뒤집은 것이기도 한데─ 여성계의 폭넓은 연대를 위해서는 모든 여성에게 보편적인 바람이 될 수 있는 '부선'이야말로 최적의 이슈라는 의미이기도 했다. 부선이라는 목표가 계급이나 직업의 차이를 넘어 최대 다수의 지지를 얻기에 좋은 여성계의 공통된 그리고 시급한 문제라는 것이었다(市川房枝, 1925.3).

하지만 당시 상황에서 부선 획득을 위한 여성들의 대동단결이란 결코 쉬운 일이 아니었다. 일단은 '치안유지법'으로 상징되는 당시의 사회 분위기를 무시할 수 없었다. 1925년 의회에서 보통선거 법안이 통과된 후 1928년 보선 실시를 앞두고 다수의 무산정당이 잇달아 출현했고, 그들 대부분이 부선에 관심을 보였다. 하지만 그와 함께 — 탄생한 언론과 사상을 억압하는 근대 일본의 대표적 악법인 — '치안유지법'[20]의 존재는, 여성들이 사회주의 정당이나 무산정 당과 적극적으로 연대하기를 주저하게 만들었다(菅原和子, 2002: 126). 정부나 권력기관으로부터의 곱지 않은 시선뿐 아니라 여성계 안에서도 이에 대해 부 정적인 목소리가 적지 않았고, 부선운동의 주축이 대부분 상당 수준의 교육 을 받은 부르주아이자 이른바 신중간층에 속하는 여성들이었다는 사실도 계 급을 뛰어넘는 무조건적인 연대를 어렵게 했을 것이다. 그럼에도 영미에서 여성들의 분열로 참정권 획득이 지연되었다고 생각했던 후사에는 부선을 위 한 여성의 대동단결, 혹은 여성의 대동단결을 위한 부선이라는 원칙을 부선 운동 기간 내내 포기하려 하지 않았다.

2) 정당정치 시대 부선운동과 잠재적 좌절

이제까지 근대 일본 여성참정권 운동을 둘러싼 국내외적 환경과 조건 그리고 그로 말미암은 부선운동의 전략과 그 특징을 다소 평면적으로 정리했다면, 이하에서는 시간 순서에 따라 운동이 전개되는 양상을 살피되, '동맹'만이 아 니라 그 상대가 되었던 정당과 정치인의 입장을 함께 고려해 입체적으로 접

---

20   1925년 4월 제정된 '치안유지법'은 '국체의 변혁' 혹은 '사유재산 제도의 부인'을 목적으로 하
      는 결사에 관련된 행위(조직, 참가, 원조 등)를 엄격히 금지한 법률로, 공산주의 및 그 주변의
      운동 조직은 이 법률에 의해 사실상 해산되었고, 반체제적인 경향을 갖는 것으로 간주된 문화
      운동이나 종교운동도 단속의 대상이 되는 등, 정부는 이 법률을 통해 국민 의식을 통제·통합하
      려 했다. '치안유지법'은 패전 후인 1945년 10월 폐지되었다.

근하려 한다. 다만 이 글에서는 일단 부선운동의 발생부터 달성의 기대가 최고조에 이르렀던 정당정치의 시대(1924~1932)에 한정해 고찰한다.

(1) 정당내각과 여성 공민권 실현 가능성의 고조

'동맹'이 본격적인 활동을 시작했던 1920년대 중반은 1918년 하라 다카시 내각의 성립 이래 차근히 발전해 온 정당정치가 정착했다고 할 수 있는 시기로, 특히 1927년 중반 반反정우회를 기치로 내걸고 다양한 세력이 연합한 민정당이 창당되면서 정우회와 민정당에 의한 양당 정치가 본격화했다. 이 시기 부선운동을 위한 주된 활동이란, 안으로는 줄곧 조직의 기반을 다지고 학습을 통해 내실을 강화하며 밖으로는 정치인을 만나 입법을 설득하면서 부선의 필요성에 대해 여성과 대중을 계몽·교육하는 것이었다. 1927년에는 기관지 ≪부선≫도 창간되었다.

이러한 노력은 부선에 대한 지지 확대라는 성과로 이어져, 부선의 주장을 낯설어하던 정계와 대중의 반응도 조금씩 변해갔다.[21] 1927년 말에는 "부인참정권 주장도 일반적"(市川房枝, 1927.12)이 되었다고 당사자들이 느낄 정도였다. 호의적이라고까지는 할 수 없지만, 활발하게 전개된 부선운동의 성과이든 여성참정권이 부여되기 시작한 국제적인 분위기의 영향이든, 당시의 일본 사회가 여성참정권 주장에 조금씩 익숙해져 갔던 것은 사실이었다.

여성의 결사권, 공민권, 참정권 부여를 허용하는 내용을 담은 이른바 '부선 3안'은, 제50의회(1924년 12월~1925년 3월)에 최초로 제출된 이래 매번 약간

---

21 1926년 부선에 대해 여학교 교장의 의향을 설문한 결과를 보면, 여성의 참정권을 '남자와 마찬가지로 즉시' 부여해야 한다는 응답이 52명이었던 데 비해, 즉시 부여해서는 안 된다는 응답이 128명이었다. 반대 이유로서는 사회적·정치적 지식이 없다, 감정적이다, 남자보다 열등하다는 등 여성의 성격과 능력(性能)을 언급한 것 외에, 아예 필요가 없다는 응답도 보인다(≪婦選≫, 1927.11: 3).

씩 변화가 있기는 하지만 제59의회(1930년 12월~1931년 3월)까지 거의 빠지지 않고 제출되었다. 처음에는 특정 정당과 제휴하지 않고 오로지 부선을 위해 정치인을 이용한다는 '동맹'의 원칙에 따라, 소속 정당과 무관하게 부선을 지지하는 개별 의원들의 협력을 얻어서 이루어졌다. 그런데 1928년 중반부터 종래 부선에 별다른 관심을 보이지 않던 정당들의 태도가 변하기 시작했고, 이는 다나카 기이치 내각의 인기 하락에서 비롯된 것이었다.

정우회는 최초의 보통선거[22]로 치러진 1928년 2월 20일의 중의원 총선거에서 여당으로서는 패배라고 할 수 있는, 야당인 민정당보다 겨우 한 석 많은 박빙의 결과를 받아들었다. 그에 이어 제2차 산둥山東 출병, 장쭤린張作霖 폭사 사건 등으로 맹렬한 공격을 받아 정권이 위기에 처하자, 정우회는 인기 만회를 위해 부선에 대해, 구체적으로는 부선 3권 중 '공민권'에 대해 본격적으로 고려하기 시작했다. '동맹'은 정우회의 정략적인 의도를 충분히 알면서도 "시대의 흐름에 순응해서 어쨌든 이(여성 공민권 부여 – 인용자)를 내건 용기를 평가하며, 무사히 가능한 한 좋은 내용으로 제출될 것을 희망한다"(≪婦選≫, 1928.7: 1)라고, 부선 획득에 대한 기대를 숨기지 않았다. 그러나 야당인 민정당이 "공민권조차 상조尙早"라며 반대했을 뿐 아니라[23] 부선 실현을 위한 가장 중요한 위치에 있는 내무대신內相 모치즈키 게이스케望月圭介(1867~1941)마저 '상조론'을 표명하면서, 결국 연말 정기의회(56회)는 별다른 성과 없이 끝났다.

그럼에도 성과가 전혀 없었던 것은 아니었다. 모치즈키의 반대로 인한 좌절이 "신기하게도 올해의 부선운동을 통일하고 또 구체화"하는 효과가 있었던 것이다(≪東京朝日新聞≫, 1929.1.27) 부선이 처음으로 정당 정책으로 본격

---

22 지방선거까지를 포함하면, 1927년 부현회(府県会) 선거가 최초의 보통선거지만, 이 글에서 '보통선거'란 중의원 총선거를 기준으로 한다.

23 이에 대해 '동맹'에서는 "정우회가 옳다고 하면 그르다고 하고, 정우회가 붉다고 하면 하얗다고 하는 태도일 뿐"이라며 민정당의 일관성 없는 태도에 대해 탄식했다(≪婦選≫, 1928.9: 1).

거론되었던 것 자체가 부선운동의 목표를 좀 더 명확히 하고, 또 그 실현을 현실감 있는 것으로 여겨지게 했다.

중국에서의 잇단 실정, 특히 장쭤린 폭사 사건의 처리를 둘러싼 천황과의 갈등으로 다나카 수상이 1929년 7월 사임하자, 새로운 내각을 구성하라는 천황의 '대명大命'은 민정당의 하마구치 오사치에게 내려졌다(市川房枝, 1931.5b).[24] 앞서 야당 시절 부선에 대해 상조론을 피력하긴 했던 민정당이지만, 본래 정우회보다 진보적으로 의회 정치를 중시한다는 정당의 성격뿐 아니라(≪婦選≫, 1929.7: 1), 민정당의 경제 정책 기조가 이노우에 준노스케井上準之助(1869~1932) 대장대신大藏大臣으로 대표되는 긴축 정책이었던 만큼, 가정 경제를 책임진 여성들의 협력을 끌어내기 위해서라도 부선을 허용하지 않을 수 없을 것이라는 기대가 높아졌다. 하마구치 내각이 8000만 엔의 긴축 정책을 표방했던 만큼 근검절약과 국산 장려를 위해서는 여성들의 힘이 필요할 것으로 여겼고, 아래와 같이 이를 근거로 내각을 향해 부선을 요구하려 했던 것이다.

부인들로 하여금 그야말로 국가를 위해 정부의 이 운동에 참가하게 하려면, 우선 부인으로 하여금 국민으로서의 자각을 갖게 할 필요가 있다. …… 만일 진정 부인이 자각해 서게 하려는 것이라면 우선 부인을 법률상으로 일개 국민으로서 승인하는 것이 선결 문제이며……(≪婦選≫, 1929.8: 1, 줄임은 인용자).

실제 내무대신이었던 아다치 겐조安達謙藏(1864~1948)는 여성 대표단을 접견해 근검절약과 국산 장려 등에 여성의 협조를 요청했고, "대전大戰 당시의

24 　일반적으로 총리를 임명하는 절차는 천황이 내대신에게 다음 총리를 누구로 할 것인지를 타진하고, 내대신은 이를 원로(元老) 사이온지 긴모치(西園寺公望)와 상의하도록 청한다. 천황은 사이온지의 추천을 받아 낙점, 조각의 '대명'을 내리게 되는 것이다. 이를 '대명강하(大命降下)'라고 한다.

영국 부인과 같이, 부인이 이번에 크게 활약한다면 요구를 하지 않더라도 [여성에게 공민권이] 주어질 것"이라는 말을 흘리기도 했다(市川房枝, 1929.10).[25] 이는 앞서도 언급했듯, 당시 일본의 남성 정치인들도 서양의 사례를 전세로 부선운동가들의 바람에 대응하고 있었음을 보여준다.

그러나 민정당 내각에 대한 높은 기대와 달리 '동맹'의 인사들은 경제 관련 위원회에 초대받지 못했고, 부선은 민정당의 주요 10대 정강에도 포함되지 못했다. 또한 정권 교체 후 처음 맞이한 1929년 말의 정기의회(57회)는 새롭게 집권한 하마구치 수상에 의해 회기 중에 해산되었기에, 부선과 관련해서 별다른 성과를 기대할 수 없었다. 하지만 이듬해인 1930년 2월 총선거(2차 보선)에서 여당인 민정당이 압도적인 승리를 거두고 내각에 이어 의회까지 장악하자, 다시 한번 부선 실현에 대한 기대가 높아졌다.

실제 선거 직후 열린 4월의 특별의회(58회)에는 부선 3권 중 공민권안과 참정권안이 상정되어, 그중 공민권안이 양당 의원의 압도적인 표를 받아 사상 최초로 중의원을 통과하는 일이 있었다.[26] 비록 귀족원에서 심의 미료審議未了로 끝나 마지막 단계에서 무산되고 말았지만, 일단 중의원에서 공민권안이 통과되었던 만큼 다음 의회를 향한 전망과 목표가 명확해졌다. 연말에 있을 정기의회(59회) 전까지 귀족원 의원들을 설득하는 것, 혹은 그를 위한 여론 조성만이 남은 것이었다. 여당인 민정당은 물론이고 야당인 정우회조차 과거

---

25   전국간사이부인연합회가 주최한 전일본경제대회에서의 축사 내용. 그러나 당일 부선에 대한 논의 요구는 "참정권 등은 대체로 다이아몬드와 같은 것으로, 지금 받아도 쓰기가 어렵다. 이와 같은 경우 부인이 크게 활약하면 조용히 있어도 위로부터 내려올 것이다"라는 반대에 부딪혀 유야무야 묻히고 말았다.

26   이는 각각 '시제 중 개정법률안(市制中改正法律案)', '정촌제 중 개정법률안(町村制中改正法律案)', '홋카이도회법 중 개정법률안(北海道会法中改正法律案)'으로, 조문 가운데 "제국 신민으로 연령 25세 이상인 남자(帝国臣民タル年齢二十五年以上ノ男子)"를 "연령 25세 이상의 제국 신민(年齢二十五以上ノ帝国臣民)"으로 수정하는 내용이었다(児玉勝子, 1981: 190).

다나카 내각 시절에 부선을 적극 고려했던 것을 떠올리면, 양당 모두 이렇게 부선에 호의적인 의회 분위기가 다음 회기에 금세 바뀔 것이라 상상하기는 어려웠기 때문이다.

(2) 선거의 참여와 부선운동의 확대

한편으로 '동맹'은 이상과 같은 대의회 운동과 병행해 선거운동 참여와 계몽운동, 심지어 대중운동을 통해 부선 지지층의 확대를 시도하고 있었다. 다나카 내각하에서의 1928년 제1차 보선, 하마구치 내각하에서의 1930년 제2차 보선 당시 '동맹'의 여성들은 정작 자신은 참정권이 없음에도 불구하고 다양한 방식으로, 심지어 유권자인 대부분의 남성들보다 적극적으로 선거에 참여했다. 그리고 이러한 선거 참여는 평소 부선운동가들이 간담회나 강연의 형식으로 지속해 온 여성 정치 교육의 연장선상에서 이루어지는, 정치 교육의 실천과 경험의 축적을 위한 것이기도 했다.

특히 1928년 총선거는 일본 역사상 최초의 보통선거였을 뿐 아니라 '동맹'으로서도 설립 이후 처음 맞이하는 본격적인 선거였기에, 이를 향한 각오도 남다를 수밖에 없었다. 선거에 임하면서 '동맹'은 다음과 같은 내용을 결의했다. 첫째, 각 정당 및 후보자를 향해 부선을 정강에 포함하도록 요구한다. 둘째, 부선을 정강에 포함하는 자에게 응원 연사 파견 및 추천장을 발송한다. 셋째, 유권자를 향해 기권, 매수, 기타 부정행위에 좌우되지 말고 깨끗한 한 표를 행사하도록 요구한다. 넷째, 부인을 향해 제삼자로서 선거를 감시하고 유권자들이 그 권리를 이상적으로 행사하게 하도록 노력할 것을 요구한다(「婦選獲得同盟の総選挙に対する声明書」).

그러나 정당이나 정책보다는 '부선 지지 여부'를 가지고 후보를 판단하려는 '동맹'의 방침에 대해서는, 같은 여성들 사이에서도 비판적인 의견이 없지 않았다(進藤久美子, 2014: 87). 도쿄대학 교수였던 요시노 사쿠조吉野作造(1878~

1933)가 정계에 다른 중요한 문제가 많음에도 "부선에 찬성이라고만 하면 상대가 도둑이든 뭐든 상관하지 않는" 것은 "경악할 폭거"라고 후사에에게 서한을 띄울 정도였던 것을 보면(市川房枝編, 1977: 289), 선거에 임하는 '동맹'의 자세는 분명 논란의 여지가 있었다.

1930년 제2차 보선이 실시될 때의 상황은 – 특히 부선운동과 관련해서는 – 2년 전의 선거 때와 사뭇 달라졌기에, '동맹'이 선거에 개입하는 방식도 변화하지 않을 수 없었다. 이미 1928년 정우회가 당 차원에서 여성 공민권 부여를 진지하게 검토했던 만큼 이전처럼 관련 법안을 의회에 제출해 줄 만큼 부선에 호의적인 의원을 찾아 당선을 위해 노력할 필요가 없어졌기 때문이다. 총선거 실시가 결정되자 '동맹'은 후보에 대한 직접적인 응원보다는 선거혁정選舉革正에 집중할 것이라는 내용의 성명서를 다음과 같이 발표했다.

> 우리는 이번 총선거에 대해서는 지난번의 응원·추천의 방법을 버리고, 오로지 부인의 입장에서 선거혁정의 운동에 전력을 기울여, 전국 부인을 동원해서 선거혁정의 근간인 매수의 근절, 기권의 방지, 기타 교육운동에 임하려 하는 것이다.
> 이렇게 해서 우리는 제2차 보선의 달성에 협조함과 동시에, 이를 통해 부인의 정치적 의식을 높이고 이로써 부선 실현의 기운을 촉진하고자 한다(児玉勝子, 1981: 183에서 재인용).

본래 '동맹'의 여성들이 선거에서 지원한 의원들의 힘만으로 부선을 획득하는 것은 요원한 일이었다. 정우회와 민정당 모두가 – 비록 당의 지지 확대를 위한 전략이기는 해도 – 부선을 고려하기 시작한 이상, 선거에서 '동맹' 여성들의 관심과 운동의 중심이 지지 의원 당선보다는 이른바 선거혁정 혹은 선거의 정화로 이동하는 것도 이상한 일은 아니었다. 보통선거가 막 도입된 직후였던 만큼 대부분의 유권자에게 정치에 대한 이해나 선거 경험이 없었고, 따라서 권력이나 금권에 의해 표의 향배가 좌우되기 쉬운 상황이었기 때문이다.[27] 실제 그러한 선거를 통해 정계로 진입한 정치인들의 수준은 실망스러운 것이기도 했다.[28]

하지만 그처럼 실망스러운 상황이야말로 여성의 정치 참여가 부패한 선거와 정치의 숙정에 도움이 될 것이라고 여성참정권을 정당화하는 논리로 연결될 수 있었고, 후사에 등은 실제 그러한 시도를 했다. 예를 들면 첫째, 여성에게 참정권이 주어져 유권자의 수가 늘어나는 것만으로도 유권자의 매수가 어려워지고, 둘째, 여성은 본래의 성격이나 그간의 선거를 지켜본 경험 때문에 매수와 같은 악습에 좀처럼 빠지지 않으며(≪婦選≫, 1930.1: 94), 여성의 정치 참여가 의회에서의 폭력을 배제하는 데에도 도움이 될 것이라는 식이었다 (市川房枝, 1931.3).[29]

'동맹'이 정치인과 대중에게 부선의 정당성 혹은 여성의 사회적·정치적 역할의 중요성을 각인시키는 또 하나의 방법은, 대중과 밀접한 생활문제를 해결하기 위해 직접 나서는 것이었다. 기억할 만한 시도로서는 도쿄가스회사를 상대로 전개했던 소비자운동이 있다. 1929년 원료(석탄)의 가격 하락 및 제반 상황의 변화로 인해 기업의 이익이 증가한 것을 근거로 도쿄 시의회가

---

27 보통선거(남자) 도입 후의 혼란과 부패의 양태는, 역시 부선의 실시도 같은 문제를 가져올 것이라는 시기상조론자에게 좋은 구실이 되었지만, 반대의 논리로 사용될 수도 있었다. 즉, 어차피 보선의 실시 전에도 부선에 대해서와 같은 우려가 있었으나 실시 후에는 그 정도로 큰 문제가 아니었고, 문제가 있다면 이는 여성의 정치 참가에 의해 오히려 완화될 것이라는 식의 논리였다. 남자 보통선거의 실시 결과가 부선운동에는 양날의 검으로 작용했던 셈이다.

28 예를 들어 1928년 말 도쿄시회는 정부(내무대신)에 의해 해산당했는데, 최초로 보선을 통해 구성한 도쿄시회에서 부패(汚職)사건으로 인해 전체 88명 중 3분의 1을 훌쩍 넘는 31명의 출석이 불가능해져, 의결 정족수를 채울 수 없게 되었기 때문이었다(児玉勝子, 1981: 171~172).

29 실제 의회(59회)에서 유혈 사태가 벌어지는 일이 있었고, 후사에는 "현재 일본의 의회는 아이러니하게도 오히려 폭력 긍정의 상징과 같다"라고 비판하면서 의회 폭력 근절을 부선의 명분으로 삼기도 했다.

가스요금 인하와 계량기 사용료 폐지 등 결의한 후, 이를 도쿄가스회사에 요청했다. 그런데 독점기업인 도쿄가스회사는 — 주요 사안에 시의 승인을 얻어야 하는 입장이었음에도 — 시의회의 그러한 결의 및 요청을 무시했을 뿐 아니라, 도리어 1억 엔의 증자와 250만 엔의 공로금 지출을 시에 요구하는 적반하장의 태도를 보였던 것이다(児玉勝子, 1981: 178).

'동맹'은 당연히 시의 입장을 지지하는 입장에 섰다. '동맹'에서는 "정치가 부엌을 좌우하는 것이니 따라서 부인이 정치에 간여해야 한다는 말이 많다. …… 이에 여기 거론된 가스 문제는 그 의미상 그야말로 도쿄 부인·시민의 분기奮起에 의해 해결되어야 할 성질의 것"이라며 도쿄시에 협력했는데, "이러한 힘이 시 전체의 부인을 자각시켜 바로 시민의 행복한 생활을 일보 진전시킨다면 그것이야말로, 진정 바람직한 일"이라고 자평하기도 했다(≪婦選≫, 1929.5: 1). '동맹'은 부인단체 가스 문제 협의회를 개최해 여러 여성단체와 함께 가스요금 인하 연합운동 전개를 결의하고, 연설회, 전단 살포, 회사 앞 데모 등의 활동에 나섰으며, 가스요금공탁동맹을 결성해 요구가 관철될 때까지 요금납부를 거부하는 운동을 전개하기도 했다.

결국 증자는 불허되지만, 가스요금 인하 및 계량기 요금 철폐는 미해결 상태로 남았다(市川房枝, 1929.12). 하지만 '동맹'으로서는 생활과 관련된 문제를 가지고 더 많은 여성 및 단체와 협력해 기업과 정계를 향해 일치된 목소리를 낼 수 있었고, 참정권이 없으면서도 시정에 협력하는 유의미한 경험도 할 수 있었다. 그 외에도 불량 우유에 대한 불매운동이나, 도쿄시의 먼지 문제 등 생활문제에 관심을 보인 것은(≪婦選≫, 1927.7: 2; 竹内茂代, 1929.10), 그 자체가 여성들의 정치적 자각으로 연결되거나, 참정권 행사에 앞서 실제적인 실력 행사를 통해 여성들의 의견을 시정에 관철시키는 경험이 될 수 있었다. 그리고 이러한 경험을 축적하는 것은, 장래에 참정권을 얻으면 여성의 힘이 얼마나 더 효과적일 것인지에 대해 — '동맹'의 운동가 스스로에게는 물론 일반 여성과 대중에게도 – 보다 구체적인 상상과 논의를 가능하게 했을 것이다.

후사에와 '동맹'은 국제사회와의 연대도 게을리하지 않았다. 일찍부터 영미에서의 여성참정권 획득에 관한 정보를 수입해 학습했다는 사실은 앞서도 소개했던 바와 같지만, '동맹' 발족 후에도 국제사회와의 교류, 혹은 해외 부선운동가들과의 연대를 지속했다. 1929년 하와이 호놀룰루에서 열린 제1회 범태평양부인회의에 파견된 약 25여 명의 일본 측 참가자 중에는 후사에가 포함되어 있었다. 대회 참석자들은 귀국 후 국제연락부인위원회를 조직했고, 1930년 8월 제2회 대회(호놀룰루)에서는 "모든 태평양 제국 부인 상호 간의 이해와 우정을 심화시켜 평화의 연대를 강화할 것"을 목표로 하는 범태평양부인협회가 설립되었다. 1934년 8월 제3회 대회(호놀룰루), 1937년 7월 제4회 대회(캐나다 밴쿠버)에 파견된 일본 대표 중에도 후사에 혹은 '동맹' 관계자가 포함되어 있었다(進藤久美子, 2014: 182~186). 이러한 움직임은 만주사변 이후 국제 사회에서 일본의 입지가 좁아지는 가운데 여성들이 평화 실현을 위해 국경을 넘어 협력하자는 취지의 것이었지만, 앞서 생활운동과 같이 부선운동 기반 강화를 위한 영향력 확대, 나아가 부선에 도움이 될 지식과 네트워크의 확충을 위한 것이기도 했다.

부선을 위한 국제적 노력은 해외의 사례를 직접 찾아가 학습하는 적극적인 움직임으로도 나타났다. 제1회 대회에 참가했던 후사에가 약 열흘의 대회를 마친 후 적지 않은 경제적 부담에도 불구하고 굳이 미국 본토를 방문해 약 4개월 동안 체류한 것은 미국 대통령 선거를 시찰하기 위해서였다(児玉勝子, 1981: 169~170). 미국에서 여성참정권이 획득된 직후의 상황과 관련 행사를 지켜본 후 귀국해 부선운동을 시작했던 후사에는, 이처럼 '동맹'의 활동 중에도 꾸준히 해외 상황을 파악하고 연락하면서 부선 실현을 위해 국경을 초월한 연대를 유지했던 것이다.

(3) 제한공민권안을 둘러싼 갈등과 장래의 낙관

'동맹'의 노력과 정당의 정략적 선택이 더해진 결과, 1930년경에는 정우회와 민정당 모두 부선의 인정을 진지하게 고려하게 되었다. 일본이 모델로 삼고 있던 영미뿐 아니라 — 일본보다 뒤떨어졌다고 여겨졌던 — 몇몇 아시아 국가에서조차 부선이 인정되거나 고려되고 있다는 소식도 무시할 수 없었다(久布白落実, 1928.7).[30] 정부 차원에서 이미 영국의 여성참정권 부여에 관한 조사를 마쳤다는 점은 앞서 언급했던 바이기도 하다. 더구나 1930년 선거 직후 열린 특별의회(58회)에서 남녀 구분 없는 완전공민권안(이하, 완전안)이 이미 한 번 중의원을 통과했기에, 연말 정기의회(59회)가 열리기만 하면 — 부선 3권 중 하나에 불과하기는 하지만 — '협회' 이래 약 10년 동안 부단히 노력해 온 부선(공민권)의 실현이 거의 확실해 보였다.

그러나 선거를 통해 의회 절대 다수를 확보하게 된 하마구치 내각과 민정당의 태도는 '동맹'의 기대를 크게 벗어난 것이었다. 앞서 모치즈키에게 크게 실망했던 후사에 등은 새로운 아다치 겐조 내무대신에게 큰 기대를 걸고 있었던 것으로 보이지만(≪婦選≫, 1930.9: 23),[31] 그 역시 자신이 개인적으로는 부선을 지지한다고 인정하면서도 공식적으로는 아래와 같이 점진론의 입장에 섰다.

---

30 오치미는 "가장 가까운 이웃인 지나(중국)가 이미 남녀평등의 권리를 누리고 있는 것 등은 더욱 주목할 필요가 있다"라고 하고 있지만, 실제 당시 중국에서 여성에게 공식적으로 참정권이 주어진 것은 아니었다.

31 '동맹' 주변에서는 아다치 내무대신이 민정당의 선거혁정 관련 조사 항목에 부선을 포함시킨 장본인이라든가, 진보적인 인물이라든가, 그의 부인이 현명한 '양처현모'로서 남편이 부선에 찬성하는 데 영향을 미쳤다는 식으로 해석하면서 그에게 큰 기대를 걸었다. 반면 앞서 시기상 조론으로 부선을 좌절시켰던 정우회의 모치즈키 전 내무대신에 대해서는, 그가 부선을 이해하지 못하는 것은 아내가 없기 때문이라는 식으로 힐난하고 있기도 했다.

저는 역시 동서 사상의 차이도 있습니다만, 이 문제에 관해서는 점진주의를 취해서 일본의 양풍미속을 해치지 않게 하고 부인도 지방의 자치문제 등에 참여시켜 장래에 참정권을 주어도 무방하도록 진행해 가려고 합니다. 그리고 부인에 대해서 말하자면, 비교적 순리를 지킨다는 일종의 특징이 있고 또한 순한 편이며 일반적으로 수수한 면이 있고, 어떤 의미에서 본다면 보수적인 사상도 강합니다. 그래서 부인을 참여시킨 것 때문에 여러 사회 조직에 극단적인 변화 등을 일으키는 일 없이 소박하게 과거의 양풍미속을 유지해 가기 위해서라면, 저는 그쪽(점진론 – 인용자)이 좋을 것으로 생각합니다(≪婦選≫, 1930.7: 37~38).

'점진론'은 분명 – 사실상 부선을 반대하는 – '상조론'보다는 한 걸음 나아간 것이기는 했지만, 이러한 아다치의 태도는 '동맹'이 기대하는 바가 아니었다. 그가 입안을 준비하고 있던 것은, 여성에게는 지자체 가운데 상위의 '부현府縣'은 제외하고 하위의 시정촌市町村에 대해서만, 그것도 연령 등에서도 남자에 비해 차별적인 공민권만을 인정한다는 내용을 담은 이른바 '제한공민권안'(이하, 제한안)이었다.

이러한 소식이 들리자 후사에는 "극단적인 제한안의 통과는 도리어 전체의 진보를 방해하는 것"라고 강력히 반발하면서, "우리는 …… 이에 반대하고 완전공민권의 획득을 위해 노력하지 않으면 안 된다. 그를 위해[서라면 차라리] 1~2년 정도 늦어져도 된다"(市川房枝, 1930.7)라며 각오를 다졌다. 그는 정부의 제한안이 "부인을 저능(아) 취급"하는 것이며, "야시장에서 꽃값을 한없이 깎으려는 것과 같은 것"이라고 강하게 비판했다. 후사에는 중앙(참정권)과 지방(공민권)을 구분해서 일단 실현 가능성이 높은 공민권에 집중하는 정도는 현실적으로 어쩔 수 없다고 여겼지만, 공민권마저 제한안으로 통과된다면 이를 다시 완전안으로 개정하기는 난망할 것이라고, 여성참정권 획득 후에도 여성의 참정 연령 수정에 다시 10년의 세월이 걸린 영국의 사례를 들어 반대했다.[32] 사실 후사에는 공민권이 인정된 후 — 초기에는 당연히 있을 수밖에 없는 — 시행착오와 혼란이 부선 반대자에게 구실을 주어, 최종 목표인 여성의 '참정권' 획득을 불가능하게 할 수도 있다고 내심 염려하고 있기도 했다(市川房枝, 1930.8).

홍미로운 점은 공민권 실현이 가시화될 무렵, 즉 민정당에서 제한안을 제안하고 그 통과 가능성이 높다고 예측될 무렵부터 부선운동계의 분열 또한 가시화되기 시작했다는 점이다. '동맹'이 설립 당시부터 대동단결을 표방했다는 점은 거듭 언급한 바이지만, 특히 공민권 획득이 가시화되기 시작한 1930년 4월에는 각종 단체를 결집해 제1회 전일본부선대회를 개최, 공민권 획득을 향한 여성들의 열망을 대외적으로 드러냈다(児玉勝子, 1981: 186~190).[33] 의회를 향한 압력을 목적으로 한 것이었다.

그러나 거의 동시에 한편에서는 그와 반대되는 움직임도 나타났다. 같은 해 5월, 부선에 미온적이었던 보수적인 여성들이 요시오카 야요이를 중심으로 새롭게 부인동지회(이하, 동지회)를 조직했고, 6월에는 교풍회가 참정권협회 재건을 이유로 '동맹'의 총무이사였던 오치미를 교풍회로 복귀시켰다.[34]

---

32 제한안의 개정이 얼마나 쉽지 않은지, 얼마나 긴 시간을 요하는지는 '31세'의 여자 선거연령을 남자와 같은 '21세'로 낮추기까지, 1918년에서 1928년까지 약 10년이 걸린 영국의 사례를 통해 확인되었다(市川房枝, 1924.7~9). 공민권을 획득하더라도 참정권 획득까지는 다시 10년 정도가 걸릴 것으로 예상하고 있었던 후사에는, 만일 제한안을 수용한다면 완전안 획득까지 다시 10년이 걸릴 수도 있고, 그럴 경우에는 최종 목표인 참정권(을 비롯한 부선 3권) 획득까지는 앞으로 약 20년이 필요해진다고 생각했기에, 도저히 동의할 수 없었다.

33 1930년 처음 개최된 전일본부선대회는 2·26사건으로 계엄령이 발포된 1936년을 제외하고 1937년 제7회 대회까지 매년 개최되었다.

34 스가하라는 이러한 움직임이 부선운동가들을 분열시키기 위한 정부의 작전이라고 추측하며, 그 증거로 부인동지회 창립대회에 아다치 내무대신 등이 참가한 것을 든다. 부선운동가들 중에서 온건 세력을 분리시켜 체제 내로 편입시키려 했다는 것이다. 참정권협회가 협력에서 이탈한 것도 후사에가 무산부인 단체와 연대하는 것에 불만을 품었기 때문으로 본다(菅原和子, 2002: 143~144).

'동맹'이 부선을 위해 대동단결한 조직이라는 의미는 희석되고, '동맹'뿐 아니라 종래부터 존재했던 참정권협회와 참정동맹에 더해 새롭게 동지회까지 4개의 단체가 부선을 내걸고 경쟁하는 형세가 되었다. 이들 중에는 강경하게 제한안을 수용하려는 타협적인 입장도 없지 않았고, 실제 동지회는 아예 제한안 통과를 위해 움직이기까지 했다(≪婦選≫, 1930.8: 9).[35]

'동맹'의 반대에도 불구하고 1930년 말 정기의회(59회)에 정부와 여당인 민정당은 알려졌던 것보다도 더 후퇴한 내용의 제한안을 제출했고,[36] 이는 민정당 의원이 압도적 다수를 차지하는 중의원을 무난히 통과했다. 하지만 당시 의회에서 부선안의 처리를 놓고 전개된 장면은 여성들에게 정치, 혹은 정당정치에 대한 큰 실망을 안겨주었다. 이전 자신이 야당일 때에는 법안 심의를 위한 위원회에서 여성 공민권 부여를 주장했던 민정당의 의원이, 여당 의원으로서 위원회의 의장이 되자 점진론을 주장하고 있었다. 또한 여당일 때에는 '상조론'의 입장을 취했던 정우회가 야당이 되자 이번에는 남녀 구분 없는 완전안을 제출했다(兒玉勝子, 1981: 203).[37]

일찍이 후사에가 비판한 것과 같이, 양당에게 부선이란 "정당 자신이 부인 혹은 국가를 위한 충심衷心에서 그 실현을 바라는 것이 아니라, 공을 다투

35 같은 무렵 '전국정촌장회(全国町村長会)' 총회에서 여성 공민권 부여가 시기상조라는 결의를 하는 일이 있었다. 부선 단체들은 이에 대해서도 반대운동을 하려 했으나, 동지회는 여기에도 함께하지 않았다(≪婦選≫, 1930.10: 38~39).
36 제출된 공민권안은 다음과 같은 내용을 담은 것이었다. 첫째, 연령은 남자 20세(이전은 25세), 여자는 25세로 한다. 둘째, 주거 제한은 남녀 모두 1년(이전은 2년)으로 한다. 셋째, 범위는 여자만 [부현을 제외하고] 시정촌으로 한다. 넷째, 아내가 명예직에 당선될 경우 남편의 동의가 필요하다(『婦選』, 1931.3: 9~11). 처음에는 남녀 모두 20세로 할 것이라고 발표되었으나, 2월 1일 각의에서 각료의 반대로 인해 여자는 25세로 변경되었다.
37 정우회가 제출한 것은 앞서 제58특별의회에 제출되었던 것과 같은, '남녀 모두 25세'(당시 시행 중인 남자 25세와 여자도 같게 함), '주거 제한 1년', '범위는 남녀 모두 제한 없는' 등의 내용을 담은 완전안이었다.

는 경쟁[의 대상]일 뿐"으로, "[부선이 실현될 경우] 부인의 투표를 반대당에 주고 싶지 않은 마음에서 …… 한쪽이 손을 내밀면 다른 한쪽도 [마지못해 손을] 내미는 것과 같은 상태"(市川房枝, 1930.7, 줄임은 인용자)가 전개되고 있던 셈이다.

입법의 실권을 쥔 두 정당의 신뢰할 수 없는 태도, 막상 집권하면 종래의 약속을 파기하거나 소극적이 되는 정치인들에게 실망할 여유도 없이, 후사에 등은 제한안의 귀족원 통과를 저지하기 위한 활동에 나서야 했다. 상정된 제한안은 귀족원 위원회에서 수정 없이 5 대 3으로 가결되었는데, 세 명의 반대 표는 여성 공민권 부여에 대해 각각 상조론, 절대 반대, 제한안 반대(완전안 지지)라는 서로 다른 이유 때문이었다. 이러한 과정을 거쳐 제한안이 본의회에 상정되었지만, 아다치 내무대신의 관철 노력에도 불구하고 결국 64 대 184로 부결되었다(市川房枝, 1931.4).

제한적이라고는 해도 처음으로 여성의 정치 참여가 공식적으로 실현될 수 있는 최초의 기회였기에, 이러한 결과 앞에 후사에도 만감이 교차했을 것이다. 하지만 그는 제한안이 귀족원에서 부결된 것을 작은 승리라고 자위했다. 직후 열린 '동맹'의 제8회 총회에서는 '완전공민권 획득'을 제일의 목표로 두기로 결의했다(市川房枝, 1931.5a). 이제 부선 획득을 위해 조금만 더 노력한다면, 분위기상 1931년 연말에 있을 제60정기의회를 기다리기만 하면 될 것 같았다. 약속을 지키지 않는 정당의 태도에 실망하기는 했지만, 그래도 공민권 획득의 가능성이 역사상 가장 높아진 순간이었기 때문이다. 앞서 반대한 귀족원 의원 중 일부는 '제한안'이라서 반대한 것이었기에, '완전안'의 제출과 지속적인 설득이 − 이전 '협회' 활동 당시에 그랬던 것처럼 − 귀족원에서의 종래의 결과를 뒤집을 수 있을 것으로 기대되었다.

그러나 하필 이처럼 부선에 대한 기대가 일본 역사에서 최고조에 이르렀던 순간인 1931년 9월, 만주에서 관동군關東軍에 의한 무력 충돌이 발생했다. 만주사변의 발발이었다. 처음에는 이러한 소식이 '진짜 전쟁'의 우려를 낳기는 했지만, 당장 부선운동에 큰 영향을 준 것은 아니었다. 오히려 외무성과 대립하며 영향력을 확대하던 군부를 경계하면서, 여성의 정치 참여가 군부의 독재정치를 막아낼 것이라고, 부선이 필요한 근거를 하나 더 추가했을 뿐이었다.

후사에는 "부인이 정치에 참여하면 분명 군부를 억제할 수 있"으며, 이것이야말로 "우리가 참정권을 얻으려고 하는 목적의 가장 큰 것(이유 - 인용자) 중의 하나"라고, "우리의 부선은 부인 자신의 이기적 목적에서가 아니라, 지금의 국가를 구하기 위해 중대한 역할을 가지고 있는 것"이라고 부선의 필요성을 강조했다(市川房枝, 1931.10). 그는 아다치 내무대신의 결단을 기대하면서 전년과 달리, 이번에는 완전안이 통과될 것으로 낙관하기까지 했다(市川房枝, 1931.12).

하지만 이러한 기대는 응답받지 못했다. 정기의회 시작을 앞둔 1931년 12월, 경제 위기에 이어 만주사변 발발 이후의 사태를 제대로 수습하지 못한 여파로 민정당 내각이 붕괴했다. 조각의 대명은 정우회의 이누카이 쓰요시犬養毅(1855~1932)에게 내려졌고, 급격한 정치적 변동으로 인해 '동맹'이 그토록 기다렸던 연말의 정기의회는 부선에 관한 논의가 이루어질 분위기가 아니었다. 부선 관련 법안은 상정되지도 못했는데, 군비 증액이 의결되자마자 이누카이가 의회를 해산해 버렸기 때문이다. 선거를 통해 의회를 장악하기 위해서였다. 부선에 대한 정당의 입장과 정책이라는 것이 얼마나 정치와 상황에 의해 좌우되는 것이었는지를, 정당 정치인들의 부선에 대한 이해와 지지라는 것이 얼마나 피상적이고 이기적인 것인지를 보여주는 사태의 전개였다.

그러나 급변하는 정계의 상황도 '동맹'의 부선 실현에 대한 희망과 의지를 꺾을 수는 없었다. 후사에는 이누카이가 부선에 관심이 있다는 사실에 희망을 가졌다. 더구나 1932년 2월 총선거(3차 보선)에서 - 대부분의 선거에서 그러하듯 - 여당인 정우회가 승리를, 그것도 304 대 147로 압승을 거두자, 부선에 대한 기대가 더 높아졌다. 부선에 호의적인 수상에 이어 내각과 의회를 함께 장악한 강력한 여당이 출현한 만큼(市川房枝, 1932.1), 여당에 부선에 대한 의지만 있다면 이를 실현하는 것도 크게 어렵지 않을 것이었다. 심지어 그 여당이란 이전 의회에 '완전안'이라는, 민정당보다도 더 진보한 공민권안을 제출하기까지 했다. 만주사변의 발발 이후, 전선의 확대와 군부세력의 대두, 정치적 혼란과 정권의 교체 등 일련의 사태가 완전안의 정기의회(60회) 통과라는 부선 달성의 기대를 어긋나게는 했지만, 부선 획득의 가능성이 크게 낮아지거나 좌절된 것으로 여겨지지는 않았던 것이다.

　　그러나 선거 후 오래지 않은 1932년 5월 15일, 일부 청년 장교들이 쿠데타(5·15사건)를 일으켰다. 이누카이 수상은 살해되고 내각은 붕괴했으며, 이것으로 근대 일본에서 정당내각의 시대도 끝이 났다. 이제까지 의회와 정당, 혹은 정당내각을 상대로 부선운동을 전개해 왔던 후사에와 '동맹'으로서는 새로운 방식의 운동을 모색해야 하는 상황이 도래한 것이다.

4. '부선운동'이 놓인 시간적·공간적 특수성

이 글은 근대 일본에서 여성운동으로서 가장 대표적인 사례라 할 수 있는 여성참정권 운동, 이른바 '부선운동'의 역사를 이치카와 후사에와 그를 중심으로 하는 부선획득동맹을 중심으로 고찰하고자 했다. 종래 부선운동 연구가 주로 '전쟁 협력'의 기원을 찾으려는 관심에서 이루어졌던 것과는 달리, 이 글은 부선운동의 흐름을 운동의 상대가 되는 당시 일본 정치 체제의 변화와 그에 대한 부선운동계의 전략 수정으로 파악하고자 했다는 점, 그리고 이미 여성참정권을 획득한 서양에서의 전례를 학습한 것이 부선운동의 전략 수립에 큰 영향을 미쳤다는 사실을 강조한다는 점에 특징이 있다.

근대 일본의 부선운동은 아래와 같은 특수한 환경에서 전개되었다. 첫째, 후사에 등은 영미를 비롯한 서양 각국에서 총력전이라는 국가 위기 상황에서 정부에 협력한 대가로 여성에게 참정권이 주어졌다는 사실을 알고 있었고, 이를 통해 부선운동의 결과를 사실상 '예지'한 것이 이후 운동의 전략 수립에 영향을 미쳤다. 둘째, 부선운동이 상대해야 하는 것은 정우회와 민정당이라는 두 거대 정당과 그들에 의한 정당내각이었지만, 정권의 지속은 짧고 약속은 신뢰하기 어려웠을 뿐 아니라 정당정치의 존립도 불투명했다. 셋째, 당시 일본은 서양식의 합리적 생활문화를 적극 도입하고 있던 시기로, '생활'에 관한 중앙·지방 정부의 제안은 여성들이 거부하기 힘들거나 심지어 양자가 거부감 없이 연결되는 접점이 되기 쉬웠다.

이러한 배경에서 부선운동은 정당내각을 상대로 했던 출범 초기에 다음과 같은 전략을 택했다. 첫째로 서양 사례에 대한 학습에 근거해 ― 성공의 확신을 가지고 ― 평화적인 방법을 고수했고, 둘째로 대對의회운동, 즉 대對정당 중립주의에 입각한 입법운동(및 부선지지 후보자에 대한 선거 지원)을 펼쳤으며, 셋째로 부선의 근거로서 남녀평등이나 여성 인권과 같은 당위성을 주장하기보다 부선의 실현이 일본 사회와 남성을 위해 가져올 장점을 강조하는 경향이 있었다. 넷째로 ― 이 또한 선행학습의 결과로서 ― 부선 획득을 위해서뿐 아니라 실현 후의 미래까지를 염두에 둔 여성의 정치 교육에 힘을 기울였고, 다섯째로 대중의 지지를 확대하기 위해 사회적 주요 이슈인 생활·사회문제까지 활동 영역을 확대했으며, 여섯째로 부선을 위한 여성의 대동단결, 혹은 모든 여성을 아우르기 위한 부선운동을 지향했다.

그러나 이상의 전략이란 기본적으로 1924년 '동맹'의 설립 이래 1932년 5·15사건으로 정당내각이 붕괴하고 정당정치가 종말을 맞이하기 전까지를 대상으로 하는 것이었다. 이후 정당 정치인이 아닌 군인이 수상이 되어 내각을 구성하고 정·민 양당이 장악한 의회조차 파시즘과 군부의 압력을 받는 시기가 되자, '동맹'도 처음과 같은 방침을 고집할 수는 없었다. 즉, 정당정치가 와해된 이후, 특히 군부와 파시즘이 강력하게 대두하고 아시아·태평양전쟁이 본격화하면서 국내 정치가 재편될 때, 부선운동의 전략도 수정되지 않을 수 없었다. 바뀐 상대에 맞추어 부선운동의 방식을 수정한 결과는 '전쟁 협력'이 라는 혐의에서 자유로울 수 없게 된다.

제6장

여성참정권 운동의 딜레마, 1932~1945
운동의 지속과 전략의 변화

1. 전후 여성 공직 추방의 미스터리

제2차 세계대전이 끝난 후 일본 점령통치를 수행하던 GHQ가 1946년 1월 '공직에 적합하지 않은 자'를 정부 및 기업의 요직에서 추방하기로 하고 '공직에 관한 취직 금지, 퇴직 등에 관한 칙령'(='공직추방령')을 발포함에 따라, 1948년 5월까지 약 20만 명이 순차적으로 공직에서 추방되었다. 이는 전쟁범죄자와 직업군인뿐 아니라, 국가주의 및 유력 정치단체의 지도자나 금융기관의 임원 그리고 점령지의 행정장관 등을 대상으로 하는 것으로, 사실상 일본의 침략전쟁에 대한 책임을 물은 것이었다.

흥미로운 점은 그와 같은 추방 대상자에 이치카와 후사에, 요시오카 야요이와 같은 일본 여성계의 리더들이 포함되어 있었다는 점이다. 전전 일본 여성계의 오랜 숙원이 여성의 참정권 획득, 즉 여성의 정치적 참여를 보장하라는 것이었고, 그 바람이 이루어진 것은 일본이 패전한 후인 GHQ 치하에서였던 것을 고려하면 아이러니한 결과였다. 정치 참여가 금지되어 있었을 뿐 아니라 민법상으로도 무능력자 취급을 받는 등, 줄곧 남성과 동등한 국민, 나아가 국민으로서의 권리를 행사할 수 있는 시민으로 대접받지 못했던 여성이, 왜 전쟁 협력의 책임을 추궁당하며 공직 추방의 대상이 되었던 것일까?[1] 근대로부터 이어지는 일본 여성의 역사를 살피다 보면, 종전終戰을 전후해 목격되는 이러한 부자연스러운 현상에 의문을 갖게 되는 것도 이상하지 않다.

실제 후사에 또한 부선운동에 대한 연구에는 항상 '전시 협력' 혹은 '전쟁 협력'이 함께 언급되거나, 심지어는 부선운동이 전쟁 협력의 원인을 찾기 위한 과정 혹은 전쟁 협력의 전조로서 연구되는 것과 같은 인상이 짙다. 이러한 경향은 - 앞서 언급했던 것과 같이 - 전쟁 책임을 추궁당해 공직 추방을 당했었다는 후사에의 개인적 '전과'뿐 아니라, 종래의 '피해자로서의 여성'이라는 인식을 넘어 '국민국가와 젠더'라는 관점에서 전쟁에 협력한 가해자로서의 여성의 책임을 자각하기 시작한 일본 여성사학계의 연구 동향과도 무관하지 않을 것이다.[2]

필자는 이러한 관점에서의 연구가 필요하다 생각하고 의의도 충분히 인정하나, 앞서 이 책의 제5장에서 조금 다른 관점에서의 접근을 시도했다. 전쟁 협력이라는 결과를 낳은 일종의 '범인 찾기'를 위한 부선운동 연구가 아니

....

1   후사에의 전쟁 협력 문제를 본격적으로 다룬 것은 進藤久美子(2014)가 대표적이다. 그의 연구에서 가장 주목되는 주장은 일본 여성들의 정치와의 관계를 '일본형 젠더폴리틱스'라고 표현하는 것, 1940년 후사에의 중국 방문이 '전향'의 계기가 되었다고 파악하는 점이지만, '일본형 젠더폴리틱스'의 실체에 대한 정의와 설명이 부족하다는 지적을 받고 있다.
2   1981년 후사에가 사망한 이후, 그리고 1970년대 세계를 석권한 제2기 페미니즘 영향을 받은 일본의 여성사 연구자들 사이에서 종래 전쟁의 피해자로 간주되어 온 여성들이, 전쟁에 주체적으로 간여한 것에 대한 추궁이 시작되었고, "전시 상황에서 여성의 사회참여를 모색한 '부선' 활동이 여성들의 '총후의 수호(銃後の守り)'를 장려하는 전쟁 협력과 동일선상에서 비판받는 상황이 시작되었다(進藤久美子, 2018: ix).

라, 부선운동 전반의 흐름을 그 '상대'가 되었던 당시 일본 정치 체제의 변화, 그리고 그에 따른 후사에 및 부선획득동맹('동맹')의 부선운동을 위한 전략 수정의 과정으로 파악하려는 것이었다. 그에 따라 부선운동의 역사에 대한 시기 구분을 ― 만주사변(1931년 9월)과 중일전쟁(1937년 7월)이라는 ― 두 번의 전쟁이 아니라, 당시 부선운동이 마주해야 했던 당시 일본 정치 체제의 변화를 기준으로 삼기로 했다. 이에 따라 정당정치의 시대, 정당정치의 와해와 모색의 시대, ― 정당과 의회의 쇠퇴를 전제로 하는 ― 총동원과 익찬 체제[3]의 시대로 구분했고, 이는 각각 제1기 1924년 12월~1932년 5월, 제2기 1932년 5월~1937년 7월, 제3기 1937년 8월~1945년 8월(패전)로 구분된다.[4]

이 글의 본격적인 시작에 앞서, 이 글의 이해를 돕기 위해서 ― 이 글과 사실상 짝을 이루는 ― 앞선 글의 내용을 간단히 요약하면 다음과 같다.

세 시기 중에서도 조직적인 부선운동이 처음 시작되었고 실제 실현 직전까지 이르렀던 제1기의 전략과, 상황이 급변한 제2기·제3기 부선운동의 전략은 사뭇 다르다. 제1기와 이후의 전략 차이를 가져온 가장 큰 요인이 다름 아닌 의회 중심의 정당정치가 가능한지의 여부였다. 본래 일본에서의 부선운동

---

3   익찬 체제의 중심 조직인 대정익찬회는 1940년 10월 제2차 고노에 후미마로(近衛文麿, 1891~1945) 내각하에서 신체제운동의 결과로 형성된 국민통치조직으로, 총재는 총리대신이 맡고 도부현(道府県)의 지부장은 지사가 겸임하는 등 관제적 색채가 매우 강했다. 익찬선거 활동뿐 아니라 산업보국회·일본부인회·인조 등을 산하에 두고 국민생활 전반을 통제하다가 1945년 5월 창설된 국민의용대에 흡수되었다. 이해를 돕기 위해 덧붙이자면, '대정(大政)'에는 '천하의 정치'라는 의미가, '익찬'에는 '힘을 합해 돕는다'는 의미가 있다.

4   제2기와 제3기의 분기점을 종래 연구와 마찬가지로 중일전쟁으로 삼기는 하지만, 필자는 이 역시 중일전쟁 자체가 아닌 중일전쟁의 영향에 따른 정치 및 통치 시스템의 변화 때문이라고 파악한다. 또한 부선운동의 끝을 부선획득동맹이 해산하는 1940년 9월이 아니라 1945년 8월의 종전 혹은 패전으로 보는 것은, 부선 획득을 사명으로 인식하고 있었던 후사에게 전쟁 시기의 각종 활동 그 자체가 궁극적으로는 '부선 획득을 위한 운동의 일환'으로 이루어졌다는 필자의 논지와 연결되기 때문이다.

이란 정우회와 민정당이라는 양대 정당에 의한 정당정치라는 — 짧고 불안하기는 했지만 — 근대 일본 민주주의의 전성기를 배경으로 성립한 것이었다.[5] 정당, 선거, 의회 등이 중심이 된 정치 체제를 전제로 후사에와 '동맹'이 고수했던 부선운동의 방법 대부분은 특히 입법의 권한을 가진 남성 정치인의 지지를 이끌어내기 위한 것이거나, 그에 앞서 대중의 부선에 대한 인식의 제고 혹은 여론의 지지를 노린 것이었기 때문이다.

그러나 이상의 전략이 유효했던 것은 1924년 '동맹'의 설립 이래 1932년 5·15사건까지, 즉 정당내각이 붕괴하고 정당정치가 종말을 맞이하기 전까지였다. 5·15사건 이후 정당 정치인이 아닌 군인이 수상이 되어 내각을 구성하고 정·민 양당이 다수를 점한 의회조차 군부와 파시즘의 압력을 받는 시기가 되자, 더 이상 과거와 같은 방식의 부선운동을 고수하기는 어려워졌다. 이전처럼 집권당의 총재인 수상을 직접 만나 부선에 대한 지지를 호소하는 일이 불가능해졌을 뿐 아니라, 부선에 대한 관심 혹은 의회에서 부선이 논의될 기회 자체가 크게 줄었기 때문이다. 의원들을 만나 부선에 대한 지지를 호소하는 일도 부선 실현에 어느 정도 도움이 될지 확신을 갖기 어려워졌다. 중일전쟁과 태평양전쟁이 이어지면서 이른바 총력전 체제로 돌입한 후에 더더욱 그러했다. 더 이상 정당 정치인이나 그들에 의한 의회는 부선 실현을 위한 협력 상대가 될 수 없을 정도로 정치적인 역량과 존재감이 약해졌기 때문이다.

이하에서는 이처럼 바뀐 상대와 상황에 맞추어 '동맹'과 후사에 등이 부선운동의 방식을 수정해 가는 과정을 살펴볼 것이다. 본문에 해당하는 제2절

---

5 이 외에도 제1차 세계대전 이후 영미를 비롯한 서양의 여러 나라에서 총력전 당시 여성들이 협력한 공로를 인정받아 여성참정권이 실현되었던 사실, 그리고 이 시기가 서구적·합리적 생활 문화의 도입이라는 여성들에게도 매우 중요하고 실제적인 문제가 중앙과 지방 정부에 의해서도 한창 추진되고 있던 시기이기도 했던 것이 일본 부선운동의 특수한 환경과 조건을 형성했다(이 책의 제5장 2절을 참조).

과 제3절은 부선운동의 세 시기 중 각각 제2기와 제3기의 내용을 다루게 될 것이며, 아래와 같이 유사한 전개 방식을 취하게 될 것이다. 각 절의 제1항에서는 해당 시기 일본 정치의 주요 사건을 중심으로 역사를 개관하되, 대부분 부선운동과의 관련성을 염두에 두면서 선택한 내용이 될 것이다. 필자로서 이를 정리하기도, 독자로서 이를 이해하기도 쉽지 않은 당시 일본의 정치 상황에 관한 설명에 상당한 지면을 할애하는 이유는, '동맹'의 기관지였던 ≪부선≫에 꼬박꼬박 '정계의 근황'에 관한 기사가 실렸고, 정치 관련 기사는 주로 후사에가 담당했을 뿐 아니라, 무엇보다 부선운동 자체가 일본 정계의 변화와 긴밀한 관계 속에서 진행되었기 때문이다.

각 절의 제2항에서는 제1항에서 살핀 정계의 주요한 동향을 배경으로, 혹은 정계의 변화에 대응해 '동맹'과 후사에가 어떠한 활동을 전개했는지를 살필 것이다. 각각의 제3항에서는 2항의 내용을 바탕으로 이에 대한 보다 심화된 이해를 시도하려 한다. 즉, 제2절 3항에서는 이 시기 부선운동의 전략 변화가 갖는 특징을 관·민의 협력과 네트워크 구축이라는 관점에서 파악하고, 제3절 3항에서는 비상시국하에서도 여전히 부선을 포기하지 않았던 후사에가 어떠한 과정을 통해 파시즘 체제하에 편입되어 갔는지를 확인하게 될 것이다. 이는 군부에 의한 무력이나 억압에 의한 피치 못한 반응이었다기보다는, 여성의 정치 참여(참정)와 대동단결을 강력히 원했던 평소 후사에의 소신이 정당정치가 붕괴된 후의 총력전 체제라는 현실에 맞물리면서 그에 적응해서 '자리를 찾아가는' 과정이기도 했다.

이상과 같은 구성을 통해 근대 일본 여성참정권 운동의 역사가, 당시 정계의 변화 특히 주요한 대화 상대였던 정당정치의 와해·붕괴에 이은 총동원 체제에 대응해 전략을 수정해 가는 가운데, 아래와 같은 일종의 자기모순 혹은 딜레마에 봉착했음을 지적하려 한다. 본래 부선운동이란 민주주의에 입각해 정당과 의회, 혹은 정당내각과 의회 정치가 이루어지던 시대를 배경으로 여성의 의회 진출을 목표했던 시대적 산물이었다. 그러나 정당 세력과 의회 정치가 쇠퇴하고 군부가 중심이 된 이른바 파시즘의 시대가 되면서 후사에와 '동맹'은 운동의 상대가 바뀌었고, 결국은 그들의 요구에 맞춰 군부와 파시즘 정권에 대한 협력이라는 ― 의회 민주주의의 일익을 담당하려던 본래의 목표와는 정면에서 충돌하는 ― 방식으로 '참정'하게 되었던 것이다.

2. 정당정치의 와해와 부선운동의 새로운 모색, 1932~1937

본격적인 서술에 앞서 이 시기 정계의 상황을 간단히 요약하면, 정당(인)에 대한 대중의 실망과 중국 현지에서의 무모한 무력 충돌이 견인한 국가주의(파시즘)의 대두를 배경으로, 주로 군 출신 인사들이 잇달아 수상으로 임명되어 군부의 지지 속에 정국을 주도했다고 할 수 있다. 정·민 양당이 의회의 다수를 차지하고는 있었지만 정치를 주도하기는커녕 군부의 압력과 여론의 향배에 압도되는 형국이었다. 정당의 입장에서 보면 제2기는 군비 강화와 대외 팽창을 꾀하는 정부의 정책에 일정 정도 협조하면서도, 다시 국민의 신뢰를 회복해 정당정치를 회복하려는 희망을 버리지 않았던 시기라 할 수 있다. 그리고 이는 부선운동가들의 입장과도 크게 다르지 않았다.

1) 정당정치의 와해와 파시즘의 대두

1931년 9월 만주사변 발발 이후 민정당 내각이 이를 제대로 수습하지 못하자, 12월 천황으로부터의 조각의 '대명'은 정우회의 이누카이 쓰요시를 향했다. 그는 의회 장악을 위해 중의원을 즉시 해산했고, 이듬해 실시된 총선거(제3차 보선)에서 자신의 바람대로 압승을 거두었다. 그러나 그로부터 오래지 않아 일부 해군 청년 장교들이 쿠데타를 시도해 이누카이 수상이 살해되는 5·15사건이 발생했다.

정국의 수습을 위해 천황은 해군 온건파 출신인 사이토 마코토斎藤実 (1858~1936)에게 조각의 대명을 내렸고, 그의 주도로 정당을 포함 귀족원, 관료 등 다양한 배경을 가진 인물들로 구성된 거국일치 내각이 수립되었다. 1918년 하라 다카시 내각 등장 이래 지속되었던, 비非군인·정치인을 수반으로 하는 정당정치의 시대가 막을 내린 것이었다. 이후 1945년 패전까지 정당내각이 다시 성립하는 일이 없으리라는 것을, 표현을 달리한다면, 정치인보다 군부의 영향이 강한 파시즘 정권이 계속되리라는 사실을 당시로서는 누구도 예상하지 못했을 것이다.

만주사변 이래의 급격한 파시즘 풍조에 대해 정·민 양당을 비롯한 정당정치인들이 불만과 우려를 품는 게 당연했다. 군부와 파시즘 색채가 농후한 정부에 대항해, ― 설령 불완전하고 정도의 차이는 있을지라도 ― 의회 정치와 민주주의를 기반으로 존재해 온 정·민 양당 사이에는 일치하는 방향성이 있었고 실제 부분적인 협력도 가능했다. 현존하는 내각과의 관계 설정이나 금후 설립을 기대하는 내각의 성격 등에 관해서는 이견이 있었지만 ― 비록 1933년 2월 일본의 국제연맹 탈퇴를 막지는 못했지만 ― 국제적으로는 이른바 '협조외교'를 추구하고 국내적으로는 장래 정당내각의 회복을 추구한다는 점 등에서 분명 두 정당은 같은 방향을 향했던 것이다(井上寿一, 2012: 169~174). 하지만 이 시기 정당과 정치인이 국민의 신뢰를 잃고 있던 것은 주지의 사실이었다.[6] 여기에 군부의 압력마저 더해지면 다른 목소리를 내기는 어려웠다.

1934년 7월에는 다시 한번 온건파 해군 출신 오카다 게이스케岡田啓介

---

6   이는 파시즘과 독재정치의 대두 이유로서 후사에도 인정하는 바였다(市川房枝, 1931.10).

(1868~1952)를 수반으로 하는 거국일치 내각이 성립했다. 1935년에는 이른바 천황기관설天皇機關說 사건[7]이 발생했는데, 이는 이 시기 일본 사회에 파시즘이 만연했음을 상징적으로 보여주는 것이었다. 이러한 분위기 속에 중국에서는 관동군이 화북분리공작華北分離工作[8]과 같은 자의적인 무력행사에 나섰다. 하지만 이처럼 국내외의 정세가 크게 경직된 분위기에서도 1935년 가을에는 지방선거가, 1936년 2월에는 총선거(4차 보선)가 치러졌다.

흥미로운 것은, 실제 권력은 군부 등 파쇼 세력이 장악하고 있었지만 막상 선거에서는 여전히 종래의 정당 세력이 정부 추천 후보를 압도했다는 사실이다. 지방선거에서는 정·민 양당의 후보들이 친정부 성향의 우익 후보들을 크게 앞지르는 성과를 냈고, 심지어 이른바 무산정당조차 약진했다(井上寿一, 2012: 190). 이어진 총선거(1936)에서는 국민들의 반파쇼·반독재 요구를 간파한 민정당이 반파시즘 색채를 선명히 내세워 — 정우회마저 누르고 — 압도적인 의석을 확보했다. 다시 정당과 의회 중심의 시대가 회복될 것이라는 기대가 높아지는 것이 당연했다.

그러나 정당들에게 희망적인 선거 결과가 나온 지 겨우 일주일 만에 황도파皇道派라고 불리는 일군의 우익 청년 장교들에 의한 쿠데타(2·26사건)[9] 시

----

7   헌법학자 미노베 다쓰키치(美濃部達吉, 1873~1948)는 본래 '주권은 법인으로서의 국가에 귀속한다'는 '국가법인설'을 지지했는데, 이는 1930년대 중반까지 일본에서도 공인된 지배학설이었다. 그러나 광신적·우익적 사상가와 정치가들이 자유주의 사조를 공격하면서, 이것이 천황을 국가의 한 기관으로 격하시킨 불경한 것이라 각색해 맹렬히 비난했다.

8   만주사변 후 일본이 허베이(河北), 산둥(山東) 등 중국 북부 5개성을 중국 국민정부로부터 분리해 일본 지배하에 두려 했던 공작. 1935년 6월에 시작된 이러한 움직임이 1937년 7월 루거우차오(盧構橋) 사건을 일으켰고, 이를 계기로 중·일은 전면 전쟁으로 치닫게 된다.

9   2·26사건이란 1936년 2월 새벽 도쿄에서 일어난 반란 사건으로, 육군 제1사단 소속 일부 청년 장교들이 병사를 이끌고 총리대신을 비롯한 고위 관료들을 습격, 내무대신 사이토 마코토, 대장대신 다카하시 고레키요(高橋是清) 등이 사망하는 등, 다수의 사상자를 냈다. 정치 중심지인 나가타초(永田町) 일대가 이들에 의해 점거되었으나 27일 아침 도쿄에 계엄령이 발령되었

도가 있었다. 쿠데타 자체는 곧바로 진압되었지만 사후 처리 과정 속에서 정
치에 대한 군부의 영향력이 더 강해졌다. 이를 상징하는 것은 쿠데타 직후 수
립된 히로타 고키広田弘毅(1878~1948) 내각하에서 군부의 권한을 최대화할 수
있는 — 때문에 정당정치 시대에는 폐지되어 있던 — 군부대신 현역무관제軍部大臣現
役武官制가 부활되었다는 사실이다.[10] 그리고 이것은 1937년 1월 — 정·민 제휴
의 산물이자 정당내각 복귀를 위한 최적의 인물로 평가되던 — 우가키 가즈시게宇垣一
成(1868~1956)[11]에게 천황의 '대명'이 내려졌을 때, 이를 무산시키는 무기가 되
었다. 군부가 대신의 추천을 거부함으로써, 조각이 불가능해진 우가키가 사
임하지 않을 수 없게 만들었던 것이다.

　　우가키 대신 군부의 지지를 등에 업은 육군대장 출신 하야시 센주로林銑
十郎(1876~1943) 내각이 출범했고, 그는 의회(70회)에서 예산안이 통과되자마자
의회를 해산시켜 버렸다.[12] 이로 인해 1937년 4월 30일 겨우 1년 만에 다시

──────────

고, 28일 아침에는 이에 격노한 천황으로부터 '반란군'의 부대 복귀를 명하는 칙령이 내려졌다.
군부의 설득으로 29일 반란군이 귀순해 사건은 일단락되었지만, 이상과 같은 일련의 과정을
거치면서 군부의 정치적 발언력이 강화되었다.

10　군부대신 현역무관제란 육해군 대신의 임용 자격을 현역의 대장·중장으로 한정한 것으로, 군
　　부에 대한 문민 통제를 불가능하게 하는 것이자 군부가 자신들의 대표를 반드시 내각에 포함
　　시켜 강한 발언권을 확보할 수 있게 하는 장치였다. 이는 — 군부가 대신을 보내지 않으면 내
　　각이 성립되지 않기에 — 군부에게 내각의 생사 권한을 쥐어준 셈으로, 1913년 정지되었다가
　　1936년 부활했다.

11　우가키 가즈시게는 육군사관학교를 제1기로 졸업한 육군 대장 출신 정치가로, 1924년 이래 수
　　차례 육군대신을 역임했고 1926년 조선총독 임시대리, 1936년 조선총독을 역임했다. 합리적
　　인 성품에 육군을 통제할 수 있는 인물로 인정받아 1937년 천황으로부터 조각의 대명이 내려
　　졌으나, 육군이 육군대신 추천을 거부해 조각이 무산되었다. 이후 1938년 제1차 고노에 내각
　　의 외무대신으로서 중국 국민정부와 화평 교섭을 추진하려 했으나 육군과 대립 끝에 사임했다.

12　돌연한 의회 해산의 이유에 대해 후사에는, 정부 측에서는 "정당의 태도가 불성실"하다든가
　　"의회 쇄신을 위해"라는 이유를 댔지만, 반대로 정부가 정당과 의회를 약화시키기 위한 "파쇼
　　로의 전진을 위한 하나의 단계"였다는 해석도 가능하다고 인식하고 있었다(市川房枝,
　　1937.4b)

총선거(5차 보선)가 실시되었었는데, 이번에도 민정당과 정우회가 친정부적인 우파 후보들을 누르고 총 466석 가운데 각각 179석, 175석을 차지했고, 무산 정당인 사회대중당도 37석을 얻었다(井上壽一, 2012: 197). 민의가 지난 총선거에 이어 여전히 파시즘을 거부하고 정당정치를 지지한다는 사실을 입증하는 결과였다.

선거에서 정당 세력이 기세를 올리면서 하야시 내각이 물러났지만, 천황의 대명은 이번에도 정당인이 아닌 고노에 후미마로[13]라는 대중적 인기가 높은 귀족 청년에게 내려졌다. 이는 권력 복귀를 꿈꾸던 정당 세력의 기대를 벗어난 것이었고, 새로운 수상에 대한 양당 정치인의 평가는 대중의 높은 기대와 달랐다(井上壽一, 2012: 199~200). 하지만 7월 7일 중국 베이징 근교에서 발생한 중일 간 무력 충돌인 루거우차오 사건의 발발은 – 이전 만주사변 발발 당시에도 그랬던 것처럼 – 다시 한번 양당 정치인에게 정부를 향한 무조건적인 협력을 거부할 수 없게 했다.

긴급 상황을 이유로 고노에를 수반으로 양당 인사까지를 포함하는 거국 일치 내각이 성립했지만, 이것은 결코 정당들이 기대했던 바가 아니었다. 국민의 민의를 물었던 1936년과 1937년의 총선거에서 잇달아 승리한 것은 분명 정당 세력이었으나, 실제 권력을 잡은 것은 – 선거의 결과로 드러난 민의와 달

---

13 고노에 후미마로는 공작이자 정치가로, 귀족원 의원을 거쳐 내무성에 입성했다. 일찍부터 화족들 가운데 유망주로 주목받아, 1919년 사이온지 긴모치(西園寺公望)가 베르사유 강화조약에 전권대사로 참가할 때 수행원으로 동행했고 귀족원 부의장(1931), 의장(1933)을 역임했다. 만주사변과 그에 이은 국제연맹 탈퇴를 적극 지지했고 파시즘 분위기 속에 일찍부터 수상 후보로 물망에 올랐다. 총 3차에 걸쳐 수상을 역임했는데, 제1차 내각 시기에는 중일전쟁의 확대에 결정적인 역할을 했고, 제2차 내각 시기에는 신체제운동을 제창해 대정익찬회를 결성했지만, 제3차 내각 시에는 미국과의 전면전이 임박한 1941년 10월 사직했다. 1945년 2월에는 '국체호지(國體護持)'에 의한 조기 화평을 주장하는 상주문을 올리기도 했지만, 패전 후 전범으로 지명되자 12월 16일 자결했다.

리 — 중일전쟁과 같은 외부의 충격에 영향을 받은 비정당 혹은 군부세력이었기 때문이다.

2) 정당정치 와해와 부선운동의 변화

5·15사건 이후 군 출신 인사가 잇달아 수상이 되고, 정당인은 소수만이 참여하는 거국일치 내각 혹은 정당인이 아예 참여하지 못하는 비非정당내각(초연내각)이 이어지면서, '동맹'은 부선 관련 법안을 정당을 통해 제출하기는커녕 이를 개별적으로 대신 제출해 줄 의원을 찾는 것조차 어려워졌다. 1924년 운동 개시 이래 지속적인 노력의 결과, 1930~1931년까지만 해도 정부와 정·민 양당 모두 — 정도의 차이는 있을지라도 — 여성에 대한 공민권 부여에 공감을 이루었기 때문에, 참정권도 아닌 '공민권'의 획득 정도라면 의회 개원을 기다리기만 해도 실현될 것이라 기대되던 참이었다. 그러나 5·15사건 이후로 정세가 급변하면서 부선운동도 직접적으로 그 영향을 받게 된 것이다.[14]

더 이상 정당을 상대로 한 의회운동의 전개가 그다지 효과적인 것으로 보이지 않을 때, 즉 의회가 정치에 대한 주도권을 갖지 못하고 정부나 대중은 부선에 별다른 관심을 보이지 않을 때, '동맹'과 후사에는 어떠한 방식으로 부선운동을 전개했을까? 제2기 '동맹'의 운동은 이전에 비해 조금 다른 방식을 택하지 않을 수 없었다.[15]

---

14 그렇다고 아주 완전히 희망을 버릴 정도는 아니어서, 1930년 공민권 법안 심의를 앞두고 의회에 부선에 대한 압력을 넣기 위한 대규모 연합 행사로 시작되었던 전일본부선대회는 — 2·26 사건에 이은 계엄령으로 개최가 불가능했던 1936년을 제외하고 — 1937년 제7회 대회까지 연례행사로 계속되었다. 제2기의 경우 의회 입법을 위한 활동은 어려워졌을지라도 부선운동의 동력이 어느 정도는 유지되었던 셈이다(市川房枝, 1974: 413).
15 필자는 부선운동의 전략 혹은 특징을 다음의 여섯 가지로 정리했었다. 첫째로 서양 사례에 대한 학습에 근거해 — 성공의 확신을 가지고 — 평화적인 방법을 고수했고, 둘째로 대(對)의회운

첫째, 전쟁 확대에 대한 위기의식과 국내 파시즘에 대한 경계로부터, 부선 3권 중 획득의 우선순위를 – 실현 가능성이 높다는 이유에서 줄곧 일차적인 목표로 삼았던 – 지방 공민권에서 중앙의 참정권으로 변경했다. 정당 차원에서는 처음으로 정우회가 부선을 고려하기 시작한 이래, 양대 정당과 정부뿐 아니라 '동맹'의 운동가들 스스로에게조차도 '부선 3권' 중에서 공민권 획득이 최우선이자 관심의 초점이었다. 그러나 만주사변과 5·15사건이 발발한 직후 '동맹'을 비롯한 부선의 운동가들은 공민권보다 '참정권'의 요구를 우선하기로 결의했다(「第三回全日本婦選大会の議題と決議」). 중국에서의 전쟁 위기와 국내에서의 파시즘의 급격한 득세에 대항하기 위해, 즉 반전·평화의 목소리를 내기 위해 시급한 것은, 지방의회에 진출하는 것이 아니라 국정에 직접 영향을 미칠 수 있는 중앙정치(중의원)로의 진출을 의미하는 참정권임을 깨달았기 때문이었다.[16]

둘째, 부선운동을 의회운동이나 정치 교육 외의, 특히 도쿄 '시정'과 관련된 각종 사회문제의 해결로 다각화했다. 반전·평화를 위한, 혹은 참정권 획득을 위한 노력이 사실상 별 효용이 없음을 알기까지 오래 걸리지 않았던 까닭이다. '동맹'은 1932년 6월 제8회 총회에서 운동 목표의 하나로서 "부선과 관계없는 다른 문제의 실제운동을 행할 것"을 처음으로 설정했다(市川房枝, 1974: 288). 1933년에는 의회의 법률을 통해 참정권을 획득하는 것이 사실상 요원

동, 즉 대(對)정당 중립주의에 입각한 입법운동(및 선거 지원)을 펼쳤으며, 셋째로 부선의 근거로서 남녀평등과 같은 당위적 정당성보다 부선의 실현이 가져올 장점을 강조하는 경향이 있었다. 넷째로 – 이 또한 선행학습의 결과로서 – 부선 획득뿐 아니라 실현 후의 미래까지를 염두에 둔 여성의 정치 교육에 힘을 기울였고, 다섯째로 대중의 지지를 확대하기 위해 사회적 주요 이슈인 생활·사회문제까지 활동 영역을 확대했으며, 여섯째로 부선을 위한 여성의 대동단결, 혹은 모든 여성을 아우르기 위한 부선운동을 지향했다(이 책의 제5장 3절 참조).

16   그러나 이처럼 공민권보다 참정권을 앞세운 것은 만주사변 직후 일시적인 현상이었고, 이후로는 그러한 구분이 큰 의미를 갖지 못했던 것으로 보인다.

하다는 점을 인정하면서, "추상적 관념적 운동을 포기하고, 구체적인 일상생활에 관련된 문제를 가지고 대중부인의 정치적 관심을 환기하며, 부인의 실력을 가지고 해결의 성과를 사회에 명백히 보여주는 것이 필요하다"고 판단했다(市川房枝, 1933.9). 영국이나 미국 등에서 여성이 시 당국과 협력해 쓰레기문제 처리 등에서 큰 효과를 거둔 사례도 참고가 되었다(市川房枝, 1933.7).

당시 '동맹'이 관심을 기울인 것은, 쓰레기 처리 문제, 도매시장 영업권 처리 문제, 하녀세女中稅·소시민세 반대운동 등과 같은 것들이었다(進藤久美子, 2014: 192). 사실 '동맹'은 제1기에도 불량 우유 불매운동과 같은 소비자운동, 도쿄가스회사에 맞선 가스요금 인하운동을 전개해 성과를 거둔 경험이 있었고, 먼지 문제 등 생활문제를 매개로 도쿄의 시정에 직간접적으로 간여하기도 했었기에 낯선 일은 아니었다. 다만 각종 부선활동 가운데 부선에 대한 인식의 제고나 정관계의 인맥 형성을 위해 시작했던, 다소 부차적인 활동의 비중이, 의회운동이 여의치 않은 상황에서 점점 높아져 갔던 것이다.

도쿄 시정과 관련된 활동은 다시 공민권에 대한 관심의 제고로 이어졌고,[17] 나아가 지방정치의 재편 속에서 부선을 관철시키려는 움직임으로 연결되었다. '동맹'은 1930년대 중반 정계의 중요한 이슈였던 「도쿄도제안東京都制案」[18] 안에 여성의 공민권을 포함시키려 노력했고(市川房枝, 1932.11; 1933.1b),

---

17 1930년 즈음에는 참정권 획득이 난망한 현실에 타협해 '일단' 공민권 획득으로 양보한 것이었다면, 이 시기에는 도리어 공민권의 가치를 적극적으로 새삼 발견하고, 이를 통한 성과를 적극 어필하고 있는 것으로 보인다. "우리는 지금 공민권을 참정권과 분리해 우선 [국정과는 다른] 자치정(自治政, 지방정치 ― 인용자)의 내용을 명확히 하고, 주부로서 또 어머니로서의 역할을 다하기 위해 반드시 공민권이 필요한 까닭을 여실히 밝힘과 동시에, 자치정을 위해서도 [여성 공민권이] 역시 필요한 까닭을 이해하도록 하는 것이 중요하다"(市川房枝, 1935.1).
18 에도시대부터 정치적 중심지였던 도쿄는 근대 일본의 정치·경제의 급속한 발전을 반영하면서 줄곧 규모가 확대되었는데, 종국에는 행정의 편의를 위해 종래의 시와 부로 이원화되었던 도쿄를 '도쿄도(東京都)'로 개편하려는 시도로 이어졌다. 「도쿄도제안」은 1932년 말, 1935~1936년, 1938년 등 수시로 고려되었으나 번번이 채택되지 못하다가, 결국은 1943년에 이르

1935년 도쿄시장이 「도쿄도제안」을 중앙정부에 제출할 때 "부인공민권 부여를 중요 항목의 하나"로 들었던 것은 그간 '동맹'의 여성들이 노력한 성과로 여겨졌다(市川房枝, 1935.7). 이처럼 ― 도쿄를 하나의 '지방'으로 보는 것이 다소 어색하지만 ― '중앙'정부가 아니라는 의미에서 지방정치에 새삼 주목한 것은 중앙정치에서 부선 획득을 관철시키기 어려운 현실을 우회하기 위한 전략의 하나였을 것이지만, 이 또한 성공하지는 못했다.

셋째, 장기적인 부선운동 대신 정부의 정책에 부합해 당장 달성 가능성이 높은 '모성보호'를 위한 의회운동을 전개했다. 부선운동에서 당면 목표로서 '모자보호법 제정'을 처음 결의한 것은 1934년 2월 제5회 전일본부선대회에서의 일로, 당시 생활난으로 인한 모자(모친과 미성년 자녀)의 동반자살이 너무나 많았기 때문이다. '동맹'은 모성보호를 위한 운동의 조직화를 통해 여타의 각종 단체를 횡적으로 연결하는 여성계의 대동단결을 선제적으로 제기했다.[19] 또한 도호쿠東北 지방의 대흉작을 구제하는 의제만을 다루고자 열린 1934년 11월의 임시의회(66회)에는, 이에 맞추어 '재해지 모자보호에 관한 청원서'를 제출했고, 연말의 정기의회(67회)에도 모자 보호 관련 청원을 제출했다. 본래 노동운동으로 처음 사회운동을 시작한 이래 대부분의 시간을 부선운동에 매달려 온 후사에게는 자연스럽지 않은 선택이었다.[20]

러서야 전시 체제의 강화와 국가 통제의 확대를 위해 채택·시행되었다. 후사에 등은 새롭게 구상되는 '도쿄도'의 의회 구성을 위한 선거법 안에 여성의 공민권을 부여하는 내용을 담기 위한 노력을 지속했다.

19 그동안 부선운동에 주력했던 '동맹'이 "의회에서의 여론을 부선에 향하도록 하기 위해 일반 부인문제, 예를 들면 모자부조법안 등을 위해 노력할 것"을 결의했고, 다른 여성단체에도 공동운동을 제안했다(進藤久美子, 2014: 223). 야마다 와카가 남편 장례 후 부조금 500엔을 기부한 것이 기폭제가 되어, '동맹'은 1934년 9월 29일 단체 및 개인을 단위로 하는 모성보호법제정촉진부인연맹(모성보호연맹)을 발족시켰고, 위원장인 야마다 와카 외에 가네코 시게리와 곤도 마가라 등도 서기로 이름을 올렸다(鹿野政直, 2007: 325).

20 이 책의 제2장과 제3장을 통해 확인했던 것처럼, 과거 신부인협회에서 함께 활동했던 히라쓰

군부의 영향이 특히 강했던 하야시 내각이 예산 통과 후 의회(70회)를 곧장 해산시켰다는 사실은 앞서도 언급했던 바인데, 1937년 2월의 바로 이 의회에서 — 정부 안案으로 제출된 것이기는 하지만 — '모자보호법'이 채택·공포되었다는 점은 의미심장하다. '모성' 혹은 '모자'의 보호란 건강한 국민 혹은 병사의 양성을 원했던 정부의 관심에 부합하는 것이었기에(菅原和子, 2002: 234~235, 240), '동맹'의 그 어떤 운동보다 달성이 수월했을 것임을 짐작하기 어렵지 않다. '동맹'의 운동가들도 이를 모르지 않았을 것이다. 후사에 자신은 "비상시이기 때문에 부선은 후퇴하고 비상시이기 때문에 모자 보호가 전진했다"라고 표현했지만(市川房枝, 1937.4a), 더 이상 참정권과 같은 '여권'의 신장을 위한 운동이 여의치 않은 상황에서, '동맹'의 활력을 유지하고 실제적 성과를 거두기 위해 모성을 매개로 하는 운동까지 포함시키는 방식으로 부선운동의 영역을 '확장'한 것으로도 볼 수 있다. 이러한 성과를 통해 '동맹'의 조직과 활력을 유지하는 것 자체가 장기적으로는 부선운동의 성공과도 연결되는 것이기 때문이다. 파시즘의 전성기에 '모자보호법' 제정에 성공한 것은, 여성 자신을 위한 요구보다 정부와 사회가 필요로 하는 문제 해결을 우선시하는 일종의 전략적 수정 혹은 타협이 실제 여성을 위한 성과로도 이어진 드문 사례였다.

넷째, 각종 선거마다 적극 참여했으며, 특히 선거의 '정화淨化', 즉 '선거숙정'을 위한 활동을 위해 중앙 및 지방 정부와 협력했다. 정당정치가 이뤄지는 제1기 동안, 특히 1928년 최초의 보통선거 실시 이래 '동맹'의 여성들은 자신

카 라이초가 줄곧 '모성'을 강조하는 데 비해, 후사에는 여성의 정치적·사회적 권익을 중심으로 하는 '여권'에 관심이 높았다. 심지어 부선운동 초기 후사에는 "[어떤 이들은] 어디까지나 성의 차이(差別)를 강조하면서 모성보호운동이라는 일파를 이루고 이것이야말로 부인운동의 본류라고 주장"하는데, 이러한 "소위 모성보호운동이야말로 일종의 반동운동"이라고 하며, '모성' 중심 운동에 비판적인 시선을 보냈다(市川房枝, 1925.3).

들은 비록 투표권이 없는 '무권자' 신분임에도 선거마다 후보 지원이나 유권자 계몽을 위한 활동에 꾸준히 참여했었다. 1928년 정우회가 부선을 당 차원에서 고려하기 시작한 이후로는, 후보 지지보다는 매수 근절, 기권 방지, 교육운동 등과 같은 이른바 '선거혁정'에 더 많은 힘을 기울이게 되었다(児玉勝子, 1981: 183). 제2기에는 이러한 경향이 더욱 강해져, - 지지 후보를 위한 선거운동도 전개하기는 했지만 - 1935년 10월 지방선거 당시 정부의 요청에 응해 '선거숙정'을 위한 활동에 처음 참여한 이래, 이후 각종 중앙·지방의 선거에서 이를 위한 활동에 지속적으로 참여했던 것이다.

'동맹'의 '선거숙정'이란 기본적으로 다음과 같은 내용을 기준으로 했다. 첫째로 정부에 관해서는 "[정부가 선거에] 간섭한 사실이 있는가", 둘째로 정당 및 후보자에 관해서는 "[정당에서의] 후보자의 인선이 적당한가, [그리고 후보자는] 바른 선거[운동]를 하는가", 셋째로 유권자에 관해서는 "[유권자가] 한 표를 바르게 행사하는가"(市川房枝, 1936.3).

'무권자'가 유권자와 정부를 감시하고 계몽하는 이 '기이한' 운동은, 한편으로는 여성 스스로를 향한 계몽운동이자 정치 교육이기도 했다. 1936년 총선거 때에는 선거숙정에 그치지 않고 '동맹'에서도 여성의 입장에서 후보를 추천하고 지지하는 '선거운동'을 재개할 정도로 적극적이었다. 당시 선거법상 여성은 '무권자'이기에 특정 후보의 진영에 소속해 선거운동을 할 수는 없었지만, "제3자로서의 [후보 지지]운동으로서 추천장을 보내거나 응원 연설을 하는 것은 전혀 문제가 되지 않기" 때문에 가능한 일이었다.[21]

이상과 같은 '동맹' 활동의 특징에 대해 후사에가 다음과 같이 정리했던

---

21 제2기에는 다시 정당에 의한 부선 법안의 입안이 어려워졌기에, 부선에 호의적인 의원을 선정해서 지원하는 초기의 모습으로 돌아간 셈이다. 또한, 과거의 선거에서는 여성 연사가 주로 관심 끌기를 위해 이용되었다면, 개정된 선거법에 따라 "후보자 외에 3인"이라는 제한된 연사 안에 포함된다는 점에서, 도리어 여성 연사에 대한 기대와 수준이 높아졌다(市川房枝, 1936.3)

바가 있다. "부선획득동맹은 반동기에 맞닥뜨리자 종래의 추상적 운동에서 구체적 운동으로, 연역적 운동 방법에서 귀납적 운동 방법으로 전환하고, 생활에 직접 관계가 있는 주제題目를 파악해 하나는 의회에서의 입법운동으로, 하나는 지자체自治體에서의 개선운동으로 전개하며 나아갔던 것이다"(市川房枝, 1937.4). 전자의 대표적 사례가 바로 '모자보호법' 제정운동이었고 더 이상 직접적으로 '부선 획득'을 목표로 내거는 움직임은 보기 어려워졌다. 1936년 1월부터는 기관지의 이름을 ≪부선≫에서 ≪여성전망≫으로 변경했는데, 이것은 "비상시국하에서 국방부인회 회원이 200만이라고 이야기되는 시대에 '부선'을 제목으로 하는 잡지는 곤란하다고 하기에, 자세를 다소간 부드럽게 한" 결과였다(市川房枝, 1974: 379~380). 이것이야말로 제2기 부선운동의 자세 변화를 상징적으로 보여주는 것이다.

3) 시정 참여와 공적 네트워크 확충

부선운동의 제2기에 보이는 전략의 변화 혹은 활동의 흐름으로서, 필자는 부선 3권의 획득을 전면에 내세우는 대신 생활과 선거숙정 등 시정 참여의 기회를 활용해 지방정부(행정)와의 네트워크를 구축하고, 이를 조직화하면서 정부와의 협력을 확대·지속했다는 점에 주목하고자 한다. 예를 들어 1933년 3월 도쿄부인시정정화연맹東京婦人市政淨化連盟(이하 시정정화연맹)이 결성된 것은 같은 달로 예정된 도쿄 시의회 선거에 대비하기 위한 것이었지만, 선거 후에도 해산하지 않고 이를 기반으로 도쿄시의 각종 문제에 대응했다. 선거를 앞두고 선거 정화를 명목으로 만들어진 지방정부와의 네트워크가 비非선거 기간에도 쓰레기, 도매시장, 세금 인하 등 각종 시정 관련 문제를 위한 소통의 통로로서도 작동했던 것이다.[22] 여성들이 시정과 밀착한 덕택에 1935년 도쿄시장이 여성 공민권 부여를 지지하는 법안(「도쿄도제안」)을 제안하는 성과로 이어졌다는 것은 앞서도 언급했던 것이기도 하다.

또한 1935년 10월 지방선거를 앞둔 정부가 선거숙정중앙연맹(이하, 선숙연맹)을 설치하자 이를 환영해 전면적인 협력을 결의했고, 이를 위해 선기숙정부인연합회(이하, 선숙부련)를 조직했다. 이전부터 "여성의 정치 참여가 선거의 숙정과 정치의 정화로 연결될 것"(市川房枝, 1935.8)이라고 강조했던 후사에는 선숙연맹에 여성도 참가해야 한다는 점을 거듭 설득했고, 결국 자신을 포함한 5명의 여성이 선숙연맹의 평의원으로 선발될 수 있었다(市川房枝, 1974: 371). 여전히 참정권이 없었던 여성들이 정부가 구성한 공적기관에 정식으로 참여한, 당시까지는 결코 흔치 않았던 성과를 거둔 것이다.

하지만 선숙부련이 선숙연맹에 가맹하는 것은 "[그 안에서] 부선 요구를 하지 않는 것"을 조건으로 하는 것이었고, 때문에 후사에는 "동맹의 이사로서의 자신과 선숙부련의 서기인 자신"을 구분해서 행동해야 했다. 다만 법률이 허용하는 한에서의 '동맹'의 주장은 계속할 것과 숙정 참여 역시 "부인참정권 획득"을 위한 것이라는 사실을 잊지 않았다(市川房枝, 1935.9). 직접적으로 "부인참정권이라는 용어는 쓰지 않더라도, 표현의 방법은 얼마든지 있다"(市川房枝, 1974: 375)는 것이었다.

관제 정치단체 중앙연맹이라는 것에 참가하는 것이 광의에서의 부선 획득이라 생각하기에, 또한 대의정치를 확립하기 위한 기초공사로서 선거숙정은 절대 필요하다고 믿기에 ─ 숙정의 방법에는 이의가 있지만 ─ 애써 [선숙연맹에서 부선 요구를 할 수 없다는] 고통을 감내하고 있는 것이다(市川房枝, 1935.9, 강조는 인용자).

---

22 예를 들면 도쿄시 보건국 청소과가 중심이 되어 쓰레기 처리 교육 선전 영화를 제작할 때, 원안을 여성의 관점에서 보고 수정했던 것을 계기로, 도쿄시가 시정정화연맹에 도움을 요청해 왔고, 이에 응해 시정정화연맹의 회원들이 많은 역할을 맡았다(児玉勝子, 1981: 240).

1935년은 부선운동에서 나름의 뜻깊은 해로 기억되었다. 부선은 물론 달성하지 못했지만, '동맹'의 활동가인 가네코 시게리가 연두年頭에는 기자로서 의회에 출입했고 이후에는 도쿄시의 촉탁으로 시정에 직접 간여했던 것이다. 후사에는 이것을 '광의의 참정권 획득'으로 여겼다. 여성들이 선숙연맹의 임원으로 참여한 것, 각 지방에서 선거숙정위원회 위원으로 임명된 것도 마찬가지였다. 선거숙정을 위해 각종 여성단체가 동원된 것 역시 "당국자 자신이 부인의 협력 없이 정치의 숙정·정화가 불가능함을 승인한 것"이라고 여겨, 긍정적으로 인식했다(市川房枝, 1935.12).

관·민 협력에 의한 선거숙정 운동은 이듬해인 1936년 총선거(4차 보선)에서도 크게 다르지 않았다.[23] 선거로부터 겨우 며칠 후에 이러한 선거의 결과를 사실상 부정하는 것과 다름없는 2·26사건이 발생한 것은, 후사에로 하여금 "이래서는 무엇을 위한 선거이며, 무엇을 위한 선거숙정인가라고 말하고 싶을 정도"라고 탄식하게 만들었지만(市川房枝, 1936.4), 이후로도 선거숙정을 위한 관·민 협력에 큰 변화는 없었다. 1936년 6월 도쿄 부의회 선거, 11월의 도쿄 신시역新市域 구의회 선거, 1937년 3월 도쿄 구시역舊市域 구의회 선거 등에서 도쿄시로부터 꾸준히 선거숙정을 위한 협력을 요청받았고, 후사에는 이또한 부선을 위한 길이라 여겨 적극 협력했다.

23　이상의 두 선거에서 후사에 등이 선거숙정이라는 이름으로 협력한 대상은, 정당 세력이 아닌 오히려 그들과 긴장 관계에 있는 정부의 이른바 신관료(新官僚)였다고 할 수 있다. 이것은 지금도 후사에가 파시즘하의 체제에 협력했던 사례이자 이후 전쟁 협력의 전조라고 지적되는 것이다. 하지만 실제 선거에서는 앞서 이미 확인한 것처럼 정부 측의 우익 후보들이 아닌 종래부터 지명도를 쌓은 정·민의 후보가 대거 당선되었다. 이러한 선거 결과에 대해 후사에는 선거숙정 활동의 효과가 "간섭 배제, 선거 비용 감소, 매수 감소"와 같은 "소극적 방면"에서만 인정되었고, "좋은 후보자를 당선시키는 적극적 방면에는 거의 이르지 못했다"라고 자평했다(市川房枝, 1935.10). 이 때문에 기성세력이 '어부지리를 얻은 것'이라는 평가 속에, 선거숙정에 대해 오히려 정당으로부터 감사를 받기도 했었다(市川房枝, 1935.11, 1974: 376~377).

도쿄 시정에 대해 최근 쓰레기와 오염수屎尿를 비롯 선거숙정, 결핵 예방 등으로 동원되고 이용되는 일이 많고, 그만큼 부인의 이 문제에 대한 관심이 높아지고 있는 것이다. **이러한 분위기를 이용해서 강력한 부인공민권 운동을 전개하고 싶다**고 생각하고 있다. 그렇기는 하지만 부인공민권 문제만이 아니라 도정 전반에 대해서도 부인의 입장으로부터의 안을 내고 싶다. …… 단지 이용만 당하는 것이라면 다소 불쾌하지만, [그럼에도] 강사나 간사와 같은 것을 꽤 맡아서 하는 중이다(市川房枝, 1936.11, 줄임과 강조는 인용자).

1937년 3월의 도쿄 시의회 선거를 대비해 선거숙정을 목적으로 같은 해 1월 도쿄애시연맹東京愛市連盟이 발족하자, 선숙부련은 이에 호응해 도쿄연합부인회와 결합한 '도쿄애시연맹 부인부'를 결성했고 이는 선거 후에도 존속되었다(市川房枝, 1937.3). 1937년 4월 제5차 보선 때에는 "오히려 투표 의무가 없는 입장에 있는 것에 안심"이라고 불편한 심경을 토로하면서도 다시 한번 선거숙정에 참가했다.[24] 이 선거가 하야시 수상이 돌연 의회를 해산하고 무리하게 강행한 것이었음은 앞서 언급했던 바이지만, 의회를 존중하지 않는 정부의 행태를 목격하면서도 후사에에게는 선거숙정을 매개로 구축해 온 관·민의 협력관계를 무너뜨릴 마음이 없었다.

심지어 ― 앞서도 이야기했던 것처럼 ― 1936년의 제4회, 1937년의 제5회 보선에서 정·민 양당의 후보가 친정부적인 우파 후보들을 누르고 잇달아 큰 승리를 거두고 있었지만, 이 무렵 후사에와 '동맹'에게 정당은 별다른 관심 대상이 아니었던 것처럼 보일 정도다. 제1기의 가장 중요한 활동이었던 '입법'을

---

24 이때에는 이전의 선거숙정에 참여할 때에 비해 확실히 불편했던 듯, "이제까지와는 반대로 오히려 정부 당국을 향해 설득함과 동시에 감시하는 일의 필요성"을 절감한다는 점을 내비치거나, "권력을 가진 당국자"의 배후에 있는 힘이 비교할 수 없을 만큼 강대하기에 "가능한 범위 내의 것을 할 수밖에 없다"라고 한탄하기도 했다(市川房枝, 1937.4).

위한 노력은 제2기 중에는 참정권은 겨우 세 차례, 공민권은 단 한 차례에 불과했고, 그것도 대부분 소수당의 개별 의원의 제안에 불과해 실제 통과될 가능성을 기대하기 어려운 형편이었던 것을 고려하면,[25] 그와 같은 자세 변화도 충분히 이해가 된다. 후사에 스스로가 이전부터 정·민 양당을 대상으로 입법운동을 해오면서 목도했던 정치의 추태, 그로 말미암은 실망이 더욱 적극적인 선거숙정의 이유가 되었을 것임도 짐작하기 어렵지 않다(進藤久美子, 2014: 136, 407).

제2기 부선운동 역시 평화적으로 전개되었고, 여성참정권의 당위 자체보다는 그에 따른 일본 사회의 실익이 크다는 점으로 설득하려 했으며, 여성의 정치 교육 – 을 위한 선거운동 참여 – 에 힘을 기울이면서 생활운동과 사회운동을 병행한다는 점에서도 제1기와 크게 다르지 않았다. 여성계의 대동단결에 대한 후사에의 신념도 변할 이유가 없었다. 다만 참정권 획득을 통한 여성의 정치·사회 참여가 얼마나 일본에 도움이 되는 것인지를 강조하는 것이나 직접적인 부선운동보다 생활운동이나 사회운동 등의 비중을 높이는 경향은, 제1기에 비해 제2기에 좀 더 강화되었던 것으로 보인다.

그러나 더 이상 '동맹'의 관심과 운동의 중심이 – 제1기 부선운동의 가장 중요한 원칙이자 활동의 중심이었던 – 의회 입법을 위한 정당과 정치인을 향한 활동이라고 말하기는 어려워졌다. 그리고 선거운동의 참여, 특히 선거숙정 활동이 정당 정치인을 대상으로 하기보다는 중앙과 지방의 관료 혹은 정부와의 협력 속에서 주로 이루어지고 있다는 점에서는, 부선운동의 성격이 상당히 변화했다고도 할 수 있을 것이다.

----

25 제62의회(1932.6)에는 사민당의 아베 이소오(安部磯雄)가 참정권을, 제63의회(1932.8)에는 아베와 전국노동대중당의 스기야마 겐지로(杉山元治郎)가 참정권을, 제69의회(1936.5)에는 스기야마가 참정권을, 민정당의 반도 고타로(坂東幸太郎) 등 2명이 공민권을 제안했으나 모두 심의 미료로 끝날 정도로, 의회에서 부선은 논의의 대상이 되지 못했다.

이러한 선택은 양날의 검이 될 수 있었다. 강력한 선거숙정이란 본래 건전한 선거를 통해 정치를 정화하기 위한 것이었지만, 오히려 정치에 대한 혐오를 부추겨 결과적으로 ― 이미 존재감이 희박해져가고 있던 ― 의회 정치를 더더욱 위축시킬 수 있기 때문이다. 그리고 의회 정치가 존재감을 상실한다면, 여성의 의회 진입을 궁극적 목표로 하는 부선운동이라는 것 자체가 의미를 상실할 수 있기 때문이다. 이러한 선거숙정을 주도하는 것이 평소 의회 정치를 못마땅해 하는 군부와 관료 세력이라는 점에서 부선운동의 딜레마는 더욱 커진다. 정당과 정치인에 대한 과도한 비난과 단속은 정치 그 자체, 혹은 민의를 정치에 반영할 수 있는 통로인 의회와 선거의 의미까지 비하하는 것으로 이어질, 나아가 군부와 관료에 의한 독재 권력의 강화에 기여할 우려가 있었다. 적극적인 선거숙정 참여가 '동맹'의 의도와 상관없는, 아니 그들이 바라는 것과 정반대의 결과를 야기할 수도 있었던 것이다.

선거숙정에 참여하면서 '동맹'과 후사에가 그러한 부작용에 대해 혹은 부선운동과의 모순적 상황에 대해 어느 정도까지 인식했는지, 즉 선거숙정 참여가 그러한 가능성을 충분히 고려한 후의 선택이었는지 단지 목전의 현실에 대한 임기응변의 결과였는지는 확인하기 어렵다. 확인할 수 있는 것은, 선거숙정을 위한 협력이 더 이상 일시적 선택이 아니라 하나의 시스템으로 정착해 갔다는 사실이다. 후사에 등 '동맹'의 여성들은 생활문제 해결과 선거숙정을 위해 도쿄시의 관료들과 무릎을 맞대고 상의하는 자리에 초대받는 것에 익숙해졌다. 실제 '참정권'을 획득하지는 못했지만 부현시정촌府県市町村 당국으로부터 선거숙정 실행위원으로 임명된 여성이 전국에서 2000명에 이를 정도가 되었다는 점에서(市川房枝, 1937.4.24), 실제로 상당수의 여성들이 ― 본래 기대했던 것과는 다른 형태로나마 ― 이미 '참정'하고 있기도 했다.

제1기에는 부선 획득으로 나아가기 위한 준비 단계로서 여성들이 자발적으로 선거운동에 참여했다면, 제2기에는 관·민 협력에 의한 선거숙정이 시스템으로 정착했을 뿐 아니라 이러한 활동을 통해 여성들도 이미 다소의 성취감을 느끼고 있었다. 정당정치의 와해 직후 "부인참정권 실현을 바라는 것이 현재는 일단 불가능[하기에] …… 우리는 참정권 요구는 계속하지만, 팔짱을 끼고 그 획득을 기다리기만 하는 우를 범하지 않겠다. 설령 법률상의 참정권을 획득할 수 없을지라도, 사실상 이를 획득하고 이를 행사하려고 하는 것이다"(市川房枝, 1933.9)라고 하던 다짐을, 실제로 조금은 달성하고 있었던 셈이다.

3. 총동원과 익찬 체제 시대의 부선운동, 1937~1945

이 시기 정계에서는, 선거에서 정당이 잇단 승리를 거두었지만 군부의 책동으로 인한 중일전쟁이 발발하면서 국가는 이른바 국민정신총동원 체제, 국가총동원 체제가 이어지는 비상시국이 계속되었고, 이에 따라 정당과 의회가 주도하는 정당정치로의 복귀는커녕 정치가 군부의 힘에 압도되는 형국이 이어졌다. 의회는 전쟁 수행을 위한 군부의 각종 요구에 거수기와 같은 역할로 전락했고 결국은 '신체제'라는 명분하에 모든 정당이 해산한 후 대정익찬회라는 조직으로 흡수되었다.

1) 총동원과 대정익찬회

1937년 7월 중국에서 루거우차오 사건이 발생했을 때 일본 정부도 그리고 정·민 양당도 더 이상의 전쟁 확대를 바라지 않았고, 이는 중국 측도 마찬가지였다. 하지만 우발적 사건을 가장해 무력 충돌을 기획했던 관동군은 질주를 멈출 생각이 없었고, 일본 정부에는 이를 저지할 역량이 없었다. 중국을 자극하는 고노에 수상의 외교적 실언까지 더해져 전쟁은 확대일로의 길을 걸었다. 예상을 넘어서는 중국의 끈질긴 저항에 초조해진 관동군은 12월 난징南京에서 군·민에 대한 무차별적인 학살을 자행하는 것으로 반응했다.

대규모 전쟁은 막대한 자금을 필요로 했고, 사건 발발 직후의 7월(71회), 그리고 9월(72회) 임시의회에서 각각 5억 엔, 20억 엔의 군사비가 추가되었다. 일본의 거의 1년 예산에 맞먹는 액수였다(市川房枝, 1937.9a). 8월에는 '거국일치擧國一致', '진충보국盡忠報國', '견인지구堅忍持久'를 슬로건으로 삼아 국민의 전의 고양과 전쟁 협력을 유도하기 위한, 정부 주도의 '국민정신총동원운동'(이하 정동)이 시작되었다. 9월 의회에서는 '임시자금 조달법', '수출입품 등 임시조치법', '군수공업 동원법 적용에 관한 법률' 등 전쟁 수행을 지원하기 위한 법률이 잇달아 성립되었고, 이듬해 3월에는 전시 국방을 위해 정부에 광범한 권한을 부여하는 '국가총동원법'이 발포되었으며, 전력의 관리도 일원화되었다.

양당이 썩 내켜하지 않는 법안의 경우에도 비상시국이라는 현실, 그리고 고노에 수상의 높은 대중적 인기가 있기에 통과를 막기 어려웠다. 각 정당의 의견이 서로 다를 뿐 아니라 당 내부에서도 의견이 엇갈렸기 때문이다. 사회대중당 등 무산정당은 자유주의를 배격하고 '통제'를 지지한다는 면에서 고노에 내각의 정책을 지지하기까지 했다(北岡伸一, 1999: 304). '국민건강보험법' 등 고노에 내각의 각종 사회정책 입법은, 효율적인 전쟁 동원을 목적으로 하는 것이면서 한편으로는 사회 평준화로 연결되는 정책이라는 점에서, 파시즘을 경계하는 정·민 양당도 마냥 반대하기는 어려웠다(井上寿一, 2012: 214).

1938년 8월과 9월 일본군은 한커우漢口와 광둥廣東 등지를 잇달아 공격했고, 11월 고노에가 이른바 '동아신질서 건설'을 표방하는 성명을 발표한 후 12월에는 국민정부의 제2인자인 왕징웨이汪精衛(1883~1944)를 충칭重慶에서 하노이로 탈출시켜 중국뿐 아니라 국제 사회를 크게 자극하는 일이 있었다. 1939년 1월 고노에는 수상에서 물러났지만 뒤를 이은 히라누마 기이치로平沼騏一郎

(1867~1952) 내각은 고노에 내각의 정책을 대부분 계승했고, 이후 한동안 비교적 온건한 군인 출신의 수상인 아베 노부유키阿部信行(1875~1953), 요나이 미쓰마사米內光政(1880~1948)에 의한 거국일치 내각이 이어졌다. 하지만 1939년 내내 일본은 중국에서는 끈질기고 강력한 저항에 직면했고 소련으로부터는 몽골 등지에서 궤멸적 타격을 입었으며, 미국으로부터는 경제적 제재라는 압박을 당하면서 대외적으로 사면초가의 상황으로 치달았다. 이에 같은 해 10월 정부는 물가를 동결하고 – 종래에는 제한적으로 적용하던 – '총동원법'을 전면적으로 발동하는 등 전시 통제를 더욱 강화하는 것으로 대응했다.

이러한 상황이 이어지는 동안, 정·민 양당은 한편으로는 – 극히 소수에 불과하기는 하지만 – 거국일치 내각에 참여하면서, 다른 한편으로는 군부의 질주를 막아 정치의 주도권을 정당과 의회로 돌이키기 위해 노력했지만, 성공적이라 할 수 없었다. 전황이 악화하고 국제적 고립이 심화하는 등 대외적인 위기 상황이 계속되는 가운데, 국내에서는 군부의 정치에 대한 간섭이 더 심해졌고, 이를 배경으로 1940년 7월 고노에가 다시 수상으로 복귀했다. 그리고 그를 중심으로 강력한 신당을 창당하는 방식으로 정계를 재편하려는 이른바 신체제운동이 본격화했다(北岡伸一, 1999: 340~343).

이처럼 파시즘을 강화하는 반동적 움직임에 대항해 정당정치 복원을 위해 정·민 양당이 힘을 모으기는커녕, 내부적으로도 분열하면서 정계의 혼란이 심해졌다. 기성 정당의 해산을 전제로 하는 신체제운동이 더욱 힘을 얻어갔고, 정·민 양당 모두 – 시간의 차이는 있었지만 – 대세를 거스르지 못하고 해당解黨 및 신당 합류의 길을 택할 수밖에 없었다(井上寿一, 2012: 227). 그러나 이러한 과정을 거쳐 태어난 대정익찬회가 실제로는 정치적 구심력을 갖지도 정치적 구심력으로 작용하지도 못한다는 것은(井上寿一, 2012: 229), 설립 후 오래지 않아 확인되었다.

1941년 10월 미일 교섭이 난항을 겪으며 전면전의 기운이 높아지자 이를 감당할 자신이 없는 고노에는 수상에서 물러났고, 강경 일변도인 군부의 폭주를 제어할 수 있으리라는 기대 속에 육군 출신 도조 히데키東条英機(1884~1948)[26] 내각이 출범했다. 하지만 양국 간 긴박하게 이루어진 협상도 결실을 맺지 못하면서 일본은 승리 가능성이 극히 희박한 대미개전對美開戰을 선택했고, 12월 8일 일본의 진주만 공습을 시작으로 미일은 전면전에 돌입했다.

1942년 봄 중국과 동남아 일대에서 대규모 전쟁을 치르는 와중에도 그동안 미뤄왔던 중의원 총선거인, 이른바 '익찬선거'가 약 5년 만에 시행되었다. 정부는 익찬정치체제협의회를 결성시켜 ─ 중의원 정원과 같은 수인 ─ 466명의 후보를 내게 했다. 선거는 당연히 정부의 지원을 받는 익찬 후보에게 일방적으로 유리하게 진행되어, ─ 정·민 출신 전현직 의원이 비교적 많이 당선되기는 했지만 ─ 익찬 추천 후보 당선자가 381명으로 전체의 약 80%를 차지하는 압도적 점유율을 기록했다. 선거 직후인 5월에는 도조의 주도로 거국적인 정치적 결집과 대동아공영권의 확립을 내건, 선거 당선자들을 중심으로 하는 익찬정치회가 출범했다.

그러나 이 이후로 이 글의 목적인 부선운동과의 관련성 있는, 의미 있는 정계의 동향을 찾기는 어렵다. 1944년 7월 사이판 함락을 계기로 도조가 퇴진한 후, 역시 군인 출신이면서 비교적 온건한 성향인 고이소 구니아키小磯国

---

26 도조 히데키는 도쿄에서 태어나 육군사관학교, 육군대학교를 졸업한 육군 군인으로, 1929년 일석회(一夕会)를 결성, 군부 주도의 국가총동원 체제의 확립과 군부 중견 막료층의 군부 내 주도권 획득을 추구했다. 1935년 관동군 헌병대 사령관, 1937년 관동군 참모장을 지냈고, 기시 노부스케(岸信介) 등과 만주국의 통제경제를 추진했으며, 제1차 고노에 내각에서 육군차관, 제2차 고노에 내각에서 육군대신을 역임했다. 육군을 대표해 일독이(日独伊) 삼국동맹 체결을 주장했고, 중국 파견군의 철수 반대, 대미개전 주장으로 제3차 고노에 내각 붕괴에 원인을 제공했다. 1941년 10월 수상에 취임(육군대신·내무대신을 겸임)해 태평양전쟁에 돌입했으며, 전시하에서는 참모총장을 겸임하면서 국가총동원 체제를 추진, 전쟁 지도 체제의 일원화를 도모했다. 이러한 정책에 대한 반도조운동과 전국의 악화로 1944년 7월 수상을 사직했고, 패전 후 A급 전범으로서 극동국제군사재판 판결에 의해 1948년 사형에 처해졌다.

昭(1880~1950), 스즈키 간타로鈴木貫太郎(1868~1948)가 수상의 자리를 지켰을 뿐이었다. 그리고 1945년 8월 14일 어전회의에서 사실상의 항복이 결정되었다.

2) 총동원 체제하 부선운동과 전쟁 협력

루거우차오 사건으로 촉발된 중일전쟁의 본격적 개시가 후사에 등에게 주는 부담은 이전 만주사변에 비할 바가 아니었다. 부선운동이 최고조에 달했던 1931년 가을에 들려온 만주에서의 무력 충돌 소식은, 혹 중국과의 더 큰 전쟁으로 확대되지 않을까라는 염려를 가져오기는 했지만, 부선 실현에 대한 기대를 꺾을 정도로 위기의식을 동반한 것은 아니었다. 그러나 중국과의 전면전은 후사에를 비롯한 '동맹'의 운동가들에게 당장이라도 마음의 결정과 선택을 강요하는 것이었다. 후사에는 중일전쟁 발발 직후 자신의 심경을 훗날 다음과 같이 회고하고 있다.

> 지금까지는 가능한 정도에서 전쟁 반대의 의사 표시도 하고 군부 공격도 해왔다. 정부 및 지자체의 정책에 협력 자세를 보이면서, 그 안에서 우리의 요구를 담아내는 것을 고민하고 어느 정도는 목적을 달성해 왔다고 생각한다. 그러나 지금은 실제現實に 전쟁이 시작되고 말았다. 이 시점에서 정면으로 **전쟁에 반대해서 감옥에 갈 것인가, 아니면 운동에서 완전히 퇴각해 버릴 것인가**, 혹은 **현상을 일단 긍정하고 어느 정도 협력할 것인가**, 어느 것이든 길을 선택하지 않으면 안 된다(市川房枝, 1974: 433, 강조는 인용자).

과거 만주사변 발발 직후의 후사에는 그에 대한 비판 혹은 파시즘에 대한 불편한 심경을 숨기지 않았고,[27] 군에 대한 비판, 전쟁 반대, 군비 축소 등의 의견을 명확히 했었다. 하지만 이 시기의 후사에는 ― 비록 사후적인 기록에 의한 것이기는 하지만 — 확연히 위축된 반응을 보이고 있었다. 그리고 선택을 고민하던 후사에는 결국 '감옥에 가지' 않았고 부선운동에서 '완전히 퇴각'하지도 않았다. 마지막 남은 선택지였던 '일단 긍정하고 어느 정도 협력'하는 길을 택한 셈이다.

> 나라를 사랑하기에 이 불행한 사변의 발생이 슬프고 확대의 정도나 사변 후의 조치, 경제상의 영향 등이 매우 걱정스럽다. 그러나 여기까지 이른 이상 이제 갈 데까지 가는 수밖에 없다. 물자의 부족, 전비의 증대에서 오는 물가의 등귀, 생활의 곤란은 당연히 예상되는 것으로 각오를 단단히 해야만 한다. **나 일개인의 감정이나 생활이라면 어떻게든 되겠지만, 부인과 아이 전체, 나아가 국가·사회의 행복을 증진하기 위해 다년에 걸쳐 동지들과 노력해 온 우리** 입장에서는, 이 시국의 곤란을 어떻게 극복해 장래의 행복을 건설할까를 고려해 실행으로 옮길 책무가 있다. 나는 지금 그 구체적 방법, 수단 등에 관해 여러모로 고려하고 있는 것이다(市川房枝, 1937.9b, 강조는 인용자).

후사에는 이미 일개인으로서의 거취가 아니라 10년 이상 부선운동을 이끌어온, 그리고 그 실현이 멀지 않은 '동맹'의 지도자로서의 노선을 결정해야 했다. 그리고 어려운 시국을 극복하는 데 기여해야 할 책임을 느꼈다. 이후 후사에와 '동맹'의 활동은 중일전쟁 발발 직후에 보였던 이상의 고민과 나름의 결정에서 크게 벗어나지 않는 것이었다. 그렇다면 이러한 고민과 결정의

---

27 후사에는 만주사변의 확대를 반대했을 뿐 아니라, 자신은 "국제 협조에 의한 군비의 축소, 아니 군비의 전폐를 주장하며 이것의 실현을 간절히 바라마지 않는다"라는 입장을 공공연히 드러냈다(市川房枝, 1931.11). 만주사변에 대한 조사를 위해 1932년 2월 국제연맹이 리튼조사단을 파견했을 때에도 후사에 등은 조사단이 머무는 제국호텔을 방문해 "만주사변에 관해 이를 유감으로 생각한다"라는 뜻을 전할 정도였다(市川房枝, 1974: 279~280).

결과가 이후 어떠한 활동으로 나타났을까.

첫째, 시국의 엄중함을 즉각적으로 인식해 정부의 정책에 적극 협조할 것을 천명하면서, 여성으로서 가능한 역할을 찾아 집중하는 경향을 보였다. 중일전쟁 발발 직후의 국민정신총동원운동, 즉 정동에 대해 후사에는 "미증유라고 할 비상시국을 극복하기 위해 국민총동원이 필요하다. …… 정부의 이번 행위는 시의적절한 정책이라고 해도 좋을 것이다. 우리도 나라를 사랑하고 시국을 염려하고 있는 한 사람으로서, 이 계획을 칭찬하고 나아가 협력을 아끼지 않는 바이다"(市川房枝, 1937.10)라고 즉각적인 지지를 천명했다.

무엇보다 '정치 즉 경제', 즉 경제문제의 해결이 금후 정치에서 가장 중대사가 될 것이라는 인식하에(市川房枝, 1937.9a), 여성으로서 담당해야 할 과제가 무엇인지를 재빨리 발견했다. 그것은 "남자의 출정에 의해 공석이 되는 직장의 보충 내지는 노동 강화"와, "생활필수품 부족 및 물가의 등귀, 그로부터 필연적으로 도래할 모자의 보건문제"였다. 그는 이를 위해 "정부 당국 및 각 부인단체를 환기해 그 실행을 촉진"할 것을 주장하면서, 특히 후자와 관련된 "소비의 통제, 절약운동"을 위해서는 자신들의 협력이 필수적이라는 점을 "정부에게 확인시켜야" 한다고 강조했다(市川房枝, 1937.9b). 굳이 여성 협력의 중요성을 정부에게 확인받으려는 의도가 무엇인지를 추측하기는 어렵지 않다. 일본 국민으로서의 무조건적인 충성이 아니라 남자와 여자를 구분한 후에 여자로서의 몫을 확보하려 했던 것으로 보아도, 그리고 그 '몫'이라는 것이 궁극적으로는 부선의 획득이라고 보아도 크게 틀리지 않을 것이다.

루거우차오 사건 발발 2개월 후인 9월 28일 여성계의 주요 8개 단체가 연합해 '일본부인단체동맹'을 결성할 때에는 '동맹'이 중핵적인 역할을 담당하고 후사에는 서기 역할을 맡았다(胡澎, 2018: 186~187). 후사에는 이즈음해서 "부인의 입장으로부터 서로 협력해서 비상시국의 극복에 노력할 것을 목적으로 하며, 부인이 분담하고 있는 소비 경제, 아동 교육, 가정의 보호 위생 내지는 노동력의 보충, 혹은 노동에 종사하는 부인의 보건문제 등에 관해 연구·조사해서 구체안을 입안"(市川房枝, 1937.10)하겠다는 포부를 밝혔다. 좀처럼 단결하기 어려웠던 당시 여성계의 현실을 고려하면, 중일전쟁 이후의 비상시국에 대응한 나름의 기민하고 결연한 움직임이었다고 볼 수 있다.

둘째, 비상시국이라는 현실을 고려해 참정의 '권리'(참정권)를 명시적으로 요구하는 활동 대신 참정의 '활동' 자체에 무게를 두는 경향을 보였다. 부선, 즉 여성참정권이라는 권리의 획득 자체를 목적으로 하기보다는, 본래 부선을 획득했더라면 가능했을 '행위'와 그로 말미암은 '이익' 자체에 관심을 기울이는 것이다. 여기에서 '행위'라는 것이 이전 도쿄의 시정에 참가하던 것, 혹은 비상시국의 각종 정무와 관련된 기관에 남성들과 동석하는 것을 의미했다면, '이익'이란 여성 자신(자녀까지 포함)의 권익으로 연결되는 결정이나 법안 등을 관철시키는 것이었다. 한 걸음 더 나아간다면 여성으로서의 적극적인 의사 표현과 역할 수행을 통해 가정, 남자, 혹은 일본이라는 국가에까지 긍정적인 영향을 미치는 것이었다.

여성참정권의 당위성을 주장하면서 여성 참정에 따른 성과 혹은 그로 말미암은 이익을 강조하는 것은 익숙한 일이지만, '참정' 자체에 큰 의미를 부여하면서 이를 독려하는 것은 종래에는 보기 힘든 일이었다. 비상시국 이전에는 그러한 기회 자체도 좀처럼 허용되지 않았기 때문이다. 그러나 총동원 체제하에서 여성에게 다양한 방식의 '참정'이 허용되면서, 굳이 부선운동이라는 종래의 의회 정치에 특화된 운동 혹은 그러한 운동을 위한 '동맹'의 유지와 활동에 집착할 필요는 약해졌을 것이다.[28]

_____

28 신체제운동이 한창이던 1940년 9월 '동맹'은 해산을 결의한다. 후사에는 이에 대해 '동맹'의 '해산'이 아니라 새로이 설립한 부인문제연구소에서 관련 연구와 자료 수집 등에 더욱 힘을 기울이기 위한 것이라고 설명했다. "가벼운 몸으로 자유롭게 시국에 맞는 적당한 운동을 전개"하기 위해서라는 것이다(市川房枝, 1974: 501).

제2기에 본격화했던 관·민 협력에 의한 선거숙정은 제3기, 즉 대규모 전쟁으로 인한 총동원 체제하에서 실시되는 선거에서도 변함없이 이어졌다. '동맹'이 해산한 후인, 그리고 전쟁과 파시즘이 가장 고조되었던 시기인 1942년의 이른바 익찬선거에서도 후사에는 변함없는 유권자 계몽뿐 아니라 후보를 위한 지지 연설을 했다. 그러나 이보다 더욱 실제적인 참정의 행위이자 경험은, 지방과 중앙의 각종 조직에 여성이 그 지위와 책임을 인정받는 존재로서 참가하는 것이었다.

후사에는 중일전쟁 발발 직후 정동 중앙연맹이 발족했을 때부터 여성(단체)의 참여가 용인되는지 혹은 어떤 여성단체가 참여했는지에 관심을 가졌고, '동맹'이 참여할 수 없는 것을 안타까워했다.[29] 이후로도 정부가 주도하는 기관에 여성이 참여할 수 있는지 여부는 후사에게 매우 중요한 관심의 대상이었다. 이러한 중앙기관에 여성이 참여하는 것 자체가 부선의 실현에 다름 아니라 생각했기 때문이었다.

> 이 운동을 시작한 이래, 경상적經常的 운동도 모두 '국민정신총동원운동'의 명칭으로 이루어지고, 게다가 부인이 협력하고 있는 것도 주목해야 할 일이다. …… 이처럼 다수의 부인이 정부의 국책에 협력해 활동하고 있는 것이 과거에 보지 못한 바라고 해도 좋을 것이다. …… 이처럼 본다면 쇼와 12년(1937)의 부인계는 전체적으로 현저하게 진전進出 했다고 해도 좋을 것이다(市川房枝, 1937. 12, 줄임은 인용자).

----

29   국민정신총동원중앙연맹의 가맹단체 50여 개 중 여성단체는 애국부인회, 국방부인회, 대일본연합부인회, 여자청년단과 같은 반관반민의 4개 단체뿐으로, 후사에는 "네 단체의 연락도 용이하지 않고, 민간 부인단체 및 일반 대중부인을 동원해서 효과를 올리는 것도 불가능"할 것이라고 탄식하며, '동맹'을 비롯한 민간의 여성단체들이 포함되지 않은 것을 아쉬워했다(市川房枝, 1937. 10).

이것은 정동이 시작됐던 1937년을 결산하는 후사에의 문장 가운데서 발췌한 것인데, 여성들이 '정부의 국책에 협력'했던 전례 없는 사실을 긍정적으로 평가하고 있음을 확인할 수 있다. 이듬해에는 정동에서 전국적인 실천망[30]을 조직하면서 최하급 모임의 출석자를 '세대주 및 주부'라고 규정한 것과, 그보다 상위인 부락회部落会 및 정내회町内会의 정기모임常会에 '세대주를 주로 하고 주부 및 가족이 참가'하게 된 것을 크게 환영했다.

> 이제까지는 오로지 남자만으로 회합을 했거나, 설령 [부인이] 출석을 했어도 남편의 대리로만 인정되는 상태였던 것에 비한다면 가정에서 주부의 지위 내지 책임이 인정되는 것이니 부인으로서는 크게 기뻐하는 바이다. 또한 이러한 종류의 지방조직 안에서 부인이 남자와 마찬가지로, 혹은 부차적으로 참가하는 것은 한편으로 **부인공민권 실현의 선구**라 보아도 좋을 것이다(市川房枝, 1938.5, 강조는 인용자).

중일전쟁 발발 직후 우연한 기회에 지방 국방부인회 행사를 참관한 후사에가 그곳에 모인 농촌 여성들의 모습을 보고 "이전에 자기 시간이라는 것을 가져본 적이 없는 농촌의 대중 부인이, 반나절 동안 집에서 해방되어 강연을 듣는 것만으로도 이것은 부인 해방"(市川房枝, 1937.9b)이라고 표현했을 정도였던 것과 비교하면, 이러한 변화는 감개무량한 일이었다.

또한 이러한 경향을 반영해 당시 언론에는 '부인 국책위원'이라는 용어가 종종 등장했는데, 이는 "지나사변(만주사변 - 인용자) 이래로 국책의 수립 내지는 그 수행을 위해 설치된 정부 혹은 지방관청의 각종 위원회의 부인위원"을

---

30 후사에에 따르면 정동의 실천망이란, "현존 행정기관 외에 자치적 세포 조직을 만들어 전 국민에게 신속하게 정부의 의도하는 바를 이해시켜 그 실현을 돕는 한편, 국민이 희망하는 바를 유감없이 위로 전달하려는" 조직이었다.

칭하는 것이었다(市川房枝, 1940.2).

> 부인 국책위원은 이름에서 느끼는 것만큼 중요한 임무가 주어지는 것은 아니지만
> …… **부인의 행정 참가에 하나의 길**이 열린 것이다. 그러한 의미에서는 우리의 다
> 년의 희망인 **부선의 일부가 실현**된 것이기에, 가능한 범위에서 이것을 이용해야
> 하며 각각 장래 부인의 길을 막는 일이 되지 않도록 조심戒心했으면 한다(市川房
> 枝, 1940.2, 줄임과 강조는 인용자).

각종 국책기관에 참여한 여성들이 실제 정책의 결정에 큰 영향력을 발휘
했던 것 같지는 않지만, 후사에는 여성들의 국책위원 참여를 매우 의미 있게
여겼다. 아쉬운 것은 여성으로서 의견을 제시할 참정의 기회가 부족한 것이
었고, 불만스러운 것은 정동을 비롯한 각종 정부 정책의 수준이 미흡한 것이
었다.

셋째, ─ 바로 앞의 내용과 연결되는 것이지만 ─ 전시하 각종 어용기관에 적
극 참여했는데, 이러한 활동이 궁극적으로 장래 부선의 실현에 도움이 될 것
이라는 전망에 따른 것이었다. 앞서 소개한 일본부인단체동맹 결성의 경우,
후사에는 이를 '부선운동의 방향 전환'보다는 '운동의 지속'이자 '부선운동이
하나의 운동으로서 당연히 해야 하는 것'이라고 간주했다. 의회운동이 중단
되었다고 해서 부선이 멈춘 것이 아니라는 것이다. 종래부터 줄곧 부선의 실
현이 여자만을 위한 것이 아니라 남자, 가정, 나아가 국가에 유익할 것이라고
주장해 왔던 만큼, 비상시국은 그러한 주장이 사실임을 입증하는 기회로 여
겨졌을 것이다.

참정권을 요구하지 않더라도 어쩌면 유럽 대전 당시의 실례가 보여주듯, 부인의
국가·사회에 대한 책임의 부담이 법률적으로 확인되어 합법적인 협력의 길이 열

릴지도 모른다. …… [그러내 그것은 어디까지나 결과로서 …… [그것을 협력의] 교환 조건으로 할 정도로 [우리가] 파렴치하지는 않다. 우리는 애국심으로부터 이 비상시국에 급히 달려가는 것이다(市川房枝, 1938.1, 줄임은 인용자).

후사에는 이렇게 여성의 협력과 참정권의 교환을 요구하는 것이 아니라고, 비상시국에 즈음해 애국심으로부터 협력하는 것이라고 단언하고 있지만, 말 그대로를 믿기는 어렵다. 유럽에서 전쟁에 협력한 여성들에게 전후 참정권이 주어진 전례가 있기에, 비상시국에서 굳이 부선을 요구하기보다는 ─ 내심 전후 일본에서도 여성참정권이 실현될 것을 전제로 ─ 자신들이 비상시국에 협력하는 동기가 애국심에서 비롯된 것이라고 강조하는 편이, 부선운동으로서 훨씬 세련되고 설득력 있기 때문이다.

실제 후사에는 정부 주도의 각종 어용단체에 적극 참가했다. 후사에 자신은 평소의 부선운동과 비판적인 언동 등으로 인해 자신이 당국 등으로부터 환영받지 못했다고 강조하고 있지만(市川房枝, 1940.2),[31] 정동 중앙연맹 조사원(1937년 12월),[32] 정동 중앙연맹 비상시국민생활양식위원회 위원(1938년 6월), 대장성 저축장려 부인강사(1939년 3월), 내각 정동위원회 간사(1939년 3월), 대정익찬회 조사위원(1941년 4월), 대일본부인회 심의원(1942년 2월, 2년 만에 해촉), 대일본언론보국회 이사(1942년 12월) 등 다양한 단체의 각종 직위에 이름을 올렸다. 후사에가 참여 제안을 거절하지 않았을 뿐 아니라 오히려 적극적

31 그 외에도 후사에는 군부의 반대로 자신이 내정되었던 직위가 취소되기도 했다고 밝히고 있다.
32 정동 중앙연맹 산하 총후후원, 사회풍조, 농촌어촌, 가정실천의 4개의 조사위원회 가운데 후사에는 가정실천조사위원회에 소속되어 '가정에서의 국민정신총동원운동의 실천 방책'을 토의하거나, '비상시국하 가정에서의 실천 사항' 등을 정리하고, 그 구체적인 실천 방안에 관한 설명문 작성 등을 담당했다. 구체적인 내용으로는 기념일의 국기 게양, 매일 아침의 신불 예배, 예산 생활의 시행, 공터의 이용, 건강한 아동 육성, 금주·금연, 검소한 복장, 건강 증진을 위한 운동, 일찍 자고 일찍 일어나는 생활과 시간 활용 등이 포함되었다(進藤久美子, 2018: 39~40).

으로 받아들인 결과로, 여기에는 그의 뚜렷한 소신이 있었다.

> 현재와 같은 정세에서는 소위 **부선 – 법률의 개정운동이 일층 곤란**할 것이라는 것은 말할 필요도 없다. 그러나 우리가 부선을 요구하는 목적은 부인의 입장에서 국가·사회에 공헌하기 위해 정부 및 남자와 협력하려는 바에 있다. 따라서 이 국가의 전례 없는 **비상시국 돌파를 위해 부인이 실력을 발휘해 실적을 올린다면, 이것이야말로 부선의 목적을 달성하려는 까닭이며 법률상으로 부선을 확보하기 위한 단계**이기도 할 것이다. 슬픔, 고통을 곱씹으며 부인이 지켜야 할 부서部署를 담당하자(市川房枝, 1937.9b, 강조는 인용자).

당장의 시국하에서 부선 법률이 의회를 통과하는 일은 난망한 상태임을 자각한 후사가 택한 길은 일단 비상시국 돌파를 위해 "부인이 실력을 발휘해서 실적을 올리"는 것이었다. 이것은 두 가지 의미를 가졌다. 첫째, 그 자체가 부선을 통해 달성하려던 본래의 목표 – 의 하나 – 였고, 둘째, 금후 – 입법이라는 형태로 – 부선을 달성하기 위한 디딤돌이 되기 때문이다. 정상적이라면 입법을 통해 여성에게 먼저 참정권이 주어진 후, 이를 통해 여성도 국가에 공헌할 것이었다. 그러나 지금은 국가가 여성의 협력을 필요로 하는 '비상시국'이었고, 여성이 국가에 협력해야 한다는 것은 종래 자신들의 주장이기도 했던 만큼, 자신들이 아직 '무권자'라고 해서 이를 거절할 생각은 없었다. 그러나 그렇다고 해서 참정권이라는 권리를 포기하고 일방적으로 협력을 강요당하기만 할 생각도 아니었다. 비상시국인 만큼 정상적인 절차를 고집하기보다는, 이러한 상황을 이용해서 금후 참정권 획득에 한 걸음 다가서는 기회로 삼기로 했던 것이다.

"총후銃後의 운동을 직접 군사 원호뿐 아니라 생활문제까지 확대해 …… 정부로 하여금 부인의 힘을 인정시키고, 부인의 발언권을 확보하도록 노력해야 하는 것이다"(市川房枝, 1937.12)라는 다짐은 비밀도 아니었다. '국가총동원법' 제정 직후인 1938년 5월의 '동맹' 총회에서는 '제1차 세계대전 당시 미국의 여성들이 어떻게 협력했는지'에 관한 강연을 개최했다. '동맹'이 국책에 적극 협력한 의도가 무엇이었는지 파악하기는 어렵지 않다.

이처럼 모든 상황을 '부선'과 연결지어서 사고하는 것은 후사에가 중국을 방문했을 때에도 관철되고 있었다. 후사에는 1940년 2월부터 약 1개월 반에 걸쳐 중국을 방문하고 고노에가 제창했던 동아신질서 건설을 전제로 이를 위한 중국 여성들과의 협력을 제창하기도 했는데, 이를 위해서라도 일본 여성의 참정이 필요하다는 사실을 아래와 같은 방식으로 어필하고 있었다.

> 일본의 부인은 전체로서는 물론 중국支那의 부인보다 교육의 정도는 높습니다만, 정치적 지식은 중국 여학생보다도 낮다고 해도 맞을지 모르겠습니다. 이번 왕 정권(왕징웨이 정권)에서도 정부의 최고 정치기관에 부인을 참가시키고 있습니다. 입법원에도 부인을 참가시켜 사실상 이미 부인에게 참정권을 주고 있습니다. 이에 비교해서 일본에서는, 지방 지자체의 참정권조차 주지 않고 겨우 각종 위원회에 부인을 조금씩 참가시키기 시작한 정도입니다. …… 이것은 중국과 서로 연대해 동아신질서를 건설할 경우에 일본이 뒤떨어지는 일이 될 것이라 생각합니다(市川房枝, 1940.5, 줄임은 인용자).

기본적으로 후사에는 일본 정부, 특히 고노에의 동아신질서 구상 등을 별다른 의심 없이 받아들였고, 왕징웨이 정권의 탄생 경위나 역할에 대한 비판의식도 가지고 있지 않았다. 다만 왕징웨이 정권에서 '사실상' 여성에게 참정을 허용하고 있다는 점을 강조해서, 이를 일본 여성을 위한 혹은 부선 획득을 위한 지렛대로 삼으려 했을 뿐이었다.

후사에는 일본 여성의 지위가 중국 여성에 비해서도 뒤처진다는 점을 강조하고, 이러한 현실이 일본이 중국 침략의 명분으로 삼고 있던 동아신질서 건설을 위해서도 부정적이라는 점을 지적했다. 더 나아가 후사에는 중국 현지에서의 일본인의 행태를 살핀 후, 중국에 진출한 일본의 남자가 여성을 경시하는 모습이 '중국 인구의 절반'인 중국 여성에게 일본에 대한 반감을 갖게 할 것이라고, 보다 구체적인 지적도 덧붙였다(市川房枝, 1940.5). 일본의 남녀 불평등이 동아신질서 건설에 장애가 된다는 논리였다.

이상에서 살핀 것처럼, 후사에는 중일전쟁 발발 이후를 비상시국으로 인식, 여성들을 향해서는 줄곧 국정의 참여를 권장하고 정부를 향해서는 여성이 보다 효율적으로 국책에 협력할 수 있는 환경 구축을 요구했다. 당시의 상황을 부선 실현 이후의 미래를 현재로 앞당긴 일종의 타임머신 체험과 같은 것이자, 부선의 법률적 실현을 위해서도 유용한 단계로 인식했기 때문이다. 이에 관해 이하에서는 신체제운동의 결과로 등장한 대정익찬회 그리고 여성단체들이 통합한 어용단체인 대일본부인회 등에 대한 후사에의 일련의 주장을 살펴보려 하는데, 그 안에 전시기 국책(전쟁)협력과 여성의 관계에 관한 그의 구상이 집약적으로 담겨 있다고 보이기 때문이다.

3) 신체제에 대한 기대와 여성단체 단일화

'동맹' 출범 이래 후사에의 부선운동의 궤적을 추적할 때 필자의 눈을 끄는 것은, 그가 줄곧 여성의 '대동단결'을 중시하고 심지어는 집착하는 것처럼 보인다는 점이었다. 부선을 위해 여성계가 한목소리를 내야 한다고 혹은 여성들이 하나가 되기 위해 부선이야말로 가장 적합한 주제라고 주장했던 그는, 문제가 발생할 때마다 이를 다루기 위한 간담회를 개최하고, 다시 이를 기반으로 하는 연합조직을 발족시키는 방식으로 대응했다. 그리고 중일전쟁 발발 이후 정부가 여성의 효율적인 통제와 동원의 방법을 강구하자, 후사에는 국방부인회, 애국부인회 등 기존의 대표적인 관제 어용 여성단체들의 해산과 단일조직으로의 통합을 주장했다.

총동원 체제가 시작된 지 오래지 않아 후사에는 아래와 같이, 효율적인 동원과 여성의 부담 경감을 위해 여성 조직의 단일화를 주장하고 있다. 이는 전시라는 비상시국에서 그가 그리던 바람직한 '정부-여성'의 관계를 표현하는 것일 뿐 아니라 이후로도 크게 변하지 않는 지론으로 유지되기에, 다소 길지만 그대로 소개한다.

> **정부 당국이 부인의 이용 가치를 인정하고 이를 조직하고 동원**하려 하는 의도에 대해서는, 우리가 이의를 제기하려는 것이 아닙니다. 아니, 이를 **환영**하는 바입니다. [그러나] 각 관청이 각각의 입장에서 동일한 부인을 향해 요청해서 각각 별개의 부인단체를 조직하려 한다면, 부인은 이중 삼중 혹은 경우에 따라서는 사중 오중의 부담을 지는 것이 되어, 경제적인 면에서 비경제적일 뿐 아니라 그 번잡함이 극심할 것입니다. …… 위로부터 강제적으로 동원하는 경우에는 부인에게 관계있는 모든 사항을 포함하는 한 부인단체에 한정하는 것이 당연하지 않습니까. 저는 이러한 신념에서 일반 부인을 대상으로 하는 **각종 관제 부인단체는 이번에 전부 해산하고 이것을 하나의 부인단체로 [조직해서] 통제할 것을 주장**하려는 것입니다.
> 이것을 구체적으로 말하자면 국방부인회 및 애국부인회를 해산하는 것은 물론, 지금 홀로 문부성의 지도하에 있는 대일본연합부인회도 당연히 해산해서, **새롭게 하나의 새로운 부인단체를 조직**해야 한다고 생각하는 바입니다(市川房枝, 1938. 2, 줄임과 강조는 인용자).

이 안에 담긴 주된 내용은 다음과 같은 것들이다. 첫째, 정부가 여성을 조직해 동원하는 것을 환영한다. 둘째, 중복 동원에 따른 여성의 부담을 줄이고 동원의 효율성을 높이기 위해 관제 '부인단체'는 '하나'로 통일해야 한다.

셋째, 이를 위해 국방부인회와 애국부인회, 대일본연합부인회 모두 해산하고, '새로운 하나의 부인단체'로 (조직해서) 통제해야 한다. 그는 관제가 아닌 민간의 이른바 '자주적 부인단체'는 이미 통일해 부인단체연맹을 조직했다는 점을 상기시키면서, 중대한 시국을 맞이해 양자가 협력해야 한다고 덧붙였다.

그러나 각각 군부, 내무성, 문부성으로 달리 연결된 국방부인회, 애국부인회, 대일본연합부인회가 쉽게 기득권을 내려놓을 리 없었다. 전시라는 비상시국하에서만큼은 여성들의 대동단결을 기대했지만 그 또한 여전히 실망스럽기만 했다. 그러던 중 후사에가 다시 한번 여성계의 혁신을 기대하는 계기가 된 것은 1940년을 전후해서 활발하게 전개되었던, 고노에를 중심으로 한 신체제운동이었다.

이번 신체제에서 불가결한 조건으로서 고려되어야 할 것은 국민의 반수半数를 점하고 있는 부인의 존재를 무시하지 않는 것입니다. …… 정말로 일본 부인의 국가의식이 오늘만큼 고양된 일은 유사 이래 처음이라 해도 좋을 것이며, 또한 일상의 생활을 통해 정치에 대한 관심이 대중 부인 사이에 싹터서 보급된 것도 특기할 가치가 있습니다. 그리고 부인의 이러한 의식과 관심은 남자에 의해서는 대표될 수 없는 것입니다. 따라서 우리는 부인의 신체제 참가는 어떠한 조직, 형식에 의해서 이루어질 것인가[에 관해] 검토가 필요하다고 생각하는 바입니다(市川房枝, 1940.7, 줄임은 인용자).

신체제운동이란 정·민 양당 등 기성 정당의 해산까지를 포함하는 정계의 재편, 그리고 종래와 전혀 다른 — 실제로는 기대만큼 성공하지 못했지만 — 새로운 정치의 출현을 예고하는 것이었던 만큼, 오랜 기간 의회 중심의 부선운동에 헌신했던 후사에가 이를 적극 지지하는 것은 의미심장하다. 더 이상 정당과 정치인의 지지를 통한 의회 입법에 대한 종래의 기대를 접었음을 확인하는 것이나 다름없기 때문이다.

정당정치의 시대였던 제1기의 '동맹'이 정당과 의회를 상대로 하는 입법운동을 최우선으로 삼았다면, 파시즘이 대두하던 제2기에는 시간의 흐름과 함께 정당과 파시즘 사이에서 무게 중심이 옮겨가는 모습을 보였다. 후사에 개인적으로도 만주사변 발발 직후 파시즘 대두 초기에는 여성이 "직접 행동을 긍정하고 독재전제를 주장하는 소위 파시즘을 반대하는 것"이 "여성으로서의 본질"이라고까지 단언하거나(市川房枝, 1932.6), "파쇼가 부인에 대해 반동적이고, 부선이 의지해야 하는 대의정치의 부인否認을 표방"(市川房枝, 1933.1a)한다고 지적하면서, 파시즘으로 인해 후퇴했던 부선운동의 성과를 만회하겠다는 의욕을 보이기도 했다.

하지만 신체제운동에 즈음해서는 더 이상 그러한 주저함은 없는 듯하다. 종래 오랜 희망의 대상이었던 정당 세력 대신, 고노에를 중심으로 하는 군부와 우파 중심의 신체제 수립에 여성참정권 획득의 희망도 의탁했던 것처럼 보일 정도다. 그는 신체제를 구상할 때 – 앞의 인용문에서 확인되는 것처럼 – "국민의 반수半數를 점하는 부인의 존재를 무시하지 않"을 것을 기대했다. 비상시국하에서 여성의 국가의식과 정치적 관심이 높아진 만큼, '신체제에 부인의 참가'가 당연히 고려될 것이라 생각했기 때문이다. 심지어 그는 '부인의 특수성'을 고려해 남자와 다소의 차이가 있어도 무방하다는, 과거 남녀의 평등한 참정권을 주장하던 시절에 비해 유연한 태도를 보이기까지 했다. 그러나 부선운동이란 궁극적으로 민의를 대변하는 의회에 여성이 진입하는 것을 목표로 했던 만큼, 정당 해산을 전제로 하는 단일 정치 체제를 지지하고 기대한다는 것은 자기모순적인 것이었다.

그러나 1940년 8월 1일 발표된 신내각의 기본국책요강 중 신정치 체제 확립에 관한 내용을 확인한 후사에의 소감은 미묘한 것이었다. 그는 신정치 체제 확립의 내용을 '신국민 조직의 확립', '의회 익찬제의 확립', '통일되고

민활한 관계의 확립'이라는 세 가지로 정리한 후, 이에 대한 아쉬움을 다음과 같이 표했다.

> 이 신체제 내지는 신태세에서 …… **부인도 포함되어 있는지 아닌지는 전혀 명확明**
> **瞭하지 않다.** …… 그러나 거국이라고 해서 일억一億의 국민이라고 부르고 있는 것
> 을 보면, 부인도 포함되어 있는 것처럼도 여겨진다. …… 부인 측에서 신정치 체제
> 확립의 문제는, 단지 부인이 의견을 정치에 반영시키는 기관의 문제에 그치지 않
> 는다. 우리는 우선 부인이 분담하는 임무가 현재의 곤란한 시국을 극복하고 황국
> 의 국시國是를 완수하기 위해 얼마나 중요한가의 재검토·재인식에서 출발해서,
> 그를 위한 부인의 재조직을 어떻게 할 것인가의 문제, 더 나아가 **부인의 정치기관**
> **참가**의 문제로 나아갔으면 하는 것이다. …… 따라서 우리는 소위 이번 신정치 체
> 제 확립을 칭송하기 전에 **부인의 임무를 재검토하고 그 국가적 중대성을 확인함과**
> **동시에, 그 조직의 정리·통합과 재조직을 통해 주부를 지도·협력시킬 것**의 필요를
> 정동 당국을 비롯한 각 방면에 건의建言해 왔지만, 결국 지금까지 방치되어 왔던
> 것이었다(市川房枝, 1940.9, 줄임과 강조는 인용자).

후사에가 바라는 바는 현재 시국에서의 여성이 맡은 임무의 중요성에 대
한 '(재)인식', 여성들의 '재조직' 나아가 여성의 '정치기관 참가'였던 것을 확
인할 수 있다. 이 단계에서 말하는 '재조직'은 정동 시기의 관제단체에 국한
된 것이 아닌, 신체제에 부응해 여성계 전체를 망라한 재편을 의미하는 것이
었다.

또한 그가 여전히 '부인의 정치기관 참가'를 언급하며 이를 기대하고 있
는 점도 눈길을 끈다.[33] 앞서도 언급했듯, 그동안 후사에를 비롯한 여성들이
관제단체나 기관에 참여할 때에는 그 안에서 부선활동을 하지 않을 것이 전
제되었다. 그런데 여기에서 '정치기관'을 굳이 언급하는 것을 보면, 대외적인

위기와 정계 재편이라는 전례 없는 상황에서 여성으로서 – 의회라는 민의 대변 기관을 건너뛰어 – 실제 국가의 정책 수립과 실행에 직접 참여하고 싶은 의지가 엿보이기 때문이다.

본래 신체제운동이 신당의 창당이나 정계의 재편과 같이 지극히 '정치'적인 것이니, 여성으로서 이러한 분위기에 편승하는 자연스러운 기대였을 수도 있다. 무엇보다 '신정치 체제'가 비상시국에서 국난 극복을 위해 온 국민의 거국일치를 표방하는 것이었던 만큼, 새로운 체제에서는 여성들도 그간의 공헌에 대한 평가와 앞으로의 협력에 대한 기대로부터 정치적으로도 일정한 권리를 확보할 수 있으리라 기대하는 것이다. 1930년 말 제59의회 이후로는 의회에서 여성참정권에 관한 유의미한 논의가 없었던 만큼, 신체제의 수립은 부선운동이 그동안의 지지부진함을 벗어나 도약하는 기회로 보였을 수도 있다.[34]

그러나 신정치 체제에 조응하는 신국민 조직의 구상이 발표된 것을 보니 그것은 "현재의 인조隣組[35]를 기초로 해서 그 위에 쌓아 올린 [것에 불과한]" 것이고, 기본적으로 "국민의 절반을 차지"하고 "국민생활의 본거인 가정을 주재하는 주부의 존재"에 어떤 주의도 기울이지 않은 것이었다(市川房枝, 1940.9b).

---

33   실제 그는 1940년 연말 통상의회(76회)에 제출할 '선거법' 개정안을 마련할 때 "당연히 부인도 참가시켜야 한다"라고 주장했다. 반드시는 아닐지라도 "국가의 단위이자 생활의 단위인 가정(家)을 단위로 대정(大政)을 익찬(翼贊)해서 받드는 조직이 세워진 만큼, 호주 내지는 세대주의 의지에 주부 및 가족의 의지를 포함"시켜야 한다는 것이며, "부인 자신이 세대주라면 …… 당연히 부인도 일가를 대표해서 참가해야 한다"라고 주장하기도 했다(市川房枝, 1940.12).

34   제1차 고노에 내각 당시 고노에가 표방한 '동아신질서'의 실현을 희망했던 후사에는, 다시 한 번 '신체제운동'에 대한 전폭적인 지지와 기대를 보이고 있다. 후사에 개인의 일본의 대외 침략 혹은 파쇼정권의 정치적 구호에 대한 무비판적인 신뢰와 협력 등에 관해서는 별도의 비판적 고찰이 필요하다.

35   정내회의 지역 말단조직. 특히 근대 전시 체제하에서 제도적인 정비가 강화·확대되었던 것은, 익명성이 강했던 도시 지역에서 방공 활동, 배급 물자 분배 등 상의 하달을 위한 조직으로서 기능한 것과 관련이 깊다.

후사에는 이를 "부인을 잊은 신국민 조직"이라고 표현할 정도로 크게 실망했다. 중앙의 대정익찬회도 마찬가지였다. 약 200여 명의 임원 중에 여성은 포함되지 않았고, 조직 안에도 '청년부'는 있으나 여성들을 위한 '부인부'는 존재하지 않았다. 부인의 조직이나 지도에 관해서도 아무런 언급이 없이 "완전히 무시되고, 제외"되었다. 후사에는 이것이 "익찬운동을 약화시키는 일이자, 부인의 자발적 협력의 의지를 무너뜨리는" 일이라고 강하게 비판했다(市川房枝, 1940.11). 그러나 한편으로는 여전히 새로운 체제에 대한 기대를 버리지 않은 채 여성단체 조직에 관한 구상을 지속적으로 제시하고 있기도 했다.

이미 1940년 8월 후사에의 주도로 부인시국연구회가 '국민 조직으로서의 부인조직 대강 시안'을 제시했고, 1941년 3월에도 「부인단체 일원화에 관한 건의서」를 제시하고 있다. 여기에는 익찬 체제하에서의 여성단체 통합에 관한 후사에의 일관된 신조가 담겨 있고 양자의 내용이 유사하기에, 후자에 담긴 주요한 내용을 정리·소개한다.

첫째, 신단체는 '주부'의 조직으로 한다. 즉, '주부'를 하나의 직역職役으로 간주해 전국 모든 가정의 주부를 하나의 단체로 조직해야 한다는 것이다. 그 외에 직업이나 문화 방면에 종사하는 경우는 해당 직역에 따라서 조직한 후 주부 조직과 연계하도록 한다. 둘째, 신단체의 하부조직은 이미 조직되어 있는 국민 조직의 하부조직, 즉 정내회, 부락회部落會, 인조, 인보반隣保班 등과 밀접하게 해 분리되지 않도록 해야 한다. 인조와 새로운 여성단체의 임무가 매우 유사하고, 주부들은 인조에서 이미 중요한 역할을 하고 있기 때문이다. 이미 정내회 안에 부인부를 설치하고 있는 곳이 많기에 이러한 관계를 살려야 한다는 것이다.

셋째, 회원을 항목별로 분리해 배치하는 식의 조직을 만들지 않는다. 즉, 주부의 역할은 본래 종합적이기에 이들을 ─ 국방부, 군사원호부, 가정경제부 등의 ─ 각종 부서로 나누어 배치하지 말아야 한다. 넷째, 임원은 전부 여성으로 충원한다. 종래 관제 여성단체 임원 대부분이 남성이었던 것과 달리 여성을, 그것도 남편의 지위와 무관하게 여성 개인의 자질에 의해 선정해야 한다. 다섯째, 감독·지도를 일원화해야 한다. 여러 관청과 관련된 일을 하지만, 일개 관청의 감독하에 두지 말고 대정익찬회 산하에 두어 지휘를 '일원화'해야 한다(市川房枝編, 1977: 582~583).

후사에는 여성의 대표적인 ─ 혹은 대부분의 여성이 해당되는 ─ 직무로서 '주부'를 포함시켜야 한다고 거듭 주장하고 있었다. 주부를 하나의 '직무'로 인정해서 모든 주부(혹은 여성 세대주)를 하나의 단체로 조직한다는 것이다. 그의 구상은 기존 여성단체의 해산을 전제로 하는 것이었을 뿐 아니라, 새로운 여성단체는 일반 국민 조직과 분리시켜서 만들지 말아야 한다는 점, 주부 조직의 말단最下部 조직을 일반 국민 조직의 그것과 '중복'시켜야 한다는 점을 강조하는 점도 특징적이다.

이상과 같은 후사에의 구상에는 크게 두 가지 목적이 있었던 것으로 보인다. 하나는 여성들이 별도로 분리되지 않고 남성들과 함께 각종 실무를 함께 수행해 가는 행위 자체를 중시하는 것이고, 다른 하나는 기존의 여성단체들이 완전히 해체·통합되지 않거나 별도의 여성 조직을 만들 경우에 일반 여성 동원의 요구가 중복되어 부담이 커지는 상황을 방지하는 것이었다. 그러나 무엇보다 강조되어야 할 것은, 후사에가 총동원 체제하에서 이상과 같이 여성 조직의 단일화 및 정부와의 관계를 설정해 제시하고 있었던 사실이다. 이는 정당정치 시대 정치의 중심인 의회 진출을 위해 부선운동을 전개했던 것처럼, 이제 군부를 중심으로 하는 총동원 체제하에서 여성이 정치에 참여하기 위한 나름의 방안이었다는 점에서, 여전히 일관된 흐름 위에 있는 것이었다.

그러나 1942년 2월 여성들을 통합한 대일본부인회가 발족했고 후사에 역시 대일본부인회 심의원審議員으로 위촉되어 참여하기는 했지만, 후사에의 구상이 수용된 것은 아니었다. 후사에는 대일본부인회 출범 후에도 지속적으로 말단조직의 해산을 주장했고, 새로운 여성단체가 여전히 종래의 국방부인회나 애국부인회 중심으로 운영되고 있는 것에 대해서도 비판적이었다. 일본의 패전이 목전에 이른 1945년 2월에도 여전히 후사에는 "대일본부인회를 해산하고 정내회·부락회로 일원화하라"고 외치고 있었다.

4. 권리를 수반하지 않는 참정의 함정

이 글에서는 근대 일본에서 여성운동으로서 가장 대표적인 사례라 할 수 있는 여성참정권 운동 이른바 부선운동의 역사를 이치카와 후사에와 그가 중추적으로 활동했던 부선획득동맹의 운동을 중심으로 파악하되, 특히 1932년 정당내각 붕괴 이후의 정치 상황의 변화 속에서 고찰하고자 했다. 종래 부선운동에 관한 연구가 주로 '전쟁 협력'의 기원을 찾으려는 관심에서 이루어졌던 것과는 달리, 부선운동의 흐름을 운동의 상대가 되는 당시 일본 정치 체제의 변화와 그에 대한 부선운동계의 전략 수정으로 파악하고자 했다는 점에 이 글의 가장 큰 특징이 있다.

부선운동의 초기 전략은 기본적으로 제1차 세계대전 후 여성참정권이 실제 실현되기 시작한 국제적 분위기와 일본의 다이쇼 데모크라시의 사회 분위기를 배경으로, 무엇보다 내각과 의회를 정당이 주도하는 이른바 정당정치를 전제로 출발한 것이었다. 그러나 정당과 의회의 협력을 통해 선거법 개정과 같은 입법의 형태로 여성의 참정권을 당당히 얻으려던 노력은, 만주사변 후의 뒤숭숭한 분위기에서 1932년 5·15사건이라는 쿠데타를 통해 정당내각이 붕괴하면서 전략의 수정이 필요해졌다. 정당내각 대신 군인 출신 수상이 군부의 영향을 등에 업고 정치를 주도하는 시대가 되었기 때문이다. 후사에 등은 전쟁 반대와 파시즘에 대한 경계의 목소리를 내는 한편, 의회에서 부선이 논의되기 힘든 상황에 대응해 직접적인 부선 주장 대신 다양한 활동을 통한 시정市政 참여, '모자보호법' 제정, 선거숙정 참여 등에 힘을 기울였다. 이러한 일련의 과정을 통해 '동맹' 등은 지방 및 중앙 정부의 관료와 함께 협력하는 것에 익숙해졌고, 이러한 정계·관계와의 네트워크 형성은 궁극적으로는 여전히 부선 실현을 염두에 둔 것이었다.

1937년 7월 중일전쟁이 본격화하면서 전쟁 수행을 위한 총동원 체제가 시작되자, 후사에는 자신의 태도를 결정해야 했다. 결국 후사에 등 '동맹'의 여성들은 이를 정부 정책에 맞춰 재빨리 각자의 역할을 찾아냈으며, 여성으로서 정부 정책의 결정과 수행에 참여할 기회를 얻는 것을 환영하고 적극 협력했는데, 이는 장래 부선의 획득에 도움이 될 것이라는 기대를 동반한 것이기도 했다. 의회와 정당이 쇠퇴하고 군부와 파시즘이 압도하는, 그래서 더 이상 여성의 참정권을 요구하는 것이 난망해진 상황에서, 여성으로서 각종 어용기관에 참여하는 것 자체에 큰 의미를 부여하게 되었던 것이다.

남자들과 무릎을 맞대고 앉아 국가의 정책이나 시정을 논하는 것은, 설령 미미한 역할에 불과할지라도 그들이 간절히 원했던 바였다. 후사에는 되도록 모든 중앙 정부의 부름에 응했고 자신뿐 아니라 더 많은 여성들에게 그러한 기회가 가지 않는 것에 불만을 품을 정도였다. 이와 같은 분위기 속에서 후사에는 모든 여성을 단일조직으로 만들어 중앙의 대정익찬회에 직속케 함으로써 보다 효율적으로 여성을 동원하도록 해야 한다는 과격한 주장을 펼치기도 했다. 이는 정당정치 시대 정치의 중심인 의회 진출을 위해 부선운동을 전개했던 것처럼, 이제 군부를 중심으로 하는 총동원 체제하에서 여성이 정치에 참여하기 위한 나름의 방안을 제시한 것으로, 당시의 정치 체제에 상응하는 운동을 전개한다는 종래 부선운동의 전략과 여전히 상통하는 것이었다.

결국 근대 일본 여성참정권 운동의 역사란, 당시 정계의 변화 특히 주요한 대화 상대였던 정당정치의 와해·붕괴에 이은 총동원 체제에 대응해 전략을 수정해 가는 가운데 일종의 자기모순 혹은 딜레마에 빠져갔던 것처럼 보인다. 본래 부선운동이란 정당과 의회, 혹은 정당내각과 의회 정치가 이루어지던 시대를 배경으로 해 여성의 의회 진출을 목표로 했던 것이었다. 하지만 정당 세력과 의회 정치가 쇠퇴하고 군부가 중심이 된 이른바 파시즘의 시대가 되면서 후사에와 '동맹'은 종래와 같이 정당을 대상으로 하는 운동을 하기도 어려워졌고, 존재감이 크게 약해진 의회 진출을 목표로 할 동기도 희박해졌다. 여기에 일본의 대외 침략으로 인한 비상시국하에서 여성들에게도 각종 어용기관에 참여하도록 중앙과 지방정부의 요청이 이어지자, 여성들은 이에 적극 참여하는 것으로서 ─ 비록 미미하나마 ─ 정부의 각종 정책의 결정과 수행에 참여하는 참정의 기쁨을 누릴 수 있었고, 이것이 장래 부선 획득을 위한 운동의 일환이라고도 생각되었다.

후사에를 비롯한 '동맹'의 여성들은 참정권 획득을 통해 자신뿐 아니라 사회와 국가에 공헌할 것을 희망하며 부선을 위한 활동을 지속했지만, 정치 체제의 변화와 전시 비상시국이라는 상황 속에 ─ 의회 민주주의의 일익을 담당하려던 ─ 본래의 목표와는 점점 멀어지는 방향으로 나아가는 것을 멈출 수 없었다. 그들에게 허용된 '참정'이란 자신들이 나아갈 바를 결정할 수 있는 '권리'를 수반하지 않는 것, 즉 '참정권'이 아닌 '참정'만이 제한적으로 허용된 결과였다. 그러나 설령 '무권자'로서 참가한 참정이었다고 해도 전후 그 책임에 대해 추궁당하는 것을 피할 수는 없었다.

제5부

쇼와시대_전후(戰後)

패전과 모색

제7장   **'여성 해방'의 현실과 이상,**
1946~1950
점령기 여성참정권과 가사 해방의 담론

1. 일본 '여성 해방'의 여정과 역설

근대 일본에서 이치카와 후사에를 비롯한 부선획득동맹이 중심이 되어 전개한 부선운동 즉, 여성참정권 획득을 위한 운동을 상징하는 표현은 후사에의 "부선은 열쇠다"일 듯하다. 부선의 우선적인 획득이, 다른 어떤 구체적인 요구나 목적보다 우선한다는 인식을 함축하고 있기 때문이다. 일단 '열쇠'를 손에 넣을 수 있다면, 그래서 여성들이 의회라는 정책의 논의와 결정의 장에 합류할 수만 있다면, 여성을 얽매고 있는 각종 문제들은 여성 자신의 손으로 차근차근 해결할 수 있을 것이었다. 그러나 이렇게 명쾌하고도 단순한 단 하나의 목표는, 심지어 – 일본이 근대의 시작 이래 줄곧 동경하고 모방해 온 – 영미를 비롯한 서구에서는 이미 1920년대 초에 달성된 것이었음에도, 1945년 패전 당시까지 이루어지지 못했다.

그러나 '열쇠'는 예기치 못하게 주어졌다. 일본의 패전이라는 슬픔과 점령정치의 굴욕을 제대로 실감하기도 전에, 혹은 전시기 동안의 자신들이 행한 행위를 찬찬히 돌아보고 냉정히 평가할 겨를도 없이, 일본 여성들에게는 '여성 해방' 혹은 '남녀평등'이라는 예기치 못한 선물이 GHQ(연합국 최고사령관 총사령부)의 각종 정책 가운데 포함되어 돌연하게 주어졌던 것이다. 수십 년 전부터 그토록 염원했던, 그러나 20년 이상의 오랜 노력 끝에도 결코 손에 넣을 수 없었던 것이었다.

패전의 충격과 이후의 생활에 대한 걱정과 공포가 지배하던 시기, 어쩌면 전시기라는 비상시국하에서의 각종 협력과 동원 속에 참정권 획득을 위한 구체적인 운동의 기억마저 아득해진 상황에서, 일본인 내부에서의 논의나 적응기를 생략한 채 돌연하게 도래한 '남녀평등' 정책에 대해 당시 일본인들이 어떠한 반응을 보였을 것인가라는 의문이 생기는 것은 자연스럽다. 유사 이래 매우 오랜 기간 일본 고유의 전통이라는 이름으로 당당하게 계속되어 왔던 남존여비의 정책이 GHQ에 의해 일방적으로 폐지될 때, 일본인들은 어떤 반응을 보였을까? 패전의 충격과 주권 상실의 현실 앞에 여성 관련 정책에 대해서는 차분히 고민하거나 의견을 낼 겨를도 없었던 것일까? 아니면, 일본의 오랜 전통을 거스르는 여성 관련 정책에 대한 그들의 불만과 비판적인 의견이, 그동안 제대로 주목받거나 전달되지 못했을 뿐인 것일까?

점령기 GHQ에 의해 주도된 정책들에 대해 일본 국민들이 저항하기는커녕 대부분 적극 수용했던 것으로 알려져 있다. 하지만 그러한 결과와는 별개로 구체적인 각각의 사안의 진행 과정에서 일본인들이 실제 어떻게 느끼고 어떠한 반응을 보였는지 확인해 볼 필요가 있다는 점에서도, 점령기 여성 해방 관련 정책 실시와 그를 둘러싼 반응을 살펴볼 가치는 충분해 보인다. 일단 아무리 전대미문의 상황임을 고려한다고 해도, 전전 내내 여성들의 각종 호소에 귀를 기울이거나 제대로 이해하려 한 적이 없었고, 따라서 당연히 여성 참정권도 허락했을 리 없는 일본 남성들이 그러한 정책 앞에서 당황하고 불편해 했으리라는 사실을 짐작하기는 어렵지 않다.

여성들의 반응도 환영 일색이라고 단언하기는 어렵다. 분명 오랜 시간 여성참정권을 요구해 왔을지라도, 그것이 일본과 오랫동안 서로 무기를 겨누었던 점령군의 손에 의해 주어졌을 때, 마냥 이를 기뻐할 수 있었을지 의문이기 때문이다. 즉, 전후 일본 여성들이 일본이라는 국가 혹은 남성들의 좌절이나 패배의식과는 거리를 두면서, 여성으로서의 자각에 입각해 참정권 획득을 비롯한 남녀평등의 진전을 기뻐하고 그 미래를 낙관하고 있었을지 확인할 필요가 있는 것이다. 또한 실제 남녀평등 정책이 적용되는 구체적인 상황과 생활 속에서, 당시 남녀 일본인들이 여성 해방과 관련해 실생활에서 관심을 가지고 있었던 주제가 무엇인지, 그리고 그에 대해 어떻게 반응하고 의미를 부여했는지도 함께 살필 필요가 있다. 이상과 같은 내용이 바로 이 글의 목적이 되는데, 구체적으로는 여성참정권(과 그 결과로서 등장한 여성 국회의원) 문제, 그리고 미국에 대한 동경과 연결된 '가사노동'으로부터의 해방을 중심으로 살필 것이다.

덧붙여 또 한 가지 일러둘 것은, 일본의 대표적인 여성잡지 중의 하나인 ≪부인공론≫의 기사를 중점적으로 이용할 것이라는 점이다. 그 이유에 대한 설명을 대신해 근현대 일본의 여성과 여성운동사에서 ≪부인공론≫이 갖는 의미와 역사를 소개하는 것에서 시작하려 한다. ≪부인공론≫에 대한 이해가, 1945년 패전을 관통하는 근현대 일본 여성에 대한 이해를 심화하는 데 도움이 될 것이기 때문이기도 하다.

2. 근대 일본 여성의 역사와 ≪부인공론≫

일본의 가장 대표적인 여성잡지(부인잡지)라는 명성을 가진 ≪부인공론≫은 여성참정권 획득이 주된 목표였던 전전 일본 여성운동의 궤적을 드러낼 뿐 아니라,[1] 전후에도 변함없이 여성에 관한 주요 논쟁이 벌어지는 무대이자 문화적 유행을 선도하는 매체였다. 사상과 이념에 대한 탄압과 함께 물자의 통제 또한 극에 달했던 1944년 강제로 폐간을 당한 것이나, 패전 이듬해인 1946년 4월 신속하게 '재생호再生號'를 발행했던 것은 평소 ≪부인공론≫의 지향이 어떠한 것이었는지를 짐작하게 한다. ≪부인공론≫은 항상 민감한 시사문제에 대해 당대 오피니언 리더들이 의견을 내어놓는 공론의 장이었으며, 여기에는 주로 자유주의 입장에서 여권 확장을 주장하는 내용이 많았다. 실용적 혹은 흥미 위주 기사를 싣던 여타의 여성잡지와는 방향을 달리하는, "화장기 없는 여성잡지" 또는 "여성잡지답지 않은 여성잡지"로서의 위상을 명확히 했던 것이다(中央公論社, 1965: 157).

1) 전전 ≪부인공론≫의 탄생과 역할

≪부인공론≫은 ≪중앙공론≫의 '부인문제 특집호'가 호평을 받은 것을 계기로 1916년 중앙공론사에 의해 창간되었다. 당시 여성참정권, 여성과 직업, 여성과 교육, 여성과 가정 등 여성 관련 문제들이 주목을 끌던 분위기를 반영해, ≪중앙공론≫이 1912년 1월 호에서 '규수 15명가 일인일제閨秀十五名家一人一題'라는 특집을 기획했다가 다시 '하기夏期 임시 증간호' 형식으로 '부인문제 특집호'를 편성해 주목을 끌었던 것이 ≪부인공론≫의 창간으로 이어졌다. 1910

---

1   ≪부인공론≫은 ≪세이토≫의 폐간(1916.5)을 전후해 창간되었던 관계로 세이토사를 중심으로 활동하던 일단의 '신여성'들을 필자로 흡수하게 되었다. 덕택에 ≪부인공론≫의 지면은 히라쓰카 라이초, 요사노 아키코, 야마카와 기쿠에, 이치카와 후사에와 같은 일본의 대표적 여성운동가는 물론, 미야모토 유리코(1899~1951), 노가미 야에코(野上弥生子, 1885~1985), 히라바야시 다이코(平林たい子, 1905~1972) 같은 대표적인 여성 작가들이 활동하는 무대가 되었다.

년대 후반 활발하게 진행된 '모성보호 논쟁'의 주된 무대가 되었던 것도 바로 ≪부인공론≫의 지면이었다. 이후 ≪부인공론≫은 자유주의의 입장에서 '여권 확장'을 주장하는 내용을 담았고, 대개 진보적인 독자들을 중심으로 보급되어 갔다는 점은 앞서도 언급한 바와 같다(中尾香, 2009: 34).

≪부인공론≫의 창간을 주도한 것은 시마나카 유사쿠[2]라는 남성 출판인이었다. 1902년 와세다대학 철학과 졸업과 동시에 중앙공론사에 입사한 그는 '부인문제 특집호'와 같은 기획으로 사내 간부들을 개안開眼시켰다는 평가를 받는다. '지성적 잡지를 여성들을 위해 기획'(野上弥生子, 1955.10: 64)하는 참신한 시도는, 여성에 대한 중등교육 보급이라는 사회적 변화뿐 아니라 ≪세이토≫의 창간(1911), 〈인형의 집〉[3] 공연(1911) 등을 통해 여성의 자각이 높아지고 있던 시세를 파악하는 민첩함과, 과감한 행동가로서의 그의 성품이 발휘된 결과였다. 날카로운 시대감각의 소유자이기도 했던 그는 ≪부인공론≫을 통해 여성을 위한 계몽, 즉 '여성은 어떻게 살아야 할 것인가'라는 문제에 대한 지침을 제공하고자 매달렸다. 이러한 이유로부터 ≪부인공론≫의 역사는

---

2   시마나카 유사쿠는 와세다대학을 졸업하고 1912년 중앙공론사에 입사, 이른바 '부인문제'에 관심을 가지고 사장을 설득해 ≪부인공론≫을 창간, 편집장을 맡았다. 1928년 회사의 경영을 맡게 되자 출판부를 신설하고 에리히 레마르크의 반전 소설 『서부전선 이상 없다』를 발행했다. 군부의 압력에도 불구하고 잡지의 자유주의적 편집 방침을 고수했으나 1944년 강요에 의해 '자발적인' 폐업을 택해야 했다.

3   〈인형의 집〉은 1879년 출판된 노르웨이의 극작가 헨리크 입센(Henrik Ibsen)의 대표작이다. 주인공 노라(Nora)의 삶의 방식이 당시 사회에 충격을 주어, 희곡은 폭발적으로 팔렸고 유럽과 미국에서 잇달아 상연되었다. 남편에게 인형처럼 취급되던 여주인공 노라가 한 사건을 계기로 자신은 아내·어머니이기 이전에 우선 인간이라는 것을 자각, 진정한 자신을 알기 위해 세 명의 아들을 두고 가출하는 내용을 담고 있다. 기성의 사회 도덕을 무너뜨리고 결혼 생활의 기반을 흔드는 결단을 내린 노라의 선택이 많은 여성에게 문제를 제기했다. 일본에서는 1910년 쓰보우치 쇼요(坪内逍遥)가 강연에서 노라를 신여성의 1인으로 칭했다. 1911년 시마무라 호게쓰(島村抱月)의 문예협회가 이를 처음 상연해 사회적으로 큰 반향을 일으켰다. 같은 해에 히라쓰카 라이초 등이 ≪세이토≫를 발행해 입센의 연극을 논했기 때문에 세이토사의 사원들은 '일제(和製) 노라 집단'이라 불리기도 했다(金子幸子他編, 2008).

- 최소한 1960년대 중반까지는 - 그 자체가 '일본 여성 해방의 역사'로, 그리고 시마나카는 - 다소 과장된 감이 있지만 - 여성 해방의 '은인'으로 일컬어질 정도다(松田ふみ子, 1965: 9~10).

물론, ≪부인공론≫에 대한 긍정적인 평가에 모두가 동의하는 것은 아니다. ≪부인공론≫은 기본적으로 "시민적 여성"의 "근대적 자아의 확립에 좋은 길동무가 되기 위해 태어났다"라는 지적처럼, 이른바 중간층 여성 혹은 교양 있는 지식인층 여성들의 입장을 대변한다는 비판을 받았다. 이러한 계층적인 한계로 인해 "프롤레타리아 여성의 계급적 각성을 …… 결국은 자기 자신의 문제로 다루는 데[까지]는 이르지 못했"다는 것이다(帶刀貞代, 1955: 377~378).

여성의 해방과 그 교양을 제고하는 것이 부인공론의 일관된 테마였지만, 한편으로 "이미 가정에 들어간 여성이 해방된 좋은 아내라는 바람도 또 하나의 테마였다"(松田ふみ子, 1965: 13)는 사실 역시, 관점에 따라서는 비판의 대상이 될 수 있다. 분명 여성의 독립을 중시하기는 했지만, 예상 이상으로 '가정'을 중시하는 자세가 ≪부인공론≫ 편집의 기저를 이루며 "가정에 있는 아내의 [여전히 가정 안에서의] 해방"이 사상의 주된 축이었다는 것인데(中尾香, 2009: 38), 이 또한 맥락이나 시기에 따라서는 여성들에게 부정적인 영향을 남길 수 있기 때문이다. 이와 관련해 다음의 진술은 다이쇼시대 말기 ≪부인공론≫이 지향했던 '해방'의 의미를 비교적 잘 정리해서 보여준다.

이 시기 부인공론은 바른 가정의 존재 방식, 그에 수반해 가정교육에 관해서도 강한 관심과 의욕을 보여주게 되었다. 즉, 여성이 자기의 독립에 의해 완전한 직업인, 사회인으로서의 독자성을 가지고 자기를 확립함과 동시에, 한편으로는 가정에 있는 아내도 역시 해방된 하나의 인격으로서 좋은 어머니, 총명한 아내로 살아가기 위한 단서를 보여주려 했던 ≪부인공론≫의 노력의 흔적을 곳곳에서 찾을 수 있다(松田ふみ子, 1965: 29).

≪부인공론≫에서는 여성의 '사적' 영역에 속한다고 여겨지던 출산과 육아를 '공적' 영역의 문제로 논의에 끌어들였다. 이는 훗날 '개인적인 것이 정치적인 것'이라고 하는 '제2기 페미니즘'과 상통하는 것이기도 하지만(中尾香, 2009: 40), 근대 일본에서는 스스로의 함정에 빠지기 쉬웠다. 무타 가즈에牟田和惠의 지적대로, "여성의 지위나 권리를 제고하려는 사조, 그리고 개인으로서의 여성의 자아를 확립하려 하는 근대적 여성 해방 사상이, 사회에서 여성의 지위를 가정 안의 아내·어머니로 고정화하는 새로운 젠더의 규범을 창출했고, 섹슈얼리티를 고정해 여성 자신이 소외되어 가는 역설"(牟田和惠, 1996: 144)이 나타난 것이다. 이러한 맥락에서 ≪부인공론≫은 근대 일본의 여성을 지배하던 보수적 담론인 양처현모 사상에서 벗어나기보다는 오히려 이를 긍정하는 역할을 수행했다는 비판에서 자유롭지 못한 것도 사실이다.[4]

그럼에도 불구하고 당대의 여타 여성잡지들에 비해 ≪부인공론≫이 상대적으로 자유주의적인 노선이었다는 점에는 변함이 없다. 무엇보다 일본이 본격적인 침략 전쟁과 군국주의로 돌입했던 시기에, ≪부인공론≫이 개인주의적인 자유를 주장하는 것 자체가 저항으로서의 의미를 갖는 것이었다. 중일전쟁 발발 즈음부터 지면에 전쟁의 분위기가 짙어졌고 미일 개전 이후에는 지면 전체가 전시 협력의 기사로 채워져 가기는 했지만, 전시하의 압도적인 군국주의 경향을 생각하면 이에 종순했던 것을 ≪부인공론≫의 과오라고 특정해 비판하기는 어렵다.[5]

----

4   한편으로 ≪부인공론≫은 그 자체가 '상품'으로서, 양처현모 사상과의 '단절=새로움'을 팔았다는 비판을 받고 있기도 하다. ≪세이토≫와 '신여성'들이 온몸을 던져 뿌린 씨앗을 오히려 남성들이 주도하던 ≪부인공론≫이 수확했다, 혹은 남성들이 제멋대로 여성에 관해 논하는 장으로 활용했다는 비판을 받고 있는 것이다(中尾香, 2009: 43~45).
5   1931년 10월부터 1938년까지만 보아도, 발매 및 배포 금지 3회, 게재문의 전문 혹은 일부 삭제 처분 5회를 받은 바 있다(三鬼浩子, 2010: 42).

그와 관련해 '출판사업령'에 의해 ≪중앙공론≫에 흡수되는 형식으로 폐간될 당시,[6] 편집진이 자체적으로 최후의 '종간호'를 기획해 인쇄 공정에 들어갔으나 내각정보국으로부터 "그렇게 화려한 최후는 있을 수 없다"라는 엄명을 받아 일거에 물거품이 되었다는 일화가 전해진다(松田ふみ子, 1965: 172). 이는 전시 중 ≪부인공론≫의 권력과의 관계가 어떠한 것이었는지를 상징적으로 보여주는 것이자, ─ 군부 권력이 붕괴한 이후인 ─ 전후 GHQ 통치하에서의 ≪부인공론≫의 화려한 부활을 예견하게 하는 것이기도 하다.

2) 전후 ≪부인공론≫의 복간과 지향

전쟁이 끝나자 시마나카는 신속하게 움직였다. 8월 15일의 이른바 '옥음방송玉音放送'에 앞서 일본 패전의 소문을 듣고 피난해 있던 소개지疎開地로부터 즉시 상경을 준비하고 있었다. 상경 도중 필자 섭외에 임하기도 할 정도로, 그는 잡지의 재건에 확고한 의지를 보였다. 그리고 이를 가능하게 하는 든든한 세력이 있었는데, 바로 GHQ였다. GHQ는 ≪중앙공론≫과 ≪개조≫의 재건에 '호의적'이었고, "이 두 잡지는 국가가 망가뜨렸기 때문에 그 재흥을 위해 일본 정부가 힘을 써야 할 것"이라는 의향을 전하기도 했다(中央公論社, 1965: 306). 이러한 배경이 있었기 때문에, 종이 등의 물자와 인력의 부족에도 불구하고 시마나카가 ≪부인공론≫의 재건이라는 용단을 내릴 수 있었던 것이다.

1945년 11월 ≪부인공론≫ 재건을 위한 첫 편집회의가 열렸고,[7] 이듬해

---

6 ≪중앙공론≫ 역시 1944년 7월 호를 마지막으로 폐간되었으며, 건강을 잃은 시마나카 사장은 이듬해 3월 강제 소개(疎開)에 의해 나라(奈良)로 이주해야 했다.

7 재건 즈음의 중앙공론사는 출판사라기보다는 다양한 군상의 집합과 같은 곳이 되었는데, 전전부터의 인연을 바탕으로 다음과 같은 진용이 갖추어졌다. ≪중앙공론≫ 주간 로야마 마사미치(蝋山政道, 1895~1980), ≪부인공론≫ 주간 다니카와 데쓰조(谷川徹三), 출판국장 하야시 다

4월 '재생 제1호'가 발행되었다. 전후의 심각한 혼란과 자금난에도 불구하고 《부인공론》 5만 부 발행이 결정되었는데, 시마나카는 그에 임하는 결의를 다음과 같이 표현했다.

> 《부인공론》의 창간은 다이쇼 4년(1915)이다. 약 25년간 이 나라의 지식부인과 함께 다잡 多雜한 길을 걸어왔다. 그러한 길동무를 장사 지낸 부인은 도대체 어디로 가버린 것일까. …… 저주와 증오의 태풍 가운데 너무도 가슴 아픈 침묵을 계속해 온 것 아닐까. 이 참화의 원인은 대개 그 점에 배태되어 있었다. 무의미한 전쟁 때문에 귀한 모든 것을 잃은 이 나라의 부인이 돌연 자신의 무력함을 자각했을 때, 금후의 부인이 무엇을 해야 할 것인지는 자명하다. …… 중요한 것은 수영과 마찬가지로 흐름을 타는 것이지 흐름에 휩쓸리는 것이 아니다. 포학의 사슬을 끊은 대중은 이제 거센 흐름 奔流에 몸을 던져 시대의 조류를 타려 하고 있다. 그들을 물속에서 허우적거리게 두어서는 안 된다. 부인의 예지가 더욱 필요하며 민주주의 일본의 건설에 더욱 중요한 역할을 하지 않으면 안 된다고 생각하는 것은 바로 이 때문이다. 전국 지식계급 부인의 여망에 부응해, 이 기회에 부활한 본지 本誌는 단지 재생의 기쁨에만 젖어 있어서는 안 되는 것이다(嶋中雄作, 1946.4, 줄임은 인용자).

복간 후의 《부인공론》은 패전 후 일본이라는 전대미문의 상황 속에서 '지식부인'의 역할이 매우 중요하다는 점을 의식했으며, 그러한 시대적 인식 가운데 스스로의 역할을 찾고자 했다. 그러한 결과, "패전에 의해 지침을 잃었던 여성들은 《부인공론》의 복간에 의해 비로소 나아가야 할 길을 발견했

쓰오(林達夫), 《중앙공론》 편집장 하타케나카 시게오(畑中繁雄), 《부인공론》 편집장 야기오카 히데하루(八木岡英治) 등(三枝佐枝子, 1967: 9).

다". 그리고 "독자들은 오랜 옛 친구와 재회한 기쁨을 가지고 이를 환영했다"(松田ふみ子, 1965: 175).

≪부인공론≫은 '패전에 의해 지침을 잃었던 여성'들을 향해 정치에 대한 개안, 해방의 의의 등 여성을 위한 정치 교육에 주안점을 두었고, 한편으로는 식량 수급의 전망 등 실제적인 정보에 대해서도 다루었다. 나아가 급격히 변동하는 일본의 법률에 관해, 그리고 그러한 변화에 의해 가정은 어떻게 변할 것인가, 여성은 어떻게 생활해야 하는가 등에 관해 여성들을 계몽하고자 했다. 새로운 풍조로 대두한 민주주의의 해석뿐 아니라 사회주의와 공산주의 및 세계 정세에 대한 내용도 빠지지 않았다. 마지막으로는 새로이 출발하는 일본의 국민으로서, 바람직한 여성의 역할과 여성이 알아야 하는 법률, 즉 '노동기준법', '아동복지법', '가사심판법' 등에 관한 해석도 더해졌다(松田ふみ子, 1965: 176~183).

[가볍고 가정적인 내용으로 채워지는 서구의 여성잡지와 달리 ≪부인공론≫의 정치는 물론이고 경제, 외교, 사회문제 등 여러 가지를 끊임없이 신속하게 다룰 뿐 아니라 누군가의 결혼, 연애, 또는 그 불행한 이혼이나 파탄에 대해서도 단지 흥미 본위의 보도에 그치지 않고 이를 매개로 해 독자와 함께 항상 인생의 중대한 주제와 대결하려 하는 방식을 잃지 않으려 했다(野上弥生子, 1955: 64~67).

전후의 ≪부인공론≫은 이상과 같이 충실한 내용뿐 아니라, 다음과 같은 이념적인 균형 감각 때문에도 긍정적 평가를 받았다.

전후 성급한 여성 해방의 움직임은 때로 여성을 극단적인 방향으로 내몰았고 사상적으로도 혼란을 야기했지만, 부인공론은 이러한 현상을 민감하게 다루면서도 좌우 쌍방의 밸런스를 유지하면서 모색하는 가운데 그 바른 노선을 찾고자 노력했

다. 혼란 가운데서도 '일본 여성은 어떻게 살아갈 것인가'라는 대전제 위에서 모색하는 진지한 태도를 편집 과정에서도 버리지 않았다(松田ふみ子, 1955: 192).

특히 점령기의 ≪부인공론≫의 편집은 비교적 온건하고 모색적인 자세를 버리지 않았다는 평가를 받는다. 나아가 "부인공론은 항상 하나의 문제를 설정하면, 그것을 현실의 장에서 분석하고 깊이 탐색한 후 그를 바탕으로 적극적 자세에 의한 해결을 도모하며, 건설적 의견이나 전진적 해결 방법을 독자 자신이 찾을 수 있도록 노력한다. 본지의 이러한 태도는 항상 독자, 특히 지성이 높은 계급의 여성들에게 부인공론은 여성과 함께한다는 든든한 마음을 주기에 충분했다"(松田ふみ子, 1955: 205~206). 다소 지나치게 긍정적으로 평가되는 경향이 있지만, 최소한 패전 후의 '점령기'에 한해서라면 이러한 평가를 내려도 크게 틀리지 않을 듯하다.

이상의 내용을 통해 ≪부인공론≫이 종래부터 여성 해방에 대해 긍정적이었을 뿐 아니라 다수의 여성운동가들이 활동하는 무대를 제공했던 대표적인 잡지였다는 점, 따라서 그에 실리는 내용들은 여성에 관해 매우 영향력 있고 또 선도적인 것이었다고 간주할 수 있다는 점을 확인했다. 이러한 ≪부인공론≫이 갖는 특징과 그 위상을 기억하면서, 이하에서는 점령기 여성 정책의 내용과 ≪부인공론≫의 지면에 실린 그에 대한 일본 지식인들의 반응을 살피려 한다.

3. 점령기 '여성 해방'의 실현과 우려

1) GHQ의 여성 해방 정책

패전 후의 일본은 이른바 '평화헌법'과 '미일동맹'이라는 두 가지 제도로 상징되는 새로운 공간이었다. 비록 패전의 결과로서 외부의 힘으로 강제된 것이기는 했지만, 일본인들은 이를 바탕으로 이루어지는 상징천황제와 민주주의라는 새로운 정치 체제를 거부하지 않았다. 특히 패전 직후 약 6년여에 걸쳐 이루어진 점령정치는 일본인에게 새로운 경험이었다. 더글러스 맥아더Douglas MacArthur(1880~1964)가 이끄는 GHQ에 의한 점령정치는 단지 전전의 체제를 극복하거나 패전을 수습하는 수동적인 역할에 머무르지 않고, 전후 일본이 나아갈 방향을 설정하고 형성하려는 적극적이고 생산적인 시간이 되었다. GHQ가 물러나고 통치 권력이 일본인에게 이양된 후에도 점령기에 형성된 정치와 지식의 시스템은 수십 년 이상 지속되면서, 때로는 나아갈 방향을 알려주는 지침으로써 때로는 비판과 극복의 대상으로써 일본인의 정치와 생활에 커다란 영향을 미치게 되었다.

1945년 10월 11일 일본 점령군 최고사령관인 맥아더는 선거권 부여에 의한 여성 해방, 노동조합의 육성, 학교교육의 민주화, 비밀심문제도 철폐, 경제기구 민주화라는 전후 5대 개혁의 지령을 발표했다. 전후 일본 민주화의 기본 방침을 담은 이 다섯 가지 목표 가운데 '여성 해방'이 가장 먼저 제시되고 있다는 점은 의미심장하다. 여성 해방에 대한 GHQ의 강한 의지에 압도된 일본 의회는 1945년 12월 17일 오랜 기간 거절해 왔던 여성의 참정권 부여에 합의했다. 이제 여성도 남자와 마찬가지로 만 20세 이상은 선거권을, 25세 이상은 피선거권을 획득해 정치적 권리를 행사할 수 있게 된 것이다. 역사적인 여성의 첫 투표권 행사가 이루어진 것은 1946년 4월 10일 전후 첫 총선거에서였으며, 그러한 획기적인 변화를 가져온 것에 대해 맥아더는 다음과 같이 만족을 표했다.

> 부인이 가정에서의 지위를 희생하지 않고 급속하게 사회문제에 영향력을 발휘하기 시작한 것은 일본사를 통해 그야말로 커다란 사건이다. 일찍이 법에 의해 개성을 거의 인정받지 못하고 단지 전통적인 가정에서의 일에만 얽매여 있던 일본의 부인은, 이제 정치 동향에 대한 주권자로서의 책임을 남자와 평등하게 지고 있다. 이 정도로 고원高遠하고 극적인 변화는 달리 예를 찾을 수 없을 정도다(加納実紀代, 2005: 77에서 재인용).

참정권 부여에 이어 기타 양성평등을 향한 법적 정비가 1946~1948년에 걸쳐 급속히 진행되었다. "혼인은 양성의 합의에 의해서만 성립하며 부부가 동등한 권리를 갖는 것을 기본으로 하고, 상호 협력에 의해 유지되지 않으면 안 된다. 배우자의 선택 …… 및 혼인 및 가족에 관한 기타 사항에 관해서는, 법률은 개인의 존엄과 양성의 본질적 평등에 입각해 제정되지 않으면 안 된다"라는 '일본국헌법' 제24조[8]의 규정에 기초해 '민법'도 대폭 수정되었다. '이에'제도가 폐지되었고, 호주권, 가족 내에서의 남성 지배, 남편의 아내에 대한 권력 등이 폐지되었다. 역사상 처음으로 ─ 최소한 법적으로는 ─ 부부가 동등한 권리와 의무를 갖게 된 것이다. 구체적으로는 부부의 자녀에 대한 친권의 평

---

8   헌법에 여성의 권리 관련 내용을 작성한 것은, 일본에서 성장해서 일본 여성의 상황을 잘 알고 있던 베아테 시로타 고든(Beate Sirota Gordon, 1923~2012)이라는 미국 여성이었다. 1929년 피아니스트인 부친을 따라 일본으로 건너와 청소년기를 보낸 그는, 1939년 단신으로 도미해서 대학을 졸업한 후 전쟁정보국과 ≪타임(Time)≫ 등에서 근무했다. 1945년 GHQ 민정국 직원으로 일본으로 돌아와, 이듬해 22세의 나이로 일본국헌법 초안(일명 '맥아더 헌법') 작성 프로젝트에서 인권 조항을 담당해 '남녀평등' 조항의 초안을 작성했고, 그가 작성한 내용이 이후 큰 변화 없이 대부분 '일본국헌법'(제24조)에 포함되었다(井上輝子他編, 2002).

등한 행사, 아들·딸 구분 없는 재산의 균등 분배 등이 규정되었다.

아내들은 더 이상 '무능력자' 취급을 받지 않게 되었고, 독립된 인격자로서 자신의 재산 처분도 가능해졌다. 정조貞操 의무에 관해서도 부부평등 원칙이 적용되어, 부정不貞 행위에 대해서는 남녀를 불문하고 이혼 사유로 인정되었다. 이러한 '민법' 개정(1947년 11월)에 이어 그동안 아내에게만 간통죄를 적용하던 '형법'도 폐지됨으로써, 여성들은 이른바 민법전논쟁(1890) 이후 50년 이상 지속되어 온 억압에서 벗어나게 되었다(田中寿美子, 1975: 21~22).

이에 더해, 성별과 관계없이 '교육 기회균등'과 '남녀공학'을 내건 '교육기본법', 성별을 이유로 임금을 차별해서는 안 된다는 내용과 '여자 및 연소자' 보호 조항을 담은 '노동기준법'(1947년 4월)이 제정되었다. 특히 1947년 9월 노동성이 야마카와 기쿠에를 초대국장으로 하는 부인소년국을 설치한 것은 이상과 같은 법률적 정비의 결과이자, 이를 더욱 보완·촉진하기 위한 제도적 보장책이었다. 점령정치하에서 여성 해방이라는 기조 위에 일련의 정책들이 일사천리로 추진되는 가운데, 일본의 여성들도 한동안 중단했던 여권 신장을 위한 움직임을 재개하기 시작했다.[9]

일본의 여성운동가들은 여성의 지위 향상을 일찍부터 예견한 듯, 패전 직후인 1945년 8월 25일 재빨리 전후대책부인위원회를 조직하고, 여성참정권 부여 및 기타 여성의 정치적 권리에 관한 다섯 개 항목을 정부와 GHQ에 제출했다. 종전 후 약 3개월 후인 11월, 후사에는 종래의 동지들과 함께 신일본부인동맹을 결성해 부선획득동맹을 계승했으며, 이를 통해 여성을 위한 정치 교육을 계획하기도 했다(進藤久美子, 2018: 64).

GHQ 역시 일본의 여성 지도자들을 환대했으며, 그들의 의견을 구하기도

---

9 당시 개혁 정책에 관한 여성들의 긍정적인 반응의 내용에 관해서는 「戦後改革と女性 アンケート六四四人の声から」(加納実紀代, 2005에 수록)를 참조할 것.

했다. GHQ에서 여성 문제를 담당했던 에델 위드Ethel B. Weed(1906~1975)[10]가 주로 의견을 구했던 상대는 가토 시즈에加藤シヅエ(1897~2001),[11] 하니 세쓰코羽仁説子(1906~1987),[12] 미야모토 유리코, 사타 이네코佐多稲子(1904~1998),[13] 야마모토 스기山本杉(1902~1995),[14] 아카마쓰 쓰네코赤松常子(1897~1965),[15] 마쓰오카 요

10 에델 위드는 미국 육군 여성부대 중위로 GHQ 민간정보교육국(CIE) 여성 정보 담당자였다. 신문기자와 여성단체 활동을 거쳐 1943년 육군 여성부대에 지원했고, 이듬해에 소위로 임관되었다. 노스웨스턴대학 민사요원 훈련소에서 일본에 관해 학습한 후 점령 개시와 함께 일본으로 부임, 1952년까지 여성참정권 행사 캠페인, 여성단체 조직화와 민주화, 노동성 부인소년국 설립, 민법 개정 등 여성과 관련된 각종 정책의 입안·실시에 노력했다. 여성 문제를 통괄하는 조직상의 위치를 활용해 GHQ 여성 직원과 일본 여성 지도자와의 연계를 형성함으로써 점령 정책 결정 과정에서 중요한 역할을 수행했고, 상층부의 의도를 넘어 일본 여성의 지위 향상을 위한 제도 개혁을 추진했던 것으로 평가된다.

11 가토 시즈에는 일본 산아조절운동·가족계획운동의 리더로서, 1919년 도미해 피임 사상의 전도사인 마거릿 생어(Margaret Sanger, 1883~1966)를 만나, 일본의 '생어'가 될 것을 결의했다. 귀국 후 1931년 일본산아조절연맹을 결성하고, 1934년에는 산아제한상담소를 개설했으나, 1937년 말 반파시즘운동 탄압사건인 인민전선사건으로 체포되었다. 전후 최초의 총선거에서 국회의원으로 당선되어 1974년까지 정계 활동을 계속했고, 일본가족계획연맹 회장 등을 역임했다(井上輝子他編, 2002).

12 하니 세쓰코는 주로 아동의 권리 옹호를 위한 사회운동가로, 하니 모토코의 장녀이자 하니 고로(五郎)의 부인이기도 하다. 어린 장녀의 사망을 계기로 유아문제에 관심을 갖게 되었고, 전후 부인민주클럽, 민주보육동맹 설립에 공헌했다. 1952년 발족한 일본어린이수호회(日本子どもを守る会)의 부회장과 회장을 역임하는 등, 어린이 보호를 기본 목표로 폭넓게 활동했다.

13 사타 이네코는 결혼 및 자살 미수, 이혼을 거친 후 뒤늦게 소설가로 입문했으며, 1932년 공산당에 입당했다가 1935년 검거되었다. 1960년에는 자신의 전시 협력의 원인을 드러낸 『회색 오후(灰色の午後)』, 1972년에는 원폭 피해의 참상을 그린 『수영(樹影)』을 발표하는 등, 사회 문제를 진지하게 다루는 작품을 남겼다(井上輝子他編, 2002).

14 야마모토 스기는 게이오기주쿠대학(慶應義塾大学)에서 박사학위를 받은 성의학 전문 의사이자 정치가로, 전후 자유민주당 소속의 참의원 의원과 전일본불교부인연맹 회장 등을 역임했다.

15 아카마쓰 쓰네코는 사회운동가이자 정치가로, 간토대진재를 경험한 후 가가와 도요히코의 재해자 구호 활동에 헌신했다. 이후 일본노동총연맹에 참가해 1940년 해산까지 여성 노동자의 조직과 교육에 진력하는 등, 주로 우파계 무산여성운동의 리더로 활약했다. 1932년 사회대중부인연맹 위원장, 대일본산업보국회 후생국 생활지도부 촉탁 등을 맡았다. 전후 사회당 및 전섬동맹(全纖連盟) 결성에 참여해서 부인부장을 맡았고, 참의원 의원으로 수차례 당선되었다(井上輝子他編, 2002).

코松岡洋子(1916~1979) 등이었다. 이들이 발기인이 되어 1846년 3월 새로운 여성단체 부인민주클럽婦人民主クラブ[16]이 결성되었으며, 마쓰오카 요코가 초대 회장이 되었다. 그 외에 대일본부인회 전국 지부가 새로이 조직되었으며, 전시 중 활동이 중지되어 있던 YWCA 및 그리스도교부인교풍회 등도 부활했다.

2) 여성의 참정권 획득과 선거의 결과

점령기 ≪부인공론≫의 페이지를 넘기다 보면, 여성과 관련된 내용으로서 남녀평등, ― 여성의 입장에서의 ― 패전과 평화, '미망인', 미국과 미국 여성(혹은 가정)이라는 네 가지 주제 정도가 두드러져 보인다. 특히 여성의 참정권 부여로 상징되는 이른바 남녀평등 혹은 여성 해방은 가장 뜨거운 관심의 대상이었다. 그리고 당시 여성들이 바로 그러한 시대의 변화를 실감할 수 있었던 대표적 사건은, 아무래도 1946년 4월 10일 실시된 총선거였을 것이다. 패전과 점령 정치라는 충격으로부터 겨우 8개월 후에 치러진 전후 최초의 총선거였다.

여성에게 참정권이 부여되어 막상 첫 선거를 앞두게 되자, 여성들은 당연히 이를 환영하면서도 한편으로는 불안감을 감추지 못했다. 가장 큰 이유는 ― 전전 '동맹'을 비롯한 부선운동가들의 노력에도 불구하고 ― 대부분의 일본 여

---

16 부인민주클럽은 1946년 3월 GHQ의 지지를 받아 발족했으며, 평화·환경·여성 문제 등을 다루는 여성단체다. 2000여 명이 모인 창립대회에서는 "평화를 희구하고 부인의 해방과 일본의 민주화를 위해 진전한다"는 강령을 내걸었으며, 주간으로 ≪부인민주신문≫을 발행했다. 이후 각종 반전·평화운동, 일본모친대회, PTA(학부모회) 활동, 보육운동, 합성세제추방운동 등 지역의 생활에 밀착한 활동을 전개했으며, 최근에는 환경·여성·교육·인권 등 폭넓은 활동을 전개하고 있다. 정당과 직접 연대하지 않고 풀뿌리 여성단체와의 연대하는 경향이 강하다(井上輝子他編, 2002). 지금도 활동을 계속하고 있으며 홈페이지에는 "우리는 평화를 포기하지 않는다"라는 미야모토 유리코의 메시지가 적혀 있다(https://fujinminsyuclub.org/index.htm/ 최종검색일: 2020.8.8).

성들에게 정치 교육이 결여되어 있다는 사실이었다.

이 권리(참정권 — 인용자)는 지혜롭고 효과적으로 사용해야 비로소 도움이 되는
것으로, 단지 가지고 있는 것만으로는 무용지물일 것입니다. …… 일반 부인의 유
치한 정치의식을 생각하면, 모처럼의 권리도 잘못 사용될 위험이 있습니다. 전후
의 특수 상황變態으로 인해 여자 유권자가 남자보다도 자그마치 300만 가깝게 많
은 이번 선거에서는, 특히 이것은 중대한 문제로, 특히 부인의 정치교육 결여를 통
감합니다(野上弥生子, 1946: 4~5, 줄임은 인용자).

사실 이러한 염려가 여성에게만 해당되는 것은 아니었다. 일본 남성들에
게도 진정한 '자유 의사에 의한 선거권 행사'는 사실상 처음이었기 때문이었
다(山川菊栄, 1946.4: 28). 따라서 첫 민주 선거에 대한 기대는 높지 않았다. 기
쿠에는 여성들의 정치의식이 낮은 것은 당연하며 그 결과에 실망할 필요는
없다, 오히려 진보적 결과가 나오는 것이 기적이다라며 쉽지 않은 현실을 환
기시켰다. 그러나 한편으로는, 설령 무지하다 해도 그것은 여성 자신의 잘못
이 아닌 "과거 일본의 잘못罪"일 뿐이니, 선거를 통해 대담하고 솔직하게 자기
의사를 표현하는 것이야말로 "해방의 첫걸음"이라고 독려하기도 했다(山川菊
栄, 1946.4: 32).

그런데 막상 투표가 끝나고 보니, 그 결과는 운동을 주도했었던 이들에
게도 놀라운 것이었다. 여성 유권자 2150만 명 중 67%가 투표에 참여한 것은
남성의 78%에 비해 특별하다고 할 수 없었다.[17] 그러나 여성 입후보자 83명

---

17   이듬해인 1947년 총선거에서는 여성 중의원 후보 81인 중 15인, 참의원 후보 16인 중 10인이
     당선되는 데 그쳤다(田中寿美子, 1975: 6~8). 여성 공민권은 1946년 9월에 실현, 1947년 4월
     첫 통일지방선거가 실시되었다.

중 45%를 넘는, 자그마치 39명이 당선된 것은 남성뿐 아니라 여성 자신들에게도 충격적인 일이었다. 여성 자신들조차 이러한 결과에 기뻐하기만 할 수는 없었던 상황에 주목할 필요가 있다.

예를 들어 진보적 작가인 미야모토 유리코[18]는 여성 39인이 당선된 것을 기뻐하기보다는 유권자의 정치적 수준이 여전히 낮다는 것을 반성해야 한다는 후사에의 반응을 소개하면서, 서양에서의 결과와 현저히 다른 일본의 선거 결과에 놀라움을 표했다.[19] 1918년 처음 여성의 참정권이 인정된 영국에서 그해 선거에 여성 17명이 입후보했으나 당선자를 내지 못했고, 1923년에 8명, 1924년에 6명, 1931년에 15인의 의원을 배출한 것이나, 미국 와이오밍주에서 참정권 획득 후 40년이 지난 1930년에야 상원 1명, 하원 6명의 당선자를 냈던 점을 상기시키며, 일본에서의 비정상적인 선거 결과에 대해 우려를 표했던 것이다(宮本百合子, 1946.6: 12).[20]

그에 더해 유리코는 전후 생활경제의 어려움 때문, 즉 이대로는 살기 어렵다는 절박감을 가진 여성들이 지푸라기라도 잡는 심정으로 '정치와 부엌의

---

18 미야모토 유리코는 소설가로 미국과 소련 체류 경험이 있으며 1931년 일본공산당에 입당했고, 미야모토 겐지(宮本顯治)와 결혼했다. 1933년 검거된 겐지는 패전까지 투옥 상태였고, 유리코도 투옥과 집필 금지 처분 등을 받기도 했으나 비전향을 지속했다. 전후에는 민주주의 문학의 창조를 주창했으며, 일본공산당의 재건, 신일본문학회와 부인민주클럽 창립을 위해 진력했다(井上輝子他編, 2002).

19 후사에는 높은 인기와 출마를 당연시하는 주변의 분위기와 달리, ─ 공직 추방을 당하기 전이었음에도 ─ 총선거에 입후보하지 않았다. 선거 후 다른 매체를 통해서는 "예상 이상[으로] 여자 투표자도 많아서 안심"했다는 심경을 밝히면서, "부인은 갑자기 투표권이 주어졌기 때문에 선거에 집중한 것일 뿐, 진정한 정치적 계몽은 [아직] 이루어지지 않았다. 본격적 계몽은 앞으로도 정치와 부엌의 연결로부터 강력히 전개하지 않으면 안 된다"라고 다짐하고 있었다(進藤久美子, 2018: 65에서 재인용).

20 예상 밖의 결과를 가져온 원인은 하나로 단정하기 어려웠지만, 여성 돌풍이 일어난 원인의 하나로서 일종의 중선거제인 '제한연기제(制限連記制)'의 부적당함이 언론에 의해 제기되었다. 동시에 3명을 선택하면서, 성향이나 주장을 제대로 파악하지 못한 채 그 안에 여성 후보 하나를 끼워 넣는 방식으로 투표한 결과라는 것이었다.

직결', 혹은 '여성의 문제는 여성 손으로'와 같이 현실을 반영한 구호를 내건 여성후보를 지지한 것이라 추측하기도 했다. "즉, 여자라면 여자의 문제를 해결할지도 모른다는 막연한 여성들의 기대는, 시기상조임에도 강행된 선거 준비 중에 결코 신중하게 정당의 진의를 이해하는 데까지 고양되지 못했다"라는 것이다. 그 결과 정당의 당수들은 "여성에게 득표를 빼앗겼다"고 인식했고, 각 정당은 자당의 여성의원에 대해 책임을 느끼지 않았으며 다만 "선전을 위한 장식물"에 불과한 것으로 여기고 있다고 탄식했다. 그가 보기에 문제는, 여성 의원의 낮은 수준만이 아니라 기성정당의 무관심과 "봉건적" 성격 그 자체였던 것이다(宮本百合子, 1946.6: 12, 14).

3) 여성의 정치 참여에 대한 실망과 우려

처음으로 의회에 입성한 여성 의원들을 기다리는 것은 녹록하지 않은 현실이었다. 회기가 시작된 며칠 동안은 여성 의원들이 "어떤 옷을 입고 왔는지, 도시락으로 무엇을 먹었는지, 자동차를 타고 왔는지 자전거로 왔는지"와 같은 것들이 호기심의 대상이 되었고, 세간의 과도한 관심과 따가운 눈총 앞에 여성 의원들은 언동과 예의범절에 관해 서로 주의를 주며 신경을 써야 했다. 여성으로서의 목소리를 내기 위한 염원에서 의회에 입성한 그들이었지만, 개원 첫날부터 "여성 의원은 여자들끼리 모여 블록block을 형성해서는 안 된다"라는 '친절한' 조언을 들었으며,[21] 의회 안에서의 격렬한 야유와 난투극 등의 대혼란 앞에서 '아연실색'했고, 발언을 위해 등단한 여성 의원에게 남성 의원으로부터 "○○ 씨, 잘해~"라는 ─ 응원인지 조소인지 구분하기 어려운 ─ 고함이 터

---

21   개원 첫날 여성 당선자 39명이 함께 맥아더 원수를 만났을 때 그로부터 들은 말이었다.

져 나오는 일도 있었다(加藤シヅエ, 1946.8·9: 28~29, 31). 예상을 훌쩍 뛰어넘어 대거 등원한 여성 의원들이 정치에 참여할 준비가 제대로 되어있지 않은 것도 사실이었고, 이들을 향한 남성 의원들도 이해나 배려가 있다고는 하기 어려웠다.

여성들의 갑작스러운 정치 참여에 대한 우려는 ≪부인공론≫의 필자로 나선 이른바 '진보적인' 남성 지식인들도 마찬가지였다. 중앙공론사 주변에서 활동하던 남성 필자들은 일반 대중이나 보수적인 남성들에 비해 당시의 정치·사회적 상황이나 여성 문제에 대해 이해가 깊은 편이었을 것이다. 더구나 ≪부인공론≫이 여성 해방을 주된 논조로 하는 진보적 잡지였던 만큼 이에 대해 기본적인 이해와 동의가 있었으리라는 것도 충분히 짐작된다. 하지만 ≪부인공론≫의 남성 논객들 역시 돌연한 '여성 해방'에 대해 상당한 우려를 표하고 있었다.

예를 들어 법제사학자 후지타 쓰구오藤田嗣雄(1885~1967)는 신헌법 제정에 따른 여성 해방의 의미를 긍정하면서도, 이것이 "[일본] 부인의 노력에 의해 얻어진 것이 아니라 인류의 다년에 걸친 자유 획득[을 위한] 노력의 성과"라고 지적하고 있었다. 일본의 여성 해방에는 '취약성이 내포'되어 있음을 간과해선 안 된다는 것이었다(藤田嗣雄, 1947.8: 19).[22] 따라서 그는 당분간 여성의 지위 향상에 적지 않은 장애가 있을 것이라고 예견했다.

---

22 후지타는 예측되는 문제와 그 해결 방식에 대해 다음과 같은 전망을 내놓기도 했다. 첫째, 정신적 반대로서 옛 호주, 조부모, 부모, 또는 남편의 보수적 사상, 친족이나 본가·분가에 관련된 옛 관습 등이 부인의 새로운 지위 수립에 큰 방해가 될 것이다. 둘째, 가독(家督) 상속제도 및 지주제도 등에 의한 방해가 예상되지만, 이는 법률적 조치에 의해 어느 정도 해결될 것이다. 셋째, 점차 줄어들고 있기는 하지만, 여성이 결혼을 자신의 생활 수단으로 삼아 남성에게 의존하는 한 여성의 종속적 지위는 지양되지 않을 것이며, 이러한 문제는 무산계급 여성보다 유산계급 여성에게 더욱 해당된다. 넷째, 의식주의 극도의 궁핍이 여성의 지위 향상을 방해하고 있으나 이것은 시간과 함께 점차 해소될 것이다 등이었다.

이러한 견해는 ≪중앙공론≫의 편집주간과 부사장을 지낸 바 있고 ≪부인공론≫에 여성들을 위한 정치 관련 코너를 게재하기도 했던 정치학자 로야마 마사미치[23]도 마찬가지였다. 그는 일본 여성의 선거권을 '달을 채우지 못한 분만月足らずの分娩', 혹은 '미숙한 채 떨어진 과실未熟のまま落ちた果実' 등에 비유했다(蝋山政道, 1950.2: 15). 만일 선거권이 여성 자신의 손에 의해 획득된 것이었더라면 여성의 정치적 관심을 크게 환기시켰을 것이나, 일방적인 방식으로 너무 간단히 주어져 버린 것이 문제라는 것이다. 여성의 투표율이 예상보다 높은 것에 대해서도 부정적이었다. 정치적 관심이 높아서가 아니라 오히려 권위와 전통에 충실한 일본 여성이 '종순從順'한 결과라고 보았으며, 여성들이 얼마나 남편의 영향을 벗어난 자주적인 투표를 하고 있는지에 대해서도 의구심을 품었다.[24]

후지타와 로야마가 여성의 정치 참여에 대한 우려를 학자다운 점잖은 방식으로 드러낸 데 비해, 정치풍자 만화가 곤도 히데조近藤日出造(1908~1979)의 야유는 풋내기 여성 정치인에 대한 당시 여론의 실상을 좀 더 실감나게 전해준다. 가상의 여성 정치인의 입장이 되어 1인칭 독백의 형식을 취한 "내가 만

---

23 로야마 마사미치는 정치학자이자 행정학자로 고노에 후미마로의 브레인 집단인 쇼와연구회의 멤버이자 동아협동체론의 주창자이기도 했다. 1939년 도쿄제국대학을 사직하고 1942년 익찬 선거에서 당선되어 중의원 의원이 되었다. 전후에는 민주사회주의 이론화에 진력, 민주사회주의연맹 이사장을 지냈고 오차노미즈여자대학 학장, 국제기독교대학 교수를 역임했다.

24 로야마는 남성은 본능적으로 권력욕, 명예욕, 투쟁의식, 이해타산 등이 강한 반면, 여성은 정치 문제에 대해서 무관심하고 소극적이라고 보았다. 그 원인에 대해 첫째는 사회적으로 해석할 수 있는바, 일본에서 정치의 단위는 가족이지 개인이 아니며, 정치문제는 외부의 일로 간주해 가족을 대표하는 '주인(主人: 가장)'이 담당하는 것으로 간주되기 때문이라고 보았다. 둘째는 여성에 대한 정치 교육이 부재하기 때문으로, 특히 가사에 쫓기는 여성에게 시간적 여유가 없기 때문이라는 것이다. 그는 여성의 정치적 무관심의 원인은 정치적·경제적인 것과 무관하며, 가족 제도와 교육 부재라는 정신적·심리적 구속에 의한 것이라고 보았다(蝋山政道, 1950.2: 17~18).

그림 7-1 여성 의원에 대한 시선을 보여주는 곤도 히데조의 글에 실린 삽화들

자료: 近藤日出造(1950.11: 120, 122).

일 부인의원이 된다면われもし婦人代議士なりせば"이라는 문장에서, 주인공은 스스로를 '정치적 견해, 역량'은 전혀 없는 '무위무능한 백치'라고 자인하면서, 가정에서 주부들이 학대받는 현상이 국회 안에서도 반복되고 있다고 한탄했다(近藤日出造, 1950.11: 120). 우리 ─ 의회 안에서 존재감이 없는 ─ 여성 의원들은 화장을 진하게 하고 원내를 어슬렁거림으로써 남성 의원들의 뇌리에 존재감을 남기자는 그의 제안은, 당시 여성 의원들이 무능과 옅은 존재감에 대한 냉소에 다름 아니었다.

돌연하게 주어진 여성참정권에 대해 불안과 염려가 보편적인 분위기였던 듯하지만, 실망에 빠져 있을 수만은 없었다. 특히 당사자인 여성들은 더더욱 그러할 터였다. 현재 상황을 인정하고 이를 극복하기 위한 방법을 생각해 내야 했다. 여성 의원들이 각자가 속한 정당 안에서 자신들이 내건 공약을 실천할 수 있도록 당내의 지지를 이끌어내는 것, 정당 조직 내에 적극 개입해 '여성들의 공약'을 '정당의 공약'으로 만들 수 있는가가 관건이 될 것이라는 유리코의 지적은 그 하나의 사례였다(宮本百合子, 1946.6: 14).

남녀평등을 위한 외적 조건이 어느 정도 갖추어졌으니 이제 여성들이 그에 부응해야 할 차례였다. 기쿠에는 부인소년국 초대국장 취임에 즈음해 여성들의 반성과 자각을 촉구했다. 여성은 자기중심적이고 감정적이며 자기 연민에 빠져 이성적으로 문제를 해결하려는 태도를 결여하고 있다고(山川菊栄, 1947.11: 30~32), 여성들의 현상에 대해 비판을 쏟아냈다. 나아가 경제적·정신적 독립심을 결여하고 — 남성 등에게 — 의뢰하려는 경향이 강한 여성들이 변하지 않는 한, 부인소년국의 설치가 모든 문제를 해결해 주지는 않을 것이라고 단언하기도 했다. 종래 정치권 밖에서 부선운동 등과도 일정한 거리를 두면서 여성들의 각종 활동에 훈수를 두던 것과는 달리, 정책 담당자로서의 입장을 반영한 셈이었다. 참정권을 요구하던 여성에서, 이미 정치에 참여하는 여성이라는 현실의 변화와 조응하는 것이기도 했다.

한 걸음 더 나아가 미국식의 이른바 '레이디퍼스트lady first'라는 의례가 '여성은 남자보다 약하다, 그러니까 배려하지 않으면 안 된다'라는 식으로 '여성을 열등시한다는 점'을 들어, 이를 반대하는 주장도 제기되었다. 여성에 대한 배려가 도리어 평등을 넘어 여성을 버릇없게 만든다는 것이다. 21세기에도 온전하게 실현되지 않은 여성에 대한 배려가 점령기 일본에서 과도하게 달성되었으리라고는 생각하기 어려움에도 남녀평등이 법률화되자마자 과도한 경도를 경계하는 발언이 나오고 있는 것은 흥미롭다.

예를 들어 한 여성 평론가는 여성에게 좌석을 양보하는 등의 서양식 '신사도galanterie'가 — 여성을 '약한 존재, 열등한 존재'로 본다는 의미에서 — 동양의 남

존여비와 유사한 '봉건사회의 유물'이라고 단정 짓고 있다. 그는 전시기에 남성 못지않게 분투했던 일본 여성이 정치적 상황이 변했다고 해서 "돌연 만원전차를 견딜 수 없게 된 것도 아닐 것"임에도, 부인·아이 전용차가 출현한 것은 '역사적 역행'이자, "겉핥기식 민주화猿まね的民主化ぶり"의 산물이라고 비난했고, 일본 여성들이 그 출현을 단호히 거부하지 않는 원인을 '사회의식 부족'과 좋은 게 좋다는 식의 '잘못된 여권주의'에서 찾기까지 했다(村松嘉津, 1948.2: 18~20). 패전 후 도래한 남녀평등 사회에 대해 이렇게 불편한 심경을 표현하는 것은, 오랜 시간 줄곧 현모양처로서 가족과 사회, 그리고 국가를 위한 희생을 당연하게 여겼던 일본 여성의 규범과 생활을 돌아볼 때 크게 이상한 일은 아닐 것이다.

4. 가사노동으로부터의 해방과 미국

1) 편리한 가전제품과 가사노동 해방

전후 여성 해방과 관련해 가장 대표적인 이슈는 당연히 참정권이었겠지만, 남녀를 떠나 전후 일본인들에게 일상생활 속에서 피부에 와 닿는 '여성 해방'의 이미지로서 '가사노동'이 자주 언급되고 있는 것은 흥미롭다. 법률적인 남녀평등의 선언에도 불구하고 여전히 실생활에서 여성의 지위 향상을 실감할 수 없는 것은, 바로 가사노동의 부담에서 자유롭지 못하기 때문이라는 해석이 당시에도 힘을 얻었다. 21세기에도 풀리지 않는 가사와 직업의 병행이라는 문제는 여성의 가사와 육아에 대한 사회적 지원이 거의 전무한 점령기 일본에서는 더욱 심각할 수밖에 없었다.

그런데 이러한 가사노동의 부담은 패전 후 일본인에게 동경과 모방의 대상이었던 미국인의 생활과 대조하는 방식을 통해 더욱 강조되는 경향이 있었다. 그들의 눈에 비친 일본의 여성은 항상 가사노동의 부담에 쫓겨 시간의 여유가 없는 반면, 미국의 여성들은 그와 대조적으로 독서나 파티, 사교와 오락의 시간이 많아 보였다(≪婦人公論≫, 1950.7: 72~75).[25] 그리고 바로 그 차이가 미국 여성과 일본 여성의 지위의 차이, 생활의 차이를 낳는 원인으로 보였다. 가사로부터의 해방 여부가 여성 해방과 직결되는 것으로 여겨졌던 것이다. 따라서 그러한 차이를 가져온 것이 무엇인지가 당장의 관심이 되는 것도 당연했다. 그리고 아마도 그러한 맥락 속에서, 편리한 '가전제품'의 존재가 자주 언급되었다.

전후 일본에서 미국인의 가정생활에 대해 동경하는 것은 남녀에 별 차이가 없겠지만, 특히 가전제품에 대해서는 남성들의 입을 빌린 묘사가 더 눈길을 끈다. 아마도 여성에 비해 남성이 외국을 방문해서 낯선 문물을 접할 기회가 상대적으로 많았고, 아무래도 가사에 대한 이해가 부족한 만큼 오히려 더 쉽게 자극을 받았기 때문으로 보인다. 예를 들어 1920년대 10여 년간 미국에 유학한 경험을 가진 화가 데라다 다케오寺田竹雄(1908~1993)는 '남편'들로 구성된 좌담회 중 여성 해방과 가사의 관계를 다음과 같이 표현했다.

여성의 해방은 뭐니뭐니해도 의식주로부터다. 예를 들면 미국에서는 합리화된 생활을 하고 있어서 버튼 하나만 누르면 뭐든 다 될 정도로 발전했기 때문에, 여자가 남자보다도 책을 많이 읽고 있다. 또한 **일본에서는 자기 방을 갖지 못한 것이 여성이 해방되지 않는 근본적 이유**의 하나라 생각한다(≪婦人公論≫, 1948.8: 37, 강조

---

25 이 좌담회에서는 미국인 여성 자신들의 입을 통해 미국 여성에게 시간이 많아 보이는 것은 편리한 설비의 사용뿐 아니라, 상부상조와 사회단체의 도움, 남편의 협조를 얻어 미리 일정을 조절하는 등의 다른 이유들이 있다는 사실을 설명하고 있다.

는 인용자).

반세기 이상이 지난 지금도 가사노동은 여전히 해결되지 않는 문제로, '버튼 하나만 누르면 뭐든 다 될 정도'의 세상이 실현되는 길은 요원하다. 이는 미국도 다르지 않으며, 70여 년 전이라면 더더욱 그러할 터였다. 심지어 가전제품의 발달이 도리어 가사노동에 대한 기대치를 높여, 여성의 가사노동 시간이 줄기는커녕 오히려 늘어나는 경향이 있다는 것은 더 이상 새로운 지적이 아니다. 하지만 그러한 사실을 알 리 없는 데라다는 미국 여성들은 가사노동으로부터 해방되어 있다고 단언하고 있었던 것이다. 여성이 자기 방을 갖는 것이 여성 해방과 밀접한 관계를 갖고 있다고 보는 것도 흥미롭다. 그는 '의식주' 문제가 여성 해방과 직결된다고, 무엇보다 손가락으로 가사노동이 해결되면 독서 시간이 증가해 여성의 지위 향상으로 이어진다는 식의 지극히 단순한 인식을 보였다.

헌법학자인 가나모리 도쿠지로金森德次郎(1886~1959) 역시 미국 방문 당시 미국인의 가정을 방문했을 때의 경험을, 단순한 가사 해방을 넘어 가정의 식탁 분위기와 연결시켜 소개했다. 사실 그는 미국을 가기 전부터 지인들에게 미국은 '부인 존중의 나라'이니 행동거지에 주의하라는 조언을 들었던 참이었다. 이는 거짓이 아니었다. 실제 미국에 가서 일반 공공장소에서의 여성에 대한 예우를 보노라니, "이런 식으로라면 가정에서 남편이라는 존재가 과연 양성평등의 최저 기준을 채울 수나 있을지 걱정"될 지경이었다. 즉, 미국 여성의 지위가 남녀평등 수준을 넘어 '여존남비女尊男卑'에 가깝게 보였던 것이다. 하지만 막상 미국인의 가정을 방문해 보니 실상은 또 다른 것이었다.

가정을 방문해서 저녁을 대접받아 보니, 이럴 수가. 여존남비의 모습은 거의 없고 양자는 거의 보기 좋게 평등한 지위에서 유쾌하게 접대해 준다. 그렇다고 남존여비는 아니지만 그 반대도 아니다. 가정마다의 모습은 가풍의 차이는 있지만 적당한 분업이다. …… [일본과 달리 미국에서는] 대개 요리의 종류가 적기 때문에 처음에 한번 식탁 위에 차려두면 주부가 자리를 떠날 필요가 없고, 주부가 담소의 중심이 되는 경우가 많다. 요리의 부족은 주부의 말솜씨로 보충되는 경우도 많은 것이다. 어쨌든 다소의 분업은 있지만 완전히 평등한 듯하다(金森德次郎, 1950.5: 83~84. 줄임은 인용자).

실제로 목격한 미국 가정에서 여성의 가사 해방을 돕는 것은 가전제품만이 아니었다. 미국식의 접대문화 자체가 일본과는 달리 남녀평등을 구현하기에 적절한 것이었다. 즉, 주부가 끊임없이 부엌을 오가며 음식을 접대하느라 손님과의 대화에서 소외되기 쉬운 일본과 달리, 요리의 종류가 적고 또 식사 중 자주 부엌을 드나들 필요가 없는 미국의 음식문화가 실생활에서 여성의 해방을 한 걸음 가깝게 하는 것으로 보였다. 이러한 식생활 문화가 있기에 비로소 부부가 대등하게 손님을 접대할 수 있고 남녀평등을 실현할 수 있는 것이라 여겨졌다.

또 다른 일본 남성인 물리학자 나카야 우키치로中谷宇吉郎(1900~1962)도 학회 참가를 위해 미국을 방문한 후 "미국의 부인생활アメリカの婦人生活"이라는 제목의 글을 게재했는데, 그는 미국의 편리한 가전제품에 대해 데라다와는 조금 다른 각도에서 접근했다. 그는 먼저 일본에서 미국의 '부인 생활'에 호기심 어린 시선을 보내는 것 자체에 선을 긋는 것으로 이야기를 시작했다.

미국에는 …… 일본 부인들이 생각하는 '부인 생활'이라는 것은 없다고 하는 편이 나을 정도다. 미국에서는 거의 완전한 **남녀의 동권이 성립**되어 있다. 그래서 미국 부인의 생활은 부인 생활이라기보다 **미국인의 생활이라고 하는 편이 좋을 것**이다. …… 그(남녀 동권 성립 - 인용자) **기초는 부인의 경제적 독립**이라는 점에 있다.

…… 부인에게 경제적 독립이 없다면 진정한 동권은 생겨나지 않는다(中谷宇吉郞,
1950.1: 20, 줄임과 강조는 인용자).

그는 미국에는 이미 남녀평등이 실현되었다고 전제하면서, 따라서 미국
의 '부인생활'보다 '미국인의 생활'이라는 관점에서 접근할 것을 제안하는데,
그와 같은 판단의 기초가 된 것은 여성의 '경제적 독립'이었다. 그가 볼 때 미
국의 큰 장점이 되는 존재인 '건전한 중류가정'의 경우, 주부도 대부분 직업을
가지고 밖으로 일하러 나가는 맞벌이가 상식이다. 여성도 경제적으로 독립되
어 있는 것이다. 심지어 그들 대부분 가정부女中를 두지 않는데, 그럼에도 그
러한 생활이 가능한 것은 각종 편리한 가전 설비의 도움이 있기 때문이다.

가정부를 쓰지 않고 자신도 밖으로 일하러 나가기에 미국 주부의 생활은 매우 바
쁘다. 대신 집안 설비는 어디든 놀랄 만큼 완비되어 있다. 특히 부엌은 아주 잘 되
어 있어서, 예를 들면 전기냉장고와 세탁기가 없는 가정이라는 것은 절대 생각할
수 없을 정도다. 오븐天火이나 조리대料理台도 물론 완비되어 있다. …… 직장에서
돌아와 저녁에는 자동차로 부근의 식료품점에 가서 4~5일분의 식량을 사 온다. 야
채도 고기도 요즘은 냉동품이 급속히 많아져서, 캔의 시대는 그야말로 과거의 이
야기가 되고 있다. …… 저녁 식사만 자동조리기로 요리한 따뜻한 음식을 일가족
이 모여서 함께 먹는다(中谷宇吉郞, 1950.1: 21, 줄임은 인용자).

그가 말하는 '자동조리기'란 시계장치時計仕掛가 달린 오븐을 지칭하는 것
이었다. 그의 설명에 따르면, 간단히 조리한 음식을 오븐 안에 넣고 시간을
지정해 두면 불이 자동적으로 꺼지기 때문에 주부가 "부엌에 있을 필요가 없
다". 이것은 일반 샐러리맨 가정에서도 대개 구비하고 있을 정도였으니, 바로
이러한 기구들이 있기에 맞벌이가 가능하고 그로 인한 윤택한 생활도 가능하

다는 것이다.

나카야도 미국 가정의 청결하고 편리한 부엌의 시설에 깊은 인상을 받았고, 이를 이용한 생활 모습을 상당히 상세히 그려내고 있지만, 그의 관심이 가전제품이나 편리한 설비 그 자체에 있었던 것 같지는 않다. 그보다는 가사에서 편리한 설비를 적극 이용하는 미국의 가정이 지향하는 방향 그 자체에 관심이 있었던 것으로 보인다.

> 열심히 일해서 돈을 벌고 그 돈으로 가정의 설비를 개선한다. 그렇게 **생활의 능률을 높임**으로써 생겨난 시간을 밖에서 일에 사용, 다시 돈을 번다. 이러한 방식으로 **적극적으로 가계를 풍성하게** 하고, 동시에 **국가 전체의 생산을 높이고** 있는 것이다 (中谷宇吉郞, 1950.1: 23, 강조는 인용자).

그는 단지 편리한 설비로 인해 가사에서 자유로워진 것이 여성 해방이라는 식의 단순한 인식에서 그치지 않고, 그것을 가능하게 한 혹은 그것을 필요로 하는 '경제적'인 측면에 주목했다. 그가 볼 때 가전제품의 사용은 여성의 경제활동을 가능하게 했고, 그로 인한 경제적 여유는 더 좋은 가전 설비로 이어지는 선순환을 이루고 있었다. 심지어는 국가 경제에도 도움이 되는 이러한 가정생활의 선순환 구조가, 일본인들이 '미국 여성'에 초점을 맞추고 볼 때에는 결국 여성 해방이 실현된 모습으로 보인다는 점을 지적한 것이다.

이처럼 점령기 ≪부인공론≫에 나타난 '미국'과 '미국 여성'에 관한 기사들을 살펴보노라면, 가사노동으로부터의 해방, 특히 가전제품의 편리함에 대해 집중적으로 소개하고 있는 필자들이 ― 당시로서는 가전제품을 주로 사용하게 될 ― 여성 당사자보다 남성들이 다수라는 점이 두드러져 보인다. 해외를 왕래할 기회가 매우 제한되어 있던 패전 직후의 상황임을 고려하면, 이해하기 어려운 일은 아니다. 그 가운데 이상에서 소개한 세 명의 남성 필자는, 각각 가

전제품의 발달이 여성 해방으로 직결된다는 식으로 단순하게 동일시하는 경우, 가전제품 이상으로 남녀평등의 정신을 구현하는 가정 문화를 새롭게 인식하는 경우, 편리한 가사 설비에 눈을 뺏기기보다 그 너머의 여성의 경제적 독립과 적극적 가계家計의 장점을 간파한 경우라는, 동일하게 가전제품과 편리한 부엌의 설비를 매개로 하면서로 이를 '여성'과 연결시킬 때 나타날 수 있는 서로 다른 관심과 이해의 정도를 보여주는 대표적 사례라 할 수 있을 것이다.

2) 미국의 가정생활에 대한 인식

점령기 ≪부인공론≫의 필자들이 당시 미국 여성들의 생활과 관련해서 오로지 가전제품의 편리함에만 눈을 빼앗긴 것은 아니었다. 관료 출신 사회학자 아카사카 시즈야赤坂靜也는 이러한 식생활 문화를 가능하게 하는 힘, 일본 여성과 미국 여성의 차이를 만드는 보이지 않는 원인에 대해 다음과 같이 설명했다.

일단 그는 '여성이 가정 밖에서 일하기 위해서는 일상생활의 합리화가 촉진되어야' 한다는 사실을 전제로 삼는다. 그리고 이것이 '일본에서도 결코 새로운 문제는 아니지만 실제 문제로서 거의 해결되어 있지 않다'는 점을 지적하면서, 미국을 그와 대조적인 위치에 둔다. 그는 미국인에게는 '산업혁명의 효과를 인간 전체의 행복 증진까지 확대하려 하는 정신'이 있다고 평가하면서, 바로 그러한 인식의 연장선상에서 미국에서의 가사노동 문제를 짚어냈다.

미국의 취사나 세탁, 청소 등의 가정용구 개선은 현재 우리들이 부러워하는 것이지만, 그러나 그보다도 여성을 위해 모든 방안을 강구해 의식주 전반에 걸쳐 대대적인 생활 개선을 행하는 사람들이 있는 것이 가장 선망되어야 할 것이다. …… 생활 개선의 의사가 없다면 언제까지도 생활의 향상을 기대할 수 없다. …… 미국에서 이뤄지고 있는 것과 같은 생활 개선이 일본에서 행해지지 않는 것은 [일반적으로] 빈곤 때문이라고 여겨지고 있다. 그러나 나는 그렇게 생각하지 않는다. 미국에서는 하나하나의 문제를 해결하고 실행하지만, 일본은 해결하려 하지 않고 실행하려 하지 않는다. 빈곤은 원인이 아니라 결과이다(赤坂静也, 1950.8: 28~29. 줄임은 인용자).

그에 따르면 여성을 위한 가사노동 경감에서 미국과 일본의 차이를 만들어내는 것은 가전제품과 같이 손에 잡히는 도구가 아니라 '생활 개선의 의사 意思'였다. 하나하나의 문제를 해결하고자 하는 노력, 실행하려는 적극성이 결여되어 있다는 점은 미국과 일본의 생활문제, 여성의 가사로부터의 해방이라는 문제에서 일본이 안고 있는 약점이었다. 문제는 이러한 일본인의 성향만이 아니라, 오히려 제도적인 차이와 관련되어 있었다.

일하는 여성의 가정을 보육하기 위해 가족 각각의 책임과 협력관계를 정하는 것은 각 가정에서 해결하지 않으면 안 되지만, 이를 원호하기 위한 제도나 공공시설, 사회사업이 미국에서 어떻게 행해지고 있는가라는 문제는 연구를 필요로 한다. …… 전체적으로 보고 느껴지는 것은 필요한 다방면에 걸쳐 구석구석 손길이 미치고 있다는 것이고, 그에 의해 문화가 지켜지고 문화의 진보가 보장되고 한편으로 비극 悲惨事으로부터 인간을 구해내고 있는 것이다. 이는 분명 미국의 문화적 수준을 제고하는 데 기여하고 있다. …… 생활의 합리화는 생활을 긴축하는 것이 아니라 문화의 진보로서 계획되지 않으면 안 된다(赤坂静也, 1950.8: 29. 줄임은 인용자).

이처럼 미국 가정의 가전제품에 대한 강한 관심의 한편으로, 결코 그것만으로 여성의 시간이 확보되는 것은 아니라는 점이 함께 지적되었다. 무엇보다 이를 개선하기 위한 노력의 유무에서 미국과 일본의 차이를 찾고 있었던 점은 눈앞에 있는 신기한 가전제품에 시선을 빼앗기는 일차적인 수준을 넘어서는 것이었다. 편리한 설비의 소개에 더해 여성의 시간 확보를 위한 다양한 노력, 예를 들면 효율적인 가사 처리를 위해 이웃과 상부상조하거나 유사시 남편과 미리부터 시간 조율을 하는 등의 개별적 노력뿐 아니라, 탁아소와 같은 사회사업 단체의 도움을 받고 있는 조직적인 움직임도 함께 소개되었다(≪婦人公論≫ 1950.7: 72).

미국인 여성이자 ≪디트로이트뉴스≫의 특파원이었던 그웬 듀Gwen Dew 가 소개하는 당시 미국 여성들의 생활에 대한 내용은, 일본 필자들의 글과 비교해서 읽어볼 때 더욱 흥미롭다. 그는 먼저 미국의 여아는 5세부터 남아와 함께 '같은' 교육을 받으면서 성장한다는, 즉 같은 기초 위에서 성인이 된다는 점, 결혼에 앞서 서로의 사고나 행동에 대한 존중과 같이 행복한 결혼생활을 위한 각자의 책임을 충분히 자각한다는 점을 설명했다. 일본의 여성들이 남성들로부터 부당한 대우를 받고 있음을 지적하면서, 이상적 가정의 실현을 위한 각성과 변화를 촉구하기 위한 것이었다. 하지만 미국 여성의 생활에 대한 일본인들의 과도하게 긍정적인 상상에 대해서는, 아래와 같이 선을 그었다.

다른 나라의 사람들은 영화만으로 미국인을 판단하는 경향이 있지만, 그래서는 미국인의 생활에 대해 완전히 잘못된 관념을 갖게 됩니다. 영화에서 보이는 화려한 생활을 하는 사람은 정말 소수의 사람들입니다. …… 매일 주부는 아침을 준비하고 아이에게 학교에 갈 준비를 시키며, 남편 출근을 배웅합니다. 그리고서는 청소를 하거나 세탁을 하거나 특별한 과자나 파이를 굽기도 합니다. 가정을 가능한 바람직한 모습으로 건설해 갑니다. 일본에 보급되어 있지 않은 다양한 편리한 도구, 예를 들어 토스트기, 전기 커피포트, 전기청소기, 음식물을 신선하게 보관하기 위한 전기냉장고, 전기오븐 등, 전기를 이용한 도구에 의해 가사가 능률적으로 처리됩니다. …… **미국 부인은 일본 부인이 하는 것과 같은 것을 전부 합니다.** 다만 우

리들은 좀 더 빠르게, 쉽게 할 수 있도록 **근대적 설비의 도움을 받을 뿐**입니다. 이 때문에 우리들은 책을 읽거나 운동에 참가할 수 있고, 밤에 남편이 오기 전에 휴식을 취하거나 준비를 할 여유가 주어집니다. …… 학부형회에 입회할 시간도 생깁니다. 또 클럽에 입회해서 역사나 문학, 예술이나 국제문제를 연구합니다(グウェン・デュウ, 1947.7: 29, 줄임과 강조는 인용자).

미국 여성 자신 그것도 여성 언론인이 소개하는 이상의 내용이 당시 미국 여성들의 실제 생활에 아마도 가장 근접한 것이라 보아도 무리는 없을 것이다. 그 역시도 가전제품의 편리함을 부인하지 않았지만, 결코 '버튼 하나만 누르면 다 될' 정도가 아니라는 점을 강조하는 것도 빠뜨리지 않았다. 미국의 여성들도 '일본 부인이 하는 것과 같은 것을 전부'한다는 것이다. 다만 다양한 설비를 이용해 가사에 들어가는 시간을 줄임으로써 확보한 시간을 어떻게 사용하고 있는지를 더욱 힘주어 설명했다.

이 외에 ≪부인공론≫에 실린 일본 여성들의 기사에서는, 일본 남성들이 그랬던 것과 같은 미국 여성의 생활에 대한 과도한 미화나 이상화된 기술을 찾기 힘들다. 대부분의 기사는 주로 미국 여성들의 적극적인 정치 참여에 관한 내용이 많았고, 가사노동에 관한 기술을 하는 경우에도 무조건적으로 긍정적으로 표현하는 것은 아니었다. 그보다는 일본에 비해 어느 정도 가사노동에서 벗어났음에도 불구하고 여성의 사회적 활동이 쉽지 않은 현실에 착목해, 가정과 직업을 어떻게 병행할 수 있을 것인가라는 다소 현실적인 고민을 하는 경향이 강했다. 즉, 일본에 비해 사회 진출의 여건이 다소 호전되었다고는 해도 여전히 가정과 직업, 사회활동을 병행하는 것이 결코 쉽지 않다는 점을 빠뜨리지 않았다(谷野せつ, 1950.8: 67).

그럼에도 불구하고 미국인들이 사용하는 편리한 가전제품을 동경하고 가사노동의 해방이 곧 여성 해방으로 이어진다는 식으로 주장하는 경향은,

점령정치가 끝난 이후에도 완전히 사라진 것은 아니었던 듯하다. 18년 동안 두 자리 경제성장률을 기록했던 고도성장기(1956~1973), 일본 국민들이 가장 열광했던 가장 대표적인 상품 가운데 냉장고·세탁기·텔레비전(혹은 청소기) 등 가전제품이 다수 포함되어 있었던 것이 결코 우연이 아니었음은, 점령기 여성잡지에 '가사 해방'에 대한 관심과 열망이 얼마나 강렬하게 나타났는지를 확인함으로써 비로소 이해할 수 있다.

5. '여성 해방'을 둘러싼 인식의 교차

일본의 패전 후 모든 질서와 생활이 새롭게 구축되는 시기였던 점령기, 일본 인들이 당시까지 옳다고 믿었던 사실과 가치관이 대부분 붕괴되었다. 자신들 의 손으로 결코 달성할 수 없었던 여성 해방이 선언되었으며, 점령군으로 등 장한 미국이 — 어쩌면 과거 '흑선黑船(구로부네)'[26]의 등장에 이어 두 번째로 — 일본 이 따라야 할 새로운 규범이자 동경의 대상으로 등장했다. 이 모든 것들은 사 실 일본인들이 의도한 것은 아니었지만 그렇다고 거부할 수 있는 것도 아니 었다. 남은 과제는 이를 어떻게 인식하고 이해하고, 또 적응하는가였다. 이러 한 과정 속에서 나름의 논리와 해석이 필요했고, 시행착오를 겪으면서도 이 를 어떻게 전향적으로 수용할 것인가가 중요했다.

전쟁이 끝나자마자 강력한 도전, 혹은 가치관의 충돌이 벌어진 문제 중 의 하나는 이 글의 주제이기도 한 바로 '여성'이었다. 그리고 ≪부인공론≫은

---

26 본래 '흑선'이란 15~16세기 일본을 방문했던 서양의 범선을 의미했으며, 에도 막부 말기에는 일본을 찾은 검은 콜타르(coaltar)로 도장한 서양의 함선을 지칭했다. 그중에서도 1853년 우라 가(浦賀)에 나타나 일본 개항의 결정적 계기가 되었던 페리 제독이 이끄는 4척의 함선이 '흑선' 의 대명사가 되었다.

바로 그 무대가 되었다. 무엇보다 ≪부인공론≫ 자체가 일찍부터 여성 문제에 대한 진지한 관심에서 출발해서 남녀 지식인들 사이에서 공론의 장으로 자리잡은 대표적인 여성잡지였고, 전쟁이 끝난 후에는 GHQ와 비교적 우호적인 관계를 유지하거나 또는 그 정책을 잘 이해하는 인물들이 재건의 주축이 되었기 때문에 가능한 일이었다.

이 글에서는 ≪부인공론≫에 실린 기사 가운데 참정권 및 가사노동이라는 두 가지 항목을 중심으로 살펴보았고, 이를 통해 점령기 일본의 남녀 지식인들이 패전과 함께 돌연 일상으로 파고든 '여성 해방'의 정책과 실상에 대해 어떻게 반응하고 이해했는지 파악하려 했다. 둘 모두 이른바 '여성 해방'을 논할 때 빠지지 않는 대표적인 항목이지만, 전자는 전전부터 여성운동에서 가장 중요시되었던 무게감 있는 주제라면, 후자는 패전 후 미국이라는 이국을 경험하면서 눈뜨게 되었던, 그러나 어쩌면 여성의 일상생활에 가장 밀접한 문제라는 대표성을 갖고 있기 때문이다. 특히 후자는 전후 일본인에게 특별한 존재가 되었던 '미국'의 표상과도 관련되어 있다는 점에서 흥미로운 소재이기도 하다.

일본의 패전 직후 돌연하게 주어진 여성참정권은 여성의 정치 참여에 대한 주변의 우려와 여성 자신들의 곤혹스러움으로, 오해와 과장을 동반해서 전해지는 — 가사노동에서 해방되었다는 — 미국의 가정생활에 대한 묘사는 가사해방에 대한 과도한 기대, 심지어는 가사노동을 여성 해방으로 단순화하거나 동일시할 위험으로 이어지기 쉬웠다. 오래 전부터 참정권을 요구하고, 여성에 대한 보호를 요구하고, 남녀평등을 요구했지만, 막상 그것이 실현된다는 것에 대한 구체적인 상상이나 그에 필요한 지식은 여전히 부족했다는 것을 보여주는 것이지만, 근대 일본에서 여성들이 걸어온 지난 수십 년의 지난한 여정을 떠올려보면 이해하기 어려운 일은 아니다.

제8장

전후 일본의 각성하는 모성과 평화
일본모친대회(1955~)의 태동과
초기 활동을 중심으로

1. 불편한 평화운동, 더 불편한 '모성'

"생명을 낳는 모친은, 생명을 키우고 생명을 지킬 것을 희망합니다", "모친이
변하면 사회가 변한다". 전후 일본에서 여성들이 이렇게 '모친' 혹은 '모성'을
내세우며 평화운동을 전개했던 것을 어떻게 이해해야 할까? 전후 일본의 여
성들이 전개한 대표적인 반전·평화운동은 ─ 앞으로 자세히 살펴볼 것처럼 ─ '모
친운동' 혹은 '모친대회'라는 것인데, 이러한 사실을 접할 때 무엇인가 낯설기
도 하고 다소 불편하기까지 한 느낌이 드는 것을 부인하기 어렵다.

　　오랜 전쟁 기간 동안 일본의 여성계를 대표하는 주요한 인물, 나아가 주
요한 단체들이 전쟁이 끝난 후 오래지 않아 돌연 평화운동에 나서는 것이 거
북하게 느껴지지 않는 것은 아니다. 하지만 연구자인 필자의 입장에서라면,
평화운동을 전개하기에 앞서 과거 책임에 대한 진지한 자성이 부족하다는 냉
정한 비판을 내리는 것보다 좀처럼 객관적으로 규정하기 어려운 '모성' 혹은

'모친'을 주요 개념으로 내세운 움직임을 연구의 주제로 다루는 것이 더 어렵게 느껴지는 것이 사실이다.

실제 당시 운동의 당사자들로부터도 "여자가 하나의 인격으로서 스스로의 요구를 주장하지 못하고, 아이에 관한 것이니까 …… 라는 식으로 자기희생적 요구밖에 못 하는 것은 일본 부인운동의 취약함이 드러난 것"(米田佐代子 編·解説, 1981: 76. 줄임은 원문에 따름)이라며 자성의 목소리가 나왔던 것을 보면, '모성'을 내세우는 것에 불편함을 느끼는 것이 필자만은 아닌 듯하다. 하지만 불편함의 보다 근본적인 원인은 이처럼 모성을 앞세운 모친운동이 본격화하기 이전의 역사, 즉 이들 모친운동 당사자들의 역사적 행적 혹은 전시기戰時期 일본에서 모성이 수행했던 역할과 관련이 깊다.

'모성'은 근대 일본에서 여성에 관해 이야기할 때 결코 빼놓을 수 없는 주제이기도 하다. 근대 일본에서 여성운동가의 상징적 존재라 할 히라쓰카 라이초 등 일부 여성들이 여성이 국가로부터 보호받아야 한다는 근거로 모성을 내세웠던 것처럼, '모성'은 일본 여성들의 생활과 지위를 향상시키기 위한 긍정적이고 희망적인 의미로 사용되었다. 하지만 한편으로는 여성들을 가정 안의 역할로 제한하거나 침략 전쟁에 협력하게 하는 이념적 도구로 이용되었던 것도 사실이다. 예를 들어 전전의 '모성'이라면 '군국軍國의 어머니'와 같은 용어가 먼저 떠오르면서, 여성의 전쟁 책임을 추궁할 때 곧잘 사용되는 이른바 '총후'에서 여성이 수행했던 역할에 대해서도 논하지 않을 수 없게 되는 것이다.[1]

근대 일본의 여성사에서 '모성'이 갖는 부정적인 면을 주목하게 된 것이 필자의 선입견 때문만은 아니며, 오히려 일본의 대표적 여성 연구자들의 영

---

1   '일본의 어머니(日本の母)'라고 하면 '총후의 어머니(銃後の母)'를 먼저 연상하게 된다는 사실은, 일본모친대회가 처음 개최되었던 1955년 당시 이미 지적되었다[≪朝日新聞≫(夕刊), 1955.6.8].

향이 크다. 스즈키 유코鈴木裕子, 하야카와 노리요早川紀代, 가노 미키요加納実紀
代, 오고에 아이코大越愛子와 같은 대표적인 페미니스트 여성 사학자는 물론이
고, 그보다는 비교적 온건하다고 여겨지는 가노 마사나오, 와카쿠와 미도리若
桑みどり, 고야마 시즈코小山静子와 같은 여성사 연구자들도 근대 일본에서 특히
전쟁과 관련해 '모성'이 수행했던 역할에 대해 매우 비판적인 태도를 보인다.[2]

하지만 연구자들에게는 공공연하게 비판의 대상이 되고 있는 근대 일본
역사 속의 '모성'이 패전 직후에도 여전히 건재했고, 단지 추상적으로 신성시
되는 개념으로서만이 아니라 일종의 시민운동으로서도 일정한 사회적 역할
을 하고 있었다는 사실은 무시하기 어렵다. 패전 후 일본이 역사상 최초로 다
른 국가의 지배를 받는 쓰라린 경험을 통해 근대의 흔적을 지워가며 새로운
지식과 생활의 체계를 형성해 가던 상황에서도, '모성'은 ─ 전전의 행적에 대한
반성과 함께 폐기되기는커녕 ─ 여성의 평화운동을 주도하는 중심 개념으로 정착
해 갔던 것이다. 대표적인 사례가 이 글에서 다루고자 하는 일본모친대회(이
하 '모친대회') 혹은 '모친운동'이다.

'모친대회'란 '아이를 지키는 어머니子どもを守る母親'라는 공통점에 의해 모
든 계층의 여성들이 모이는 운동단체이자(井上輝子他編, 2002),[3] 혹은 그 집회
를 지칭한다. 패전으로부터 약 10년 후 개최된 1955년 6월 제1회 일본모친대
회는 거의 같은 시기 시작된 '원수폭原水爆 금지운동'과 함께 광범한 국민적 운

---

2   대표적인 연구들만 소개해도 다음과 같다. 鈴木裕子(1995; 1997), 早川紀代(1998; 2005), 加
     納実紀代(1995; 2005), 大越愛子(1997; 2004), 鹿野政直(1989; 2004); 若桑みどり(1995), 小
     山静子(1991; 1999).
3   이 글에서 '모친대회'는 기본적으로 매년 한 차례 열리는 전국대회인 '일본모친대회'와 이를 전
     후해 각 지방 단위로 열리는 '○○모친대회' 등의 행사를 지칭하는 표현이자, 이를 준비하고
     그 결과를 발신하는 조직까지를 총칭하는 표현으로 사용한다. 그리고 이 '모친대회'에서 비롯
     된 것으로, '모친대회'를 포함해 '모친'이 주축이 되어 전개하는 여러 활동을 포괄해 '모친운동'
     이라고 표현하기로 한다.

동으로 주목받았다. 이후로는 해마다 각 지역별로 다양한 주제를 가지고 소규모 모임과 대회를 치른 후, 그 성과를 가지고 매년 8월경 대표들이 한곳에 모여 2~3일 동안 전국대회를 갖는다.

전국대회는 크게 보면 수십여 개의 주제별로 모이는 분과회分科會와, 이들 분과회에서 이루어진 토의 내용에 대한 결과보고, 대표연설, 특별공연, 대회 선언과 결의 등으로 이루어지는 전체회全體會라는 크게 두 개의 프로그램으로 구성된다. 주요 안건의 선정이나 대회 결의의 내용, 참여 단체와 리더십의 성격, 나아가 '모친'을 최우선의 아이덴티티로 하는 여성관에 대한 비판과 문제 제기가 이어지는 가운데에서도 현재까지 성황리에 계속되고 있다.[4]

이 글은 본래 전후 일본에서의 평화운동의 실상을 밝히고자 하는 학제적 연구의 일환으로 기획되어, 특히 여성계의 평화를 위한 움직임을 소개하면서 그 안의 쟁점을 밝히는 방식으로 진행하고자 했다. 그러나 연구를 진행하면서 전후 일본 여성들의 대표적인 반전평화운동이 왜 하필 전전의 불편한 기억과 연결된 '모성'을 전면에 내세우며 '모친운동'이라는 형태로 전개되었는가라는 의문을 품게 되었고, 이를 논리 전개의 주요한 축으로 삼게 되었다는 점을 미리 밝혀두고자 한다. 전후 일본 여성들의 평화운동의 양태 소개와 전전과 전후의 '모성'의 차이를 밝힌다는 서로 다른 두 내용이 교차하는 것처럼 보이는 것은, 이러한 연구의 목적과 과정에서 연유한 결과임을 밝혀둔다. 하지만 결국은 이상의 서로 다른 두 가지, 즉 평화와 모성이라는 두 이슈가 연동된다는 점을 잘 드러내는 것이 이 글의 목적이기도 하다.

이하에서는 먼저 '모친대회' 시작의 계기로 일컬어지며 히로시마·나가사

---

4 본래 2020년 11월 약 3000여 명이 참가하는 제66회 일본모친대회 전국대회가 오키나와현(沖縄縣)에서 개최될 예정이었으나, 코로나19 팬데믹으로 인해 사전에 개최되어야 할 각 지방 단위의 모친대회가 대부분 중지 혹은 연기됨에 따라 2021년 11월로 연기가 결정되었다[http://hahaoyataikai.jp/index.html/(최종 검색일: 2020.8.10)].

제8장 전후 일본의 각성하는 모성과 평화 347

키長崎에 이은 일본의 '세 번째' 피폭사건으로도 불리는, 1955년 3월 발생한 이른바 '비키니사건'의 경과 및 그에 대한 일본 사회의 반향을 소개한다. 다음으로는 비키니사건 이후 일본 여성들의 결집 양상과 그 결과물로서의 일본모친대회·세계모친대회의 실제에 초점을 맞추되, 이를 비키니사건에 의해 우발적으로 촉발된 것이 아니라 패전 직후부터 일관되게 진행되어 왔던 여성들의 평화를 위한 움직임과의 연속성 위에서 다루고자 한다. 셋째로는 전전 일본에서의 '모성'의 의미와 이용의 양태를 살피고, 이것이 전후 모친운동에서의 '모성'의 의미와 어떻게 다른지 혹은 다르고자 했는지를 분석한다. 이상의 과정을 통해 궁극적으로는 전후 일본 여성들에 의해 모친운동이라는 형태로 전개된 새로운 양태의 평화운동, 즉 아이와 생활에 밀착한 여성 평화운동의 실상에 접근하고자 한다.

2. 전후 일본 여성들의 평화운동과 비키니사건

1) 비키니사건과 일본 사회의 반응

1954년 3월 1일 태평양 비키니환초Bikini 環礁[5] 부근에서 조업 중이던 참치 어선 다이고후쿠류마루第五福竜丸호의 선원 23명이 미국의 수중 핵실험에 노출되는 이른바 '비키니사건'이 발생했다. 3월 14일 귀국한 선원들이 방사능 물질을 체내에 섭취하고 있는 것으로 판명되자 즉각 도쿄의 병원에 입원 조치되었으며, 이들이 포획한 생선도 모두 소각되었다. 이러한 사실은 당시 언론

---

5   남태평양 군도(南洋群島) 마샬제도 북부에 위치하는 작은 섬으로, 낮고 평평한 환초다. 당시 미국의 원자폭탄·수소폭탄 실험지로 사용되었으며, 에숄츠(Eschholtz) 환초라고도 한다.

에 의해 대대적으로 보도되어 일본 국내외에서 크나큰 주목을 받았다.

사태는 여기에서 그치지 않았다. 이후 입항한 또 다른 참치 어선에서도 포획된 참치가 방사능에 오염된 것으로 판명되는 등, 이른바 '죽음의 재死の灰'에 대한 공포가 일본 내에 확산되었다. 5월에는 일본 각지에 강한 방사선을 머금은 비가 내리니 식수에 주의하라는 경고가 신문에 게재되면서 긴장감은 더해졌으며, 9월 23일에는 비키니사건의 피해자 가운데 가장 상태가 심각했던 구보야마 아이키치久保山愛吉가 사망하면서 "일본은 [지금] 피폭 히스테리"[6]라고 보도될 정도로 격앙된 분위기에 휩싸였다.

이러한 사태의 발생에 대한 각계의 규탄 성명이 잇따르는 가운데, 5월 9일 스기나미부인단체협의회 야스이 가오루安井郁(1907~1980)가 중심이 되어 원수폭금지서명운동 스기나미협의회가 결성되었다. 1955년 1월에는 서명자 수는 2200만 명을 돌파했고 8월에는 8800만 명을 돌파할 정도가 되었다. 이후 원수폭 금지에 대한 열기가 고조되어 1955년 8월 6일부터 3일 동안 히로시마에서 일본 외 14개국 대표가 포함된 원수폭금지세계대회가 개최되었고, 이후 원수폭금지일본협의회와 일본원수폭피해자단체협의회가 결성되어 활동을 지속했다. 일련의 움직임 끝에 1957년 4월부터는 '원수폭탄 피해자 의료 등에 관한 법률原水爆弾被爆者の医療等に関する法律'이 시행되기 시작했다.

이러한 일련의 과정에 여성들의 적극적인 참여가 두드러졌는데, 이는 이른바 '죽음의 재'에 의한 건강상의 피해와 차세대에 대한 악영향을 염려했기 때문이었음을 짐작하기는 어렵지 않다. 그런데 원수폭금지세계대회의 개최와 원수폭금지일본협의회의 결성으로 이어지는 반反원수폭을 위한 일련의 움직임과 병행해, 그와는 다른 맥락에서 일군의 여성들에 의한 또 하나의 반전·

---

6   ≪朝日新聞≫(1954.9.26)에 소개된 영·미 신문의 기사 내용이다.

평화를 위한 움직임이 진행되고 있었다. 이 움직임의 중심이 된 것은 주로 전전부터 이른바 '여성 해방'을 위해 활동했던 여성운동가들로, 이하에서는 그에 대해 자세히 살펴보고자 한다.

2) 전후 일본 여성들의 평화를 위한 움직임

전후 일본에서 여성들의 반전·평화를 위한 움직임은 원수폭 금지운동 이전부터 이미 시작되고 있었다. 1945년 8월 일본의 패배가 확정된 직후부터 일본 여성들은 발 빠르게 여성 해방과 평화 구현을 내걸고 분주히 움직이기 시작했던 것이다. 전쟁이 끝나자마자 일본 여성들은 재빨리 전후대책부인위원회를 조직(1945년 8월 25일)한 후 여성의 참정권 부여 및 기타 여성의 정치적 권리에 관한 의견서를 정부와 GHQ에 제출했다.

이어서 부인민주클럽이 결성(1946년 3월 16일)되었고 대일본부인회의 전국 지부가 새로이 조직되었다. 전시에 당국의 압력으로 활동이 중지되었던 그리스도교 계통의 여성단체들도 다시 활동을 시작했다. 패전의 충격과 전후의 극심한 빈곤 속에서도, 단체를 결성해 자신들의 목소리를 내려는 여성들의 노력은 놀랄 만큼 신속하게 재개되어 그 활동을 멈추지 않았던 셈이다. 그리고 일본 여성들이 처음으로 참여했던 1946년 4월 선거에서는 예상을 뒤엎고 자그마치 39명의 여성이 의원으로 당선되었다.

1947년에는 일본에서 전후 최초로 '국제 부인의 날'(3월 8일)을 기념하는 행사가 조직되었고 12월에는 민주일본건설대회가 개최되었으며, 1948년에는 다수의 여성단체가 참가하는 전국조직인 민주부인협의회가 결성되었다. 1949년 국제 부인의 날에는 1만 명 규모의 집회가 열렸으며 4월 10일에는 40여 개 여성단체가 참가하는 '부인의 날 대회'가 노동성 부인소년국의 주도로 개최되었다. 더 나아가 이들 단체는 연합해 부인단체협의회(부단협)를 결성하기도 했다.

이렇게 일본 국내에서 자발적으로 연대와 발신을 위해 움직이던 일본 여성들이 세계 여성들의 움직임에 눈을 뜨게 되는 계기는 비키니사건이 일어나기 약 2년 전인 1952년에 이미 찾아왔다. 그 첫걸음이 된 것은 라이초의 제안으로 개최된 1952년 7월 고라 도미高良とみ(1896~1993)[7]의 귀국보고회였다. 그는 파리에서 열린 유네스코 행사에 참석한 후 ─ 당시 일본 당국에 의해 방문이 금지된 ─ 소련 모스크바에서 열린 국제경제회의에 참가하고, 돌아오는 길에는 베이징北京에서 열린 아시아태평양지역평화회의 준비회에 참석한 후 귀국한 참이었다.

"고라 씨의 여행담お土産話은 분명 공산주의에 대한 오해나 의혹, 공포심을 없애줄 것입니다. 그것은 또 재군비론의 어리석음을 깨우고 평화의 길에 커다란 희망과 빛을 제시할 것입니다. …… 모처럼의 모임을 흩트리지 말고 평화의 조직으로 남기도록 합시다." 이것이 국제연대의 신호탄이 되었다. 공산주의 진영과 민주주의 진영 사이의 골이 깊어지는 냉전시대로의 돌입에 즈음해, 평화를 명분으로 하는 라이초의 호소에 따라 1953년 4월 "종래의 분파주의sectionalism를 버리고 여성 평화세력을 크게 하나로 묶을" 것을 목표로, 30여 개 단체의 연합조직인 전일본부인단체연합회(이후 일본부인단체연합회로 개칭, 이하 부단련)가 결성되었다. 부단련의 초대회장은 라이초가 맡았다. 같은 해 1월에는 국제민주부인연맹(이하 국제민부련)으로부터 부단련 앞으로 덴마

---

7   고라 도미는 교육자이자 정치가로 일본여자대학을 졸업하고 미국 콜롬비아대학과 존스홉킨스대학에서 철학박사 학위를 취득했다. 일본여자대학 교수를 지냈고, 간디와 타고르, 루쉰 등과 친교가 두터웠으며 평화운동에도 간여했다. 전시에는 대정익찬회에 참여해 부인국의 설치를 요구했고 전후에는 참의원 의원으로 선출되었다. 1952년 전후 일본인 최초로 모스크바를 방문했으며, 국회의원 호아시 게이(帆足計) 등과 함께 중국에 가서 제1차 중일민간무역협정을 체결하기도 했다(井上輝子他編, 2002).

크 코펜하겐에서 1953년 6월 개최 예정인 세계부인대회에 대표를 파견해 달라는 초대장이 도착했다. 그에 따라 5월 23~24일에 걸쳐 세계부인대회에 파견할 대표를 선출하기 위한 제1회 일본부인대회가 개최되었다.[8]

여권 발급을 지연시키는 등 일본 당국의 의도적인 방해로 인해 일본 대표 가운데 한 명만이 늦지 않게 도착할 수 있었던 세계부인대회에는, 67개국 1198명이 참가해서 '부인의 권리', '아이의 행복', '평화의 수호'라는 세 주제를 중심으로 의견을 교환했다. 비록 늦게 도착하기는 했지만, 일본 대표단은 대회 참가를 통해 여성의 국제적 연대의 가치를 새삼 인식하게 되었고, 귀국길에는 두 팀으로 나뉘어 각각 소련·중국 등 사회주의 국가를 방문하거나, 오스트리아 빈에서 열린 세계교원회의에 참석하기도 했다.

비키니사건에 자극받은 여성들이 이른바 '모친운동'이라는 움직임에 나서게 된 것에는 바로 이상과 같은 전후 여성계의 국제 연대와 평화를 위한 움직임이 그 배경이 되었다. 비키니사건의 실상이 언론을 통해 알려지기 시작한 것은 피폭 어선이 귀항(1954년 3월 14일)한 이후의 일로, 이는 일본 여성들이 국제 부인의 날을 기념해 3월 8일~4월 16일을 이른바 '부인월간婦人月間'으로 지정하고, "모든 부인은 전쟁에 반대하고 평화헌법을 지킵시다"를 슬로건으로 삼아 한창 평화행사를 진행하던 시기였다. 비키니사건이 알려지면서 이

---

8   이 대회에서는 한국전쟁의 즉시 정지, 원자·수소폭탄 및 세균폭탄 등 잔혹병기의 제조·사용 금지, 5대국에 의한 평화회담 등을 제안 사항으로 결정하고 코펜하겐에 파견할 10명의 대표를 선출했다. 라이초는 이 대회의 의의를 다음과 같이 기술했다. "일본부인대회에는 평화를 향한 열의에 불타는 1500명의 부인대표가 북으로는 홋카이도(北海道)로부터 남으로는 규슈(九州)에 이르기까지 일본 전국에서 (후쿠이와 구마모토 두 현만을 제외하고) 집결했습니다. 그것은 모든 계층을 포함하는 부인으로 ─ 가정의 주부, 어머니, 미망인, 도시 직업부인, 여의사, 농어촌의 부인, 교원, 여학생, 보모, 간호부, 공무원, 점원, 일용직 노동 부인, 탄광 아줌마, 문화 부인, 종교단체 부인 등 ─ 일본 부인운동사상 최초로 폭넓은 부인 집회였습니다"(平塚らいてう, 1984: 247, 괄호 안은 원문에 따름).

들도 '원자병기의 제조, 사용, 실험을 중지시킬 것을 결의'하고 이를 위한 서명운동에 돌입했는데, 이는 앞서 소개한 일반 대중들의 원수폭 금지를 위한 전국적인 움직임에 공명하는 것이기도 했다.

그러나 이들은 원수폭 금지를 위한 서명운동이나 대중운동에 협력하는 것에 머물지 않고, 한 걸음 더 나아가 이를 계기로 평화를 위한 여성들의 국제적 연대를 이루고자 했다. 같은 해 9월 15일 라이초[9] 등의 연명連名으로 국제민부련 집행국회의와 각국 단체를 향해 "비키니환초에서 미국의 수폭실험으로 150킬로나 떨어진 공해상에서 평화롭게 참치잡이를 하던 어선이 피폭한 진상과, **세 번[씩이나] 미국의** 원폭으로 피해를 입은 일본 부인의 분노와 투쟁을 지지해 주기 바란다"(木村康子, 1999: 10, 강조는 인용자)[10]는 내용이 담긴 「원수폭 금지를 위한 일본 부인의 호소」가 발송되었다.

같은 해 11월 라이초는 '아이의 행복과 평화를 위해 세계 모친이 연대하는 세계모친대회의 개최'를 제안해 전폭적인 지원을 약속받았다. 1955년 2월에는 스위스 제네바에서 이를 주된 의제로 하는 국제민부련 평의원회가 열려, 일본에서는 국제파인 쓰루미 가즈코, 고라 도미, 하니 세쓰코, 마루오카 히데코丸岡秀子(1903~1990) 등 5명이 대표로 참석했다. 현장에서는 라이초가 보냈던 호소문이 인쇄되어 배포되는 등 일본 여성들의 호소가 상당한 반향을 일으켰던 듯한데, 이는 대회 후 채택된 호소문에서도 확인할 수 있다.

…… 히로시마, 나가사키, 비키니에서 일어난 일은 세계의 모든 모친들에게 원자폭탄의 무차별적인 잔혹함을 강하고 분명하게 보여주었습니다. 우리들은 이러한 무기가 다시 사용되는 것을 용납할 수 없습니다. …… 우리들은 우리 사이의 전쟁을

---

9   당시 라이초는 일본 부단련 초대회장이자 국제민부련 부회장이기도 했다.
10   나가사키·히로시마 원폭에 이은 세 번째 피폭이라는 의미가 담겨 있다.

피할 힘을 가지고 있습니다. ······ **전쟁을 준비하는 자들은 모친들의 의견을 묻지 않습니다**. 그렇기에 우리들은 우리의 목소리를 높이지 않으면 안 됩니다. 우리는 전쟁을 원하지 않습니다(千野陽一編·解説, 1996: 152~153, 줄임과 강조는 인용자).

여기에서 1955년 7월의 세계모친대회 개최가 확정되었다. 일본 국내에서도 이를 위한 준비위원회가 결성되었으며, 일본 대표 선정 등을 위한 국내대회 즉 '모친대회'의 개최가 결정되어 실행위원회가 꾸려졌다. 여기에는 일교조日教組 부인부, 부단련, 생활협동조합, 일본어린이수호회日本子どもを守る会, 부인민주클럽 등 약 60여 개의 여성단체가 참가했으며, 선전 활동과 모금 활동, 대회 준비와 세계대회 대표 선정 등의 역할을 분담해 행동에 착수했다. 모금을 위해 라이초의 글씨를 물들인 손수건 13만 장, 부채 1만 개 등의 물품이 제작·판매되었다(日本母親大会十年史編纂委員会, 1966: 41).[11]

3. 일본모친대회의 개최와 국제적 발신

1) 제1회 일본모친대회의 개최

제1회 일본모친대회는 전국에서 2000여 명 이상이 참석한 가운데 1955년 6

---

11   준비위원회에는 대형 조직뿐 아니라, 무통분만모임, 세타가야(世田谷)가정회와 같은 소규모 지역단체도 포함되어 있었으며, PTA와 교육위원회도 후원했다(永原和子·米田佐代子, 1986: 194). 상설 조직과 상근 인력을 최소화하고 매회 대회마다 참석 희망 단체들이 준비위를 조직해 역할을 분담하는 것, 그리고 뜻있는 이들(有志者)이 이러한 물품을 제작·판매해 자금을 조달하는 방식은 현재까지도 '모친대회' 개최를 위한 필수 과정이 되고 있다. 전후 일본 여성들의 운동 방식은 이 시기에 이미 대체적인 원형이 형성되어 있었던 셈이다.

월 7~9일 도쿄 도시마공회당豊島公会堂 등에서 개최되었다. 주목할 점은 이 대회부터 그야말로 '극히 보통ごくあたりまえ'의 여성 혹은 모친에게 눈높이를 맞추겠다는 – 이후 '모친대회'의 주된 방침이 되는 – 지향성이 강하게 드러나기 시작했다는 점이다.

이러한 경향은 일찍부터 세계모친대회 대표 파견에 대해, "유명인들만이 외국에 대표로 간다는 당시까지의 생각을 뛰어넘어, 일본의 풀뿌리草の根와 세계의 풀뿌리가 단단히 연결되도록 하기 위한 밑거름을 만들겠다"라는 방침을 세운 것에서 비롯되었던 것으로 보인다(鶴見和子, 1955.2.24). 즉, 지역 안배를 전제로 "몇 사람이 그룹을 만들어서 두드러지지 않지만 충실한 활동을 하고 있는 사람이나 그로부터 추천받은 사람, 개인으로서의 유명한 부인이 아니라 원칙적으로 모친인 사람, 아이를 키우지는 않더라도 모친의 역할을 하고 있는 혹은 할 수 있는 사람" 등을 선정하기로 공감을 이루었던 것이다. 제1회 일본모친대회 개최까지 약 3개월의 준비 기간 동안, 제네바에서 돌아온 일본 대표들은 각 지역을 돌며 "일본 어머니들의 고통과 기쁨, 매일의 생활 중에 직면하는 문제를 어떻게 '세계모친대회'에 반영시키면 좋을까 …… 함께 이야기했다". 그러한 가운데 "전국 각지, 마을과 동네 구석구석까지 고루 다니자, 그리고 유명인이 아닌 극히 보통의 모친대표를 선발하자"라는 목표가 설정되었다≪朝日新聞≫(夕刊), 1955.6.6.

'극히 보통의 모친'에 초점을 맞추는 것은 비단 세계대회 파견을 위한 대표 선발만이 아니라 이후 '모친대회' 운영 전반에 걸친 원칙이 되어갔다. 이는 대회 사무국장인 가와사키 나쓰의 발언에서도 확인된다.

일상생활에서의 느낀 점을 어머니들이 이 대회에서 직접 호소했으면 좋겠다. 구체적으로 서로 이야기하는 것이 문제를 명확하게 할 수 있으며 그로부터 일본 여자의 문제에 관한 해결의 실마리를 발견하게 될 것이라고 생각한다. …… 부엌의 일,

아이의 교육, 남편의 일, 지극히 일상의 일을 함께 이야기하고 싶다[≪朝日新聞≫ (夕刊), 1955.6.6, 줄임은 인용자)].

첫 날은 개회식과 보고, 그리고 다양한 내용의 소개와 제언의 시간으로 채워졌다. 둘째 날은 '어린이보호분과회子ども을守る分科会', '부인권리보호분과회婦人の権利을守る分科会', '평화수호분과회平和을守る分科会'라는 세 개의 대주제하에 수십 개의 분과회가 같은 수만큼의 공간을 빌려 개최되었다. 이들 세 개의 대주제는 '부인의 권리'가 종종 '생활의 권리'로 확대되는 일을 제외하면 이후 대회에서도 큰 변화 없이 '모친대회'의 중심 주제로서 꾸준히 등장하게 된다. 셋째 날은 전체회로 진행되었는데, 분과별 보고를 마친 후 그에 관한 토론 그리고 대회의 선언과 결의 채택 등으로 이루어졌다. "어찌되었든 '어머니의 역사'에 새로운 페이지가 열렸다"(丸岡秀子, 1955.6.10).

극히 보통의 여성 혹은 모친들의 대규모 집회라는 일본 역사상 전례 없는 이 모임이 당시 어떠한 방식으로 선전되고 받아들여졌을까? 훗날 '모친대회'의 중추적 역할을 하게 되는 야베 가즈코山家和子(1915~1993)는 PTA(학부모회) 지인의 권유를 받고 마침 가까운 곳에서 열리는 제1회 일본모친대회에 참석했을 때 받은 인상을 다음과 같이 회고한다.

잘난 사람이 모이는 줄 알고 갔더니 도호쿠 사투리, 규슈 사투리가 섞이고, 농가 아낙이나 일용직 아줌마들이 애를 업은 채 가득 차 있었으며 …… 대회가 치러지는 3일 동안 한마디도 하지 않고 울면서 사람들이 하는 말을 듣기만 했지만, 대단히 충만한 느낌忠實感을 받았다. …… 오키나와에서의 일도, 미군 병사에게 당한 여성의 이야기 등도 몹시 충격적이었다.[12]

---

12   야베 가즈코의 발언(鹿野政直, 2004: 17~18에서 재인용). 줄임은 가노(鹿野).

사실 대회의 목적 자체가 세계대회 파견 대표 선발에 더해 "평화나 아이의 행복, 가정생활의 요령ゃりくり 등에 관해 가벼운 마음으로 함께 이야기해 보자는 것"[≪朝日新聞≫(夕刊), 1955.6.7]이었던 만큼, 이 모임에 참석한 이들 대개가 PTA나 주변 지인의 권유로 호기심에 따라오는 경우가 많았던 것으로 보인다.[13] 나름 주요한 인물의 입을 통해서도 "우리는 고립된 어머니를 만들지 맙시다. 딸을 치운다かたづける는 말을 쓰지 맙시다. 아들을 위해 며느리를 받는다嫁をもらう라는 말을 하지 맙시다. [배우자를 부를 때] '주인主人(슈진)'이라는 말을 버리고 '남편夫(옷토)'이라고 합시다"[14]와 같은 수준의, 지극히 생활 속의 실제적인 문제 제기가 이루어졌다.

세계모친대회에 일본 대표의 파견을 요청한 '세계 모친들'을 상대로 상정한 '선언'(4장 2절 참조)의 채택에 이어, 최종적인 대회 '결의'는 실생활에 관련된 보다 구체적인 내용으로 채워졌다. 성공적인 2박 3일의 대회를 통해 주최자나 참석자들이 크게 고무된 것이나, 당시 언론으로부터 상당한 주목을 받았던 것에 비하면 '결의'의 내용은 너무도 구체적인 나머지 오히려 소박해 보일 정도다.

하나, 사회보장비를 증액해 달라.

둘, 교육 예산 증액을 요구하자.

셋, 아이에게 나쁜 영향을 주는 영화, 만화, 장난감을 추방하자.

넷, 일하는 부인의 모체母體를 지키기 위해 생리휴가, 산전산후 휴가를 완전히 실

---

13 이후로도 상당 기간 매년 '모친대회' 참가자들 가운데 '처음'으로 참가하는 경우가 반수 이상을 점했다(米田佐代子編·解説, 1981: 72).

14 여성 평론가이자 농학자인 마루오카 히데코의 발언(鹿野政直, 2004: 18에서 재인용). 지금도 일본에서 남자 배우자를 부르는 호칭으로 '슈진(主人)'과 '옷토(夫)', '단나(旦那)' 등이 병용되고 있다.

시하게 하자.

다섯, 생명을 빼앗는 교통사고交通禍를 없애자. 안전한 조치를 정부에 요구하자.

여섯, 가정의 생활을 위협하는 해고와 실업에 반대하자.

일곱, 인권을 지키기 위해 '매춘금지법'을 제정하게 하자.

여덟, 부인의 권리를 지키기 위해 가족 제도 부활을 반대하자.

아홉, 세금이 올라 마을이나 동네 생활을 파괴하는 '재정정비법'안, '지방자치법'안

　　개악에 반대하자.

열, 군사기지 문제를 세계 모친들에게 호소해 기지를 없애는 운동을 일으키자.

열하나, 원폭 피해자 실정을 세계에 호소하고 피해자를 지키기 위해 힘을 합하자.

열둘, 원자原子 전쟁 준비 반대운동을 더욱 확대하고 원수폭 금지 세계대회를 성공

　　시키자.

열셋, 일본모친대회의 감격을, 한 명이 열 명의 모친에게 전해 세계모친대회를 향

　　해 크게 결집하자.

　　1955년 6월 9일 일본모친대회(日本母親大会十年史編纂委員会, 1966: 302~303)

　　폐회에 앞서 마지막 날에는 세계대회 대표 파견을 위한 후보 34인을 선정했다.[15] 최종적인 대표의 선정은 대회가 폐회된 후 이루어졌으며, 일본의 각 지역과 경험 등을 골고루 안배한 14인으로 결정되었다(日本母親大会十年史編纂委員会, 1966: 69~70).[16]

15　그중에는 비니키사건의 유일한 피폭 사망자 구보야마 아이키치의 부인 구보야마 스즈(久保山
　　すず)도 포함되었으나, 최종적으로는 원폭 피해자인 야마구치 미요코(山口みよ子)가 참석해 세
　　계대회의 의장단에도 포함되었다.
16　당시의 ≪아사히신문≫에는 15인 파견 예정에 12인이 일본 대표로 참석한 것으로 되어 있다
　　[≪朝日新聞≫(夕刊), 1955.7.17].

2) 제1회 세계모친대회 대표단 파견

세계모친대회 대표 선정에 발맞추어 여권과 비자를 획득하기 위한 노력도 경주되었다. 당시 공무에 의한 초대가 아닌 자비 도항을 위해 민간인이 여권을 발급받는다는 것은 결코 쉬운 일이 아니었으며, 실제 당국의 방해로 세계부인대회에 때맞춰 참석하지 못했던 전례도 있었다. 대표 파견을 위해서는 1인당 약 80만 엔의 막대한 비용이 예상되었고, 비용 마련을 위해 중앙과 대표를 추천한 각 단체와 지역을 중심으로 한 필사적인 모금운동이 전개되었다.[17]

제1회 세계모친대회는 1955년 7월 7일 스위스 로잔에서 약 70개국 1200여 명이 참석한 가운데 개최되었다. 의장으로는 프랑스의 여성 과학자이자 사회운동가인 외제니 코통Eugénie Cotton(1881~1967)이 선출되었으며, 우리에게 '퀴리 부인'으로 알려진 물리학자 마리 퀴리Marie Curie(1867~1934), 중국 쑨원孫文(1866~1925)의 부인 쑹칭링宋慶齡(1892~1981), 벨기에의 엘리자베스 여왕 등이 축사를 보내어 지지를 표했다(≪朝日新聞≫, 1955.7.8). 여기에서 낭독된 그리스 출신 여성 시인의 시 가운데 "생명을 낳는 모친은 생명을 키우고 생명을 지키기를 바랍니다"는 이후 일본모친운동의 슬로건이 된다.

둘째 날의 각국 실정을 보고하는 시간에 일본 대표들은 원폭의 후유증을

---

17 대표 파견 비용 마련을 위한 수입 예산으로서, 생명보험협회 100만 엔, 백화점 200만 엔, 시멘트회사 20만 엔, 제당회사 30만 엔, 방적회사 10만 엔, 건축회사 30만 엔, 야구계 30만 엔, 파이프회사 30만 엔, 경마와 경륜 각 50만 엔, 주조회사 30만 엔, 레코드회사 10만 엔, 신문협회 20만 엔, 닛케이렌(日経連) 30만 엔 등의 기록이 남아있다(日本母親大会十年史編纂委員会, 1966: 71). 『母親運動十年のあゆみ』의 필자는 이것이 당시 모친운동 당사자들이 얼마나 현실성 없는 계획에 입각해 경비 모금에 나섰는지를 보여주는 사례라고 지적한다. 오히려 이들을 파견하는 지역에서의 자발적 모금운동의 성과가 컸던 듯, 쓰치카와 마쓰에를 파견하는 이와테현(岩手県), 일용직 스가와라 기누에(菅原絹枝)를 파송하는 가나가와현(神奈川県)에서는 각각 40만 엔, 90만 엔 모금에 성공했다(中央婦人部, 1955.9: 76).

보고하면서 원폭 반대를 강조했고, 오키나와 본토의 700여 개 미군기지로 인한 피해, 일본의 재군비 정책 등을 고발했다. 그야말로 "히로시마는 이제 그만No more Hiroshima"이라는 호소였다. 셋째 날은 다양한 문제에 관해 토론하는 분과회를 가진 후 본 대회의 결의를 국제연합과 4대국 수뇌회담에 보낼 것, 국제상설모친위원회를 설치할 것 등을 결의하고 해산했다. 일본 대표는 소련과 중국의 초대를 받아 양국을 방문하고 귀국해, 8월 28일 보고회를 개최함으로써 공식 일정을 마무리했다.

하지만 그것으로 모든 일정이 끝난 것은 아니었다. 세계모친대회에 참가하고 귀국한 대표단은 전국 각지를 돌면서 보고회를 개최했다. 자녀를 전쟁으로 잃은 모친이자 부락部落을 대표해 선발되었던 쓰치카와 마쓰에土川マツエ가 약 2년에 걸쳐 총 180여 차례에 걸친 보고회를 통해 1만 5000~1만 6000명을 동원하는 등, 대표단은 귀국 후 전국적으로 2000여 회의 보고회를 통해 70만여 명의 청중을 동원했다.

그렇지만 세계모친대회에서 다짐한 국제상설모친위원회는 결국 설치되지 않았던 것으로 보이며, 세계모친대회도 제1회를 처음이자 마지막으로 더 이상 확인되지 않는다. 일본이 아닌 다른 나라에서 '모친운동' 혹은 '모친대회'가 있었는지도 확인되지 않지만, 최소한 '모친대회'와 연계를 시도한 흔적을 찾기는 어렵다. 결국 세계모친대회는 본래 의도대로 여성들의 세계적인 연대를 구축하지는 못했지만, 전후 '일본' 여성들의 평화와 연대를 위한 움직임이 비키니사건을 계기로 '모친'을 내세운 보다 대중적인 풀뿌리운동으로 성격을 변환해 가는 과정에서, 연대의 계기와 이를 위한 추진력을 제공한 셈이었다. 즉, 세계모친대회 대표 파견을 위한 고민과 의견 수렴의 과정, 그리고 세계모친대회의 경험이 비키니사건의 경험과 맞물려 이후 '모친대회'의 방향에 중요한 영향을 미쳤다는 것으로, 이에 대해서는 제4절 4항에서 다시 다루고자 한다.

3) 초기 일본모친대회의 양상과 특징

이후 일본에서는 세계모친대회를 계승해 매년 '모친대회' 전국대회뿐 아니라, 이를 전후해 전국 각지에서 활발하게 지방대회를 개최하면서 현재에 이르고 있다. 이 글에서 다루고자 하는 초기 10회 대회의 내용을 개략적으로 정리해 보면 〈표 8-1〉과 같다.

(1) 제1회 일본모친대회

제1회 일본모친대회는 세계모친대회 파견을 위한 대표 선정과 이를 위한 준비가 주된 목표였으며, 아이의 보호·[부인] 생활의 권리 보호·평화의 수호가 세 가지 중심 주제로 선택되어 지금에 이른다는 점은 앞서 소개했던 바와 같다. 전국 각지에서 달려와 처음으로 마이크를 잡고 자신의 이야기를 하는 모친들로 인해, 그야말로 '눈물과 호소의 대회'(≪朝日新聞≫, 1959.8.21)로서 비상한 관심을 모았다는 점도 특기할 만하다. 아래의 기사는 당시 대회의 특징과 그를 향한 외부의 시선을 압축적으로 보여준다.

> 이러한 회합에 익숙하지 않은 모친들은 오로지 자기와 자기 아이 일밖에 관심이 가지 않고 감정적으로 소리를 지르거나 눈물바다お涙ちょうだい로 끝나기 쉽다. 처음이니까 어쩔 수 없다고도 할 수 있겠지만 아이를 지키고 평화로운 생활을 이루기 위해서는 모친의 넓은 ○○과 냉정한 판단이 중요하다. 그렇다고는 해도 무엇이든 솔직한 것이 좋다. …… 답답하게 이야기하지 말고 마음 속을 솔직하게 토로하는 것이 가장 중요하리라. 대표를 선출할 때에도 단지 언변이 뛰어난 모친을 뽑는 것 같은 바보스러운 일을 하지 않기를 바란다≪朝日新聞≫(夕刊), 1955.6.8, 줄임은 인용자].

표 8-1 일본모친대회 1~10회 개관

	날짜	장소	관심 주제/ 기념 강연	참가 인원*	특이사항
제1회 1955	6.7~6.9	도쿄	세계모친대회 파견 대표선발/ 기념 강연 없음	2000	눈물과 호소의 대회
제2회 1956	8.17~8.29	도쿄	운동의 방법 모색	4000~5000	부인조직 적극 참여/ 경찰 참석자 조사
			원폭의 위협에 관해/ 坂田昌一		
제3회 1957	8.3~8.5	도쿄	PTA/ 기념 강연 없음	6000	분과회 원형 완성 '모친운동'의 의의
제4회 1958	8.23~24	도쿄	근평문제	1만 5000	근평문제로 일부 후원 중단
			평화를 수호하기 위해/ 林克也		
* 자민당, '모친대회' 관계자들을 빨갱이(アカ)로 비난/ 경비보조 중단 압박					
제5회 1959	8.22~8.24	도쿄	안보조약	1만 2000	우익의 방해/ 최초 모친 행진
			전쟁은 중단시킬 수 있는 것일까/ 安井郁		
* 안보투쟁과 실패					
제6회 1960	8.21~8.23	도쿄	국민연금/ 고교 전입/ 모친운동	1만 3000	
			세계의 동향과 모친운동/ 松岡洋子		
* 상설 일본모친대회연락회 설립					
제7회 1961	8.20~	도쿄	소아마비 백신 확보/ '정치적 폭력 행위 방지법' 반대	3만	
			세계사와 함께 나아가는 일본의 모친들/ 上原專祿		
제8회 1962	8.19~20	교토 오사카	교육(고교전입, 학력 테스트)/ 물가	2만 7000	처음으로 지방 개최 반핵 결의
			평화와 민주를 살아내는 모친의 역할/ 末川博		
* 여성운동의 정당별 계열화가 진전: 사회당 중심 일본부인회의(1962), 공산당 중심 신일본부인의 회(1962), 민사당 중심 민주부인의 회(民主婦人の会), 공명당계의 주부동맹 등/ 정치색 강화					
제9회 1963	8.21~8.22	도쿄	미제 탈지분유 반대	2만 7000	도호쿠 개최 검토 도쿄 경제국 방문
			현대 경제와 모친운동의 역할/ 堀江正規		
제10회 1964	8.23~8.24	도쿄	헌법문제와 모친운동/ 長谷川正安	3만	

주: 참가 인원은 일본모친대회 홈페이지에 공개된 참석자의 연인원에 의거함.

(2) 제2회, 제3회 일본모친대회

　제2회와 제3회 대회를 거치면서는 이른바 '모친운동'과 '모친대회' 개최를 위한 조직과 방향이 확립되어 갔다. 평소에는 고정된 상설 조직을 두기보다는 연락위원과 46개 도도부현의 연락회가 대응하며, 대회 개최를 위해서는 참가단체와 각 연락회로 구성되는 대회준비위를 매년 새로이 꾸리기로 했다. 운동의 방침으로서는 ① 대회[개최]만이 아닌 착실한 지역 활동, ② 무관심한 사람을 새로이 참여시키는 것이 중요, ③ 빨갱이라는 중상모략에 대해서도 끈질기게 설득, ④ 뻬어난 사람이 아닌 모두의 책임, ⑤ 직업여성과 가정주부 사이를 연결, ⑥ 공통의 목표를 향해 행동, ⑦ 지역 실정에 맞는 방침으로 운동(日本母親大会十年史編纂委員会, 1966: 87, 89) 등이 채택되었다.

　특히 제3회 대회에서는 '모친'의 의미에 대한 토의가 이루어져, "어머니母라는 이름은 가장 아름답고 그리운, 모든 인간에게 애정을 품게 하는 것으로, 현재 어머니인 사람은 말할 것도 없고 어머니가 되어야 할 젊은이도 어른도 모두를 대상으로 하자는 것이었다"(日本母親大会十年史編纂委員会, 1966: 92). 이 즈음부터 '모친운동'이라는 용어도 사용하기 시작했다. "모친이 변하면 사회가 변한다"라는 표어가 사용되기 시작한 것도 이 대회부터였으며, 다양한 물품 판매를 통해 자주적인 대회 운영이 가능함을 입증했다는 점에서도 제3회 대회의 의미를 찾을 수 있다. 전국대회 후의 지역보고 형식으로 진행되던 것을 각 지역대회를 먼저 가진 후에 그 성과를 모아 전국대회로 개최하는 방식으로 수정해 체제를 정비한 것도 이 무렵의 일이었다. 그동안 대회가 주로 '함께 이야기하기話し合い' 중심으로 이루어졌다면 이제 실제적인 '행동'으로 나아가는 길을 모색하는 첫걸음을 내디딘 대회였다고 평가되기도 한다.

　한편 제2회 대회부터는 이들이 지속적인 운동을 전개하는 것에 위기감을 느낀 기성세력의 견제가 나타나기 시작했는데, 예를 들면 문부성에 부인과가 신설되고 자민당에서 '부인대책'을 강화하기 시작한 것 등이었다(日本母親大会

十年史編纂委員会, 1966: 85).

(3) 제4회~제6회 일본모친대회

제4회 대회가 있었던 1958년부터 제6회 대회가 있었던 1960년은 전후 일본에서 정치적·사회적으로 굵직한 이슈들이 제기되었던 시기였다. '모친대회'도 이러한 정세의 영향에서 자유롭지 못했을 뿐 아니라, 오히려 적극적으로 의견을 개진하는 것이 존재 의의를 명확히 하는 것이기도 했다. 이른바 '역코스逆コース'[18] 정책이 강경하게 추진되기 시작한 이래 전후 일본 사회의 갈등이 심화되어 가는 가운데, 이러한 갈등이 교육현장에서는 이른바 교사의 '근로평정勤勞評定(이하 근평)'[19]을 둘러싼 찬반이라는 형태로 나타났다. 정부가 교사에 대한 평가를 통해 승진 여부를 결정한다는 정책이 결국은 교사들의 자유로운 활동을 얽매는 족쇄로 작용할 것이라는 우려가 커졌기 때문이다.

제4회 '모친대회' 준비를 위한 전국대표자회의는 "근평으로 교육의 중립이 위협받으며 …… 아이들이 진실을 존중하고 지키는 민주적 인간으로 성장하기를 바라는 모친으로서 …… 절대 반대합니다"라며 만장일치로 반대성명

---

18 '역코스'란 제2차 세계대전 후 민주화 정책을 역전시키려 한 정치 노선으로, 1951년 요시다 시게루 내각이 점령군의 의향에 따라 점령 종결 후를 향해 현행 법령의 재고를 추진한 데서 비롯되었다. 즉, 군국주의자 추방 해제와 공직 복귀, 노동·행정·교육·경찰 등 각 분야에서 이루어진 민주화 정책을 중단하고, 전전의 권위주의나 중앙 통제를 부활시키려 했기에 국민들이 '역코스'라며 반발했다.

19 1956년 6월 '교육위원회법'을 대신해서 제정된 '지방교육행정의 조직 및 운영에 관한 법률(地方教育行政の組織及び運営に関する法律)'에서는 제46조에서 현비(県費)로 부담하는 교직원인 시정촌의 소·중학교 등의 교직원 근무평정에 관해 "도도부현위원회의 계획하에 시정촌위원회가 담당하는 것으로 한다"라고 규정했다. 같은 해 11월 아이치현(愛媛県) 교육위원회는 당시 현 재정의 악화를 이유로 일부 교직원의 정기 승급을 연기하고자 했고, 이를 위해 근무평정을 실시할 것이라 밝혔다. 이후 각 도도부현 교직원조합, 일본교직원조합 등의 맹렬한 운동(근평반대투쟁, 1957~1959)이 벌어졌지만, 근무평정을 실시하는 현이 점차 증가했고 현재는 전국적으로 정착한 상태다.

을 채택했다. 이는 언론을 통해 대대적으로 보도되어 '모친대회'에 대한 비판과 견제가 일층 심해지는 계기가 되었다(日本母親大会十年史編纂委員会, 1966: 103).[20] 이처럼 제4회 대회에서 '근평 반대' 의사를 명확히 천명한 이후, 한동안 근평문제와 경찰의 직권을 크게 강화한 '경찰관직무집행법 개정안'('경직법')(1958.10)을 둘러싼 투쟁이 모친운동의 가장 뜨거운 주제가 되었다. 그리고 이러한 일들이 '모친대회'에 대한 당국 및 기관의 지원과 협력을 중단시키는 요인이자 모친들이 정치에 각성하는 계기로 작용했다.

　　제5회 대회(1959)와 제6회 대회(1960)는 일본 정국을 휩쓸던 '안보투쟁'의 영향이 모친운동과 대회를 직격했다. 모친운동에 대한 당국의 압력과 '빨갱이' 공격이 노골적으로 되는 가운데,[21] 대회를 위한 준비모임은 사실상 안보투쟁의 보고회가 되었고 이로 말미암은 내부 갈등도 피할 수 없었다. 외부의 공격과 압력이 심해지면서[22] 모친운동의 주된 방향이었던 새로운 관계의 확대

20　자민당은 이에 대응하기 위해 교육부모회의라는 단체를 만들어 PTA 등에 영향을 미치려 했고, 교육위원회 등에 의한 '모친대회' 후원 중단, 교사·모친의 대회 참가 방해 등이 이어졌다.

21　당시 자민당 내에는 다음과 같은 통달(通達)이 내려졌다. "제5회 일본모친대회 대책에 관한 건 …… 이 모친회의 정치적 편향에 당은 중대한 관심을 가지고 대처할 방침이다. …… 지방자치체 혹은 PTA 등은 부현(府県)대회 및 대회 출석자에게 그 경비 일부를 지원하는 경우가 많은데 …… [자치체나 관련단체의] 협력을 얻어서 적절한 조치를 강구해야 할 것이다. 셋째로 도도부현별로 모친대회 실행위원회의 주요 구성(특히 중심 멤버)과 그 활동 상황을 상세히 조사해 각각 대책을 강구할 것이다."
이에 대해 '모친대회' 측도 다음과 같은 성명을 내고 반박했다. "일본모친대회 실행위원회의 성명서 …… 이번 자민당은 '모친대회는 국제공산주의와 연결된 반정부운동'이라고 규정하고, 각 현의 지부에 비판운동의 지령을 내렸습니다. …… 권력의 자리를 차지한 자가 정부 비판을 모두 빨갱이 취급하고, 중앙과 지방의 실행위원회 구성이나 활동 상황을 조사한다는 것은 민주주의 정신에 위배되며, 헌법에 명기된 사상과 언론, 집회와 결사의 자유를 침해하는 것입니다"(市川房枝編, 1977: 819~821, 줄임은 인용자).

22　특히 모친운동이 본격적으로 안보투쟁에 돌입하던 1959년에는 전국적으로 '모친대회'를 비방하는 문서가 배포되고, 일본원수폭금지협의회에 대한 공격과 더불어 모친운동에도 '빨갱이 공격(アカ攻撃)'이 시작되었다. 즉, '모친대회'를 좌익운동이라고 비난하거나, '모친대회 지도자는 빨갱이다'라는 식의 소문이 양산되었고, 그에 대해서 토론회에서 "평화 수호가 빨갱이라면 일본의 모

는 어려워졌지만, 한편으로 노동 계층 여성과의 연대를 위한 논의가 시작되었다. 제5회 대회에서는 고교 전입高校全入 문제와 태풍 피해자 및 탄광 이직자를 위한 구제 활동도 주요한 이슈가 되기는 했지만, 이 시기의 모친운동은 "근평의 파도로 흔들리고, 특히 안보 개정의 큰 파도로 허리와 가슴까지도 잠겼다"고 할 정도였다(日本母親大会十年史編纂委員会, 1966: 125~128, 157).

다시 한번 짚어두어야 할 사실은, 히라쓰카 라이초를 비롯한 대표적인 여성 지도자들의 제창으로 시작되었던 모친운동이었음에도 점차 이들 소수 엘리트의 존재감은 점점 희박해지면서, 그야말로 '극히 보통의' 참가자들이 운동의 중추로 자리잡게 되었다는 것이다. 세계모친대회 파견 대표 선발 당시부터 강조되었던 '극히 보통'이라는 성격이, 이후 모친운동 전반을 관통하는 중요한 특징이 되어갔다.

앞서 등장했던 얀베 가즈코를 비롯한 연락위의 중심이 되었던 이들은, 본격적으로 모친운동에 참여하기 전까지는 극히 평범하거나 문제의식을 가졌어도 PTA나 지역사회 수준에서 활동하던 정도의 인물들로, 모친운동을 지속적으로 수행함으로써 비로소 이름을 남겼다고 할 수 있다. 일반 사회에서 혹은 여성계에서 인지도가 높은 운동가 혹은 지식인들은 '모친대회'의 전체회나 분과회의 연사나 참관인으로 나서기는 했지만, 사실상 모친운동의 방향은 자신이 속하는 단체로부터 파견되어 모친운동에서의 활동을 자원하는 이들의 토의와 합의를 통해 결정되어 갔다. 이러한 방식으로 모친운동의 리더십은 더 이상 누군가 뛰어난 개인이 아니라 평범한 다수의 '모친'들에게 이양되어 갔던 것으로 보인다.[23]

친은 모두 빨갱이가 됩시다"라는 발언이 나오기도 했다.

23 이러한 경향은 『일본모친대회 50년의 발자취(母親大会50年のあゆみ)』(2009) 217~220쪽에 실린 「日本母親大会役員」 명부를 통해서도 어느 정도 확인할 수 있다. 중앙의 상설 임원은 매해 2~3인에 불과하며 그 외에는 각 지부의 대표, 혹은 매년의 대회를 위해 참여단체에서 파견

그런데 이상과 같이 10회까지의 주요한 이슈를 정리하고 보면 당시 일본의 주요 정치적·사회적 쟁점들이 그대로 옮겨진 경우가 너무도 많아, 이것이 과연 평범한 다수의 모친들이 주도하면서 '모성'을 전면에 내세워 전개되었던 모친운동의 성격으로서 적합한가라는 의문이 들기도 한다. 그러나 모성에 기초한 모친들의 운동이라고 해서 그것이 '정치적 이슈'들을 다루지 않는다는 의미는 아니다. 오히려 당시 일본에서 가장 민감한 문제들을 '모성'을 가진 어머니의 눈으로 파악해, 그에 대한 나름의 판단을 하고자 했던 것으로 보인다. 가장 '정치적'인 주제들을 가장 '비정치적'인 방식으로 접근하는 것이라고 해야 할까. 이에 대해서는 4절을 통해서 다시 한번 자세히 다루고자 한다.

4. 전쟁과 평화, 그리고 '모성'

이 글의 초반부에서 비교적 자세히 서술했던 것처럼, 비키니사건이 '모친대회' 성립에 기폭제 역할을 한 것은 사실이지만 그 기반이 되었던 것은 패전 직후부터 히라쓰카 라이초를 중심으로 시도되고 있던 여성들의 평화를 위한 연대였다. 나아가 비키니사건 후 세계모친대회의 개최가 결정되었던 것이나 일본 여성들의 단결을 촉진했던 것은 라이초의 호소에 힘입은 바가 컸다. 1953년까지 '부인대회'라는 표현을 쓰던 행사들이 비키니사건 이후부터 '모친대회'라는 표현을 채용하게 된 것은, 비키니사건을 모멘텀momentum으로 해 여성에 의한 평화운동의 방향이 새로이 설정되었음을 시사하는 것이다. 그리고

된 대표들이 집결한 대회준비위의 형태로 움직였다. 그 안에서는 뛰어난 역량이나 지명도를 가진 개인보다는 각자 소속된 단체에서 파견된 대표로서의 아이덴티티를 가진 보통의 평범한 '모친'들이 주로 활동했던 것으로 보인다.

운동을 위한 가장 중요한 키워드로서 '모친'을 내세웠던 것을 우연으로 보기는 어렵다. 잘 알려진 것처럼 '모성'은 전전부터 라이초가 가장 중시했던 개념이었으며 '모성' 중시에 대한 공감이 있고서야 비로소 '모친대회'가 가능하기 때문이다.

이하에서 '모성'에 대해 역사적으로 고찰하려는 것은 이러한 이유에서다. 전후 일본에서 다시 '모성' 혹은 '모친'이 여성운동의 주요 개념으로 등장한 의미를 이해하기 위해서는, 혹은 전전 '모성'과의 차이를 명확히 하기 위해서는, 전전 일본에서의 '모성'의 의미와 역할을 비판적으로 짚어볼 필요가 있는 것이다. 이 책의 곳곳에서 이미 다루었던 내용과 중복되기는 하지만, 이 글의 논지 전개 및 독자의 이해를 돕기 위해 다시 한번 간단하게 확인해 두려 한다.

1) 전전의 '모성': 국가와 전쟁을 위한 '모성'

앞서 이 책의 제2장에서 살핀 것처럼, '모성'이 여자가 '어머니'가 된다면 당연히 갖는 성질이며 '모성애'는 선천적·본능적인 것이라는, 즉 '자연'적이며 초역사적인 것이라는 일반적인 기대나 인식과 달리, 일본에서 '모성'이라는 용어가 본격적으로 등장하고 적극 논의되기 시작한 것은 20세기가 시작된 이후의 일이었다. 요사노 아키코가 처음으로 '모성'이라는 용어를 사용하면서 그에 대해 문제를 제기한 것은 1916년의 일이었다. "모성 편중을 배척한다"(与謝野晶子, 1916.2)라는 글의 제목이 말해주듯, 당시 일부 여성들 사이에서 '모성'을 중시하는 풍조가 유행하는 현상을 지적하면서, 이를 비판한 것이었다.

독일에서 '모성보호동맹'이라는 단체가 성립된 것이 야다마 가키치에 의해 일본에 소개된 이래, 그의 아내인 와카나 라이초 등을 통해 모성의 보호를 주장하는 스웨덴의 엘렌 케이의 언설이 번역되어 소개되면서, 그러한 경향이 확산되었기 때문이다. 하지만 아키코에 의해 '모성'이라는 이름으로 적시되어 비판을 받기 전까지는, 모성보다는 '모母', '모태母態', '모권母權' 등의 용어가 주로 사용되고 있었다(加納實紀代, 2009, 69). 엘렌 케이의 주장을 표현하기 위해 사용된 다양한 용어 중에서 아키코가 '모성'이라는 표현을 선택하지 않았더라면, 그리고 모성보호 경향에 대한 비판에 대한 반박과 재반박 과정을 거치면서 논쟁이 확산되지 않았더라면, '모성'은 이후 근대 일본에서 보이는 것처럼 그렇게 강한 시민권을 갖지 못했을지도 모른다. 즉, '모성애'나 '모성 본능'과 같은 식으로 자가발전하면서 이를 당연시하고 절대시하게 되었던 풍조는, '모성'이 아닌 ― 모, 모태, 모권과 같은 ― 다른 용어에서는 상상하기 어렵기 때문이다.

하지만 '모성'이라는 용어의 사용이 처음부터 그러했던 것 같지는 않다. 라이초가 엘렌 케이에 관한 논의를 전개하면서 '모태'라는 용어를 종종 사용하기도 했지만, 그의 모성보호에 대한 가장 대표적인 아래의 문장에서도 '모성'의 의미가 지금과 흔히 생각되는 것과 같이 추상적인 것으로 보이지는 않기 때문이다.

아이란 설령 자신이 낳은 자기 아이라도 자신의 사유물이 아니라 그 사회의 그 국가의 것입니다. …… 이 일은 부인에게만 부과된 사회적 의무로, 아이를 낳고 또 키울 뿐 아니라 좋은 아이를 낳아서 잘 키운다는 이중의 의무가 되고 있습니다. …… 국가는 어머니가 이 의무를 다한다는 한 가지만 생각해도 충분한 보수를 줌으로써 보호할 필요가 있습니다. 게다가 이렇게 **모성**에 가장 확실한 경제적 안정을 주는 것은 …… 국가의 이익과도 일치합니다. …… **모성**을 보호할 것인가 말 것인가는, 직접 보호를 받는 어머니나 어머니를 통해 보호되는 아이의 행복뿐 아니라 국가의 이해와 크게 관계되는 것이기 때문에 …… 결코 자선구제의 사업이 아닙니다. 다음으로 어머니 입장에서도 이것은 **어머니의 일이라는 사회적 사업**에 종

사함으로써 사회적 의무를 다하는 자의 당연한 권리로서 요구해야 할 것으로, 이 것은 부인의 존엄을 손상시키기는커녕 **어머니로서 부인의 정당한 사회적 지위**를 인정하는 것입니다(ちいてう, 1918.7, 줄임과 강조는 인용자).

이 책의 제2장에서 필자는 라이초가 1910년대에 처음 '모성'을 논하면서 '국가'를 끌어들였던 것은 '모성'의 보호가 필요하다고 호소하기 위한 명분이 었지, 처음부터 '국가'를 위해 '모성'의 희생을 강요한 것은 아니었다는 점을 지적하기 위해, 위의 문단을 제시했던 바 있다. 지금 또 하나 지적하지 않을 수 없는 것은, 그의 문장에서의 '모성'은 여성에게 요구되는 절대적이거나 추 상적인 이념이기보다는 아이를 낳고 키우는 '일', 혹은 바로 그러한 '사회적 사 업'에 종사하는 어머니라는 '지위'에 가까운 말로 사용되고 있다는 점이다. '모 성'이라는 용어를 아이를 낳고 키운다는 구체적인 역할을 지칭하는 것으로 사 용하고, 바로 그러한 사회적 의무를 수행한 것에 대한 반대급부로서 국가가 이를 보호해야 한다고 주장하는 것이다.

하지만 일단 '논쟁' 등을 거치면서 일본 사회에 '모성'이라는 용어가 정착 하자, ─ '모성'을 처음 사용했던 아키코가 원한 바는 아니었겠지만 ─ 이는 일본 사회 의 요구와 맞물려 하나의 이데올로기로 성장했다. 근대 일본에서의 '모성'의 의미에 대해, 대표적인 페미니스트 여성사학자인 가노 미키요는 다음과 같이 정리했다.

'모성'은 '양처현모' 이상으로 여자의 아이덴티티를 위협하는 이데올로기가 되었다 고 할 수 있다. '양처현모'가 외부로부터의 규범인 데 비해, '모성'은 여자라면 본래 당연히 가져야 할 것, 즉 여자의 존재 그 자체를 의미했기 때문이다. 게다가 그 '모 성'이 함의하는 것은 자기희생과 무한 포용 無限抱擁이다. 어머니된 자는 아이를 위 해서라면 자기 몸을 희생하는 것도 마다하지 않는다. 아이가 무언가를 하려 하면

무한히 허용하고 지켜보는 존재다(加納実紀代, 2009: 71).

　가노에 따르면, 사실 그러한 무한한 자비와 희생의 관념 자체는 종래부터 널리 서민들 사이에 관음신앙 등의 형태로 뿌리내리고 있던 것인데, '모성'의 등장이 바로 그러한 '신앙'을 흡수하면서 근대적인 '자아'를 정면에서 부정하고 여자에게 '무아'와 '헌신'을 요구했다.

　'모성'이 일본 사회 안에서 하나의 이데올로기로 정착하는 것과 궤를 같이 해, 근대 일본의 정부 차원에서도 '모친' 혹은 '모성'을 포섭하기 위한 정책들을 잇달아 내놓았는데, 그 가운데서도 1931년 3월 6일은 특별한 의미를 갖는다. 본래 황후의 생일地久節에 해당하는 이날을 '어머니의 날母の日'로 지정, 이를 전후한 1주일 동안 모성 존중·어머니에 대한 보은과 감사 등을 주제로하는 '어머니의 날 주간' 행사를 시행했던 것이다(鹿野政直, 1989: 101). 이처럼 노골적으로 '모성'을 선전하는 정책뿐 아니라, 이른바 쇼와공황昭和恐慌(1930~1931)을 거치면서 경제적 궁핍, 새로운 사상의 유입으로 인한 가부장제에 대한 도전, 자유연애의 확산과 같이 기존 체제를 위협하는 상황이 발생할 때마다 '모성'은 이를 보완하고 또 유지하는 역할을 감당했다(鹿野政直, 1989: 102~103).

　성화聖化한 '모성'의 역할이 극에 달한 것은 아시아·태평양전쟁기의 일이었다. 전시기의 '모성'이 일본 여성을 규정하는 기본 관념으로 선전되면서 이른바 '군국의 어머니'가 만들어졌다. 예를 들면 출병하는 병사들을 위한 '모심'으로서 발현, '총후'에서 가정을 지키는 '모성', '근로 모성의 보호', 여성운동에서의 '모성' 강조, 관념 조작을 통한 '어머니의 성화'의 진행과 같은 방식이었다(鹿野政直, 1989: 104~106).

　주저하지 말고 기쁘게 자신의 아이를 전장에 보내도록 권장하기 위해 '모심'이 활용된 대표적인 이미지로는 '수병水兵의 어머니'[24]가 꼽히지만, 당시 중류 계층 여성들을 위한 생활·교육 관련 계몽을 하던 그리스도교 여성운동가 하니 모토코의 문장도 빼놓을 수 없다. 여기에는 전장으로 떠나는 자녀와, 이를 기쁘게 떠나보내는 모성 사이에는 '가정'이라는 존재가 매개로서 작용하고 있었다.

> 나는 …… **가족적 국가의 가정이라는 것이 갖는 힘의 위대함**을 생각하지 않을 수 없었습니다. …… 폐하의 적자赤子로서 생生을 향유하고, 역대歷代 인자하심御仁 慈으로 길러져 온 일본인은 특별히 잘못된 사상이나 불순한 감정이 심어지지 않는 한, 일본인의 부모를 생각하고 자식을 사랑하는 감정을 자연히 나라를 생각하고 나라를 사랑하는 감정과 연결해 갑니다. **우리 가정家을 생각하는 마음이 깊어지면 당연히 나라를 생각하기를 멈출 수 없게 됩니다. 아무리 사랑하는 소중한 아이라도 소집에 응하게 될 때는 축하한다고 격려하고, 기쁘게 전장에 보내게 되는** 것도 그 때문입니다. 가족적 국가의 가정이야말로 이렇게 진정으로 세계 각국의 가정의 모범이 된다고, 감사와 더불어 일본 가정의 중대한 사명과 책임을 통감했습니다(羽仁もと子, 1943.2, 줄임과 강조는 인용자).

그에 따르면, '[천황] 폐하의 적자'로 자라온 일본인에게 가정은 일본이라는 나라의 축소판일 뿐 아니라 그 자체가 나라의 일부 혹은 나라 그 자체이기도 했다. 때문에 그는 '부모를 생각하고 자식을 사랑하는' 감정이 '나라를 생각하고 나라를 사랑하는' 감정과 연결되는 것이 일본인에게는 지극히 자연스러운 것이라고 설명할 수 있었다. 이성적이기보다는 선언적 믿음이 요구되는

---

24 청일전쟁에 참가했던 오가사와라 나가나리(小笠原長生)가 쓴 『해전일록(海戰日錄)』에 있는, 한 수병이 읽고 있던 어머니의 편지에 "목숨을 던져 군은(君恩)에 보답하라"라고 적혀 있었다는 내용. '군국의 어머니'의 대표적 사례로서 교과서에 게재되었다(金子幸子他編, 2008).

이러한 신념을 지탱하는 것은, 다름 아닌 '가족국가' 이념이었다. 때문에 '아무리 사랑하는 소중한 아이라도' 나라의 부름을 받는다면 '기쁘게 전장에 보내는' 것이 가능해졌다. 이는 '모친'이 자신의 소중한 아들을 전장에 내보낼 때의 가장 전형적인 논리였다.

또한 여성운동의 주체 스스로가 모성보호를 강력히 주장한 것이 결과적으로 국가에 의한 '모성'의 동원을 지지하는 결과로 이어졌다는 점도 기억해야 할 것이다. 줄곧 여성의 참정권 획득을 위해 싸워온 이치카와 후사에와 '동맹'조차, 1930년대 파시즘 정권하에서 건강한 국민 혹은 병사의 양성을 원하는 국가의 요구에 부응해서 — 종래의 방침을 바꾸어 — '모성보호'의 필요를 강력히 요구했던 것은 앞에서 살핀 바와 같다. 비상시라는 현실 인식하에서 이루어진 이러한 방향 전환이 '모자보호법'과 같은 성과를 얻어내기도 했지만, 한편으로는 국가 중심의 '모성'으로의 인식과 정책의 전환을 방조 심지어는 촉진했다는 비판을 피하기 어려운 선택이기도 했다.

'국가를 위한 모성'이라는 주장이 힘을 얻어가면서 이와 관련된 움직임이나 정책도 이어졌다. 중일전쟁 발발 직후에는 "모성애 중에 애아愛兒의 출정을 격려해 총후의 후원을 다하는 어머니의 모습만큼 귀중한 것은 없기에, 이들 어머니를 국민적 존경의 대상으로 하려는 운동"(≪東京朝日新聞≫, 1937.9.30)마저 일어났다. 자기희생과 무한 포용의 '모성'을 상찬하는 이러한 분위기가 일본 사회에 팽배했고, 특히 전쟁에 필요한 '인적 자원'의 증강을 위해 여자에게 보다 많은 아이를 낳아 헌신적으로 키워낸 후에는 '천황폐하를 위해' 바치도록 하는 동력으로 작용했던 것이다(加納実紀代, 2009: 71).

전선의 확대에 따라 건강한 병사의 지속적인 공급에 대한 요구가 높아지는 가운데 1938년 1월부터 '모자보호법'이 시행되기 시작했고, 거의 동시에 후생성厚生省[25]이 설치되었으며 그로부터 오래지 않아 '산아 제한 상담소'가 폐쇄되었다.[26] 우량·다산 가정을 표창하거나 조산을 장려하는 수준을 넘어 '국

민우생법'(1940), 결혼십훈 結婚十訓(1941)과 같이 '일본 국민의 피의 순결과 향상을 목적으로' 하는 규정을 잇달아 제정했다. '국방 목적의 달성을 위해서 인적·물적 자원을 통제·운용'하는 것이었다. "낳으라 늘리라 조국을 위해 産めよ 殖やせよ國のため", "자보보국 子寶報國"과 같이 여성의 '모성'을 노골적으로 전쟁에 동원하기 위한 표현이 난무했으며, 1942년에는 처음으로 '임산부 수첩'이 지급되는 등 임산부 보호를 위한 시책이 강화되었다(若桑みどり, 1995: 74~80).

이처럼 전시기 일본 정부는 적극적으로 국민의 체위 향상과 건강 증진, 임신과 출산의 촉진, 모성보호에 의한 인구 증가 정책을 추진했다. 본래 개인의 영역이어야 할 결혼·임신·출산을 국가가 ─ 지원하거나 보호한다는 미명하에 ─ 통제하는 방식으로 '모성' 관련 정책이 이루어졌던 것이다. 일차적인 목적은 전쟁 수행에 필요한 인구 증가와 건강한 신체였기에, 영양 부족으로 모유가 나오지 않을 경우에도 "엄마 젖이 나오지 않는 게 아니라 …… 모성애가 부족한 것이다"(若桑みどり, 1995: 82)라고 질책할 정도였다.

여성들의 전쟁 협력이 전쟁에 투입될 장래의 병사를 낳고 키우는 어머니의 역할만으로 이루어진 것은 아니었다. 하지만 전쟁터에 나간 남성들을 대신해 직장인으로서 사회의 각 영역을 지켰든, 포탄이나 항공기를 만드는 보다 전쟁에 가까운 작업에 참여했든, 혹은 주린 배를 안고 국가총동원 정책에

---

25 사회보장·공중위생의 향상과 증진 도모를 임무로, 내무성에서 위생국, 통신성에서 간이보험국, 문부성에서 체력국 등을 이어받아 1938년 1월 발족되었다. 후생성이 신설된 직접적인 이유는 징병 검사에서 드러난 국민 체력의 저하 때문으로, 국민 체력 증강이라는 시국의 요청에 따른 것이었다.

26 '산아 제한'은 '산아 조절' 혹은 '가족 계획'과 동의어로 사용되며, 일본에서 피임법을 보급하는 산아 조절운동이 시작된 것은 1922년 미국의 산아 조절 운동가 마거릿 생어의 방일이 계기가 되었다. 생어와 교분이 두터웠던 가토 시즈에, 오쿠 무메오 등이 중심이 되어, 다자녀로 고생하는 여성이나 빈곤에 신음하는 노동자 계급을 위해 전개한 것이었다. 그러나 전시하에서 출산을 장려하는 인구 정책이 실시되는 가운데 산아 조절에 간여했던 이들은 검거되거나 침묵을 강요당했다(井上輝子他編, 2002).

부응해 극한의 절약과 저축에 열심이었든, 여성을 전쟁 협력으로 이끈 가장 중요한 키워드가 '모성'이었음은 부인하기 어렵다. 특히 이기적인 '여성'과 희생적인 '모성'을 대조시키는 방식으로, 여성으로서의 욕구와 본능을 억누르고 헌신적으로 전쟁에 협력하도록 독려했던 것도 주지의 사실이다. 전전 일본에서의 '모성'이란 끔찍했던 전쟁의 기억과 이토록 밀접한데도, 전후 일본에서 '모성'에 대한 집착이 사라지기는커녕 '모친대회' 혹은 '모친운동'이라는 이름으로 다시 등장하고 있는 것이다. 심지어는 여성들의 전후 대표적인 반전·평화운동을 위한 주요한 동인으로서 역할하게 된다.

2) 전후의 '모성': 평화와 생활을 위한 '모성'

일본의 사상·여성사 연구자인 가노 마사나오는 전후에도 '모성'이 상처 없이 살아남을 수 있었던 이유로 첫째, 국가의 입장에서 남자를 100% '사회 인간'으로 만드는 데 '모성'의 효용을 빼놓을 수 없다는 것, 둘째, 심지어 '모성'의 성화를 강요당했던 여성 측에서도 전후 그에 대한 완전한 청산이 이루어지지 않았다는 점을 들었다. 가노 미키요 역시 다음과 같은 사실을 지적한다. "'어머니된 자'에 대한 공동共同의 환상이 살아 있을 때, 민중에게 가해 책임의 의식이 생겨나는 일은 없다. 있다면 '어머니'의 치유의 손길을 바라는 피해자 의식일 뿐"(鹿野政直, 1989: 108에서 재인용).[27] 또한 그는 바로 그러한 모성의 속성이 "전후 일본 국민의 전쟁 책임 의식의 희박함에 관련 있다고 생각"했다. "'무한 포용'의 '어머니'의 가슴에 안주하고 있는 한, 자타自他의 인식 위에 성립하는 '책임' 관념이 단련되는 일은 없었"다는 것이다(加納実紀代, 2009: 73).

---

27 가노 미키요의 말에 덧붙이자면, 사실 치유의 손길이 먼저 필요한 것은 '어머니 자신'들이었던 것처럼 보이며, 제1회 대회가 '눈물과 호소의 대회'였음이 이를 입증한다.

그렇다면 전후 여성들의 대표적인 평화운동이었던 '모친대회' 개최에서 이들 '모성'이 실제로는 어떻게 사용되었던 것일까. 먼저 '모친대회' 「선언」의 내용을 검토해 볼 필요가 있다.

세계의 어머니들! …… [우리는 과거] 전쟁으로 인해 어머니가 된 기쁨과 자부심은 산산조각이 나고 전쟁이 싫다는 이 지극히 당연한 어머니의 마음을 입에 담는 것조차 금지되어 왔습니다. 우리는 아이들을 싸움에 내보내면서도 이별의 눈물을 흘리는 것조차 허락받지 못하고 이를 악물고 있을 뿐이었습니다. 그리고 전쟁의 슬픔 가운데 많은 나라들의 청년과 어머니까지도 휘말리게 하는 무서운 결과를 초래했습니다. 하지만 지금 우리는 단결의 힘을 알았습니다. …… 어머니의 힘으로 이 대회는 성공했습니다. 이것은 일본 어머니의 역사에 새로운 페이지를 연 것입니다. …… 이 협력에 의해서야말로 원수폭 금지에 세계 평화에 그리고 전 세계 모친 단결의 대열에 함께하는 것이 가능한 것입니다. 이제 우리들은 한 명 한 명 제각각인 연약한 여자는 아닙니다(市川房枝編, 1977: 804, 줄임은 인용자).

여기에 담긴 내용은 크게 다음 세 가지로 정리할 수 있을 듯하다. 첫째, 전시기 일본 여성이 침묵을 강요당하면서 자녀를 전장에 내보낼 수밖에 없었던 사실에 대한 회한, 둘째, 같은 잘못을 반복하지 않으려면 모친들이 일본 국내뿐 아니라 국경을 넘어 연대해야 한다는 필요, 셋째, 이제는 그러한 연대가 가능한 시대가 되었다는 사실의 확인과 그를 위한 다짐이다. 패전 후의 궁핍한 생활 속에 2000명을 헤아리는 여성들이 대회 참여를 위해 전국 각지에서 모여들었던 것, 즉 제1회 일본모친대회를 성공적으로 마칠 수 있었던 배경에는 이와 같은 전시기의 쓰라린 경험과 기억이 자리 잡고 있었다.

정부 혹은 권력자와 지식인이 가르치고 요구하는 대로 이를 악물고 '모성'을 발휘해 아들을 전장에 내보내고 총후에서 사회와 가정을 지켜냈지만,

돌아온 것은 패전국 국민이라는 멍에와 깨어진 가정 그리고 극도의 궁핍뿐이었다. 패전의 충격과 전후의 비참한 10여 년의 시간을 보내면서 이상과 같은 경험을 공유하는 일본의 '모친'들은 같은 잘못을 반복하지 않고자 '연대'라는 방법을 강구했다. 라이초는 「일본모친대회 축하日本母親大会おめでとう」라는 글에서 모친 연대의 필요성을 다음과 같이 강조했다.

> 모친의 마음, 아이의 안전과 행복을 바라는 모친의 순수한 마음이라는 것은 본래 민족이나 종교, 또 국경, 정치의 형태, 계급의 차이 없이 하나의 세계로 연결되어 있는 것이라 생각합니다.
> 설령 아이에 대한 애정이 개인적 형태로 나타난다고 해도, 그 본능의 근원이라는 것은 전 인류의 모태, 모성이라는 이름 아래 하나로 연결되는 바람을 나타나고 있습니다. 대회에서 어머니들의 발언은 자신이 직접 경험하고 있는 문제, 자신의 시야 안의 것만을 이야기하고 있는 것처럼 보이지만, 그것이 결코 개인의 문제가 아니라 전 일본 어머니들의 문제라는 사실을 깨닫지 않으면 안 됩니다. 아니 그것을 깨닫게 된 것이 일본모친대회의 커다란 성과였다고 할 수 있습니다(平塚らいてう, 1984: 306).

여기에는 자녀의 안전과 행복을 위한 모친 연대를 주장하는 내용 외에 또 하나의 중요한 내용이 담겨 있는 것처럼 보인다. 그는 이른바 '모친'들이 자녀를 향해 갖는 마음, 즉 '모성'이 결코 개인적인 것이 아니라 민족과 종교 혹은 국경이나 계급을 뛰어넘어 전 세계적으로 '보편적'인 것이라는 사실을 강조하고 있다.

이것이 무엇을 의미하는지는 전전의 '일본'에서 국가에 의해 '모성'이 통제되고 이용되는 상황이었음을 상기할 때 더욱 명료해진다. 군국주의에 휩싸이거나 국가적 이익에 얽매이지 않고 자신의 자녀를 오로지 보편적 지식과

도덕에 의해 살아갈 수 있게 하고 싶다는 것이 '모친대회'에 모인 이들의 바람이었다. 앞서도 소개한 바 있는 모친운동의 중심 인물 얀베 가즈코의 모친대회에 대한 회고에서 그러한 바람의 실제를 다시 확인할 수 있다.

> 군국주의의 순수 배양처럼 육성된 연대年代인 **우리는 패전을 겪고 ······ 나중에야 뒤늦게 진실을 알게 되었던 것입니다.** 바른 것을 바르다고 말할 수 있는 아이로 키우고 싶다고, 아이를 지키는 모임을 도시마豊島(대회 장소 – 인용자)에도 만들어 무엇이든 보고 들으리라 하던 때였습니다. ······ 태어나서 처음으로 마이크를 쥐고 패전 10년, 피가 맺히는 듯한 어머니의 고통이 이야기되었습니다(木村康子, 1999: 25에서 재인용, 줄임과 강조는 인용자).[28]

국가주의, 즉 내셔널리즘에 속박된 결과 자신들의 '모성'이 왜곡된 형태로 발휘되어 비극적인 결말로 귀착되었던 경험이 이들 보통의 어머니들에게 모친운동의 길에 참여하는 동기로 작용했음을 엿볼 수 있다. 즉, 국가주의에 사로잡혀 진실을 보지 못했던 자신들과 달리 보편적인 진실을 추구하는 아이를 만들고 싶다는 바람이, 그들에게 일상을 넘어 무엇인가 행동을 취하지 않을 수 없게 했던 것이다. '모친대회'는 그러한 자신의 바람이 틀리지 않은 것임을 확인하는 장이자, 더 적극적인 활동으로 이끄는 동력이 되었을 것이다.

실제 전후 모친운동의 활동 원칙이 전전과 다르다는 점을 확인할 수 있는 사례가 있다. 제6회 대회를 즈음해 야마구치현山口県에서는 현 당국이 대회를 위한 보조금 지급에 조건을 걸었다. "좀 더 일상적인 문제로 슬로건을 바꾸는 것이 좋겠다"라는 것이었다. 당시 현 대회의 슬로건 가운데 평화 수호,

---

28 제30회 대회 당시 얀베 가즈코의 기념 강연.

완전 군축 실현, 안보조약 개정 반대 등이 담겨 있었기 때문이다. 모친운동 측은 이러한 제안을 단호히 물리쳤다. "애매하게 대했더니 점점 공격이 심해졌다. 그래서 진실을 아는 게 뭐가 나쁜가라는 태도로 자세를 가다듬고, 바른 것은 반드시 알리자는 태도로 나섰다." 그리고 "보육원 문제부터 크게는 평화의 문제까지 모두의 요구를 내세우고 이를 쟁취하기 위해 운동을 전개하며, 이러한 운동을 방해하는 것과는 싸워나간다"는 방침을 고수하기로 했다(福島要一, 1961: 236).

야마구치현의 사례는 전후의 '모성'이 더 이상 전전과 같은 방식으로 당국의 통제 대상에 머무르지 않겠다는 의지를 보여주는 하나의 작은 사례다. 모친운동에는 그들이 설정한 확실한 목표가 있었다. 즉 아이를 지키자, 생활을 지키자, 평화를 지키자는 공통의 방향을 설정하고, 각각의 사안은 이러한 원칙과 방향에 비추어 결정하는 것을 기본으로 했다. 당시 모친운동에 관심을 가지고 '모친대회' 개최에 힘을 보태기도 했던 남성 지식인 후쿠시마 요이치福島要一는 이러한 모친운동의 방식을 다음과 같은 비유를 들어 설명한다.

운동은 커다란 산과 같은 것입니다. 산기슭裾野이 넓어야만 산은 높아지는 법입니다. 그렇기에 넓은 산기슭을 조금씩 조금씩 높여가야지, 갑작스레 백보 전진과 같은 일은 있을 수 없습니다. 다만 여기에서 한 가지 중요한 것은 **운동에는 방향이 없으면 안 된다**는 것입니다. 아무리 흙을 날라봐도 저쪽에 무더기 하나, 이쪽에 무더기 하나와 같은 식이어서는 아무리 시간이 흘러도 높은 산을 만들 수 없습니다 (福島要一, 1961: 238, 강조는 인용자).

바로 이러한 원칙이 있었기 때문에 안보조약 개정을 둘러싼 갈등이 벌어지자, 즉시 평화 수호의 측면에서 당당히 이를 반대하는 입장에 설 수 있었다는 것이다.

더 나아가 그는 전후 모친운동이 여성들 스스로도 그리고 이를 바라보는 이들도 놀랄 정도로 뜨거웠던 것에는, 앞서 언급했던 전쟁의 체험뿐 아니라 전후에야 비로소 주어진 민주주의의 역할이 컸다고 설명한다. 그에 따르면 일본의 패전과 민주주의의 실현이 남성들에게는 특권의 상실로 다가온 반면, 전후 10년의 생활 속에서 여성들은 민주주의가 좋다는 것을 진정으로 체감하고, 또 절실하게 '자신들의 것'이라고 느꼈다. 그 때문에 "민주주의는 자신들의 손으로 지키지 않으면 안 된다, 자신이 낳은 아이, 자신이 키운 아이의 행복을 위해 보다 나은 사회를 만들어 다음 시대에 남기지 않으면 안 된다"는 마음이 강해졌다는 것이다(福島要一, 1961: 226~229). 전후 대중 여성들에 의한 모친운동이 활발했던 이유에 대해 상당히 설득력이 있는 설명이라 생각된다.

아울러 모친운동은 기본적으로 '아이들은 나처럼 되어서는 안 된다'라는 바람에서 기인하는 것이었는데, 여기에서 '아이'를 강조하는 것은 '나 자신의 혈육'이라는 좁은 의미라기보다는 '아이란 미래에 살아갈 인간'이기 때문이라고 설명한다. 표현을 달리하면 '모친'을 운동의 주역으로 내세우는 것도 반드시 출산을 경험한 좁은 의미에서의 '모친'이라기보다는, 미래에 살아갈 인간을 '맡아서 키우는 자'로서의 책임감을 강조한 것이라고 설명하는 것이다. 가즈코의 표현을 빌자면, '모친대회'의 성과는 일본 여성들 중에 내재된 '나는 어찌 되든 아이만은自分はともかく子どもは'이라는 의식을 사회와 미래 변혁의 긍정적 방향으로 끌어낸 것이라는 평가도 가능할 것이다(米田佐代子編·解説, 1981: 87~89).

3) '모친'들의 전쟁 책임

한편에서는 모친운동에 참여한 여성 대부분이 자신이 전시기에 겪었던 비참한 경험에 관해 목소리를 높이면서도, 자신들이 '가해자'일 수 있다는 사실에 무관심한 모습에 비판의 목소리도 생겨났다. 1959년 제5회 대회 당시 한 분과회에서 노동운동가이자 시인이기도 한 다니가와 간谷川雁(1923~1995)이 발언을 신청했다.

> **여러분은 전쟁 중 [경사스러운 날에 먹는] 팥밥을 짓고 일장기日の丸를 흔들며 우리를 전장으로 보냈습니다.** 그 때문에 많은 젊은이들이 전사했습니다. 바로 그 어머니들이 지금 안보조약에 반대한다고 합니다만, 저는 전쟁 중 어머니들이 한 일을 잊지 않았기 때문에 믿을 수 없습니다. 안보에 반대하는 것은 쉬운 일이 아닙니다. 그렇게 간단하게 이야기하지 말아주십시오(牧瀬菊枝, 1985: 36, 강조는 인용자)!

현장을 일순 침묵에 빠뜨린 이 발언은 앞서 제시했던 제1회 대회의 「선언」과 함께 읽어볼 때, 그 인식의 차이가 확연히 드러난다.

> 전쟁으로 인해 어머니가 된 기쁨과 자부심은 산산조각이 나고 **전쟁이 싫다는 이 지극히 당연한 어머니의 마음을 입에 담는 것조차 금지되어 왔습니다. 우리들은 아이들을 싸움에 내보내면서도 이별의 눈물을 흘리는 것조차 허락받지 못하고 이를 악물고 있을 뿐**이었습니다. 그리고 전쟁의 슬픔 가운데 많은 나라들의 청년과 어머니까지도 휘말리게 하는 무서운 결과를 초래했습니다(「第一回母親大会宣言」, 강조는 인용자).

해당 분과회의 사회자로서 당시 상황을 기록한 마키세가 전하는 바에 따르면, 현장에는 아들을 전장에 보냈던 어머니들이 많았다. 사실, 그때까지 모친대회에서는 어머니들이 전쟁이 얼마나 고통스러웠는지 피해자 체험만을 이야기했고, 아들 세대로부터 전쟁 책임을 추궁당한 적은 한 번도 없었다. 하지만 다니가와의 발언은 어머니들을 화나게 했을 뿐으로, 대회의 중심에 있던 이들도 그의 문제 제기를 제대로 다루려 하지 않았다"(牧瀬菊枝, 1985: 36). '모친대회' 측의 싸늘한 반응에 다니가와는 다른 매체를 통해 다시 한번 '모친대회' 측의 전쟁 책임에 대한 반성을 촉구했다.

> 드러나게公然と 우는 것이 다소는 저항의 역할을 했을지도 모르던 시절에는 우는 법조차 알지 못했던 어머니 …… 안보 개정 반대서명이란, 당신이 전쟁을 위해서가 아니라 평화를 위해 아들이 죽어도 후회가 없다는 맹세입니다. 그러한 결심이 서지 않았을 때는 묵묵히 벽이나 보고 앉아 있어 주십시오(牧瀬菊枝, 1985: 36에서 재인용, 줄임은 牧瀬菊枝).

모친운동에서 가해자로서의 책임이 논해지는 것은 그로부터도 다시 10여 년을 기다려야 했다. 모친운동의 시작이 자신의 가해자로서의 자각 없이 오로지 자신이 겪은 고통만을 기억하며 피해자로서의 입장만을 내세웠다는 비판을 받는 것은 당연했다. 하지만 이를 지금의 관점에서 전후 10년 당시의 '모친'들에게 추궁하는 것이 그다지 의미 있어 보이지는 않는다.

패전 이후로도 오랫동안 일본이 해외에서 저지른 악행에 대한 정보가 부족했다거나, 혹은 천황을 비롯한 전쟁 책임자에 대해 제대로 된 추궁 대신 그 모든 것이 냉전 속에서 유야무야 처리되었던 사정까지 들먹이며 변명할 필요도 없을 것이다. 자신이 저지른 잘못, 즉 죄에 대해 가장 민감해야 할, 그리고 신 앞에서 가장 철저하게 자신을 반성했어야 할 일본의 그리스도인들조차 패전 후 20년이 지난 후에야 자신들의 전쟁 책임을 시인했다는 점만 보아도[29]

---

29 1965년 오무라 이사오(大村勇) 일본그리스도교단 총회 의장이 한국 측의 초대로 방한했을 당시 일어난 소동을 계기로 일본 교회의 전쟁 책임에 대한 논의가 본격화되어 1967년 「제2차대전하 일본 그리스도교단의 책임에 관한 고백」을 발표했다(서정민, 2002: 36~45의 내용 참조).

당시 일본 국민 대부분의 전쟁 책임에 대한 인식의 수준이 어떠한 정도였는지 알 수 있다. 이에 대한 자각과 반성 그리고 책임을 지는 것은 여전히 일본의 '모친들'에게 남겨진 몫이지만, 거리를 두고 바라보는 외부의 연구자로서는 일본의 '평범'한 모친들의 전쟁 책임을 특정해 비판하는 것에 좀처럼 의욕이 생기지 않는 것이다.

4) 일본모친운동과 생활 그리고 평화

이상과 같은 경위를 통해 일본의 여성들은 '모친대회'라는 형태로 전후 평화운동의 대열에 동참했다. 하지만 모친운동의 성격을 '평화운동'이라는 이름으로 규정하는 것이 타당할까? 안베 가즈코는 1954년 비키니사건을 계기로 해 모친운동과 거의 같은 시기에 시작된 원수폭 금지운동과 비교하면서 다음과 같이 답한다.

> [모친운동과 원수폭 금지운동은] 양쪽 모두 '평화'지만, '아이들을'이라는 말이 붙은 것이 원수폭 금지운동과 다릅니다. …… 원수폭 금지운동 쪽은 분명한 '원수폭 반대'이고 모친대회 쪽은 "우리 일본의 모친은 아이들을"이잖아요. …… 원수폭 금지운동은 말하자면 오로지 평화平和一本만을 위한 운동으로 [서로 다른 다양한 단체가] '평화'라는 점에서 연결되고 있습니다. '모친' 쪽은 …… 반드시 평화문제만은 아니었다는 요소가 있습니다(米田佐代子編·解説, 1981: 87, 줄임은 인용자).

원수폭 금지운동이 사실상 '평화'라는 하나의 목표를 향해 나아갔던 반면, 모친운동은 반드시 그렇지만은 않으며 오히려 '아이들'에 대한 관심이 우선한다는 이야기다. 사실 이는 앞에서 확인했던 바이기도 한데, '모친대회' 전국대회의 경우 약간의 표현상의 차이는 있을지언정, 아이[와 교육], 생활[의 권리, 평화의 수호라는 세 가지 커다란 주제로 이루어져 각 주제별로 수십 개의 분과회가 편성되었다. 즉, 모친운동에서 '평화'는 분명 주요한 관심 중의 하나이긴 했지만, 가장 중요하거나 궁극적인 목표였던 것은 아니었고, 세 주제 중에서는 오히려 관심이 적은 편에 속했다. 예를 들어 ― 비키니사건 발생 후 오래지 않은 ― 1957년 제3회 대회를 앞두고 분과회 편성을 위한 앙케이트를 실시한 결과, 회수된 응답 가운데 평화에 관한 것은 어린이 교육 43.2%, 행복한 생활 24.2%보다 크게 적은 13.2%에 불과했다는 사실은(日本母親大会十年史編纂委員会, 1966: 93~94), 모친운동 참가자들의 주된 관심이 역사나 정치와 같이 이념으로 연결되기 쉬운 평화문제보다는 당장의 육아나 일상생활과 같은 보다 실제적인 문제로 수렴되는 경향이 있었음을 보여준다.

그런데 비키니사건을 계기로 해 원수폭 금지운동과 쌍둥이처럼 태어난 '모친대회'가 이후 반전·평화 자체를 내세우기보다는 '아이'와 '생활' 문제를 더욱 비중 있게 다루게 된 것이나, 혹은 어찌 보면 무시될 수 있는 어머니들의 개인적이고 일상의 문제를 모아 전국적인 운동으로 발전시킬 수 있었던 것에는, '모친대회'보다 2년 앞서 1953년 개최된 제1차 세계부인대회 참석이 하나의 계기가 되었던 것으로 보인다.

세계대회에서 아프리카의 부인대표가 '우리의 아이는 먹을 것도 없고 병에 걸려도 진찰을 받을 수 없고 학교에도 갈 수 없다'고 한탄하고 있더랬지요. 그것은 동시에 전후 [일본] 어머니들의 한탄이기도 했던 겁니다. 그러니까 **아이를 중심으로 한 생활 전체의 문제**라는 것이 세계모친대회의 단계부터 있던 거지요. …… 그래서 일본모친대회의 구호는 무엇이든 고민을 가지고 와주시라는 것이었습니다(米田佐代子編·解説, 1981: 87~88, 줄임과 강조는 인용자).

이른바 최초의 세계 경험을 통해 '아이를 중심으로 하는 생활 전체의 문제'가 자신만의, 혹은 전후 일본만의 문제가 아닌 세계적 보편성을 갖는 문제임을 확신하게 되었던 것이고, 이 때문에 대회에서는 비키니사건으로 촉발된 반전·평화의 주장에 집중하기보다는 자신들이 가지고 있는 '고민'을 함께 이야기하는 쪽으로 나아가게 되었다는 것이다.

> 일본모친대회는 평화라는 것이 원점에 있지만 과격할 정도로 평화의 문제를 다루어 오지는 않았습니다. 평화가 없다면 이런 문제도 저런 문제도 우리가 바라는 바 대로 되지는 않을 것임을 인식하면서, 요구를 내걸고 일상의 현상에 주목해 왔던 것입니다(米田佐代子編·解說, 1981: 88).

이러한 과정에서 이른바 '평화'는 그 자체가 목적이 되기보다는, 오히려 각각의 문제와 고민을 해결하기 위한 전제조건과 같은 위치가 되었다. 전쟁이 발생한다면 육아나 일상의 생활이 제대로 영위될 수 없다. 이 때문에 일상의 소소한 생활문제를 중심으로 이를 개선하고 수호하는 과정에서 이를 방해하는 외적 요인들을 제거하기 위한 방식으로서, 이른바 반전운동·원수폭반대운동과 같은 '평화' 수호 활동으로 나타났다.

다만 여기에서의 '평화'란, '전쟁' 혹은 '혼란'과 같은 구체적인 상황에 대한 반대의 의미 혹은 이를 억제한 상태를 의미하는 '좁은' 의미의 평화였다. 하지만 '아이'에게 더 나은 '생활'을 가능하게 하고 싶다는 그들의 소망이 이루어진다면, 그 자체가 넓은 의미의 '평화'의 실현이기도 했다는 점에서, 모친운동 그 자체는 넓은 의미에서의 평화를 위한 운동이었던 셈이다. 여성학자 다나카 스미코의 표현을 빌자면 "생활의 평화를 위협하는 것을 가장 가까운 곳 身のまわり부터 하나하나 제거해 갈"(田中寿美子, 1996: 250) 것을 지향하는 것이었다.

5. 평화, 아이를 위한 더 나은 생활

이 연구는 전후 일본에서 전개되었던 평화를 위한 움직임이 어떠했는지 그 실상에 접근하려는 학제적 공동연구의 일환으로 추진된 것으로, 그 가운데 특히 여성들의 움직임에 대해 소개하는 것을 목적으로 했다. 여성들이 전개한 평화운동의 대표적인 사례가 바로 '모성' 혹은 '모친'을 전면에 내세운 '일본모친대회' 혹은 '모친운동'이라는 점에서, 논리의 전개를 위해 머리말에서는 '왜 하필 모성(모친)인가' 혹은 '전전의 모성과 전후의 그것은 어떻게 다른가'라는 질문을 제기했다. 그리고 이에 대해 대답을 찾는 방식을 통해 전후 일본 여성들의 평화를 위한 운동을 소개하고 그 성격을 규명해 보고자 했으며, 그 내용은 다음과 같이 요약할 수 있다.

전후 일본 여성들의 평화운동은 1954년의 비키니사건 발생 이전부터, 즉 패전 직후부터 이미 여성운동가들에 의해 시작되어 평화를 위한 여성들의 국제적 연대를 시도하는 단계에 이르렀다. 특히 세계모친대회의 경험을 통해 '아이'와 '생활'에 관련된 문제가 전후 일본만이 아닌 전 세계에 공통된 보편적 문제임을 확인하면서, 국내에서도 '모친운동'의 필요성에 대한 확신이 강화되었다. 특히 전전 일본에서 국가에 의해 통제되고 이용되었던 '모성'과는 달리, 일본 국내뿐 아니라 국제적으로도 연대하는 보편적 '모성'을 지향하게 되었다.

전전의 여성운동이 대부분 엘리트 여성에 의해 주도되었던 것과 달리, 전후의 모친운동은 '지극히 보통'의 '모친'들이 중추가 되었다. 전쟁을 반대한다는 좁은 의미에서의 '평화'가 '모친운동'의 최우선 순위는 아니었지만, '아이'와 '생활'과 더불어 모친운동의 주된 목표의 하나이자 바로 그러한 목표를 달성하기 위한 전제조건으로서의 위치를 점했다. 즉, '아이'와 '생활'을 위협하는 문제는 '평화수호'의 차원에서 단호하게 대응하지만, 평소의 주된 관심은 오히려 소소하고 또 피부에 와닿는 문제를 해결하기 위한 대화와 실천에 놓이는 경향이 있었던 것이다.

이상과 같은 모친운동의 초기 역사와 그 의의에 대해 당사자들이 발신한 내용을 중심으로 최대한 객관적으로 살피고자 했지만, 여전히 그 동기와 주장을 전적으로 신뢰하고 지지할 수 없을 뿐 아니라, 어디에선가 불편한 느낌이 남아 있다는 사실을 부인하기 어렵다.

그 이유로서 다시 한번 여성, 특히 '모친'들의 전쟁 책임에 대해 언급하지 않을 수 없다. 이 글은 주로 '모친대회'의 초기 즉 제10회 대회까지를 고찰의 대상으로 했기에, '모친대회'가 자신들의 전쟁 책임 문제를 적극적으로 다루지 않았던 경위에 관해서는 당시 일본 사회 전반의 분위기 속에서 간단히 소개하는 데 그쳤다. 하지만 이것이 여성들의 전쟁 책임에 대한 면죄부를 인정하는 것은 결코 아니며, 이에 대해서는 여성의 전쟁 책임 문제에 천착해 온 여성학자 스즈키 유코의 지적으로 대신하고자 한다.

> 전시하 모성이 군국주의나 천황제 파시즘과 연결되어 여성 익찬화翼贊化의 상징이 되어가기도 했다는, 그러한 역사도 있었던 것입니다. 그러한 사실을 고의인지 아닌지는 모르겠지만, 완전히 잊어버리고 있는 것입니다. 그리고 모성은 평화의 상징이라는 것을 아무런 주저함도 없이 규정하고 있습니다. 그리고 [바로 그] **모성 때문에 천황제 파시즘에 가담하게 되었다**는, 그와 같은 역사[의식]이랄까 문제의식이라는 것이 여기(모친대회 −인용자)에는 전혀 느껴지지 않는 것입니다(鈴木裕子, 1995: 98~99, 강조는 인용자).

이제 대회가 환갑을 훌쩍 넘긴 지금까지도 여성들의 전쟁 책임, 특히 '모성'이 일본 근대사에서 갖는 불편한 의미에 대해 여전히 인식의 수준이 나아지지 않았다는 점은 비판을 피하기 어렵다. 오랜 시간을 거치면서 아이·생활·평화를 위한 일정한 성과를 축적해 가고 있는 것처럼 보이는 지금에도, 여전히 한편으로는 이 글의 머리말에서 제기했던 일본 역사상에서 '모성'이 갖는 '불편함'은 깔끔하게 해소되고 있지 않은 셈이다.

둘째로는, 평화를 추구하는 여성들의 운동이 '모친'을 주된 정체성으로 내걸고 있는 것 자체에 대해서다. 그에 대해서는 현재에도 비판과 해석이 이어지고 있어서, 이를 일본 여성들의 한계로서 과도기적 단계라고 보는 비판적 관점과, 오히려 '모친'의 의미를 생명이나 미래와 같은 가치들과 연결시켜 새로이 재규정하면서 발전시켜 가려는 입장이 공존하고 있는 것으로 보인다.[30]

하지만 '모친대회' 측이 가진 본래의 의도가 무엇이든, '모친'이라는 용어와 개념의 사용 자체가 '모성'의 긍정적 가치와 역할을 전제하고 있다는 점, 따라서 ─ 설령 당사자들의 의도한 것은 아닐지라도 ─ 여전히 모성의 신성화에 기여하고 있다는 점을 우려하지 않을 수 없다. "'모성'이라는 용어 그 자체가 사전에서 말소될 때 비로소 일본인은 책임의식을 가진 자립적 존재가 될 수 있을 것"(加納実紀代, 2009: 73)이라는 극단적인 주장을 하려는 것은 아니지만, '모성'은 언제라도 신성시되기 쉽고 나아가 무조건적인 전가의 보도가 되기 쉬운 속성을 가졌음이 전전의 경험을 통해 확인된 이상, 그에 대한 비판적인 경계의 시선을 놓쳐서는 안 될 것이다. '모친대회'의 존재가 그러한 경계의 자세를 무디게 하는 기제로 작용할 수 있다는 우려는 부인하기 어렵다.

---

30 '모친대회'가 받는 비판 중에 '모친'이라는 용어의 사용 및 그 의미의 불분명함과 관련해, 이를 '모성'이라는 모호한 용어보다는 '어머니 역할(mothering)', 즉 '모친 역할'이라는 개념을 도입하자는 사라 러딕의 제안을 고려해 볼 만하다. 즉, '모친'을 하나의 정체성이나 고정된 생물학적 또는 법적인 관계보다는 '활동'으로 해석하는 것이다. 이에 따르면 모친은 아이의 생명을 보호하고 그들을 지적으로 신체적으로 정서적으로 성장시켜 사회에 적응하도록 훈육시키는 사람들이다. 이는 모친을 굳이 '결혼해 아이를 낳은 여성'이라는 식으로 규정하지 않고 다양한 삶의 형태를 용인한다. 그에 따르면 모친 역할이 반드시 여성이어야만 할 필요는 없다. "아이들의 요구에 응답하고자 결단하고, 그것을 자신의 삶에서 중요한 부분으로 생각하는 사람은 남녀를 불문하고 누구나 어머니인 것이다"(러딕, 1995: 7, 19).

책을 마치며

"그 때, 일본의 여자들은 뭘 했지?"

2009년 귀국한 이래로 집필했던 글들 가운데, 주로 근대 일본 여성에 관한 내용을 모아 하나의 책으로 묶고 보니, 결국 필자가 줄곧 궁금했던 것은 바로 이 물음이었던 것 같다. 특히 근대 일본이 한반도에서, 중국 대륙에서, 동남아에서 지금까지도 좀처럼 지워지지도 아물지도 않는 흔적과 상처를 남길 때, 도대체 그들은 무엇을 하고 있었는지가 궁금했던 것 같다. 그리고 일본에 혹은 근대 일본의 역사에 관심을 가진 이들에게, 그 안의 모두가 하나로 똘똘 뭉쳐 어느 방향을 향해 질주한 것이 아니라, 그 안에도 그와 다른 생각을 하며 다른 삶을 살았던 – 혹은 다른 삶을 강요당했던 – 다양한 존재들이 있었다는 사실을 좀 더 구체적으로 보여주고 싶었던 것 같기도 하다.

생각해 보면 오래 전 박사논문의 주제로 삼았던 하니 모토코라는 인물과 만난 것도 그러한 물음과 무관하지 않다. 그는 매일 아침을 '한 손에 성경, 한 손에 신문'으로 시작했고, '사상하면서, 생활하면서, 기도하면서思想しつつ生活しつつ祈りつつ'를 교육의 이념으로 삼았다. 그리스도인으로서 자신만의 뚜렷한 신앙을 확립하고, 이에 기초해서 생활과 교육에 관한 계몽활동뿐 아니라 최신의 정치적·사회적 이슈에도 발언한 여성 지식인을 처음으로 알게 되면서,

근대 일본에 대해 종래 가졌던 어떤 선입견에 미세한 균열이 가해졌던 것 같다. 야심만만한 정치가도, 의욕에 불타는 군인도, 지적으로 깊이 성숙한 지식인도 아닌, 자신이 발 딛고 있는 현실에서 유리되지 않고 끊임없이 문제를 제기하며 스스로 해결하려 분투하는 생활인. 그러한 한 여성의 시선을 통해 근대 일본을 바라볼 수도 있을 것이라는 기대가 생겼던 것이다.

하지만 사실 그는 ─ 최근 한국의 유행어를 빌리자면 ─ 전형적인 '꼰대'이기도 했다. 그리스도인이 교육자인데다 저널리스트이기까지 하면 꼰대로서 '트리플 크라운'을 달성했다 할 수 있다. 그는 도시 중류가정에서 남편이 출근한 후의 빈 집을 지키며 가정 일을 전담하던 주부들을 향해 '지금 하고 있는 그 일들에 불만을 갖기보다는 오히려 더욱 진정성을 가지고 더 잘 하도록', 성경을 뒤적이며 다독이는 일을 했다. 당시 여성에게 주어진 의무였던 가정에서의 생활뿐 아니라 정치와 시사에도 남다른 식견과 관심을 보였지만, 기본적으로는 당장 주어진 환경에 순응하고 현재 군림하는 권력에 협력하는 자세에서 크게 벗어나지 않았다. 근대 일본의 역사와 사회를 좀 더 입체적으로 이해하기 위한 하나의 '통로'로서 하니 모토코라는 여성을 연구하게 되었지만, 그리스도인 특유의 선민의식에 기반해서 일본과 일본인을 바라보는 그의 시선만으로는 '여성으로서의' 입장을 충분히 알기 어렵다는 사실을 깨닫게 하고, 그와 다른 입장에서 다른 역할을 했던 더 많은 일본 여성에 대한 본격적인 연구로 나아가게 하는 동기가 되었다는 점에서, 그는 필자에게 또 다른 의미에서도 '통로'가 되었다고 할 수 있다.

이 책에 담긴 필자의 글이 역사 속의 일본 여성에 대해 끊임없이 이야기하면서도, 그들의 상황을 종래에 비해 얼마나 나아졌는지를 비교하는 '해방'의 역사로 다루지 않고, 당대의 주요한 상황이나 사건과의 '관계' 속에서 다루게 된 것은 이상과 같은 나름의 문제의식의 흐름이 있었기 때문이다. 같은 이유로부터, 처음부터 하나의 책으로 기획된 것이 아니라 일관된 기준이 있는 것은 아니지만, 각각의 등장인물은 그들 개개인이 가진 재능이나 업적 때문이 아니라 근대 일본의 주요한 사건이나 주제를 향해 대표적으로 자신의 목소리를 냈기 때문에, 혹은 그 시기에 여성으로서 가장 주요한 쟁점과 관련해서 활동했기에 선정된 경우가 많다. 예를 들어 제1장에서 메이지시대의 여성 관련 주요한 주제로서, 후쿠자와 유키치나 우에키 에모리植木枝盛 등 저명한 남성 계몽지식인들의 여성에 관한 언설('부인론')이 아니라, 일본 여성의 낮은 지위, 그리고 그 이유가 되는 낮은 수준의 여자교육에 문제를 느껴 스스로 학교 설립에 나선 쓰다 우메코와 그의 학교를 다룬 것은, 바로 이러한 필자의 관심이 반영된 결과다. 이러한 필자의 관심과 기준이 책 구성 전반에 걸쳐 관철되고 있다.

패전 직후 일본 여성에게 참정권이 부여된 것에 대해, 당시 남성 지식인들이 '달을 채우지 못한 분만', 혹은 '미숙한 채 떨어진 과실'이라며 우려했던 것이 타당한지에 대한 판단과는 별개로, 이 책에 대해서라면 필자도 같은 아쉬움을 고백할 수밖에 없다. 다만, 이 책이 일본의 역사에 관심을 가진 분들께 조금은 근대 일본의 다른 모습을 엿볼 수 있는 기회가 되었으면 하는 마음에, 혹은 여성의 역사에 관심을 갖는 분들이 일본의 사례를 참고했으면 하는 마음에, 덜 익은 열매를 미리 따는 무모한 용기를 냈다는 변명을 하고 싶다. 그러한 동기가 다소나마 작동하지 않았더라면 주제와 내용을 좀 더 좁게 한정한 후에 그에 집중시켜 연구를 진행하고, 그 결과물로 책을 구성했을 것이다. 종래 집필한 글들을 하나의 책으로 묶는 과정은, 학술논문으로 쓰인 글을 좀 더 평이한 언어로 가다듬어 가독성을 높이기 위한 노력과 더불어, 다음에는 조금 더 집중하고 심화된 문제의식과 나름의 결론까지를 담은 묵직한 연구서를 내고 싶다고 다짐하는 시간이기도 했다.

이 책이 나오기까지 감사를 드려야 할 분들이 많다. 재정적으로는 한국

연구재단과 동북아역사재단 등의 도움을 입었고, 연구자로서의 생활에서는 귀국 후 줄곧 몸담고 있는 서울대학교 일본연구소와 그 안에서 만난 모든 분들께 큰 은혜를 입고 있다. 또한 일본사학회와 한국여성사학회 등에서 발표 기회를 제공받아 연구를 발전시킬 수 있었고, 학술의 장에서 만난 선후배 연구자들과의 즐거운 수다가 연구의 동력이 되었다. 이 모든 인연에 감사하고, 주위에서 기도해 주시는 분들 그리고 그 기도에 귀 기울여 주시는 분께도 감사를 드린다.

거슬러 올라가면, 우둔한 필자를 제자로 받아주시고 인내심을 가지고 성장을 기다려주신 김용덕, 구로즈미 마코토黑住真 두 선생님의 은혜를 잊을 수 없다. 조금 더 거슬러 올라가면, 필자에게 역사 공부를 권하셨고 일본과의 인연을 처음 만들어주신, 그러나 지금은 먼 곳에 계신 아버님과, 그 아버님을 매일 그리워하시며 연구자인 두 딸들보다도 더 열심히 글을 쓰시는 어머님, 더불어 모든 가족들께도 감사를 드린다.

마지막으로 출판을 맡아주신 한울엠플러스의 김종수 사장님, 출판 결정까지의 과정을 이끌어주신 윤순현 차장님, 그리고 편집의 실무를 맡아 꼼꼼히 챙겨주신 임혜정 편집자님께 감사를 드린다. 코로나 팬데믹으로 인해 출판계도 녹록치 않은 상황이었으리라 생각하기에, 연구자로서 더더욱 감사하다는 말씀을 전하고 싶다.

2021년 1월 벽두에, 이은경

연표: 근대 일본 여성사 연표

1971년 12월	쓰다 우메코 포함 최초의 여자유학생 5명, 이와쿠라사절단 일행과 함께 출발
1972년 9월	문부성 학제 반포. 남녀평등 의무교육 실시
1874년 3월	도쿄여자사범학교 설립
1884년 6월	최초 여성잡지 ≪여학신지(女学新誌)≫(1885년 7월 ≪여학잡지≫로 이어짐)
1886년 12월	도쿄그리스도교부인교풍회(東京基督教婦人矯風会) 설립
1890년 3월	도쿄여자고등사범학교 설립
1890년 7월	'집회 및 정사법' 공포. 여자의 정치 활동 전면 금지
1893년 4월	일본그리스도교부인교풍회 결성
1894년 7월	'일본의 신부' 사건 발생. 일본의 목사 다무라 나오오미의 영문 저서 『일본의 신부(Japanese Bride)』가 문제화, 교회에서 추방됨
1898년 5월	'민법' 친족편·상속편 공포. 장자 가독(家督) 상속, 아내의 무능력 등 여성의 가정에서의 신분 및 위치를 규정
1899년 2월	'고등여학교령' 공포. 양처현모주의에 입각한 여자교육을 제도적으로 확립. 각 도부현 고등여학교 설치를 규정
1900년	쓰다 우메코, 여자영학숙(쓰다주쿠) 설립
1900년 3월	'치안경찰법' 공포. 여자의 정치결사 가입 및 정담집회 참가·발기인 참여를 금지
1900년 12월	요시오카 야요이, 도쿄여의학교(→ 도쿄여자의학전문학교) 설립
1901년 2월	오쿠무라 이오코(奥村五百子), 애국부인회 설립
1903년 3월	'전문학교령' 공포
1903년 4월	하니 모토코, ≪가정지우≫ 창간(→ 1908년 1월 ≪부인지우≫로 이어짐)
1905년 10월	일본그리스도교여자청년회(YWCA) 발족. 회장은 쓰다 우메코. 도쿄YWCA 동시 발족
1911년 3월	'공장법' 공포. 부녀자 및 연소자 12시간 노동, 심야업 금지, 월 2회 휴업, 위험 작업 금지 등 규정.
1911년 9월	≪세이토≫ 창간(1916년 2월). 여자만의 손에 의한 문예·평론지. 여성해방론에 큰 영향.

1916년 1월	≪부인공론≫ 창간. 지적 향상을 지향하는 여성층을 대상.
1917년 2월	≪주부지우≫ 창간. 주부층 대상 실생활 중심 편집. 일본 잡지 중 최고 발행 부수.
1918년 2월	'모성보호 논쟁' 시작(~1919년 6월). 임신·분만 시 부인의 국가에 대한 경제적 특수보호 요구에 대한 찬반을 둘러싸고 전개, 점차 확대.
1919년 3월	귀족원 본의회에서 처음 여성의 참정권 필요 제기
1920년 3월	신부인협회 결성식 거행(활동은 1919년 11월 시작). 남녀평등과 여성의 권익옹호 지향. 기관지 ≪여성동맹≫(1920년 10월) 창간
1922년 4월	'치안경찰법' 5조 개정 공포. 여성의 정담집회 참가 가능해짐
1923년 2월	부인참정동맹 결성
1923년 3월 8일	제1회 국제 여성의 날
1923년 9월	도쿄연합부인회 결성. 간토대진재 후 구제사업이 계기, 43개 단체가 대동단결
1924년 12월	부인참정권획득기성동맹회 발족(→1925년 부선획득동맹, 1940년 해산)
1930년 4월	제1회 전일본부선대회 개최
1930년 5월	여성 공민권법안 중의원 본회의 최초 가결
1931년 2월	여성 공민권법안(제한안) 중의원 본회의 가결
1932년 10월	대일본국방부인회 창립
1933년 3월	도쿄부인시정정화연맹 결성
1934년 9월	모성보호법제정촉진부인연맹 결성(→ 1935년 모성보호연맹)
1935년 8월	선거숙정부인연합회 결성
1937년 1월	제7회 전일본부선대회(마지막 개최)
1937년 3월	'모자보호법' 공포. 13세 이하 자녀가 있는 빈곤 모친·조모의 생활부조 및 아이 양육부조 등 결정(시행은 1938년 1월)
1937년 9월	일본부인단체연맹 결성
1937년 10월	국민정신총동원중앙연맹에 4개 여성단체(애국부인회·대일본국방부인회·대일본연합부인회·여자청년단) 포함
1938년 6월	다카무레 이쓰에, 『모계제 연구』 출판
1939년 12월	부인문제연구소 개소
1940년 5월	'국민우생법' 공포. 불건전 소질자(素質者)에 대한 우생 수술, 건전자의 산아제한 방지.
1940년 9월	부선획득동맹 해산 결정

1941년 2월	부인단체통합에 관한 건의안 국회 상정
1941년 7월	가정 및 여성 잡지 약 60종 발행인, 경시청으로부터 정리·통합을 요청받음(80개 잡지가 17개로 축소)
1942년 2월	대일본부인회 발회식. 20세 미만 미혼자 제외 여자 2000만 명 조직
1943년 9월	여자근로동원촉진에 관한 건(件) 결정 발표
1944년 8월	'여자정신근로령' 공포·시행
1945년 8월	RAA(특수위안부시설협회) 설립. 점령군을 위한 성적 위안시설 설치
1945년 8월	전후대책부인위원회 결성
1945년 10월	더글러스 맥아더 원수, 일본 민주화를 위한 5대 개혁(선거권 부여에 의한 여성 해방, 노동조합 결성 장려, 학교 교육 민주화, 비밀심문사법제도 철폐, 경제기구 민주화) 요구.
1945년 11월	신일본부인동맹 결성
1945년 11월	'치안경찰법' 폐지. 부인 정치활동 자유화
1945년 12월	'중의원의원선거법' 개정 공포. 처음으로 여성참정권 실현
1946년 1월	GHQ, 공창제도 폐지
1946년 3월	부인민주클럽 결성(GHQ의 지지)
1946년 4월	전후 제1회 중의원 선거 실시, 최초 여성의 참정권 행사. 여성 79인 입후보, 39인 당선, 투표율 66.97%(남자는 78.52%)
1946년 7월	일본민주주의부인대회, 여성단체 약 500인 참가
1946년 11월	'일본국헌법' 공포, 남녀평등 원칙 포함
1947년 3월	이치카와 후사에, 공직 추방됨(~1950년 10월)
1947년 4월	제1회 참의원 선거. 여성 10인 당선
1947년 9월	노동성 산하 부인소년국 신설. 국장은 야마카와 기쿠에
1947년 10월	개정 '형법' 공포. 간통죄 폐지
1947년 12월	개정 '민법' 공포. '이에' 제도 폐지
1948년 4월	일본민주부인협의회(민부협) 결성 (1949년 11월 국제민주부인연맹 정식 가맹)
1953년 4월	일본부인단체연합회(부단련) 결성. 회장은 히라쓰카 라이초
1953년 5월	제1회 일본부인대회 개최, 1000명 참가. 세계부인대회 참가 대표 10인 선출
1953년 6월	세계부인대회(국제민부련 주최)에 67개국 7000명 참가, 일본 대표는 (정부의 방해로) 1명만 참가

1954년 3월 8일~ 4월 16일	제1회 부인월간(婦人月刊)
1954년 5월	원수폭금지서명운동 스기나미협의회 결성, 주부를 중심으로 28만 명의 서명 모집
1955년 6월	제1회 일본모친대회, 2000 여명 참가
1955년 7월	세계모친대회(로잔)에 68개국 1060명 참가, 일본에서 16명 참가

참고문헌

1. 1차 사료

1) 서적

市川房枝. 1974. 『市川房枝自伝(戦前編)』. 東京: 新宿書房.

_____. 1976. 『私の言いたいこと』. 東京: ポプラ社.

_____. 1994. 『市川房枝集(1~8, 別巻)』. 東京: 日本図書センター.

_____ 編・解説. 1977. 『日本婦人問題資料集成(二)』. 東京: ドメス出版.

市川房枝記念会出版部. 1997. 『女性参政関係資料集: 女性参政50周年記念』. 東京: 市川房枝記念
　　　会出版部.

香内信子編・解説. 1984. 『資料 母性保護論争』. 東京: ドメス出版.

児玉勝子. 1981. 『婦人参政権運動小史』. 東京: ドメス出版.

_____. 1990. 『十六年の春秋: 婦選獲得同盟の歩み』. ドメス出版.

千野陽一編・解説. 1996. 『資料集成現代日本女性の主体形成(3)』. 東京: ドメス出版.

津田塾大学編. 1980. 『津田梅子文書』. 小平: 津田塾大学.

日本母親大会十年史編纂委員会. 1966. 『母親運動十年のあゆみ』. 東京: 日本母親大会連絡会.

日本母親大会50年のあゆみ編集委員会. 2009. 『日本母親大会50年のあゆみ』. 日本母親大会連絡会.

平塚らいてう. 1983~1984. 『平塚らいてう著作集(7)』. 東京: 大月書店.

_____. 1991(1987). 『平塚らいてう評論集』. 東京: 岩波書店.

明治文化研究会編. 1992. 『明治文化全集(5)』. 東京: 日本評論社.

山川菊栄. 1982. 『山川菊栄集(2)』. 東京: 岩波書店.

湯沢雍彦編・解説. 1976. 『日本婦人問題資料集成(五)』. 東京: ドメス出版.

与謝野晶子. 1999(1985). 『与謝野晶子評論集』. 東京: 岩波書店.

米田佐代子編集・解説. 1981. 『母さんに花を: 山家和子と母親大会』. 東京: ドメス出版.

歴史評論編集部. 1979. 『近代日本女性史への証言』. 東京: ドメス出版.

Tsuda, Umeko. 1991. *The Attic Letters: Ume Tsuda's Correspondence to Her American
　　　Mother*. Yoshiko Furuki ed. New York; Tokyo: Weatherhill.

Bacon, M. Alice. 1891. *Japanese Girls and Women*(복각판은 Black Oyster Publishing Company,
　　　Inc., 2012).

2) 개별 기사

M. R. Beard. "新都市計画と婦人". 1923.11. ≪婦人之友≫.

秋月新太郎. 1895.7. "女子教育管見". ≪第日本教育會雑誌≫, 167号.

≪朝日新聞≫. 1954.9.26. "日本は被爆ヒステリー".

_____. 1959.8.21. "地道な学習を続けます 都内であすから母親大会".

≪朝日新聞≫(夕刊). 1955.6.6. "集う二千人のお母さん".

_____. 1955.6.7. "母親大会始る".

_____. 1955.6.8. "日本母親大会".

_____. 1955.7.17. "手をつないだお母さん 世界母親大会の第一報".

市川房枝. 1920.10. "治安警察法第五条修正の運動(上)". ≪女性同盟≫, 1号.

_____. 1920.10·11. "創立より『女性同盟』発刊まで(上)·(下)". ≪女性同盟≫, 1·2号.

_____. 1920.11. "治安警察法第五条修正の運動(中)". ≪女性同盟≫, 2号.

_____. 1920.12. "治安警察法第五条修正の運動(下)". ≪女性同盟≫, 3号.

_____. 1921.1a. "広島県当局の女教員圧迫事件顛末". ≪女性同盟≫, 4号.

_____. 1921.1b. "広島事件について関係者各位に寄す". ≪女性同盟≫, 4号.

_____. 1921.1c. "婦人の社会運動". ≪婦人問題講演集≫, 2号. 民友社.

_____. 1921.1d. "編集室より". ≪女性同盟≫. 4号.

_____. 1921.2. "広島県当局の女教員圧迫事件の其の後". ≪女性同盟≫, 5号.

_____. 1921.3a. "治警第五条第二項改正案衆議院通過". ≪女性同盟≫, 6号.

_____. 1921.3b. "編集室より". ≪女性同盟≫, 6号.

_____. 1921.4. "治警五条第二項改正案貴族院否決". ≪女性同盟≫, 7号.

_____. 1921.5a. "矯風会大会を観る". ≪女性同盟≫, 8号.

_____. 1921.5b. "藤村男爵は本気ではあるまい". ≪女性同盟≫, 8号.

_____. 1921.5c. "編集室より". ≪女性同盟≫, 8号.

_____. 1924.7.~1924.9. "最近の英米婦人界". ≪女性改造≫, 3·7~3·9号.

_____. 1925.3. "婦人参政権運動の婦人運動に於ける地位". ≪婦人公論≫, 10巻3号.

_____. 1927.3. "婦選獲得同盟の対政党政策". ≪婦選≫, 1巻3号.

_____. 1927.9. "地方支部の任務". ≪婦選≫, 1巻8号.

_____. 1927.12. "創立三周年記念日を迎うるに際して". ≪婦選≫, 1巻11号.

_____. 1928.2. "選挙と政党と婦人". ≪婦選≫, 2巻2号.

_____. 1929.10. "全日本経済大会の報告". ≪婦選≫, 3巻10号.

_____. 1929.12. "月間時事". ≪婦選≫, 3巻12号.

_____. 1930.6.24. "現代の婦人問題". ≪大思想エンサイクロペヂア21(社会問題編)≫. 春秋社.

_____. 1930.7. "普選運動の近状を論ず". ≪婦選≫, 4巻6号.

_____. 1930.8. "制限公民権案を排する". ≪婦選≫, 4巻7号.

_____. 1930.9. "アリス·ポール女史の印象". ≪婦選≫, 4巻8号

_____. 1931.3. "乱闘議会と婦人参政権". ≪婦選≫, 5巻3号.

_____. 1931.4. "制限婦人公民権案の否決される迄". ≪婦選≫, 5巻 4号.

_____. 1931.5a. "飽迄完全公民権獲得を期す". ≪婦選≫, 5巻 5号.

_____. 1931.5b. "×と□との対話". ≪婦選≫, 5巻 5号.

_____. 1931.10. "×と□との対話". ≪婦選≫, 5巻 10号.

_____. 1931.11. "国際平和と婦選". ≪婦選≫, 5巻 11号.

_____. 1931.12. "第六十議会と婦選案". ≪婦選≫, 5巻 12号.

_____. 1932.1. "政友会内閣と婦選問題". ≪婦選≫, 6巻 1号.

_____. 1932.4. "×と□との対話". ≪婦選≫, 6巻 4号.

_____. 1932.6. "第三回婦選大会の決議". ≪婦選≫, 6巻 6号.

_____. 1932.11. "都制案と婦人公民権". ≪婦選≫, 6巻 11号.

_____. 1933.1a. "昭和八年を迎えて". ≪婦選≫, 7巻 1号.

_____. 1933.1b. "都制案その後". ≪婦選≫, 7巻 1号.

_____. 1933.7. "自治政への婦人の協力". ≪婦選≫, 7巻 7号.

_____. 1933.9. "今後の婦選運動の目標". ≪婦選≫, 7巻 9号.

_____. 1935.1. "婦選達成". ≪婦選≫, 9巻 1号.

_____. 1935.7. "婦選達成". ≪婦選≫, 9巻 7号.

_____. 1935.8. "婦選達成". ≪婦選≫, 9巻 8号.

_____. 1935.9. "婦選達成". ≪婦選≫, 9巻 9号.

_____. 1935.10. "婦選達成". ≪婦選≫, 9巻 10号.

_____. 1935.11. "政界の近況を語る". ≪婦選≫, 9巻 11号.

_____. 1935.12. "婦選達成". ≪婦選≫, 9巻 12号.

_____. 1936.3. "総選挙と其の結果". ≪婦選≫, 10巻 3号.

_____. 1936.4. "私の頁". ≪婦選≫, 10巻 4号.

_____. 1936.11. "私の頁". ≪婦選≫, 10巻 11号.

_____. 1937.3. "私の頁". ≪女性展望≫, 11巻 3号.

_____. 1937.4a. "今次の総選挙と婦人其の他". ≪女性展望≫, 11巻 4号.

_____. 1937.4b. "政界の近況を語る". ≪女性展望≫, 11巻 4号.

_____. 1937.4.24「母ごころで選挙を育てましょう」, 『母ごころで選挙を育てましょう』. 女子公民教育協会.

_____. 1937.9. "政治経済界の近況を語る". ≪女性展望≫, 11巻 9号.

_____. 1937.9. "私の頁" ≪女性展望≫, 11巻 9号.

_____. 1937.10. "国民総動員と婦人". ≪女性展望≫, 11巻 10号.

_____. 1937.12. "昭和十二年を顧みて". ≪女性展望≫, 11巻 12号.

_____. 1938.1. "婦選運動を再認識せよ". ≪女性展望≫, 12巻 1号.

_____. 1938.2. "婦人団体の統制問題について". ≪女性展望≫, 12巻 2号.

_____. 1938.5. "国民精神総動員実践網と婦人". ≪女性展望≫, 12巻5号.

_____. 1940.2. "私の頁". ≪女性展望≫, 14巻2号.

_____. 1940.5. "私の頁". ≪女性展望≫, 14巻5号.

_____. 1940.7. "新政治体制と婦人". ≪女性展望≫, 14巻7号.

_____. 1940.9. "新政治体制と婦人組織". ≪女性展望≫, 14巻9号.

_____. 1940.9. "婦人を忘れた新国民組織". ≪女性展望≫, 14巻9号.

_____. 1940.11. "大政翼賛運動と婦人". ≪女性展望≫, 14巻11号.

_____. 1940.12. "選挙法の改正と婦人". ≪女性展望≫, 14巻12号.

一条忠衛. 1923.11. "災後の婦人に望む事(三)婦人の力に俟つ事多し". ≪婦人公論≫.

井上秀子. 1923.10. "帝都復興に際して望むこと". ≪婦人新報≫.

大内光枝・和多寿也. 1934.11. "普選今昔物語: 金子女子に聞く". ≪婦選≫, 8巻11号.

奥栄一. 1921.7. "将来の婦人運動と新婦人協会". ≪女性同盟≫, 10号.

奥むめお. 1921.7. "綱紀振粛". ≪女性同盟≫, 10号.

_____. 1921.8. "私どもの主張と立場". ≪大陽≫, 27巻28号.

_____. 1922.1. "一九二二年を迎ふ". ≪女性同盟≫, 12号.

秋田雨雀. 1921.4. "日本女性運動の将来について". ≪女性同盟≫, 7号.

赤坂静也. 1950.8. "働く女性と家庭の問題". ≪婦人公論≫.

加藤シヅエ. 1946.8・9. "議会から". ≪婦人公論≫.

加藤愛子. 1923.11. "凶災より復興へ". ≪女性改造≫.

金森徳次郎. 1950.5. "あめりか婦人の多様性格". ≪婦人公論≫.

河井道子. 1923.11. "神聖と歓楽との一致". ≪婦人之友≫.

川路柳虹. 1923.11. "生活本来の意義に自覚めよ(四)婦人の力に俟つ事多し". ≪婦人公論≫.

ガントレット恒子. 1923.10. "帝都復興に就て婦人の立場から 新しい帝都に対する私の希望の一つ二つ". ≪婦人新報≫.

グウェン・デュウ. 1947.7. "女性よ!共に手をつないで". ≪婦人公論≫.

久布白落実. 1923.10. "我等は如何なる帝都を建設すべきか". ≪婦人新報≫.

_____. 1928.7. "婦選獲得同盟の世界的進出". ≪婦選≫, 2巻5号.

_____. 1928.8. "政友会と婦選". ≪婦選≫, 2巻6号.

_____. 1928.11. "望月内相に呈す". ≪婦選≫, 2巻9号.

近藤日出造. 1950.11. "われもし婦人代議士なりせば". ≪婦人公論≫.

小泉郁子. 1930.9. "パターナリズムを排す". ≪婦選≫, 4巻8号.

堺利彦. 1918.10. "婦人界の三思想家: 与謝野晶子・平塚明子・山川菊栄". ≪女の世界≫, 4巻10号.

坂本真琴. 1922.6. "治警第五条集成運動の概略". ≪女性同盟≫, 14号.

_____. 1929.8. "濱口緊縮内閣を迎えて". ≪婦選≫, 3巻8号.

塩原静. 1928.11. "政治季節を前にして". ≪婦選≫, 2巻9号.

嶋中雄作. 1946.4. "再生の辞". ≪婦人公論≫.

≪女性同盟≫. 1920.11. "全国女教員懇談会", 2号.

_____. 1921.3. "議員の花柳病者結婚制限に就いての討論", 6号.

_____. 1922.6. "治安修正の喜こび", 14号.

杉森孝次郎. 1922.1. "労働運動と婦人運動の接触点と分岐点". ≪女性同盟≫, 12号.

相馬泰三. 1924.1. "自分のこと以外の生活 その他について". ≪婦人公論≫.

高群逸枝. 1923.11. "帝都復興に対する若き女性の希望". ≪女性改造≫.

竹内茂代. 1929.10. "東京市の塵埃問題". ≪婦選≫, 3巻 10号.

田中孝子. 1921.5. "藤村男爵の蒙を啓く". ≪女性同盟≫, 8号.

土田杏村. 1921.7. "婦人運動と議会政策其他". ≪女性同盟≫, 10号.

鶴見和子. 1955.2.24. "「世界母親大会準備会」から帰って". ≪朝日新聞≫(夕刊).

デームイ・デイス・リットルトン. 1929.12. "市民としての英国婦人". ≪婦選≫, 3巻 12号.

≪東京朝日新聞≫. 1929.1.27. "婦人運動の一転回期".

_____. 1937.9.30. "誉あれ"軍国の母" 表彰制定の運動起る".

中谷宇吉郎. 1950.1. "アメリカの婦人生活". ≪婦人公論≫.

野上弥生子. 1946.4. "政治への開眼". ≪婦人公論≫.

_____. 1955.10. "≪婦人公論≫の使命: 四十周年記念号によせて". ≪婦人公論≫.

羽仁もと子. 1920.6. "この生の使ひ方". ≪婦人之友≫, 14巻 6号.

_____. 1923.10. "失はれたるもの 加へられたるもの". ≪婦人之友≫, 17巻 10号.

_____. 1943.2. "日本の家族的家庭的使命は今や最高潮に達したり". ≪婦人之友≫, 37巻 2号.

ビアード夫人. 1923.10. "帝都の復興に対して日本婦人の眼のつけどころ". ≪婦人倶楽部≫.

福沢諭吉. 2003. 「日本婦人論」. 『福沢諭吉著作集(10)』. 慶應義塾大学出版会.

藤井悌. 1922.1. "婦人問題の二方面". ≪女性改造≫.

藤田咲子. 1923.11. "実際的に見た私の要求". ≪女性改造≫.

藤田嗣雄. 1947.8. "婦人の新しい地位と将来". ≪婦人公論≫.

≪婦人公論≫. 1948.8. "座談会 妻の自由と幸福のために".

_____. 1950.7. "アメリカ娘座談会".

≪婦選≫. 1927.6. "婦選と政党", 1巻 5号.

_____. 1927.7. "不良牛乳問題", 1巻 6号.

_____. 1927.7. "獲得の一本槍", 1巻 6号.

_____. 1927.11. "婦選に対する女学校長の意向", 1巻 10号.

_____. 1928.7. "婦選の国際的進出", 2巻 5号.

_____. 1928.9. "婦選案の成行と民政党", 2巻 7号.

_____. 1929.5. "瓦斯値下げ問題と婦人", 3巻 5号.

_____. 1929.7. "新内閣と婦人", 3巻 7号.

_____. 1929.8. "消費節約と婦人", 3巻 8号.

_____. 1929.11. "政府はまず婦選を与うべし", 3巻 11号.

_____. 1930.1. "婦選座談会", 4巻 1号.

_____. 1930.2. "『選挙革正と婦人』座談会", 4巻 2号.

_____. 1930.7. "『市政と婦人』座談会", 4巻 6号.

_____. 1930.7. "第五十八議会と婦人公民権案(二): 貴族院に於ける婦人公民権についての論戦", 4巻 6号.

_____. 1930.10. "全国町村長会への共同運動", 4巻 9号.

_____. 1931.3. "制限公民権案をめぐりて", 5巻 3号.

本部. 1922.6. "大阪支部の独立宣言に対して送る公開状". ≪女性同盟≫, 14号.

三宅やす子. 1923.11. "復興に就て婦人の立場から". ≪婦人新報≫.

丸岡秀子. 1955.6.10. "「日本母親大会」の三日間". ≪朝日新聞≫(夕刊).

宮本百合子. 1946.6. "一票の教訓". ≪婦人公論≫.

村松嘉津. 1948.2. "女を甘やかすな". ≪婦人公論≫.

メーリ ビアード. 1923.11. "災厄に処する日本の婦人方に". ≪婦人世界≫.

メリー・ビーアド. 1923.11. "日本婦人は今や何を為すべきか". ≪婦人公論≫.

守屋東. 1923.11. "帝都の復興と東京聯合婦人会". ≪婦人新報≫.

谷野せつ. 1950.8. "アメリカ視察婦人団 アメリカの婦人たち". ≪婦人公論≫.

山川房子. 1927.3. "なぜ婦選がほしいか? 人らしい生活を希望す". ≪婦選≫, 1巻 3号.

山川菊栄. 1918.8. "婦人を裏切る婦人論を評す". ≪新日本≫, 8巻 8号.

_____. 1918.9. "母性論争と経済的独立「与謝野・平塚二氏の論争」". ≪婦人公論≫, 3巻 9号.

_____. 1921.7. "新婦人協会と赤瀾会". ≪太陽≫, 27巻 7号.

_____. 1921.10. "無産婦人の立場から". ≪太陽≫, 27巻 10号.

_____. 1923.11. "再生の東京と婦人の要求". ≪婦人新報≫.

_____. 1923.11. "再興せらるべき東京について". ≪婦人之友≫.

_____. 1946.4. "解放の黎明に立ちて". ≪婦人公論≫.

_____. 1947.11. "女性の解決". ≪婦人公論≫.

山田わか. 1921.5. "貴族院の態度を惜しむ". ≪女性同盟≫, 8号.

_____. 1923.11. "帝都の復興は自治的精神の復興から". ≪婦人新報≫.

与謝野晶子. 1916.2. "母性偏重を排す". ≪太陽≫, 22巻 2号.

_____. 1916.6. "平塚明子様". ≪太陽≫, 22巻 7号.

_____. 1918.1. "女子の職業的独立を原則とせよ". ≪女学世界≫, 18巻 1号.

_____. 1918.3. "女子の徹底した独立". ≪婦人公論≫, 3巻 3号.

_____. 1918.6. "平塚さんと私の論争". ≪太陽≫, 24巻 7号.

_____. 1920.2. "新婦人協会の請願運動". ≪太陽≫, 26巻 2号.

_____. 1922.4. "最近の雑感". ≪女性同盟≫, 13号.

吉岡彌生. 1927.12. "日本の現状を観て: 婦選の必要を論ず". ≪婦選≫, 1巻11号.

らいてう. 1916.5. "母性の主張に就いて与謝野晶子氏に与ふ". ≪文章世界≫, 11巻5号.

_____. 1918.5. "母性保護の主張は依頼主義か". ≪婦人公論≫, 3巻5号.

_____. 1918.7. "母性保護問題に就いて再び与謝野晶子氏に寄す". ≪婦人公論≫, 3巻7号.

_____. 1921.7. "第一回総会に際し過去一年半を回想して". ≪女性同盟≫, 10号.

_____. 1920.11. "花柳病と善種学的結婚制限法". ≪女性同盟≫, 2号.

_____. 1923.11. "新日本とその新帝都の為に". ≪婦人之友≫.

蝋山政道. 1950.2. "女性の政治的関心を阻むもの". ≪婦人公論≫.

3) 공문서 등

「花柳病者に対する結婚制度並に離婚請求に関する請願書」. 1921.1.29.

「花柳病男子の結婚制限に関する請願書」. 1920.2.7.

「集会及政社法」. 1890.7.25.

「新婦人協会の宣言・綱領・規約」. 1920.3.28.

「第一回母親大会宣言」. 1955.6.9.

「第五回~第七回全日本婦選大会の議題と決議」. 1934.2.18.

「第三回全日本婦選大会の議題と決議」. 1932.5.28.

「治安警察法〈抜粋〉」. 1900.3.

「治安警察法第五条修正の請願書」. 1920.2.7.

「母親大会に関する自民党通達と日本母親大会の実行委員会の声明書」. 1959.8.13.

「婦人参政権獲得既成同盟会宣言書・規約等」. 1924.12.13.

「婦人参政権獲得既成同盟会創立総会案内状」. 1924.12.6.

「婦選獲得同盟宣言・規約」. 1925.4.19.

「婦選獲得同盟の総選挙に対する声明書」. 1928.2.

「婦人団体一元化に関する建議書」. 1941.3.17.

2. 단행본(국문·일문)

권숙인·김효진·지은숙 엮음. 2016. 『젠더와 일본 사회』. 서울: 한울.

기타기리 요시오(片桐芳雄)·기무라 하지메(木村元) 외 지음. 2011. 『일본 교육의 역사』. 이건상 옮김. 서울: 논형.

박훈. 2019. 『메이지유신과 사대부적 정치문화』. 서울: 서울대학교출판문화원.

사라 러딕(Ruddick, Sara). 1995. 『모성적 사유 전쟁과 평화의 정치학』. 이혜정 옮김. 서울: 철학과 현실사.

서정민. 2002. 『한일 기독교 관계사 연구』. 서울: 대한기독교서회.

우에노 지즈코(우에노 치즈코)(上野千鶴子). 1999. 『내셔널리즘과 젠더』. 이선이 옮김. 서울: 박
　　종철출판사.

이권희. 2013. 『근대 일본의 국민국가 형성과 교육』. 서울: 케포이북스.

飯野正子・亀田帛子・高橋裕子. 2000. 『津田梅子を支えた人びと』. 東京: 有斐閣.

石月静恵. 1996. 『戦間期の女性運動』. 大阪: 東方出版.

井手文子. 1987. 『平塚らいてう: 近代と神秘』. 東京: 新潮新書.

伊藤康子. 2008. 『草の根の婦人参政権運動史』. 東京: 吉川弘文館.

伊藤康子・進藤久美子・菅原和子. 2005. 『女性は政治とどう向き合ってきたか: 検証・婦人参政権
　　運動』. 市川房枝記念会出版部.

井上寿一. 2012. 『政友会と民政党』. 東京: 中公新書.

井上清. 1949. 『日本女性史』. 京都: 三一書房.

今井小の実. 2005. 『社会福祉思想としての母性保護論争』. 東京: ドメス出版.

大越愛子. 1997. 『近代日本のジェンダー: 現代日本の思想的課題を問う』. 東京: 三一書房.

_____. 2004. 『フェミニズムと国家暴力: トランスナショナルな地平を拓く』. 東京: 世界書院.

大庭みな子. 1993. 『津田梅子』. 東京: 朝日文芸文庫.

尾崎ムゲン. 1999. 『日本の教育改革』. 東京: 中公新書.

小関孝子. 2015. 『生活合理化と家庭の近代』. 東京: 勁草書房.

落合恵美子. 1989. 『近代家族とフェミニズム』. 東京: 勁草書房.

折井美耶子・女性の歴史研究会編著. 2006. 『新婦人協会の研究』. 東京: ドメス出版.

_____. 2009. 『新婦人協会の人々』. 東京: ドメス出版.

胡澎. 2018. 『戦時体制下日本の女性団体』. 荘厳訳. 東京: こぶし書房.

金子幸子. 1999. 『近代日本女性論の系譜』. 東京: 不二出版.

鹿野政直. 1989. 『婦人・女性・おんな: 女性史の問い』. 東京: 岩波書店.

_____. 2004. 『現代日本女性史: フェミニズムを軸として』. 東京: 有斐閣.

_____. 2007. 『鹿野政直思想史論集(2)』. 東京: 岩波所店.

加納実紀代. 1995. 『女たちの「銃後」』(増補新版). 東京: インパクト出版会.

_____. 2002. 『天皇制とジェンダー』. 東京: インパクト出版会.

_____. 2005. 『戦後史とジェンダー』. 東京: インパクト出版会.

_____. 2009. 『新編日本フェミニズム10 女性史・ジェンダ丨史』. 東京:岩波書店.

北岡伸一. 1999. 『〈日本の近代 5〉政党から軍部へ』. 東京: 中央公論新社.

北原糸子. 2000. 『地震の社会学』. 東京: 講談社.

木村康子. 1999. 『いのちのうた響かせながら 母親大会ものがたり』. 京都: かもがわ出版.

越沢明. 2011. 『後藤新平』. 東京: ちくま新書.

古庄ゆき子. 1987.『資料 女性史論争』. 東京: 教文堂.

小山静子. 1991.『良妻賢母という規範』. 東京: 勁草書房.

_____. 1999.『家庭の生成と女性の国民化』. 東京: 勁草書房.

三枝佐枝子. 1967.『女性編集者 三枝佐枝子』. 東京: 筑摩書房.

斎藤道子. 1987.『羽仁もと子 生涯と思想』. ドメス出版.

島田燁子. 1996.『日本のフェミニズム』. 東京: 北樹出版.

進藤久美子. 2014.『市川房枝と〈大東亜戦争〉: フェミニズムは戦争をどう生きたか』. 東京: 法政大学出版局.

_____. 2018.『闘うフェミニスト政治家 市川房枝』. 東京: 岩波書店.

菅原和子. 2002.『市川房枝と婦人参政権獲得運動: 模索と葛藤の政治史』. 横浜: 世織書房.

鈴木裕子. 1989.『女性史を拓く 1・2』. 東京: 未来社.

_____. 1995.『女と〈戦後50年〉女性史を拓く』. 東京: 未来社.

_____. 1997.『フェミニズムと戦争: 婦人運動家の戦争協力』. 東京: マルジュ社.

瀬地山角. 1996.『東アジアの家父長制』. 東京: 勁草書房.

高橋裕子. 2002.『津田梅子の社会史』. 町田: 玉川大学出版部.

高群逸枝. 1948.『女性の歴史』. 印刷局.

田中寿美子. 1975.『女性解放の思想と行動(戦後編・戦前編)』. 東京: 時事通信社.

千野陽一. 1979.『近代日本婦人教育史』. 東京: ドメス出版.

中央公論社. 1965.『中央公論社の八十年』. 東京: 中央公論社.

寺沢龍. 2009.『明治の女子留学生: 最初に海を渡った五人の少女』. 東京: 平凡社.

藤野敦. 2002.『東京都の誕生』. 東京: 吉川弘文館.

中尾香. 2009.『戦後≪婦人公論≫のエスノグラフィー:〈進歩的主婦〉を生きる』. 東京: 作品社.

永原和子・米田佐代子. 1986.『おんなの昭和史』. 有斐閣選書.

西川裕子. 2000.『近代国家と家族モデル』. 東京: 吉川弘文館.

西沢直子. 2011.『福沢諭吉と女性』. 東京: 慶應義塾大学出版会.

日本女性史総合研究会. 1982.『日本女性史(全五巻)』. 東京: 東京大学出版会.

野辺地清江. 1984.『女性解放思想の源流: 巌本善治と『女学雑誌』』. 東京: 校倉書房.

早川紀代. 1998.『近代天皇制国家とジェンダー: 成立期のひとつのロジック』. 東京: 青木書店.

_____. 2005.『近代天皇制と国民国家: 両性関係を軸として』. 東京: 青木書店.

広井脩. 1986.『災害と日本人 巨大地震の社会心理』. 東京: 時事通信社.

深谷昌志. 1990.『良妻賢母主義の教育』. 東京: 黎明書房.

布川清司. 2000.『近代日本女性倫理思想の流れ』. 東京: 大月書店.

古木宜志子. 1992.『津田梅子』. 東京: 清水書院.

松田ふみ子. 1965.『婦人公論の五十年』. 東京: 中央公論社.

村上信彦. 1977.『明治女性史(一~四)』. 東京:講談社(초판은 1969~1972년 理論社 발행)

_____. 1978. 『日本の婦人問題』. 東京: 岩波書店.

水田珠枝. 1973. 『女性解放思想の歩み』. 東京:岩波書店.

水野真知子. 2009. 『高等女学校の研究: 女子教育改革史の視座から(上・下)』. 野間教育研究所.

牟田和恵. 1996. 『戦略としての家族: 近代日本の国民国家形成と女性』. 新曜社.

山崎孝子. 1962. 『津田梅子』. 東京: 吉川弘文館

吉川利一. 1990. 『津田梅子』. 東京: 中公文庫.

米田佐代子. 2002. 『平塚らいてう: 近代日本のデモクラシーとジェンダー』. 東京: 吉川弘文館.

理想選挙推進市民の会編著. 1990. 『市川房枝たちの理想選挙』. 市川房枝記念会出版部.

若桑みどり. 1995. 『戦争がつくる女性像: 第二次世界大戦下の日本女性動員の視覚的プロパガンダ』. 東京: 筑摩書房.

脇田晴子. S・B・ハンレー編. 2004~2005. 『ジェンダーの日本史(上・下)』. 東京: 東京大学出版会.

3. 논문(국문·일문·영문)

권숙인. 1997. 「일본제국시대(1866~1945)의 여성의 지위: 정치적 보수주의와 '양처현모' 이념의 대두」. ≪한국문화인류학≫. 30권 1호. 123~156쪽.

김선민. 2014. 「近代 日本의 여성해방운동과 '母性': '母性'의 발견과 파괴를 중심으로」. ≪일어일문학≫, 63. 247~260쪽.

김영숙. 2009. 「근대 일본 여성 고등교육의 발자취: 여자 유학생의 활동을 중심으로」. ≪이화사학연구≫, 39. 135~160쪽.

박아름(朴娥凜). 2009. 「히라츠카 라이초(平塚らいてう)의 國家 인식: 母性保護論爭을 중심으로」. ≪서울大 東洋史學科論集≫, 33호, 189~220쪽.

스에키 후미히코. 2012. 「재해와 일본의 사상」. ≪일본비평≫, 7호, 16~45쪽.

요네다 사요코(米田佐代子)·이시자키 쇼오코(石崎昇子). 2003. 「≪청탑≫ 이후의 새로운 여자들: 히라츠카 라이초우와 '신부인협회'의 운동을 중심으로」. 문옥표 엮음. 『신여성』. 서울: 청년사.

우정미. 2012. 「근대 여성지식인이 추구한 여성상」. ≪일본문화연구≫, 41. 307~320쪽.

윤소영. 2005. 「근대국가 형성기 한·일의 '현모양처론'」. ≪한국민족운동사연구≫, 44. 77~119쪽.

이명실. 2008. 「메이지 시기 일본의 여자교육과 여학생」. ≪역사와 문화≫, 16권, 40~67쪽.

이은경. 2010a. 「근대 일본 기독교인의 전쟁협력: 하니 모토코(1873~1957)의 언설을 중심으로」. ≪東洋史學研究≫, 110, 299~333쪽.

_____. 2010b. 「근대 일본 여성 기독교인과 생활: 羽仁もと子(1873~1957)의 언설을 중심으로」. ≪日本學研究≫, 30 , 133~161쪽.

_____. 2011. 「전후 일본 남성들의 여성해방 인식」. ≪日本研究≫, 15, 511~537쪽.

_____. 2016. 「모성 참정권 전쟁 그리고 국가: 근대 일본 여성운동의 통시적 고찰」. ≪비교문화연구≫, 43 , 79~113쪽.

_____. 2017. 「'일본의 신부 사건'의 재고찰: 일본 메이지시대 그리스도교 지식인의 국가와 젠더」. ≪동북아역사논총≫. 57호. 362~404쪽.

이지영. 2013. 「전후 일본 민주화 운동의 리더십 이치카와 후사에」. ≪일본연구논총≫, 36, 176~202쪽.

장정우(張晟宇). 2009. 「근대 일본에서의 모성과 국가: 平塚らいてう의 '母性論'을 중심으로」. 서강대학교 사학과 석사학위 논문.

천성림(千聖林), 2003. 「1920·1930年代 中國知識人의 '母性'談論과 '母性保護' 認識」, ≪중국사연구≫, 24호, 207~245쪽.

히로세 레이코. 2006. 「일본의 '신여성'과 서양여성해방사상: 엘렌 케이 사상의 수용을 둘러싸고」. ≪여성과 역사≫, 5, 95~117쪽.

石月静枝. 1999. 「戦前の女性と政治参画: 婦選運動と行政による女性の活用」. ≪桜花学園大学研究紀要≫, 1, pp.125~135.

井手文子. 1956. 「日本における婦人参政権運動」. ≪歴史学研究≫, 201, pp.12~23.

犬丸義一. 1973. 「女性史研究の課題と観点·方法: マルクス主義史学の立場から」. ≪歴史科学≫, 47.

_____. 1982. 「女性史研究の成果と課題: 日本近代女性史について」. 歴史学研究会編. 『現代歴史学の成果と課題』Ⅲ. 東京: 青木書店.

今井小の実. 1999. 「平塚らいてうの「新婦人協会」とセツルメント事業」. ≪キリスト教社会問題研究≫, 48, pp.151~185.

上野千鶴子. 1995. 「歴史学とフェミニズム: 「女性学」を超えて」. 『岩波講座日本通史別巻(1)』. 東京: 岩波書店.

香内信子. 1966. 「『母性保護論争』の歴史的意義: 論争から運動へのつながり」. ≪歴史評論≫, 195, pp.28~41.

鹿野政直. 1974. 「婦選獲得同盟の成立と展開: 『満州事変』勃発まで」. ≪日本歴史≫, 319, pp.68~85.

_____. 1979. 「ファシズム下の婦人運動: 婦選獲得同盟の場合」. 家永三郎編. 『近代日本の国家と思想』. 東京: 三省堂.

_____. 2007. 「市川房枝婦選へと貫く意志」. 『鹿野政直思想史論集(2)』. 東京: 岩波書店.

加納実紀代. 2009. 「「母性」の誕生と天皇制」. 天野正子他編. 『新編日本のフェミニズム 5 母性』. 東京: 岩波書店.

国武雅子. 1996. 「戦時期の市川房枝」. ≪歴史評論≫, 552, pp.35~45.

光田京子. 1985. 「近代的母性観の受容と変容: 教育する母親」から「良妻賢母」へ」. 脇田晴子編. 『母性を問う 歴史的変遷(下)』. 人文書院.

小林美登枝. 1983. 「解説」. 平塚らいてう著作集編集委員会編. 『平塚らいてう著作集(3)』. 東京: 大月書店.

小山伊基子. 1966. 「「赤瀾会」から「八日会」へ」. ≪歴史評論≫, 195, pp.42~56.

鈴木裕子. 1980. 「女性として初めてメーデーに参加した赤瀾会の人びと」. 渡辺悦次·鈴木裕子編.

『たたかいに生きて: 戦前婦人労働運動への証言』. 東京: ドメス出版.

舘かおる. 1999. 「歴史認識とジェンダー: 女性史・ジェンダー史からの提起」. ≪歴史評論≫, 588, p.44~52.

帯刀貞代. 1955. 「≪婦人公論≫の四〇年」. 『中央公論社七十年史』. 東京: 中央公論社.

田中寿美子. 1996. 「日本における母親運動の歴史と役割」. 千野陽一編・解説. 『現代日本女性の主体形成(4)』. 東京: ドメス出版.

谷岡郁子. 1998. 「近代女子高等教育機関の成立と学校デザイン」. 神戸芸術工科大学博士学位論文.

中央婦人部. 1955.9. 「母親大会と日本の婦人運動の進展」. ≪前衛≫, 108, pp.71~80.

長野ひろ子. 2012. 「日本の女性史・ジェンダー史研究と歴史認識」. ≪歴史評論≫, 748, p.12~20.

橋本紀子. 2009. 「日本国憲法と教育基本法下のジェンダー平等教育」. 『ジェンダー視点から戦後史を読む』. 東京: 大月書店.

福島要一. 1961. 「母親たちの力は世界をも動かす」. 『日本のお母さんたち』. 東京: 淡路書房新社.

牧瀬菊枝. 1985. 「母親大会」. 朝日ジャーナル編. 『女の戦後史』II. 東京: 朝日新聞社.

松尾尊兊. 1994. 「解説 帝国議会における婦選挙法案の推移」. ≪婦選≫(復刻版). 東京: ドメス出版.

水田珠枝. 2007.4・2007.5. 「平塚らいてうの神秘主義(上・下)」. ≪思想≫, 996・997. 東京: 岩波書店.

三鬼浩子. 2010. 「占領と婦人雑誌」. 『占領下の婦人雑誌』. 東京: ドメス出版.

楊善英. 2005. 「関東大震災と廃娼運動」. ≪国立女性教育会館研究紀要≫, 9, pp.95~105.

米田佐代子. 1972・1974. 「婦人解放史における民主主義の課題: 治安警察法修正運動の意義によせて(一)(二)」. ≪人文学報≫ 89・97. pp.193~232, pp.93~137

Lee, Eun-gyong. 2015. "The Great Kantō Earthquake and "Life-rationalization" by modern Japanese women." *Asian Journal of Women's Studies*, Volume 21, Issue 1, pp.2~18.

Garon, Sheldon. 1997. "Integrating Women into Public Life: Women's Groups and the State." *Molding Japanese Minds: The State in Everyday Life*. Princeton, N.J.: Princeton University Press.

4. 기타

「貴族院議事録記録第二十六号 大正十年三月二十六日」.

『日本労働年鑑(大正11年版)』.

井上輝子 他4人編. 2002. 『岩波女性学事典』. 東京: 岩波書店.

金子幸子 他3人編. 2008. 『日本女性史大辞典』. 東京: 吉川弘文館.

公益財団法人市川房枝記念会女性と政治センター. 2013. 『市川房枝の言説と活動 (1893~1936・1937~1950)』. 東京: 公益財団法人市川房枝記念会女性と政治センター出版部.

小学館. 2007. 『日本歴史大事典』. 東京: 小学館.

초출 일람

1장: 이은경. 2019. 「근대 일본 여자교육에 대한 비판과 도전: 쓰다 우메코(津田梅子:1864~1929)와 그의 학교」. ≪일본역사연구≫, 50, 59~94쪽.

2장: _____. 2011. 「다이쇼기 여성해방의 사상과 논쟁: '모성보호논쟁'(1918~1919)을 다시 읽다」. 김용덕 엮음. 『일본사의 변혁기를 본다』. 파주: 지식산업사.

3장: _____. 2011. 「다이쇼기 일본 여성운동의 조직화와 노선 갈등」. ≪동양사학연구≫, 116호, 289~339쪽.

4장: _____. 2013. 「근대 일본 여성과 제도부흥」. ≪일본학보≫, 96권, 273~288쪽.

5장: _____. 2020. 「근대 일본 여성참정권 운동과 정당정치, 1924~1932」. ≪일본비평≫, 22호, 232~271쪽.

6장: _____. 2020. 「근대 일본 여성참정권 운동의 딜레마, 1932~1945: 이치카와 후사에와 '부선획득동맹' 운동 전략의 변화를 중심으로」. ≪여성과 역사≫, 32호, 1~51쪽.

7장: _____. 2012. 「점령기 '여성해방'과 일본 지식인의 반응: ≪婦人公論≫의 기사를 중심으로」. ≪일본연구≫ , 33호, 255~274쪽.

8장: _____. 2013. 「전후 일본의 각성하는 '모성'과 평화: 〈일본모친대회〉(1955~)의 태동과 초기 활동을 중심으로」, ≪일본역사연구≫, 38호, 59~98쪽.

찾아보기

이은경

서울대학교 일본연구소 조교수(HK). 서울대학교 동양사학과에서 학사와 석사를, 일본 도쿄대학 대학원 총합문화연구과에서 박사학위를 받았다. 최근의 주된 연구 관심은 일본 근현대사 중에서도 여성의 운동과 생활, 현대 일본 사회의 기원으로서의 근대 문화의 형성 등이며, 근현대 일본 역사와 문화에 대한 대중적 이해를 돕기 위한 글쓰기를 위해서도 노력 중이다. 연구 성과로는 『일본사의 변혁기를 본다』(공저, 2010), 『젠더와 일본 사회』(공저, 2016), 『난감한 이웃 일본을 이해하는 여섯 가지 시선』(공저, 2018) 등의 책과, 약 20여 편의 학술 논문이 있다.

한울아카데미 2277

근대 일본 여성 분투기
일본과 여성의 관계사
ⓒ 이은경, 2021

지은이 **이은경** Ⅰ 펴낸이 **김종수** Ⅰ 펴낸곳 **한울엠플러스(주)**
편집책임 **조수임** Ⅰ 편집 **임혜정**

초판 1쇄 인쇄 **2021년 2월 10일** Ⅰ 초판 1쇄 발행 **2021년 2월 19일**

주소 **10881 경기도 파주시 광인사길 153 한울시소빌딩 3층**
전화 **031-955-0655** Ⅰ 팩스 **031-955-0656** Ⅰ 홈페이지 **www.hanulbooks.kr**
등록번호 **2015-406-000143호**

Printed in Korea.
ISBN **978-89-460-7277-0 93910**(양장)
　　　978-89-460-6960-2 93910(무선)

책값은 겉표지에 표시되어 있습니다.